共和国审理

日本战争罪犯前后

GONGHEGUOSHENLI RIBENZHANZHENGZUIFANQIANHOU

纪敏 · 编著

中国文史出版社

图书在版编目（CIP）数据

共和国审理日本战争罪犯前后 / 纪敏编著. -- 北京:
中国文史出版社, 2019.5

ISBN 978-7-5205-1965-6

Ⅰ.①共… Ⅱ.①纪… Ⅲ.①侵华—战犯—审判—史
料—日本 Ⅳ.①K265.706

中国版本图书馆CIP数据核字（2020）第021178号

责任编辑：殷　旭

出版发行：**中国文史出版社**

社　　址：北京市海淀区西八里庄路69号　　邮编：100142

电　　话：010—81136606　81136602　81136603（发行部）

传　　真：010—81136655

印　　装：廊坊市海涛印刷有限公司

经　　销：全国新华书店

开　　本：16开

印　　张：24.75

字　　数：356千字

版　　次：2020年8月北京第1版

印　　次：2020年8月第1次印刷

定　　价：68.00元

周总理会见藤田茂。

　　日本"中归联"曾先后组团20余次访华。这是1972年11月9日下午，周总理在人民大会堂，会见藤田茂率领的"中归联第二次友好访华团"时，同访华团全体成员合影。

1965年9月29日，藤田茂率"中归联第一次友好访华团"访华时，将该会"会旨"："反战·和平·日中友好"铜牌，献给中日友协名誉会长郭沫若。交谈时，郭沫若委婉地指出："战争有正义与非正义的两种"。访华团归国后，将"中归联"的"会旨"改为："贡献于和平与日中友好"。

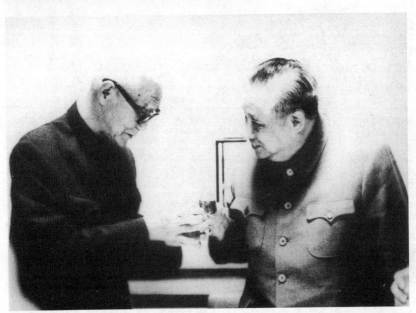

1972年11月2日，中日友协会长廖承志举行酒会，招待"中归联"访华团一行。图为廖承志与藤田茂祝酒叙谈时情景。

　　1986年11月19日，全国政协副主席吕正操，在人民大会堂会见"日本统一中归联友好访华团"时，同富永正三、大河原孝一等全体成员合影。前左三为富永正三、左四为吕正操、左五为大河原孝一。

　　1950年5月初，国家首任司法部部长史良来大连视察时，与大连地区高等法院劳改处处长曲初合影。前排左四为史良，右一挂拐杖者为曲初。

　　1991年9月7日，日本"中归联"继任会长富永正三、副会长大河源孝一等5位友人，来抚顺市政协文史委走访时，同时任文史委主任纪敏商谈合作出版《难忘的中国》史料专辑相关事宜。

　　中日双方亲历者，在日本首都东京，共同悼念中国管制者与日本被管制者前辈的历史，古今中外，尚属首次。

　　2002年4月20日，在日本"中归联"召开的最后一次全国代表大会上，"抚顺奇迹继承会"代表熊谷伸一郎，面对80多位"中归联"耄耋之年的老人，宣读《继承宣言》后，于次日，在原会场正式举行"抚顺奇迹继承会成立大会"。

　　1956年8月，战犯福岛进归国时，带走一包在管理所院内开放的牵牛花种。现在，这种连藤的红、紫色的牵牛花，已开遍日本全国各地。2002年4月，创建的日本"抚顺奇迹继承会"，特意将在日本本土开放的称为"和平之花""宽恕之花"的牵牛花照片送还给抚顺战犯管理所。

1990年6月，纪敏主编的《震撼世界的奇迹——改造伪满皇帝溥仪暨日本战犯纪实》，由北京中国文史出版社出版后，经日本"中归联"本部翻译，并将译本寄抚顺市政协文史委审定后，交大阪新风书房出版社出版。日文版易名《觉醒》，于1995年4月25日，在日本国内正式出版发行。这是被日方唯一承认，并能在日本社会公开出版的由中方编辑的一部史料专辑。原日本驻华大使、日中友协副会长中江要介，为日文版作"序文"。

由纪敏主编、辽宁大学出版社
出版的《难忘的中国——日本中国
归还者联络会历次访华见闻实录》，
所有文稿都是"中归联"提供。该
会继任会长富永正三亲自为本辑题
写书名，并作"序文"称："中文
难忘二字，日文是忘难的意思。"1993
年4月，"中归联"与纪敏在东京
共同举办该书首发式。

　　1993年4月，纪敏应日本"中归联"本部邀请，访问日本时，在东京同"中
归联"继任会长富永正三，委员长绘鸠毅及部分全国委员合影时情景。前左二为
纪敏，左三为富永正三，左五为绘鸠毅。

  1993年4月，纪敏在应"中归联"邀请访日期间，由"中归联"本部事务局长高桥哲郎等陪同，在京都西郊岚山脚下，《周恩来诗碑》前留影。

  已故获释回归日本的阪本鹤一的遗嘱：祖母、妻子携三位女儿，在家门口跪迎"原抚顺、太原战犯管理所职员友好访日团"恩师们的到来（照片中持遗像者，为阪本鹤一的妻子）。

1956年10月14日，由中国免于起诉，先期归国的前日本战犯在东京"千代田公会堂"举行盛大的"归还纪念文艺公演"，宣传在中国受到的宽大待遇。照片为此次公演散发的"海报"。

1945年，周恩来与野坂参三在延安。

1949年2月，毛泽东以中共发言人身份警告南京伪政府。

富永正三在揭幕仪式致"忏悔词"。右为富永正三，左为抚顺战犯管理所原管教科副科长吴浩然作翻译。

1988年10月22日，"中归联"继任会长富永正三，由该会全体会员集资，在抚顺战犯管理所建立《向抗日殉难烈士谢罪碑》揭幕时情景。

中国帰還者連絡会
2002年全国大会議事次第

日時　2002年4月20日　　会場　五反田「ゆうぽうと」

●第一部　「元撫順戦犯管理所所長　故金源先生」と「中国帰還者連絡会会長　故富永正
　　　　三」を偲ぶ会。

　時　間　開場 12'30'　　開会 13'00'　　閉会 14'30'　　司会 事務局長　高橋哲郎

　会　場　7階　末広

　式次第　黙祷。　開会の挨拶　　中帰連副会長　大河原孝一
　　　　　　　　　来賓ご挨拶　　中国側代表
　　　　　　　　　　　　　　　　日本側代表
　　　　　　　　　ご遺族ご挨拶　鄭英順先生（金源先生夫人）
　　　　　　　　　　　　　　　　富永美和子様（遠藤由美様）
　　　　　　　　　閉会の挨拶　　中帰連常任委員　金井貞直

　★休憩　30分

●第二部　2002年中国帰還者連絡会全国大会－「解散と継承の大会」。

　時間　15'00'～18'00'　　会場　7階　末広　　　　司会　常任委員　小山一郎
　議事　開会の挨拶　　中帰連副会長　大河原孝一
　　　　来賓ご挨拶　　中国側代表、　中国大使館、友促会、撫順市政府、管理所。
　　　　日本側代表
　　　　　　　　　★休憩　16'30'～16'50'
　　　　継承宣言　　「撫順の奇蹟を受け継ぐ会」代表
　　　　自由発言　　時間の許す限り、会内外の方の発言を頂く。
　　　　閉会の挨拶　　中帰連常任委員　山中盛之助

　★休憩　1時間（懇親会場準備のため）。

●第三部　懇親会

　時間　19'00'～21'00　　会場　7階　福寿の間
　司会　中帰連常任委員　鈴木良雄、「受け継ぐ会」石垣・宮田
　閉会の挨拶　　中帰連常任委員　湯浅　謙

以上

2002年4月20日，日本"中国归还者连络会"在东京五反田区邮政宾馆
大厅召开最后一次"全国代表大会"，宣布"中止活动"的三项议事议程表。

12

目/录

附　录

共和国审理日本战争罪犯前后

中苏两国政府商谈交接日满战俘经过

王　浩

　　1945 年第二次世界大战结束后，国民党反动派背信弃义撕毁了和平协定，悍然发动了反共反人民的内战。为了保卫抗战胜利果实，中国共产党领导全国人民英勇地进行了解放战争。解放战争胜利后，既忙于国家重建工作，又忙于内战战俘处理工作，任务繁多，百废待兴。在这种情况下，被苏联红军俘虏的日满战俘暂留苏联看管和审讯。据文献记载，1950 年初，毛泽东主席在苏联访问期间，曾对苏联外长维辛斯基说过，这批战犯中国需要接过来，并加以审判。但因目前，中国人民的主要仇恨集中在内战罪犯方面，而审讯内战罪犯的时间最快要到 1951 年。如果先期审讯日满战犯，不审讯内战罪犯，则有不足之处。按照现实情况，应先处理内战罪犯，以平民愤，后期处理日满战犯为宜。因此，对应移交的日满战俘，可否请苏联政府暂代拘押，到今年（按：指 1950 年）下半年再行移交。维辛斯基表示同意，并商定届时再行研究，予以公布。

　　1950 年 6 月，苏联驻华大使罗申通知我国政府有关部门，准备移交日满战俘。苏中双方商定在我国黑龙江省绥芬河车站进行交接后，塔斯社即发表了新闻公告。

　　中华人民共和国中央人民政府与苏维埃社会主义共和国联盟政府关于接收与移交日本战俘之公告：

　　苏联政府决定将 971 名对中国人民犯有严重罪行的日本战俘交中华人

1

民共和国中央政府。关于此事，塔斯社于 1950 年 4 月 22 日及 6 月 9 日业已声明。

> 上述日本战俘已于1950年7月18日由苏维埃社会主义共和国联盟政府代表负责移交，由中华人民共和国政府代表负责接收完毕，并将与此有关的主要材料亦由苏联方面移交给中国方面。双方代表并就此事签订了战俘交接的议定书。中苏两国的交接战俘工作，至今已告完成。

在塔斯社发表公告的同时，苏联驻华大使告知我有关方面，苏方只发表移交日本战俘的公告，有关溥仪等人的问题请中国政府自行处理。我有关方面当即将此情况报告了周恩来总理。周总理批示同意，并责成有关方面迅速处理。我有关方面立即照会苏联大使馆：我们同意将参加日满伪政权的 224 名中国籍俘房遣送回中国，并准备接收，请即将贵方之遣送计划、办法、时间及路线告知为感。

苏方很快告知我方：苏方移交工作由苏联拘留管理总局代表、中校科富托夫及上尉阿斯尼斯负责交接，地点在中国境内的绥芬河，时间为 7 月 18 日。我方确定由东北人民政府外事处处长陆曦同志作为中华人民共和国中央政府外交部全权代表负责接收这批日满战俘工作。

周总理对交接日满战俘工作非常关心和重视。他考虑周密，部署细致，既考虑了中苏之间如何密切合作，顺利接收；又考虑了战俘的安全问题，以防万一。这样，就给中苏之间移交战俘工作创造了良好的稳妥的条件，使有关部门负责同志更有信心做好这项工作。为了安全、顺利地接收这批日满战俘，周总理首先给东北人民政府高岗主席、林枫副主席去电指示：除派陆曦处长负责外事，应另派一名团级干部及适当部队前去协助。并指示：日满战俘不要同时接收、押运，应分别进行。对日俘及溥仪等人的档案，用后要速送中央，以便阅审研处。

交接日满战俘的具体经过是：7 月 14 日，陆曦处长率领全体接收人员，日夜兼程抵达绥芬河。此时，苏方押送日满战俘的专列尚未到达。

17日晚，押运第一批战俘（即日本战俘）的专列始抵绥芬河。据苏方称，由于苏联境内大雨滂沱，道路泥泞，难以进行，故而来迟。因已是深夜，人困马乏，急待休息，有些物资需要安顿，所以交接很不方便，只能在18日晨开始移交。按照中央指示应接收日本战俘971名，但据苏方代表称：按原定名额缺少两人，其中，因病死亡一名，患重病一名，因而不能如数移交。实际我方只接收969人，其中，有将校级军官241人。另有审讯材料969份亦照收无误。

8月1日，第二批战俘（即伪满战俘）始抵绥芬河站。

绥芬河是我国境内一个乡村小镇，群山环抱，风景秀丽，虽不能说是世外桃源，老百姓却也过着日出而作，日入而息的自由自在的生活。这时突然来了这么多的战俘，特别是里面有溥仪，人们都争先恐后地争看这位末代皇帝到底是一个什么样子。人来人往，群情激昂，打破了往日的宁静。人们对溥仪既怀着仇恨心理，又想看看他到底与"凡人"有什么不同。而当时尚未改造好的日满战俘的表现仍是极为反常的，有的趾高气扬，有的垂头丧气。日本战犯不以侵华为耻，伪满战犯竟以卖国为荣。但在党的教育下，已经觉悟了的人民群众，还是能够按照党的政策办事，宽恕了他们，没有发生打骂现象，终使这座山镇在历史上留下了有意义的一页。

在第二批战俘中，有溥仪及其亲属8名，前伪大臣13名，伪将官23名，校官1名，伪外交部职员13名。此外，还有属于他们的贵重物品，当即在双方代表监视下，由苏方保管该财物的两名军官移交，我方指定东北人民政府公安部干部田羽、石平两人接收。按清单点交完毕，编成号码，用头漆加封，送交东北人民政府公安部保管。

交接完毕，中苏双方签署了移交书。移交书着重指出：苏方由苏联俘虏拘留管理总局代表中校科富托夫、上尉阿斯尼斯交出58名伪满俘虏及其属于他们的贵重物品；中方由中国政府外交部全权代表陆曦负责全部接收。其中有：

前伪满皇帝爱新觉罗·溥仪及其亲属8名；

前伪满大臣13名；

将官23名；

校官 1 名，其他 13 名。

属于溥仪的贵重物品 138 件，主要是金银珠玉，玛瑙翡翠制作的一些珍品、宝物。另外，还有伪满国务总理张景惠 70 件贵重物品；伪宫内府大臣熙洽 4 件；溥仪的岳父、伪满航空株式会社理事长荣源 73 件；伪军事部大臣邢士廉 2 件；其他各伪大臣或多或少均有一些；不一一记述。

双方交接工作既认真负责，又非常顺利。按照中央指示要求，我方圆满地完成了任务。

对接收的这批伪满战俘，周总理批示暂送抚顺监押，并指示对这批战俘必须集中管理，组织生产，进行教育改造和审查甄别，便于后期适当处理。

高瞻远瞩，深思远虑的周总理对日满战犯，特别是对溥仪采取的教育改造的基本方针，充分体现了无产阶级革命家的政治远见和博大胸襟。同时，周总理对他们的生活也非常关心。他在东北人民政府公安部关于对日伪战犯供给标准请示报告上批示：对将级和相当于将级的文职官员给予小灶待遇；对校级及大致相等的伪满文职官员应予以中灶待遇；尉级人员以下为大灶待遇。指示强调，要让他们吃好、学习好，以利教育改造。后来的事实证明：经过我党的教育改造，不但那些杀人成性的日本战犯都被改造成为和平战士，而且，依仗卖国求荣的伪满皇帝溥仪等人也彻底转变了世界观，而被改造成为新人。溥仪于 1959 年 12 月首批获特赦之后，直到他 1967 年 10 月病逝，在他的后半生为人民做了不少有益的工作，不仅在国内而且在国际上也产生了巨大而深远的影响。许多国际友人交口赞誉中国共产党人的教育改造政策。他们说，能把一个卖国求荣的封建皇帝改造成为一位普通劳动者，这简直是人间的奇迹！

【作者简介】

王浩，山东省牟平县人。1942 年参加革命，1946 年加入中国共产党。抗日战争时期，做抗日教育、宣传工作，开展抗日救亡活动。解放战争时期，曾任辽南军政干校区队长、辽南土改工作团队长。中华人民共和国成立后，先后任辽东省荣军学校教育长、校长；《抚顺日报》副总编、总编辑。

在 20 世纪 60 年代中苏论战时期，调入外交部中苏论战写作班子。后来，任中华人民共和国外交部驻南也门、驻比利时大使馆参赞，驻西萨摩亚、莫桑比克大使等职务，现已离休。

到中苏边界接收日、伪战犯前后

董玉峰

　　1950 年初，我在东北公安部政治保卫处担任执行科长。7 月中旬，我奉命到黑龙江省的绥芬河，负责接收苏联移交的日、伪战犯。将这批战犯送到抚顺以后，因我在东北公安部政保处（后改称东北公安局劳改处）工作，故经常到抚顺战犯管理所传达上级指示，并负责业务联系，指导具体工作。对于这段工作，因年代较久，一些具体事情已经记忆不多了，现仅将我回忆起的和了解到的片段情况整理记述如下。

筹建战犯管理所

　　1950 年 5 月之前，经中苏两国政府协商，苏联政府准备将关押在苏联的 1000 多名日、伪战犯移交给中国。为此，中央决定把接收战犯的任务委托给东北行政委员会，该委员会又把这个任务交给了东北公安部。5 月的一天，东北公安部汪金祥部长把政保处处长王鉴、办公室主任黄宣文和我找去，说道："中央问我们，6 月份能否接收战犯？"我们几人都认为，战犯管理所刚刚着手筹建，6 月份就接收战犯肯定有问题，遂提出时间过紧的问题。于是，汪部长便说，"那么就请示中央，可否允许在七八月份接收。"我们都认为汪部长的想法合乎实际。就这样，经请示中央同意后，我们便开始了紧张的准备工作。一是选择关押的场所；二是组建战犯管理所的工作班子；三是抽调和培训干部，以及筹集物资等等。对于场所的选择，经过对沈阳市及附近城市监狱的勘查，认为位于抚顺的东北司法部直属监狱条件比较合适，而且，距东北领导机关也比较近。这座监狱原是日伪时期日本人关押日伪违法官吏的地方，后改为关押我东北抗日爱国志士。该监狱位于抚顺市区北部、抚顺县旧城西关，北面是高尔山，南面是宽阔的浑河，河两岸都是开阔地，环境幽静，空气清新。因此，地点就选定在这里了。为组建强有力的工作班子，经研究决定，调抚顺市公安局副局长孙明斋同志（抗战时期参加革命的老同志）任管理所所长；调旅大地区关东高等法院劳改处处长曲初同志（也是抗战时期的老同志）任副所长；调东北公安、司法和卫生部的干部，以及公安三师排以上干部共百余人为战犯管理所工作人员及看守人员等。其中，任王枫林同志为管教科科长，张实同志为总务科科长，王永生同志为所务会秘书，金源、谢连璧等四名同志任日语翻译。东北公安三师又调来两个连担负看押和警戒任务。与此同时，对原抚顺监狱进行了大修，安装了暖气设备，增建了礼堂、医院、澡堂，以及部分宿舍，等等。随后，又对干部、战士普遍进行了有关政策和纪律的教育。至7月底，各项准备工作基本就绪。

执行接收战犯任务

1950年7月初的一天，汪金祥部长找来东北人民政府外事处长陆曦同志、东北公安军周副司令员，以及王鉴同志和我。汪部长传达说："中央通知，中苏双方已经商定，于7月18日和8月1日，在绥芬河车站分别交接日、伪战犯，共1000多人。"汪部长还说：周总理要求我们必须做到"一个不跑，一个不死"。汪部长还同我们当场研究了如何执行总理指示的方案，决定由陆曦同志负责外事，代表国家签字接收，让我负责押解。在研究中，我感到保证一个不跑容易做到，而要保证一个不死就比较难，因为存在有人跳车身亡的可能，遂建议使用闷罐车运载战犯。汪部长说：

"现在天气太热，还是使用客车较好，但要时刻加强戒备。"据此，我们做了以下准备工作：请东北行政委员会通知哈尔滨铁路局准备一列客车，并挂几个卧铺车厢；由东北公安部政保处执行科鲁勇、杨栋以及警卫科警卫队长侯遂生带5名队员，组成押解工作组；由管理所抽调20余名看守员组成几个看守小组；由公安三师派张副团长带一个连的兵力负责警卫；由东北行政委员会外事处和哈尔滨市公安局各派一名俄语翻译，由管理所派金源等4名同志任日语翻译，以及在哈尔滨市秋林公司订购几千斤白面包、几百斤香肠，等等。我们一百几十人到哈尔滨市以后，找铁路局白局长调好车辆，由哈尔滨市公安局帮助把物资运上了车厢。经研究，我们的干部和战士，大部分分别坐在前一节车厢和后一节车厢里，并架上了电话，以便互相联系。我们的客车专列到达了绥芬河车站，便停在站台的右边，这侧是窄轨。苏方的闷罐车于7月18日到达了绥芬河站，停在站台的左边，那边是宽轨。

移交手续在绥芬河镇机关的会客室里进行。陆曦同志和我同苏方团长科雷阔夫、副团长阿斯尼斯寒暄之后，中苏双方代表便各自在一份由中俄两种文字（约200字）写成的移交书上签字。随后，由我们工作组接过苏方移交的日本战犯名册及战犯个人档案。然后，我方就地宴请苏方人员。席间大家频频举杯，相互祝贺中苏两国人民的友谊。陆曦同志还有点酒量，可以应付一阵子。我本来不能喝酒，但当双方提出"为斯大林同志干杯，为毛泽东主席干杯"时，我又不好不干杯，结果搞得我酩酊大醉，被人架着上了客车专列。随后，我还让我方干部给苏军军官和战士送去了一些白面包、香肠、汽水等。至此，双方移交，告别工作圆满结束。苏方人员对我们的热情、好客非常满意。

回到火车上以后，我们又逐一地清点战犯人数。这次，苏方首批移交的是969名日本战犯。这些日本战犯从苏联的闷罐车换乘上中国的洁净客车，还吃上了中国政府发给的白面包、香肠等食品，都很满意。据说，他们在苏联时吃的是黑"列巴"（俄语"面包"）。

在押运日本战犯的列车上，每节车厢的前后两排座，都坐着我们的干部、战士。开车前，我们先向战犯们宣布了8条纪律："不准喧哗"、"不准吸烟"、"不准向外张望"、"不准随便走动"、"不准两人以上同时上厕所"、"有事要报告"等。随后，几名日语翻译不断地在各车厢内巡视和讲解有关事项。我们每个干部、战士还都学会了使用车厢的手制闸，以防出现紧急情况使用。在列车行进中，我们每天都给战犯们发白面包、香肠等。列车到达哈尔滨、长春大站，还安排当地政府为战犯们准备了热饭菜；同时还部署各大站的公安机关在货车站附近搭了临时厕所，并布置好外围警戒，便于让战犯们到附近活动。我们还针对战犯们在列车上的颓丧面孔及思想顾虑，通过翻译不断地向他们说明，中国政府是讲政策的，只要接受管理，遵守纪律，一定会得到良好的待遇的。但战犯们对我们的解释普遍半信半疑，有的东张西望，有的还透过糊上纸的窗户缝隙向车窗外张望，嘀嘀咕咕地议论着什么。还有的对我警卫战士在停车站台上，面向两侧而立不解其意，小声地议论着。在每个大的停车站临时停车，我都急忙下车，利用车站调度室电话，向东北公安部汇报有关战犯押运途中的情况。由于押运日本战犯的专列，时常遇上定点客车要暂时停避，所以7月21日凌晨3时才到达抚顺城站。

日本战犯被押运到抚顺战犯管理所不久，苏联政府又于同年8月1日上午，在绥芬河车站将苏方拘留的60多名伪满战犯移交给我国。同有些日本战犯趾高气扬的情况不同，这批伪满战犯从苏联客车专列走下来时，有的战战兢兢，有的说话都有些哆嗦，最突出的是伪满皇帝溥仪，他面如土色，说话结结巴巴。电影《末代皇帝》中描写溥仪在列车上用刀割破血管等镜头，言过其实，根本没有那种事。在移交过来的伪满战犯中，有的还戴着胳臂箍，写有"组织部长"、"宣传部长"、"文化部长"等字样。原来，这是他们在苏联红河子收容所期间，经苏方允许组织的"自治委员会"里担任的临时职务。

押运伪满战犯的专列，由两节车厢组成。火车车头在绥芬河退着行进，把车厢推至哈尔滨站时，才挂在一列客车尾部，继续向沈阳方向进发。专列于8月4日到达沈阳时，东北公安部政保处处长王鉴等同志，亲自带着一辆大型汽车到沈阳南站货场临时停车处，把溥仪及伪满诸大臣接到东北公安部二楼小会议室，等待高岗、汪金祥接见。这间宽大的会议室，桌子上摆满了东北刚下来的西瓜、水果及烟、茶等。高岗、汪金祥出面谈话时，希望溥仪等人要相信中国共产党的政策，老实接受教育改造，主动认罪交代罪行。溥仪等人听了虽仍半信半疑，但情绪比在列车上稳定多了。谈话结束，在返回专列，继续开往抚顺的途中，溥仪还把接见时的情况转告给在列车上的伪满战犯，因而又起到了稳定所有伪满战犯情绪的作用。当他们到达抚顺车站以后，东北公安部政保处副处长李正南、战犯管理所所长孙明斋等同志，已按照事先部署，将这批伪满战犯用一辆大型客车由抚顺南站押运到了战犯管理所。先期到达的900多名日本战犯，乘坐专列到达抚顺城站时，多数人是徒步（老弱病患者乘车）走进了战犯管理所的。就这样，我们不但顺利地完成了接收、押运日伪战犯的任务，还真做到了"一个没跑，一个没死"。

接收以后简况

日、伪战犯刚到抚顺不久，因为美帝国主义入侵朝鲜之后，战火很快地燃烧到鸭绿江边。在这种形势下，中央决定，派中国人民志愿军到朝鲜前线抗美援朝、保家卫国，并决定在志愿军将要在10月25日出兵之前，速将这些日、伪战犯全部迁移到松江省（今黑龙江省）。一天，东北公安部汪金祥部长和王鉴处长命令我速到哈尔滨市勘察场所。接到命令后，我立即赶到哈尔滨市，在省公安厅有关同志的陪同下，查看了哈市及附近县的监狱情况，便又迅速赶回沈阳东北公安部，向部领导作了汇报。经研究，决定将关押在抚顺的1000余名日、伪战犯，于9月18日、19日，分别押解于哈尔滨市内的监所和呼兰县的监狱。部领导还让我同车前往，协同指挥。

日本战犯刚来中国时，态度十分骄横，摆出一副蔑视新中国，敌视我管教人员的架势，处处显示日本军国主义的武士道精神，那些将校级军官反动立场尤为顽固。由于朝鲜战局的紧张，这些日本战犯遂又产生了种种新的幻想和疑虑，常常寻衅闹监，顶撞我工作人员。少数顽固分子还进行公开煽动，胡说什么"我们是战俘，不是战犯"，"你们是战后新成立的国家，无权关押我们，你们违反了国际法"，"必须无条件释放"等等。有的甚至在监内高呼反动口号，还有30多名日军将校级战犯合伙写了一份"抗议书"。迁移到哈尔滨后，日本战犯反动气焰则更加嚣张。当时，战犯管理所的干部大都是建所时从各个系统挑选来的。他们对日本帝国主义都怀有强烈的国恨家仇，调到管理所工作又都不大情愿。面对日本战犯的猖狂挑衅，一方面，他们胸中的愤怒情绪更加不可遏止；另一方面，又想到中央有明确指示，必须尊重战犯的人格，给予人道主义待遇，因而对如何关押好战犯心中无数，不敢大胆管理，怕一旦管教不好，违反了政策，给党和国家造成不良影响。对此，东北公安部委托松江省公安厅厅长赵去非代管战犯管理所工作。他及时召开了全所干部会议，详细地阐明了党的有关方针、政策，强调要敢于负责，敢于管教，并强调：既要重视政治思想教育，又要进行针锋相对的说理斗争。我也在全所管教干部会上的讲话中，指明了两点：一是要进一步提高所有管教人员的思想认识，要把改造日本战犯当作一项历史使命，同时，要认真研究改造日本战犯的有利条件，要领会中央的政策，研究工作方法，增强做好管教工作的信心；二是要针对战犯的反动思想和观点，重点对他们进行有关国际法知识的教育，阐明第二次世界大战以后关于战争法规和惯例的变化：国际法庭和犯罪所在地、国家都有权审判所有在侵略战争中犯有罪行的犯罪分子。

除此，我们还针对战犯们的现状，确定了以下对策：一是加强对当前形势的教育，使其提高对我抗美援朝必胜的认识；二是要对个别闹监的人，给予独拘处分；三是让孙明斋所长出面，给写"上书"抗议的三十几名日本战犯开个会，严正指出他们的错误，驳斥所提出的无理要求，警告他们如若再敢一意孤行，是监规所不能允许的。通过连续召开了几次管教人员会议，以及对在押的所有战犯采取了相应的管理措施，结果，极大地提高了我管教人员的士气，打掉了在押战犯们的威风。从此，全所上下，出现了敢抓敢管，又注意讲究斗争策略和方法的新风气。记得1952年初，我到战犯管理所，在听取管理所工作汇报时，得知原日本宪兵少佐绫真喜雄又带头闹监，在日本战犯中起了很坏的影响。经我同孙明斋、曲初两位所长研究，及时召开了全所干部会议，除指出要继续加强对日本战犯的思想教育和形势教育外，每一名看守人员还必须随时观察了解在押战犯们的动态，做到发现情况及时报告，同时进一步明确：战犯管理所有给在押战犯以劝告、警告，以及独拘等处分的权力。针对当时战犯们的思想动态，特别是针对绫真喜雄的表现，我还通过所内的有线广播向所有在押战犯讲了两个多钟头的话。主要说明：有人指望美帝国主义会打进中国境内来"营救"，那是不切实际的梦想。美帝国主义发动的侵朝战争是非正义的，他们到处出兵，供应线长，士气又低落，惨遭失败，这是历史的必然。我还对战犯们讲道：美帝国主义已经成为日本的"太上皇"，日本不但要出资上亿的美元供应美国军队，而且，日本妇女还常遭到美军的蹂躏。当时，日本已有 60 万伴伴儿女郎、20 万混血儿，50 万性病患者。日本人民已陷入水深火热之中。在这种情况下，如认敌为友岂不荒唐？！我还正告绫真喜雄等人，中国政府对战犯实行人道主义政策，绝不是软弱的表现，谁若不认罪服法，肯定是没有出路的，等等。后来，我听到有些管教人员反映说，我的这次讲话曾对当时一些寻衅闹事的战犯起了一定的震慑作用。如绫真喜雄便在小组会上做过认罪检查。经管理所全体管教人员做艰苦细致的工作和强有力的形势教育和认罪悔罪教育等，特别是朝鲜战场上，中朝军队打胜仗的消息频频传来，日本战犯中抗拒管教的现象大为减少，主动坦白认罪的人日益增多。如宫岛司交代了自己曾杀害我无辜百姓 270 多人的罪行；鹿毛繁太因辱骂我管教人员，被惩罚教育 7 天后，通过广播作了检讨；有的战犯还主动坦白交代了自己同来所修电灯的原日本特务勾结，企图越狱的事实，等等。

1951 年 3 月底，由于朝鲜战场上出现了我军节节胜利的好形势，东北公安部决定将大部分日本校级以下的战犯，由哈尔滨迁回抚顺战犯管理所。1953 年 10 月底全部迁返完毕。每次迁返，东北公安部都委派我协同战犯管理所完成押送任务。日、伪战犯全部迁回抚顺后，我又多次到抚顺战犯管理所，帮助研究如何深入开展对日、伪战犯的悔罪教育工作。特别是对伪满皇帝溥仪，我每次去管理所，都重点找他谈话，结果竟被他误认我是高岗的秘书。由于我同溥仪谈话态度和蔼，能根据了解到的情况，及时对他做些有针对性的思想教育工作，因而对溥仪的转变也多少起了一点作用。例如，有一次，我同溥仪谈话时，他认为自己在伪满时期只不过是个"傀儡"，自己没有多少罪行可交代的。对此，我向他指出，仅仅由你这个"皇帝"签发的《治安维持法》、《保安矫正法》、《粮谷管理法》、《国兵法》等等上千种法西斯式的法律，就使东北3000万人民深受其害，千百万人的人头落地，怎能说自己没有罪责呢？他听此言，不禁大吃一惊，并深深地向我鞠了一个躬，意思是表示认罪、忏悔。又如，他入所初期，一再要求所方让在押的他那小家族中的成员和他同住一个房间，以便给他以生活上的照顾，我对他提出的过分要求也进行过批评。后来，听说他接受批评后，决心要在生活上自立，同时在学习上开始表现刻苦。溥仪的进步表现，在伪满战犯中产生过强烈的影响。

东北公安部改为东北公安局时，李石生同志任副局长兼劳改处长，我任副处长。这个时期，抚顺战犯管理所的工作由东北公安局直接领导。1954年8月，东北大区撤销时，东北公安局将战犯管理所的隶属关系移交给辽宁省公安厅。同时，我被调到中央公安部工作，至此，我也就结束了同战犯管理所的工作联系。

【作者简介】

董玉峰，男，河北省肃宁县人。1918年2月生。1938年5月参加革命。1950年调入东北行政委员会公安部，历任政治保卫处执行科科长、劳改处副处长。1954年9月调离。离休前，任中央公安部劳改总局局长。

回忆我聆听周总理、史良部长
对改造日本战犯工作的重要指示

曲　初

　　纪敏说明：1950年4月末，国家首任司法部长史良（律师、
"民盟"负责人之一），受周恩来总理委托，来东北地区筹建
"东北战犯管理所"。她在抚顺视察，发现抚顺城边菜地周围的
"辽宁省第三监狱"适合作所址后，又到旅大地区视察，发现陪
她视察的"关东高等法院"劳改处长曲初，适合任战犯管理所首
任所长。

　　1950年5月，曲初奉命到东北人民政府司法部报到后，立刻
投入到将该旧监狱进行翻修、改建工作。其间，史良回到北京
后，发现中方从苏方刚刚接收的1000多名日、满战犯，尚不具有
司法审判战犯之程序。于是，史良便建议中央，应将由司法部主
管的战犯管理工作，交由中央公安部主管为宜。中央采纳了史良
的建议之后，东北公安部即派抚顺市公安局副局长孙明斋到该所
任所长（因与抚顺市党政机关联系方便）；曲初便改任副所长，
仍然分管改造日本战犯工作。

　　1950年7月21日，凌晨3时，当押运969名日本战犯的专列到
达抚顺后，这些日本战犯相当傲慢。当时，正是新中国建国初

期，百废待兴，物资缺乏。战犯管理所所长与全体工作人员，每周只有一天改善伙食，平时全都吃高粱米和白菜汤。然而，入监的日本战犯竟高喊："高粱米是喂马的饲料，我们是日本人，要大米的给。"对此，曲初十分愤怒："让他们，跟我们吃一样的饭菜，已经十分照顾了，他们不吃，肯定是不饿，下顿饭还是高粱米和白菜汤。"

结果僵持了两天，日本战犯仍然"绝食"。曲初便将这一情况，电话报告东北公安部政保处。不长时间，传来了，由中央公安部下达的周总理的指示："对在押的日、满战犯，在生活供给标准上，要按照国际惯例处理"，"对在押的战犯既要看严管严，外紧内松，做到不跑一个、不死一个，又要做到不打不骂、不侮辱人格，尊重他们的民族风俗习惯，并注意从思想上对他们进行教育和改造。"对此，东北公安部、卫生部又根据周总理的指示精神，相应制定了一系列实施细则，包括按战犯原级别分"小、中、大灶"伙食标准，并一律供应大米等细粮与有营养的副食品。

对此，战犯管理所的大多数干部和战士"想不通"，有些人拒绝执行。警卫长甚至将枪交给了所长，说："我参加革命，是为了消灭敌人。现在，我不能为日本鬼子站岗。我请求组织调转工作。"

于是，经过所长孙明斋和曲初反复做大家的"思想工作"，总算平息了一次"内乱"。

1953年初，全国开展"反贪污、反浪费、反官僚主义"运动时，东北战犯管理所内部一些人，硬说曲初调来初期，在主持对旧监狱翻修、改建期间存在"相当大的浪费"；而且存在"乘机贪污的严重问题"。由于所长孙明斋的亲属被侵华日军杀害，对日本人充满了仇恨，他对所内一些人，提出的"揭发"和"控告"，不但听之任之，甚至不做任何调查研究。于是，主管部门便把曲初，收押于离抚顺甚远的"辽宁凌源监狱"进行组织调查。经主管部门"专案组"进行了半年以上时间的反复调查，发现曲初主持的十项工程项目施工，折合人民币200余万元，全部都是根据东北司法部上级规定要求，必须做的工作。既不属于"严重浪费"，更不存在"乘机贪污问题"。实际上，是所内一些人，仍然对中央下达的宽大改造日本政策不理解，甚至把内心的不满情绪，发泄到曲初身上。于是，东北公安部不仅给曲初正式"平反"，恢复名誉；还破格将曲初晋升为东北劳改总局副局长。

1959年，孙明斋调到沈阳市劳改局，担任大东区分局长职务。这既是，东北战犯管理所副所长（日语翻译）金源，已经具备接任所长的能力和需要；另外，也同孙明斋在任所长期间，执行的一些"左"的错误政策有关联。

孙明斋不但把坚定执行中央正确政策的管教干部崔仁杰、吴浩然与医生吴久达都定为"右派分子"，甚至，将吴浩然定为"历史反革命分子"，关押进"抚顺青台子"监狱六年。经组织反复调查，于抗战期间，吴浩然曾被日军抓捕当了半年多的"随军日语翻译"。由于，吴浩然乘机逃脱，参加了八路军，并成为我军的一位营级教导员。因其会讲日语，被调进"东北战犯管理所"，任管教科副科长。经组织上多次派人调查，终于找到了历史见证人，证明：吴浩然在加入八路军时，已将日军停获经过，向组织上做过正式说明，不属于"历史反革命分子"。因而，吴浩然也获得正式"平反"，恢复了原管教工作。离休后，被"抚顺战犯管理所"聘为该所顾问。

1954年8月，东北行政区撤销后，"东北战犯管理所"划归辽宁省公安厅代管，主管仍是中央公安部。

由此，所名改称"抚顺战犯管理所"。

1950年5月末至1954年12月，我曾在抚顺战犯管理所担任副所长。我任职时间不长，但在任职之前和到职之后，曾亲自聆听过中央司法部史良部长的教诲，并具体贯彻执行过周恩来总理和东北公安部领导同志关于对改造日、伪战犯工作的一些指示。这些往事虽已时隔30余载，因我从中受益匪浅，所以有些事情至今仍然记忆犹新。现在，就我印象较深刻的几件事，简述如下。

史部长谈苏联移交战犯的重大意义

1950年5月，在我担任旅大地区关东高等法院劳改处处长期间，中央司法部部长史良等同志来旅大视察工作。当时我虽30多岁，但对史良同志以民盟代表的身份和民盟领导人张澜、沈钧儒一道参加政治协商会议和国家政权建设的事，还是知道一些。她1927年毕业于上海政法大学，后从事律师工作；一生为从事民族救亡运动、营救共产党员和民主进步人士，曾多次被国民党反动派逮捕入狱，成为中国现代历史上著名的爱国"七君子"之一。中华人民共和国建立后，她受到党和人民的信任，出任共和国第一任司法部长。1950年初，她到旅大市视察司法工作时，给我留下的印象更为深刻。记得当时她穿着一身"列宁式"女军服，她的随身女秘书，20多岁，也穿着一身"列宁式"女军服。史良同志对工作要求严格，作风朴实，平易近人，和蔼可亲。她到旅大视察工作时间不长，我陪同她几乎走遍了关东高等法院所管辖的各单位和监狱。她对我们的工作给予了充分的肯定和评价。不久，她让我到她下榻的旅大市招待所，说有一件很重要的事情要谈谈。

记得那是一天下午，我到她房间时，见她着一身黑色裙装。史良部长热情地招呼我坐下后，便向我谈起了她这次来东北视察工作带来的一项重要任务。她说，1949年12月16日到1950年2月17日，毛主席、周总理访问了苏联。在访问期间，毛主席、周总理与斯大林同志讨论了中苏双方有关的政治与经济问题。当时，同我国正式建立外交关系的只有苏联等十一个社会主义国家。斯大林同志考虑到中华人民共和国已经建立，但又面临着帝国主义的封锁，为尊重我国的国家主权，提高我国的国际地位，维护我国的合法权利，增进中苏两国联盟和友谊，提高社会主义阵营的声望，决定把苏联在第二次世界大战中俘虏、关押的，在中国犯有战争罪行的 1000 多名日本战犯和伪满战犯全部移交给我国，由我们作为主权国家自行处理。史良同志接着说，这样，我们就可以提高政治地位，也可能会迫使某些西方国家最终承认我国政府。中央考虑，关内各地基本上是新解放区，东南沿海各岛和西藏等地还没有解放，新解放区内的土匪还没有肃清；而且，不但蒋介石时刻在妄想反攻大陆，美帝国主义又在朝鲜半岛蠢蠢欲动。鉴于东北地区基本上是老解放区，又靠近苏联，一旦有事可以随时转移。所以中央决定，在临近东北人民政府所在地沈阳东部之抚顺，也就是在东北司法部直属第三监狱（抚顺城监狱）成立东北战犯管理所，准备随时接收苏联政府将要移交的这部分战犯。周总理委托司法部负责筹备接收战犯的准备工作。战犯管理所的领导干部、管教人员、医务人员和看守人员将由东北公安部、司法部、卫生部和公安部队分别派遣。史良说，这次我来东北视察工作，就有为组建战犯管理所选拔干部的任务。在我这次接触和了解的干部中，你从事劳动改造罪犯工作比较早，在教育改造罪犯方面积累了一些经验。我感到调你到抚顺战犯管理所工作较为合适，现在想先听听你的意见。听了史良部长的谈话，我感到既兴奋又担心。兴奋的是，我是在抗日战争时期参加革命的，在战争年代，在胶东地区，我亲眼看到日本侵略者残酷杀害我无辜同胞的悲惨情景。在日军的一次追捕中，我被迫跳进齐腰深的冰水中藏身，结果把我的右腿冻成终身残疾。现在，中国人民终于有资格作为主权国家，自主地接收、关押和审判这些杀人狂，我确实感到宽慰、自豪和兴奋。但当我想到自己只有初中文化水平，又不会讲日语，管教国内一般犯人还可以，让我负责管理这批血债累累的国际战犯，担心挑不起这副担子。史良部长听了我的话以后，耐心地对我说道，最重要的是，你不只是一位久经考验的中共党员，你还是我们共和国成立后的一位出色的司法工作者。党中央领导同志既然相信我这个党外人士，让我出任国家司法部长，同样，我也完全相信你这位老党员，一定会负起这一历史重任的。听了史良部长推心置腹的一番话，我感到心里热乎乎的，同时，也对自己将要担负的工作任务增强了信心。就这样，我欣然地接受了组织上的安排。随后，我接到了组织上的正式调令，便于 1950 年 5 月下旬来到东北人民政府司法部报到。这时，我又听说，中央领导同志为了更有效地管理和教育这批战犯，已采纳了史良部长提出的建议，决定由中央和东北公安部主管战犯管理所工作，中央和东北司法部负责协助配合。所以，战犯管理所所长一职，决定由东北公安部调派，我先期到达战犯管理所主持工作，让我担任副所长职务。同时，所需的100多名干部和一营警卫部队，由东北公安部、司法部、卫生部和公安三师于7月中旬陆续配齐。

周总理的指示为我们指明方向

1950年5月末，我到抚顺战犯管理所任职后，着手进行的第一项工作，就是必须在一个多月内，完成管理所的翻修和扩建工作。这座占地面积4万多平方米的旧监狱，原是日本侵略者于1936年为关押日本、朝鲜犯人修建的，原有基础条件较好。但后来，监狱改为监禁迫害我反满抗日爱国志士，特别是抗战胜利后，被国民党军队改作兵营和马厩，监狱内部设施被搞得破烂不堪，马粪、垃圾到处成堆，使整修扩建工程相当困难、艰巨。直到1950年7月中旬，战犯入所之前，经我们日夜施工，才使这座旧监狱换了新貌，并增建了一整套生活服务设施。

1950年7月中旬，苏联政府在我绥芬河车站移交日本战犯时，我同比我稍后调来的孙明斋所长在家负责各项安置准备工作。7月21日凌晨3时，押运969名日本战犯的专列到达了抚顺城车站。我们派出一个营的兵力布置在抚顺城车站周围和自车站到管理所的沿途街道，并在沿途制高点上都配备了武装岗哨。从车站到管理所大约有5华里路程，几乎是10米一岗，每岗的武装战士都手持上了刺刀的步枪，背朝着战犯站立，以防发生意外。日本战犯初来战犯管理所，虽都背负着肮脏的行装，但一个个却又都相当骄横、傲慢。那些头戴战斗帽，身穿将校服，佩戴肩章的高级战犯更是趾高气扬，盛气凌人。看见战犯们这种气焰嚣张的神态，不只战士们有气，我也非常反感。当时，我负责管教工作。初期，因无管理国际战犯经验，给他们做的第一顿饭是高粱米和白菜汤。饭后，管教科干部向我反映，有些日本战犯竟然不吃，饭菜仍摆在监舍里。听了这些反映，我对日本战犯就更加鄙视和反感。于是，我便气愤地说道，他们不吃是不饿，我们的干部、战士都能吃高粱米和白菜汤，他们在中国杀了我们那么多人，同我们享受同等待遇就够便宜他们了，他们这顿饭不吃，下顿饭还是这么做。当开过第二顿饭之后，有些日本战犯仍然不吃。于是，我心里犯了嘀咕，这群家伙老是不吃饭，一旦出了问题我要负责任。我便拿起电话请示东北公安部。不知东北公安部怎么把这些情况反映给了周总理。时间不长，东北公安部传来了周总理的明确答复，要求我们对在押的日、伪战犯在生活标准上要按国际惯例处理，并明确规定：要依据战犯原来的级别，参照我军的供给制标准，按将官、校官和校官以下三个级别，分成小、中、大灶三种待遇，全部供给细粮。周总理还要求，对在押的战犯既要看紧管严，外紧内松，做到不跑一个，不死一个，又要做到不打不骂，不侮辱人格，尊重他们的民族风俗习惯，注重从思想上对他们进行教育和改造。

对于东北公安部传来的这些指示，开始时我也有点想法，但我作为管理所的副所长，对于上级的任何指示都必须坚定不移地贯彻执行。不过让所有的干部、战士都能坚决执行，就不那么容易了。我亲耳听到不少干部、战士发过牢骚，如有的说"早革命不如晚革命，晚革命还不如反革命"；有的说"猪喂肥了，宰了能吃肉，让这帮家伙吃得那么肥实有什么用，早晚还不是枪崩的货！"有些干部、战士眼看着厨房里果真按照规定的标准做出了大、中、小灶饭菜时，气愤地跑进厨房里抓起精粉面包片边吃边嚷："不吃白不吃。咱们吃了是为了干革命。他们吃了算干吗的？！"后来，我们通过先党内后党外，反复召开了党员大会和干部、战士大会，向大家说清了，这样做是周总理的指示要求时，这才把大家的思想弯子转了过来。从这以后，全所上下都按照上级要求，严格保证日、伪战犯的伙食供应标准。同时，对在押战犯重新编组，以便在居住条件等方面给予适当照顾。由于战犯管理所的全体工作人员思想作风有了明显转变，对贯彻上级的指示更加自觉认真，因而在战犯中产生了良好的反映。加上后来的管理教育工作越做越细，战犯同我们的对立情绪逐渐有所消除，有的还能主动地悔罪认罪。党中央为改造日、伪战犯所制定的一系列方针、政策，就是这样通过工作人员思想作风的转变,灌输到所有在押战犯的思想里和日常生活中去,从而收到了很好的效果。

接到东北公安部北迁的命令

我们在 1950 年七八月份分别接收日伪两批战犯之前,朝鲜半岛就已经爆发了美帝入侵北朝鲜的战争。9 月 15 日,美国打着联合国军的旗号,纠集了 15 个国家的军队在仁川登陆;同时,不顾我国政府的严正警告,把战火引向我国边境。在关键时刻,我中国人民志愿军在彭德怀司令员的带领下,于同年 10 月 25 日,跨过了鸭绿江,参加了朝鲜人民的抗美战争。就在志愿军出兵的前夕,抚顺战犯管理所突然接到东北公安部传达的周总理要求北迁战犯的紧急命令。于是,我们于 10 月 18 日、19 日分成两批,将日本战犯和伪满战犯全部转移到当时的松江省哈尔滨市。

出发前,我们派干部会同东北公安部有关同志到哈尔滨做好安排;在所内,又召开紧急干部会议,传达上级命令。同时,由东北公安部派来的董玉峰同志、孙明斋所长和我,组成北迁指挥小组。在 10 月 18 日、19 日出发之前,尽管我们已经向战犯们说明了这次转移的目的和地点,但战犯们的思想仍然极其混乱。有些战犯可以说是表现得极其嚣张。因为朝鲜半岛突然爆发了美军入侵的战争,有些战犯便由此产生了许多幻想,以为美军很快就会打进中国境内,把他们从管理所内营救出来,竟公开叫嚣说:"日本帝国的陆海军都被美军打败了,中国和北朝鲜的军队,怎么能够抵挡得住装备现代化的美国军队呢?!"针对战犯们的思想反映,在紧急北迁之前,我通过广播向他们作了一次形势报告,较详细地列举了中朝人民必胜、美帝必败的种种根据。可是,那些靠战争起家的日本战犯们,却把我的报告说成是"讨人嫌的空洞说教"。10 月 20 日早、晚,我们把日、伪战犯分成两批押运到哈尔滨市。日本将校级战犯被关押在道里监狱,校级以下战犯大部分被关押在呼兰县监狱;伪满战犯则被关押在道外景阳街看守所。为了工作方便,出发前我和孙明斋所长作了分工。孙所长重点抓道外景阳街伪满战犯工作，我负责道里和呼兰日本战犯工作。

到达哈尔滨以后，因我们的工作安排较为得当，不少日、伪战犯打消了怕将他们处死于北满的疑虑，但有人仍幻想着爆发第三次世界大战。许多日本战犯得意忘形，在监舍里遥拜日本天皇，或在"放风"前后大唱日本歌曲。针对这种表现，我们先后请松江省公安厅厅长赵去非、东北公安部政保处董玉峰及战犯管理所所长孙明斋等同志，向在押的日本战犯分别作了几次有关国际形势的报告；同时还组织所有战犯学习《人民日报》社论《美帝国主义的侵略政策必将失败》《粉碎美帝重新武装日本的阴谋》等有关材料。通过这些工作，特别是通过后来深入开展的悔罪认罪教育，逐步使战犯们的嚣张气焰有所收敛。但是，能使日本战犯们真正心服口服的，还是朝鲜战局的根本好转，中朝两国军队把号称世界头号强国的美军驱逐至朝鲜"三八"线以南。据中朝两国军队联合发布的综合战绩公报称，到1953年8月，三年来被我毙伤俘虏了一百多万人，缴获各种武器车辆十几万件，击落击伤敌机一万多架。如果没有抗美援朝战争的巨大胜利显示出中国人民震惊世界的实力，没有中共中央改造战犯方针、政策的英明和正确，光靠我们战犯管理所工作人员转变思想作风，做耐心、细致的管教工作，仍然不会获得改造日、伪战犯的重大成果的。

随着朝鲜战局形势的好转，经请示上级批准，我们于1951年3月，首批将关押在哈市、呼兰县和道里监狱的660多名校级以下的日本战犯迁回抚顺。随后，又于1953年10月，将关押在哈尔滨市的其余的日、伪战犯全部迁回抚顺，同时又恢复了抚顺战犯管理所的原建制。

【作者简介】

曲初，男，山东省威海市人。1915年2月生。1940年参加革命，1950年5月调入"东北战犯管理所"任首任所长；不久，又改任副所长，一直分管改造日本战犯工作。"抗战"时期，因其对日作战右腿有残，行动不便，胶东地区中共党组织便派曲初到旅大"日本关东军"所在地，搜集军事情报，因而对日军情况较为熟悉。1954年末调离，晋升东北劳改总局副局长。

回忆我主持改造日本战犯时期的工作

金　源

　　1984 年 10 月 20 日，我带领原抚顺、太原战犯管理所工作人员友好
访日代表团访问日本，到达东京成田机场时，受到了昔日被我国宽大释放
回国的日本战犯的组织"中国归还者联络会"代表的热烈欢迎。10 月 21 日，
日本《读卖新闻》等报刊分别以"管制者应被管制者的邀请访问日本""狱
中之恩难忘却，不禁热泪喜相逢""在阔别三十载之后重逢"等醒目标题，
报道了我代表团成员与"中归联"成员亲切会见的动人场面。在访日期间，
一些日本新闻记者不断地向我们提出一个百思不得其解的问题：管制者与
被管制者、改造者与被改造者，历来是仇敌，为什么在中国竟然成了朋友？
其秘诀何在？我于 1950 年至 1978 年在抚顺战犯管理所工作了 28 年，亲
身经历了教育和改造日、伪战犯的全过程，并参与执行党中央对教育和改
造日、伪战犯的一系列方针、政策和周恩来总理等中央领导同志的一些具
体指示，因此，我感到这个答案是不难寻找的。

　　记得 1964 年，毛泽东同志在一次接见外宾时，曾介绍了我国改造日
本战犯的情况。毛主席指出："那些打中国的将军们，大多数被苏军俘虏
的，被我们俘虏的日本战犯中有中将、少将，有校级军官，一共 1100 多人，
经过教育，除一人外，都不反对我们了，而变成中国的朋友。在日本国内，
他们还进行宣传，反对他们的垄断资本主义和美帝国主义。"同年，毛泽
东同志在总结改造战犯经验时，对其必备的条件又作了科学的概括，指出：

"在敌人放下武器，缴械投降以后，敌人中的绝大多数是可以改造的，但要有好的政策，好的方法。要他们自觉改造，不能只靠强迫、压服。"毛泽东同志对教育和改造日、伪战犯工作所作的多次讲话，实际上已对我们党教育、改造日、伪战犯所获得的巨大成功，作出了科学的总结。

抚顺战犯管理所对日本战犯的教育改造工作，从 1950 年 7 月到 1964 年 3 月，经历了将近 14 年的时间。其中，大多数被免予起诉，只收押、改造了 6 年，就宽大释放了，只有少数被判刑的才关押、改造了 14 年。对伪满战犯，除伪满皇帝爱新觉罗·溥仪等人于 1959 年 12 月 4 日经最高人民法院核准宣布特赦外，到 1975 年先后赦放了七批。这期间，根据中共中央的有关指示精神，我们一直坚持把思想改造放在第一位，实行惩办与宽大相结合、劳动改造与思想教育相结合、政治斗争与革命人道主义相结合的政策，整个学习、管理、劳动都以转变战犯的反动立场、观点为出发点和归宿。经过艰苦、细致的思想教育，这批日、伪战犯终于在中国共产党的政策感召下，改造成为新人。中国共产党人在这一人类历史前所未有的伟大实践中，逐步摸索，积累了一套正确、先进、独特、成功的改造罪犯的经验，不仅创造了国际战犯审判史、改造史上的先例，而且为反对侵略战争、维护世界和平、力促重建中日和平友好关系，防止历史悲剧重演而作出了重大的努力和贡献。

那么，毛泽东同志所说的，我们党所制定的这一整套好的政策和好的方法，又是怎样逐步形成和贯彻的呢？现在仅就我所能回忆起来的情况，记述如下。

实行革命的人道主义原则

1950 年 6 月 20 日，我从东北公安部干部学校调到抚顺战犯管理所工作时（当时称为东北战犯管理所），该所正在紧张繁忙的整修。据说，中央和东北行政委员会领导同志为选择战犯管理所的所址曾花费了不少心思。周恩来总理曾亲自签发了一份函电，要求东北行政委员会拟订东北战犯管理所组建方案，其中就有对选定所址的具体要求。经过比较，最后确定位于旧抚顺城区的东北司法部直属监狱为所址。这一方面是由于安全上的考虑——朝鲜半岛如一旦有战事，可以随时将关押的战犯转移；另一方面，也考虑到这座日本人建造的旧监狱基础条件较好，而且离东北行政委员会所在地沈阳较近，也便于管理。1950 年 5 月，中央正式确定战犯管理所所址之前，中央司法部长史良同志还曾亲自到抚顺进行过实地考察。为了改造这座旧监狱，东北行政委员会拨出了大量经费，要求在短短的两三个月时间内把这座昔日的杀人魔窟整修得焕然一新。

1950 年 7 月中旬，抚顺战犯管理所接到东北公安部下达的命令：要求抽调日语翻译和医务人员，前往中苏边界黑龙江省绥芬河车站参加接收日本战犯。当时，我作为日语翻译也同车前往。参加接收工作队的人员大约有 30 名干部及一连的警卫战士。苏联政府移交过来的 969 名日本战犯，于 1950 年 7 月 21 日凌晨 3 时到达了抚顺城车站。随后，东北行政委员会又派人到绥芬河车站，接收苏联政府移交给我国的以伪满洲国皇帝爱新觉罗·溥仪为首的 61 名伪满战犯。其中，有伪满国务总理大臣张景惠及其所谓的八大部的 15 名大臣等。

被我们关押的 969 名日本战犯，在日本帝国主义侵略中国期间，都犯下了各种罪行。例如，伪满国务院总务厅长官武部六藏和总务厅次长古海忠之，操纵伪满傀儡政权与日本关东军结为一体，疯狂推行侵华政策，使中国人民遭受了旷古未有的深重灾难；中将师团长铃木启久，指挥其部下到处建立"无人区"，曾多次制造了大惨案，杀人三万多名，烧房两万多间，等等。

对于这些犯有严重罪行的日本战犯，我们始终贯彻党的有关政策，努力克制自己的愤恨情绪，坚持实行革命人道主义，给他们重新思考人生的机会。为了执行革命人道主义的原则，中央和东北人民政府制定了一系列措施和规定。例如，东北公安部部长汪金祥同志根据周总理关于要尊重战犯的民族习惯，要尊重他们的人格，对战犯的伙食要给予分灶待遇等指示精神，具体规定：凡将级和文官简任二等以上为小灶待遇；校级或相当于校级的文职官员为中灶待遇；校级以下的为大灶供应标准。具体点说，日伪少将或相当于少将以上官员，享受当时我东北行政委员会副部长以上干部待遇；校级或相当于校级的，则享受当时我县团级以上干部待遇；校级以下的大灶待遇，也基本上是细粮供应。当时，我们管理所的干部和工作人员吃的几乎全部是高粱米、窝窝头等粗粮，一周改善一次生活时才能吃上一顿细粮。

根据周恩来总理的指示精神与东北公安部的具体要求，我们在实际工作中时刻注意尊重战犯的人格，严禁有打骂、体罚及侮辱性言行；并尽力为战犯们提供良好的学习环境，保证必要的生活条件；还照顾日本战犯的民族习惯，为他们烹调具有日本民族风味的饭菜等。所有战犯都能定时洗澡、理发，定期检查身体，有病的都能及时得到医治，还给他们镶牙、配眼镜、安装假腿。允许日本战犯与其在国内的亲属通信、接见（对伪满战犯亦然），从多方面提供方便。除此，还组织他们坚持开展正常的文化娱乐活动和体育活动，等等。

在中华人民共和国刚刚建立，抗美援朝战争正在进行的情况下，我们能够勒紧裤带，克服困难，给在押的所有战犯如此优厚的待遇，不能不使这些昔日的杀人狂们受到良心上的谴责，从而有效地配合和推动了日、伪战犯的思想改造。

对战犯开展悔罪认罪教育

1950 年 10 月初，由于美帝国主义发动的侵朝战争已经波及鸭绿江岸，这不仅严重地威胁着我国的安全和经济建设，还直接威胁着临近中朝边界的抚顺战犯管理所的安全。为此，周总理给东北行政委员会发了一份专电，指示东北行政委员会立即将日本战犯和伪满战犯向北满地区转移，而且要求转移的速度越快越好。东北公安部部长汪金祥接到中央的密电后，于 10 月 16 日当天向抚顺战犯管理所下达了向哈尔滨转移关押战犯的命令，同时，东北公安部负责同志还向抚顺战犯管理所传达了周总理关于在转移关押战犯中和关押教育改造期间，要做到"不跑一个，不死一个"的指示。

东北公安部根据中央的有关指示，又对管理教育战犯工作作了明确规定，要求战犯管理所在贯彻有关指示中，要做到形式上缓和，实际上严格，必须做到"不跑一个，不死一个"。10月16日下午，抚顺战犯管理所接到东北公安部的紧急命令后，立即向全所工作人员进行了传达和动员，并派人到沈阳铁路管理局联系专列，组织后勤人员连夜赶制路途需用的食品和采购1200套藏青色防寒棉衣。同时，动员所内工作人员尽快疏散随军家属。东北公安部队还抽出一个团的兵力随车押送。从16日下午接到通知做准备工作，13日、19日先后分两批用专列将日本战犯和伪满战犯向哈尔滨转移，并于20日早、晚两车分别到达哈市，其间只用了三四天的时间，全所上下一齐行动，没有一个喊困难、闹情绪的。大家都一丝不苟、行动迅速，圆满完成了中央和东北公安部下达的保证在押战犯安全转移的任务。事后大家都认为这是个奇迹。

苏联移交我国的近千名日本战犯，刚来到抚顺战犯管理所时，态度极端傲慢顽固。他们蔑视新生的中华人民共和国，经常公开地为其侵华战争行为辩解，说什么"日本国土小、人口多、资源贫乏，为了日本民族的生存，争取空间，向外扩张是不得已和正当的"；认为"战败并不是日本军队不强，而是战线太长，物资供应不足，是在战略上犯了错误的结果"；有的还胡说什么"日本大和民族是优等民族，有义务指导劣等民族"等等。他们表面上气势汹汹，抱成一团，以此来对抗关押和改造。但他们毕竟是中国人民的阶下囚，内心里充满了惊慌和恐惧，不知道我们将会如何处置他们，很害怕中国人民对他们施以民族报复。所以，便经常采取抗议，向联合国请愿、呼吁等种种方式威胁我们，企图要挟我们放其回国。但他们又怕违反监规会受到更严厉的惩罚，因而处于欲乱不敢，俯首听命而又不甘心的色厉内荏的思想状况。在这种情况下，他们中的一些人受反动的军国主义思想、歪曲了的民族优越感和强烈自尊心的驱使，异想天开地搬出了所谓"国际法"，说什么"我们不是战犯，而是战俘"，"必须无条件释放我们"等等，企图运用"法律"武器同我进行合法斗争，迫使我们用对待战俘的办法处理他们，达到无罪释放，遣送他们回国的目的。加上这批战犯移交我国的时间，正处于美帝国主义发动侵朝战争初期，特别是由于战火越来越燃及我国的边界，更给这些日本战犯带来了希望，唤起了他们借第三次世界大战卷土重来的野心。尽管从抚顺出发时，所方已向他们明确地宣布了这次向北满转移的目的和地点，但这些日本战犯在转移中，仍持有种种猜测、怀疑和恐惧。有的担心在美军到来之前会被我方杀掉；有的担心会被我国再次送回苏联服苦役；也有的想寻找机会逃跑。所以，他们一到哈尔滨，反动气焰就更加嚣张，这给管教工作带来了新的困难。

大约是 1952 年春天，周恩来总理得知北迁哈尔滨的日、伪战犯，特别是日本战犯对我管教方针，政策不理解，甚至拒不认罪、抗拒改造时，曾明确指示：对这些战犯要进行悔罪教育。我当时担任战犯管理所管教科副科长，深深感到，周总理的指示话虽不多，但说到了点子上。可是，我们究竟该怎样对战犯进行认罪悔罪教育呢？当时，我一下子说不清楚。经我们全科同志学习研究了一个多月，大家都感到，要贯彻好总理的指示要求，应该首先抓好战犯们的革命理论学习。早年留学于日本的张梦实同志说，日本军国主义首先在国内实行压榨、剥削，然后又对外进行扩张、侵略。正如列宁在《帝国主义论》中所揭露的那样，日本垄断资产阶级完全是为了攫取剩余价值，而参加瓜分世界的。这些日本战犯的前半生，正是受着日本垄断资产阶级的驱使，成为日本军国主义对内压榨和对外扩张的工具，而在中国犯下了滔天罪行。所以，大家都认为，从组织战犯们学习列宁的《帝国主义论》入手，结合他们前半生所犯的罪恶，能帮助他们认清日本帝国主义的反动本质，达到使其转变反动观点、立场，促其自动认罪、悔罪的目的。于是，我们便从 900 多名日本战犯中选出 14 名校级以下、出身较贫寒的战犯，组织他们先学一步。每天在进行学习前，我、张梦实和王永生三人都提前到场，把会议室打扫得干干净净。因我们已把会议室当成了战场，每项准备工作都搞得有条不紊。14 名校级以下战犯，通过学习《帝国主义论》，初步认清了帝国主义的反动本质和自己在日本帝国主义对外侵略扩张中所犯下的严重罪行，收到了较好的学习效果。

正如毛泽东同志在《论持久战》一文中深刻揭示的那样："日本军队的长处，不但在其武器，还在其官兵的教养——其组织性，其因过去没有打过败仗而形成的自信心，其对天皇和对鬼神的迷信，其骄傲自尊，其对中国人的轻视等等特点，这是日本军阀多年的武断教育和日本的民族习惯形成的。"我们根据毛泽东同志针对日本军队特点而提出的主要是政治上争取的方法，又对全部在押战犯进行了具体分析研究，并按下层、中层、上层和顽固分子四个层次，针对不同情况，分别做细致的思想工作。同时，在方法步骤上，也由浅入深地促其悔罪认罪。首先，由点到面、从低层次到高层次，分期分批地组织战犯们学习《帝国主义论》、《日本资本主义发展史》、《日本人民的前途》等书籍及其他有关资料，并在自觉的基础上进行对照反省。经过这一阶段的学习，他们初步认清了帝国主义的本质和发动战争的根源，以及日本军国主义的侵华罪行。

其次，在战犯们深入学习和反省的基础上，引导他们进行自觉地坦白认罪悔过。同时，又针对他们中普遍存在的侥幸心理及种种疑虑，继续组织他们深入学习讨论：（1）谁把你们推上了战争罪犯的道路？（2）应当怎样看待战时的天皇？自己怎样充当了天皇的牺牲品？（3）怎样才能结束监禁生活，走上新生之路？经过这一阶段的座谈讨论，大多数战犯都开始认识到，只有走老老实实认罪悔过的道路，才有可能得到中国人民的宽恕，并且纷纷坦白交代了大量的罪行。再次，在战犯们普遍认罪悔罪的基础上，后期又对所有在押战犯进行侦讯工作。这是向战犯正面讯问调查罪行的阶段，也是进行认罪教育更深入的阶段。

为了配合在战犯中深入进行悔罪认罪教育，我们针对战犯的反动思想和观点，重点对他们进行有关国际法知识的教育，引述国际法的有关规定，指明任何受害国家都有权对犯有破坏和平罪，或战争罪，或违反人道罪，或二者三者兼而有之的所有战争犯罪分子进行处理和改造。同时，还有计划地在战犯中进行科学社会主义理论的教育，重点进行了反对军国主义、世界革命发展前途、中国革命经验等内容的学习。

通过上述一系列教育，在押的日本战犯的反动思想有了根本性的转变。因朝鲜战局的好转，经请示东北公安部批准，于1951年3月和1953年10月，分别将日、伪在押战犯由哈尔滨迁回抚顺战犯管理所。

组织战犯到社会上接受教育

大约是 1956 年春天，抚顺战犯管理所接到中央公安部的通知，让孙明斋所长和我（此时我担任管教科科长职务）到北京去开会。我们到京时，关押日本战犯的太原战犯管理所所长，关押国民党战犯的几个战犯管理所的所长都早已到会。当时，公安部一局局长凌云同志在会上向我们宣布了中央关于组织战犯到社会参观的决定，并说明了这一决定的重大意义，还着重传达了周总理的重要指示。我记得总理指示的大意是，要组织战犯到社会参观，接受现实教育。让他们到曾经犯罪的地方看看中华人民共和国成立后的变化。总理还要求注意他们在参观中的安全，同时要尊重他们的人格。我们参加会议的同志都认为，中央的决定和总理的指示，是打破旧监狱与社会相隔离，运用社会群众力量教育和改造罪犯工作的一次大胆尝试。根据周总理指示精神，中央公安部正式发出通知，决定从 1956 年 2 月始，分三批组织战犯到社会参观学习，接受社会的实际教育。

当我们按照中央通知精神，正式向在押战犯宣布中央的上述决定时，在场的所有战犯几乎都不相信，有些人误认为是自己听错了，后来经过几天的学习和准备，他们才相信决定是真实的，并开始活跃起来。有一些战犯对这个重大决定感到特别高兴，因为他们猜测这可能是释放的前兆；有一少部分人则感到十分紧张，担心到社会上参观会被受害者认出来而受到报复；大多数战犯则半信半疑，迷惑不解。当然，管理所工作人员普遍拥护中央的决定，认为这样做可使战犯们解决在狱中难以解决的一些思想疙瘩，消除他们藏在心里面未说出的种种怀疑，回答他们曾经提出过的对我国社会主义革命和建设的一些疑惑不解的问题。比如："中国的工业建设是否只限于东北地区，全国工业化速度是不是像报纸上报道的那样快？""中国 5 亿农民是否真正愿意走集体化道路？""资本家接受改造是真心实意的吗？""管理所的干部是毛泽东亲手培养出来的特殊人才，但是中国人民那种愚昧落后的状态有没有变化？""新中国在世界上是否站得住，真能顶住美国侵略而成为东方堡垒吗？"等等。总之，我们的理论和实际是否一致？中国人民说的和做的是否一样？这些都很有必要让战犯们在参观实践中自己去寻找答案。

针对战犯们的思想情况，我们决定参观路线，既到东北地区，又到关内各地；既到城市，又到农村；既参观新建工矿企业，又参观改建扩建企业；既参观科学文化部门，又参观社会福利事业，以及古迹名胜，等等。经所方研究，我们还把在押的日本战犯分成三批，组织三个大队，然后分别到各地参观学习。先是组织他们在抚顺地区参观，随后从1956年3月起，分批乘铁路专列（备有卧铺）到全国各地参观。在参观中，主宰掠夺我国经济的伪满总务厅次长古海忠之看到鞍钢新建的九号高炉惊叹不已。他原以为鞍钢没有日本人指导只能种高粱，没想到中华人民共和国成立才几年，钢铁工业比伪满搞得还好。在沈阳郊区大青村高级社参观时，亲眼看见农民吃着大米饭，听着几位农村老大娘诉说在伪满时期遭受的种种痛苦遭遇时，古海忠之等人立即跪下来，连连请罪求饶。一位老大娘对战犯们说："只要你们好好改造，重新做人，中国人民是不会报复你们的。"到天津一家公私合营的仁立纺织厂参观时，一些战犯向资方提出了十几个问题，其中有一个问题是："新中国允许你剥削吗？"资方代表回答："我作为资方代表参加工厂管理，不是为剥削。我的孩子都参加劳动，都自食其力，他们谁都不向我要钱。我留那么多钱干什么呢？！"战犯们听了回答都感到很新鲜，频频点头称是。他们到抚顺平顶山惨案纪念馆，南京大惨案纪念馆和当年日本三十九师团在武汉制造的惨案现场参观时，都纷纷跪下向我死难同胞默哀，哭声不绝。在抚顺西露天矿幼儿园参观时，听了平顶山惨案的幸存者方素荣同志的血泪控诉后，在场的300多名日本战犯都跪了下来，恳求中国当局就地枪决他们。战犯们回到战犯管理所，看守人员送来了热饭菜，他们又都怀着悔罪的心情拒绝进餐。他们说，我们对中国人民作恶多端，现在活在人世间实在是太可鄙了。就这样，北至哈尔滨，南至长江沿岸，战犯们参观了我国大江南北11个城市、99个单位，到处都留下了他们悔罪的眼泪。

实践证明，中央关于组织战犯到社会上参观学习，让他们亲眼看看新中国社会主义革命和建设的情景，亲身接受社会的教育，促其悔罪，推进其改造，是十分英明和正确的。不少战犯参观归来，谈观感时说："中国政府允许在押战犯走出高墙，到外边参观，这在世界上是史无前例的。"通过参观，他们对新中国工农业生产的辉煌成就，普遍心悦诚服。中国务阶层，过去的受害者，对战犯们表现出的宽容态度，也使他们深受感动。在战犯们供认罪行，转变反动立场而又接受了许多革命理论教育之后，让他们走到社会上，把理性教育与感性教育紧密结合起来，不但是对以往教育改造成果的实际检验，也进一步巩固了他们低头认罪的态度。事实上，日本战犯对中国的事情了解得越多，就越能加深对自己罪行的悔恨，越发感激中国政府对他们的教育改造，越发增强反战与维护和平的信念和决心。

不判处一个死刑也不判处一个无期徒刑

约在 1954 年 1 月中旬，我随孙明斋所长到北京，向最高人民检察院汇报三年来管教日、伪战犯工作的情况。最高人民检察院副检察长高克林和谭政文亲自听取了我们的汇报。同时，最高人民检察院负责同志还向我们传达了周总理提出的要对日本战犯进行侦讯工作的指示，要求把他们在我国犯下的主要罪行基本查清楚。高检负责同志还说，中央已经决定，要对日本战犯和伪满战犯进行审理。随后，于 1954 年 3 月初，最高人民检察院便派来"东北侦讯工作团"，到抚顺战犯管理所，对关押的日、伪战犯进行起诉前的准备工作。"东北工作团"力量很强，由"高检"办公厅主任李甫山任负责人，共有 700 多人（加上抚顺战犯管理所工作人员，以及临时抽调来的审讯员、翻译、书记员等，实际上有 900 多人），其中不少人是司局级干部。东北工作团到达抚顺之前，中央已指示辽宁省委，要为工作团提供良好的工作条件。这期间，我还向中共抚顺市委书记赵实、市长张澍、副市长李正南汇报了有关情况。中共抚顺市委和市政府负责同志听到有关精神后，当天就派人征用了位于抚顺战犯管理所周围的市机械厂俱乐部、抚顺县公安局、抚顺监狱办公楼、森林调查队等公用房舍，还及时抽调了车辆，提供了办公用品等，保证了侦讯准备工作的如期完成。

侦讯日本战犯是一项极为艰巨复杂的任务。被我们侦讯的对象，都不是一般的犯人，而是一批充满日本军国主义思想和"武士道"精神的帝国主义侵略分子。他们犯下的累累罪行，遍及我国广大的沦陷区，且其犯罪时间距今过久，证据多已湮没，加之国籍语言不同，多数受害群众又不知道犯罪者的姓名及其所属部队的番号和机关名称等，给搜集证据工作带来很大困难。而且，这些战犯在关押期间又曾相互串供，订立了"攻守同盟"，要使他们主动坦白、俯首认罪，也绝不是一件轻而易举的事情。但是，我们有中国共产党的正确领导，有广大人民群众的热情支持，经过新中国政法工作者的艰苦努力，仅仅用了一年半的时间就排除了重重困难，终于在1956年9月，胜利地完成了对日本战犯的侦讯和处理工作。在这段时间里，我们采取了个别侦查与认罪检举相结合、严肃审问与广泛调查相结合、系统侦讯与耐心管教相结合的方法，特别是贯彻了调查研究、实事求是的精神，坚持了重证据、不轻信口供和严禁"逼供信"的原则，有计划有步骤地开展了严密而细致的侦讯工作，为严肃追究战犯罪行，取得了多方面确凿有力的证据。经过侦讯证实，这批战犯在侵略我国的战争中，都犯有各种严重罪行。他们侵夺我国主权，策划、推行侵略政策，进行特务间谍活动，制造细菌武器，施放毒气，屠杀、抓捕、奴役和毒化我国人民，强奸妇女，大量掠夺我国的物资财富，毁灭城镇乡村，驱逐和平居民，等等。其中，有的还在日本投降后参加了蒋介石、阎锡山反革命集团，帮助进行反革命内战，妄图保存残余势力，东山再起，再次侵略我国，因此犯有双重罪行。这些人虽是日军侵华战犯中的一小部分，但也给中国人民造成了极大灾难。仅据已查悉的战犯的几项主要罪行的极不完全的统计，在他们主谋或参与之下，烧毁和破坏的房屋就有78000多处，又44000余间；掠夺粮食达3700多万吨，煤炭22200万吨，钢铁等金属3000多万吨；杀害我国和平居民和被俘人员857000多人，并制造了潘家戴庄、北疃、巴木东、三肇等30余起重大惨案。这批战犯还经常把被俘的我军士兵当作教练日军刺杀的活靶，进行残杀。战犯住冈义一曾在太原赛马场两次把被俘的 340 名中国人当作训练士兵的活靶，全部残杀。此外，还有些战犯把我国同胞交给日军 731 部队进行细菌实验。更有甚者，一些战犯嗜血成性、杀死中国人后，竟然吃人肝，吃人脑。这种毫无人性的野兽般的暴行举不胜举。

总之，在整个侦讯过程中，始终采取这样的方针，对校级以上战犯进行严肃讯问，对校级以下一般战犯则发动他们进行认罪检举。记得在校级以上战犯中，列为重点侦讯对象的有 107 人。鉴于他们的罪行极为严重，为法律所不容，所以，东北工作团和抚顺战犯管理所曾经提出过建议国家最高检察院和最高法院对其中罪大恶极的 70 余名战犯处以极刑的方案。1955 年末，东北工作团和抚顺战犯管理所负责人去北京汇报工作时，周总理在中南海亲自听取了他们的意见。周总理高瞻远瞩而又语重心长地对他们说："对日本战犯的处理，不判处一个死刑，也不判处一个无期徒刑，判有期徒刑的也要极少数。起诉书要把基本罪行搞清楚，罪行确凿后才能起诉。对犯一般罪行的不起诉。这是中央的决定。"东北工作团和抚顺战犯管理所负责人回到抚顺以后，尽管已及时地将中央和周总理的指示精神，向工作团和管理所的全体干部进行了传达，但是，许多吃过日本侵略者苦头的同志思想都不通。于是，东北工作团的负责同志又二次进京向周总理汇报。周总理很耐心地对他们说："不是下面的思想不通，恐怕是你们的思想不通。你们的思想要通了，下面的思想怎么能会不通呢。中央决定对日本战犯进行宽大处理，在 20 年以后，你们会看到中央的决定是正确的。"东北工作团负责同志返抚后，又借高尔山下一座礼堂，召开了有 900 多名干部参加的大会，再次如实地传达了中央的决定，从而使东北工作团和战犯管理所的干部统一了思想，提高了认识，进一步增强了为改造好战犯的信心和责任感。记得 1956 年 3 月，周总理还在最高检察院的一份报告上批示："免于起诉的战犯要分三批释放"。随后，中华人民共和国全国人民代表大会常务委员会于 1956 年 4 月作出了《关于处理在日本侵略战争中战争犯罪分子的决定》。1956 年 6 月 9 日，中华人民共和国最高人民法院遵照这一决定，在沈阳北陵设立了中华人民共和国最高人民法院特别军事法庭并正式开庭。参加旁听的人数有 1400 多人，他们来自全国各省和北京、天津两市，以及中央各民主党派、各人民团体。6 月 9 日，第一个受审的是前日本陆军五十九师团中将师团长藤田茂。被告藤田茂在受审时，对事实调查中对其罪行的认定，没有表示反对意见。6 月 10 日，对被告藤田茂的犯罪事实调查结束后，随之开始审问被告前日本陆军第一一七师团中将师团长铃木启久。被告铃木启久在受审中对法庭所认定的罪行全部承认属实。我特别军事法庭，对武部六藏等 45 名战犯分别判处 8 年至 20 年徒刑（刑期从被俘时算起）。整个审讯历时两个月，所有受审战犯，对法庭认定的罪行全部供认不讳，并纷纷要求处以极刑。如伪满洲国国务院总务厅次长古海忠之说："我在中国犯下了人类所不能允许的滔天罪行，请求中国人民对我处以死刑，以此教育日本的后一代。"中将师团长佐佐真之助说："我的罪行，实在是遍及中国全土，成了 6 亿人民憎恨的对象，受到几个死刑也是补偿不过的。"伪满警务总局简任官今吉均说："我想我个人或几百名日本战犯之死，也不能安慰千百万的中国被害者。中国政府杀我的头，我也要喊'日中友好万岁！'"另外，对其余 1017 名战犯则由最高人民检察院宣布免于起诉，分三批释放回国。被宽大释放的战犯，接过《免于起诉决定书》时，都痛哭不已，伏地长跪不起表示忏悔和感谢。这些感人的情景，与东京"远东国际军事法庭"自 1946 年开始，历时两年多的时间，动用 3000 余名法律人士审判日本战犯，而受审的战犯却百般抵赖，无理狡辩，企图逃脱法律惩罚的情况形成鲜明对照。一些外国记者旁听审判后，评述我国的审判是检察官与战犯，被害者与战犯，证人、律师与战犯，审判者与被审判者，虽各自的立场、职责不同，但在庄严的法庭上，却都能不约而同地揭露和控诉日本帝国主义的种种罪行，这在国际审判史上实属罕见。日本战犯这种脱胎换骨的变化，充分反映了中国改造工作的巨大成就。

1962 年底，周总理在同高崎达之助等 5 位日本国会议员谈话时，曾说过："从中日甲午战争开始，日本侵略中国，特别是 1931 年'九·一八'事变，日本入侵中国内地，给中国人民的生命和财产造成重大损失，对此，我们抱有深深的怨恨。但是，甲午战争到现在只有几十年，这在两千年的中日友好史上是短暂的。我们现在正在努力忘记这段时间，忘记怨恨，结成友好。"中国人民和中央领导同志正是以这种伟大的无产阶级胸怀，来洞察、分析和处理近代一百年来中日之间的对立和怨恨而揭开新的友好历史的。

对溥仪改造的关怀

将溥仪作为战犯关押，是基于他 1932 年 3 月至 1945 年 8 月充当伪满洲国执政和皇帝期间所犯下的战争罪行。但作为对溥仪的改造，则是针对他的全部的反动立场和思想进行的。经过近 10 年的耐心教育，终于使他由一个卖国求荣之徒变成了一个爱国者，世人对这一神奇般的变化无不感叹和赞许。但是，中央领导同志关心溥仪改造的感人事例，世人未必尽知。

1950 年 8 月，溥仪回国之前，在苏联曾多次上书给苏联最高当局和斯大林元帅，请求允许他长期留居苏联，不要把他送回国内。据说，溥仪的上书曾刊载在苏联的《真理报》上。为此，斯大林同志曾让苏联内务部的一位官员找溥仪谈过话，以解除其对回国的种种疑虑。8 月初，溥仪等人从绥芬河进入国境之后，担心被我杀头的思想包袱背得很重。当周总理了解这一情况后，便指示原东北行政委员会主席高岗（兼东北战犯管理领导小组组长）、东北公安部部长汪金祥（东北战犯管理领导小组成员）在溥仪回国，路经沈阳时，亲自出面做好对溥仪等人的稳定工作。这次，在东北公安部会议室的接见时间虽短，但使溥仪等人的紧张心情有所缓和。

溥仪等人来到抚顺战犯管理所以后，中央领导同志及东北公安部领导同志对他们的教育、改造情况，一直是很关心的。不但指示要在生活上给予特殊照顾，而且还允许同其家属通信，允许其亲人到战犯管理所探访。自 1955 年 6 月初，经最高人民检察院批准，允许伪满战犯同家属通信和亲人接见以来，记得溥仪的前妃李玉琴曾先后三次来到管理所与溥仪会面。她最后一次来抚顺是 1956 年 12 月 25 日。这一天，李玉琴来到管理所就要求见所长，记得其中有一个问题是问溥仪何时能得到释放。因所领导不便回答这个问题，李玉琴就提出要同溥仪离婚。当时，我们再三做工作，李玉琴怎么也听不进去。经所里几名领导同志研究，都认为这不单是溥仪同李玉琴的私生活问题，还关系到溥仪的继续改造问题，因为这期间溥仪特别想念李玉琴，他现在只有李玉琴这唯一的妻子了。于是，我们便径直向中央公安部一局请示。时间不长，公安部一局局长凌云同志传达了罗瑞卿部长的答复：宁可破例让溥仪同李玉琴在所内同房，恢复他们之间的感情，也不要轻易地允许他俩离婚，要尽量做好李玉琴的工作。撂下电话，我们几人便忙活开了，有的去准备双人床，有的到厨房去为他们安排晚饭。第二天，我问溥仪昨晚谈得怎么样？溥仪哭丧着脸说道，我俩谈了一宿，李玉琴哭了一宿，不管怎么说，李玉琴还是要离婚。后来，溥仪又同在押的家族们商量，他们都说只好依了李玉琴离婚。随后，经抚顺市河北区法院正式办理了离婚手续。

　　记得这期间还有两件事给我留下了较深的印象。一件事是，毛主席让载涛来抚顺战犯管理所看溥仪；一件事是，周总理让溥杰同其二女儿嫮生通信。载涛是溥仪的七叔。大约是1955年5月，载涛作为全国人民代表在北京出席人民代表大会期间，在一次宴会上，周总理把载涛引见给毛主席。毛主席对载涛说，溥仪在抚顺改造得不错，你应该去看看。周总理把毛主席的意见转告给北京市市长彭真，并请他负责安排一下。于是，彭真同志便立即派专人陪同载涛及溥仪的两个妹妹一起来到抚顺，中央公安部也特地派来一位处长陪同他们。载涛等人来到管理所，见到了溥仪、溥杰等人便说道："我这次来看你们，是毛主席派我来的。周总理还根据毛主席的旨意，让彭真市长为我们做衣服，国家承担全部旅费……"载涛的话还没有说完，溥仪全家人都感动得哭了。这次会见，安排在战犯管理所1号会议室。会见开始时，孙明斋所长和我、李福生同志等都参加了，后来我们觉得在场不方便，就主动离开了。他们在这间会议室里，又是说又是笑，整整谈了一个上午。下午，管理所派汽车载着溥仪、溥杰等人到载涛下榻的抚顺东公园专家招待所进行回访。载涛等人在抚顺住了好几天，同溥仪等人会见了好多次。溥仪后来激动地对我说道："毛主席、周总理日理万机，他们天天都为国家大事操心，工作那么忙，还能想着我们，我真是想都没想到哇！"另外，溥杰有两个女儿，大女儿叫慧生，小女儿叫嫮生，都住在日本的姥姥家。他的大女儿慧生因爱情的烦恼，于1957年12月和男朋友一起殉情于日本伊豆岛天城山的幽谷之中。他的小女儿嫮生曾从日本国寄给周总理一封信，请求周伯伯能帮助她找到想念中的爸爸。从此，溥杰便同妻子嵯峨浩及女儿嫮生建立了通信联系。溥杰于1960年11月28日被特赦释放。1961年5月，嫮生随母亲来到北京，周总理还同他们一家人见了面。当周总理得知嫮生执意要同一位日本男青年相爱而受到母亲阻拦时，就对嫮生说："嫮生是不是还想回日本呢？你如想回去可以去，几时想来中国看你的父母也可以来，几时你来中国不想再回日本了就在中国住下。你想和日本人结婚也没有什么关系，你的母亲同中国人结了婚，你和日本人结婚那又有什么不可呢？我是同情你的。"嫮生听了眼泪簌簌地流了下来，溥杰夫妇也十分感动。

记得溥仪等人被关押在战犯管理所期间，曾有几位中央领导同志先后来到管理所看望过溥仪。现在我能记得起来的有：邓小平、李先念、贺龙、聂荣臻、班禅额尔德尼及刘亚楼、王平等领导同志。给我留下印象最深的，是贺龙和聂荣臻元帅来到管理所视察。可能是1955年3月的一天上午，贺帅和聂帅来辽宁视察军工生产情况时，顺路来到管理所。在管理所1号会议室，我们先是向两位老帅汇报了改造战犯的一些情况，随后，贺帅便提出要见见溥仪和张景惠。当把他们从监舍里找来，贺帅见溥仪身体很好，便乐呵呵地向他提出了一个问题："你说是你过去在皇宫内当皇帝时吃饭香呢，还是现在这里吃饭香呢？"溥仪答道，我过去在宫内当皇帝，每顿饭至少有48道菜，婉容有时还要进贡十几个菜，虽都是山珍海味，但吃起来不知是什么味道。现在在这里，伙食标准虽不如从前，但有时候一顿饭就能吃一斤包子，香得很。贺帅又说，"这是因为你现在生活有规律的缘故，也是你进步的表现"。贺帅还说，"过去当皇帝的，很少有长寿的"。提起当伪满傀儡皇帝时，溥仪连忙说道，我有罪，我对不起党，也对不起人民，我一定要好好改造。贺帅高兴地对溥仪说，"你老老实实接受改造是对的。只要你好好改造，将来会有公民权的，会有前途的"。聂帅也说，

"你好好学习改造吧,你会亲眼看到我国社会主义建设实况的"。溥仪听了两位老师的话,如获至宝,回到监舍以后,一连几天同其家族在一起,反复推敲着两位老师讲话的含义。他的几位家族成员也都深感溥仪会有新生希望的。贺龙元帅在会议室见到张景惠时,因见张景惠长得肥头大耳,笨手笨脚的,还故意逗他,问道:听说你改造得不错,还学会了唱歌子,你能唱唱《东方红》吗?说罢,张景惠真就唱起了《东方红》。他支支吾吾地唱得不怎么好听,但他唱得特别认真、高兴。

溥仪在关押期间,曾得到我们党和国家领导人的教育和鼓励,他获得新生以后,得到党和国家领导人的关心和照顾更多了。1959年末,溥仪被特赦后,周总理于12月14日下午,在北京中南海西花厅接见他和10名国民党首批特赦将领时,曾对溥仪讲过:"生于斯,长于斯,不爱这个国家爱谁呢?以民族问题为例,溥仪先生,你在清朝只有几岁,你不负责任,但在伪满时代你要负责任。"周总理语重心长地希望他继续改造自己,要时刻热爱我们伟大祖国。陪同接见的还有副总理陈毅、习仲勋等。

1961年的一天下午,毛主席在中南海家里做了几样家乡菜,特意邀请溥仪和章士钊、程潜、仇鳌、王季范五位老人到家中做客。溥仪是特赦人员中唯一受到毛主席接见的。毛主席和溥仪一边吃饭一边闲聊。毛主席还建议溥仪能否再建立一个家庭。饭后毛主席和"五老"一起照了相。溥仪把这张珍贵照片一直摆在床头几上。直到1967年10月中旬,溥仪在弥留之际,还对他的夫人李淑贤说道:"我这一世,当过皇帝,也当了公民,归宿还好。……改造我这样一个人不容易,把一个封建统治者变成一个公民,无论什么国家都很难做到。中国共产党办到了……"

【作者简介】

金源,男,黑龙江省人,朝鲜族。1926年4月生。1946年3月参加革命,1950年6月调入东北战犯管理所,历任日语翻译,管教科副科长、科长,副所长、所长。1978年调离,任中央公安大学党委书记。

改造日本将校级战犯侧记

崔仁杰

1952 年初冬，我被组织上调到抚顺战犯管理所管教科工作，最初让我参与整理在押的日本校级以下战犯的认罪坦白材料，后来让我担负对日本将校级战犯的管教工作，直到 1964 年 3 月 6 日，释放在押的最后 3 名日本战犯时为止。日本将校级战犯较多，其中将级或相当于将级的 31 名，校级或相当于校级的 210 名。由于时间较久，许多人和事已经记不清了，所以，仅将几件印象较深的人和事整理如下。

佐古的眼泪和手表

1954 年 3 月，最高人民检察院组成了东北工作团，来到抚顺战犯管理所，对在押的日本战犯进行侦讯工作。首先，发动校级以下的日本战犯开展认罪检举运动。然后，又对校级以上的日本战犯进行了个别审讯。

从 1950 年 7 月到 1954 年 3 月，日本战犯由苏联移交中国，已被关押了近 4 年。在我党宽大政策的感召下，他们初来时那种恐惧、绝望及反抗情绪，虽已逐渐消除，但对长期关押仍有不满情绪，不少人幻想能早日回国。

在这种情况下，校级以下的日本战犯开展的认罪检举运动已经轰轰烈烈，将校级战犯却还蒙在鼓里，不知道他们昔日的部下正在检举揭发他们在中国曾犯下的血腥罪行。随着校级以下战犯认罪检举运动的深入，对将校级战犯的审讯工作也开始了。

一天，刚开过早饭，看守员就开始喊起被提审的日本战犯的名字。从此，不少将校级战犯食欲猛减，夜不能寐。我们管教员为了配合审讯工作，避免发生意外，便不分昼夜地深入监号，观察战犯动态，搜集思想反映，随时找有关战犯谈话，有针对性地进行思想教育。

有一天，值班看守员给我送来战犯佐古龙祐写的一张"面谈申请"纸条。我叫看守员把佐古带到谈话室。佐古轻轻地敲了门，我让他进来，他向我深深地鞠了个躬。

佐古龙祐，毕业于日本陆军幼年学校和日本陆军士官学校。曾任伪满铁路警护军牡丹江警护旅少将旅长。这时，他已是近70岁的人了，圆脸、矮胖子。我看他眼圈发红，泪汪汪的，便招呼他坐下，他不坐。我想，他可能是在审讯中遇到了麻烦。我再次让他坐下，他还是不坐。我和气地同他谈话时，佐古情不自禁地流下了眼泪，并说道："崔先生，长期以来承蒙您的亲切关照，实在多谢了。您的恩情，我死也忘不了。"他又行了个礼，然后接着说："在审讯中，我的交代材料怎也不能使审讯员先生满意。虽然我已下决心要彻底坦白，但因我的罪行很多，也很严重，而且又事隔多年，我年岁也大了，许多罪行已记不清了。我已感到精疲力尽，无可奈何。因此，我有一个请求，如果您有机会的话，请向我的老婆、孩子转告一下，我是怎样努力改恶从善的……"

他说着，便从上衣小兜里掏出一块怀表来，用双手捧着说："这是我过去爱用的表，为了表达我衷心爱戴之情，奉送给您，请笑纳做个纪念……"他声泪俱下，用乞求的目光望着我。我这才听清了他的用意。于是，便用严厉的、轻蔑的目光盯着他。我觉得他的小动作，对我是一种侮辱。我既严肃地批评了他，又进一步向他交代了我们党的政策，指明了前途，并开导他要继续悔罪认罪，争取重做新人。

佐古听了我的批评，止住了哭声，脸都羞红了。他不好意思地把那块怀表揣到兜里，并承认了错误，表示一定要照我的教导去做。

后来，据负责审讯佐古的同志对我讲，佐古的认罪态度有了很大转变。

1956 年，他同许多日本战犯一样，受到了免予起诉的宽大处理，被释放回国。

岛村的猖狂与转变

日本战犯来所初期，一些思想反动的校级战犯对关押不满，曾联名给毛主席和周总理写了一封洋洋数千字的"请愿书"，要求与家属自由通信，早日获释回国，等等。据了解，起草者是前伪满警务总局特务处调查课长兼中央保安局第二课长岛村三郎。

一天下午，所里召集这些日本校级战犯开座谈会，孙明斋所长亲自主持，金源科长和我们管教员都身穿军服，在正面坐成一排；两侧和对面坐的是那些校级战犯。

在座位上，闭着眼、双手放在大腿上端然坐着的岛村三郎，在苏联西伯利亚关押时，就曾挑头给斯大林元帅写过请愿书。这一天的座谈会开始时，气氛异常紧张、沉闷。后来，又是岛村三郎以傲慢的态度首先发言。他极力为日本帝国主义侵略中国的行径辩护；要求早日释放在押战犯。

岛村的发言使其他日本战犯受到鼓舞，他们一个接一个地站起来，照样地发表一通陈词滥调。当时，那种反动气焰可说嚣张已极。对此，孙明斋所长理直气壮地给予了有力地批驳和反击，并指出：只有彻底坦白认罪，争取重新做人，才会有光明的前途。

这次座谈会使我看清了岛村三郎等人的反动立场。岛村三郎是日本高知县人，出生在一个普通农民家庭里，中学毕业后受一位富豪的资助，先后毕业于日本京都大学经济学部和伪满洲国的大同学院。在伪满时期，他曾任过滨江省肇洲县的副县长，三江省警务厅特高课长兼地方保安局理事官，警务总局特务处调查课长兼中央保安局第二课长等职，专门从事特务工作。

1939 年，岛村三郎及其同伙在这一年之内就抓捕我爱国居民 2995 人，射杀抗日武装人员 130 余人，一次集体枪杀和平居民 42 人，而且在屠杀之前，已把这些人摧残得体无完肤。更为残忍的是，在肇源江口将 19 名和平居民用铁丝穿在一起，投入冰窟，从而制造了有名的"三肇惨案"。他还亲自建立秘密杀人场——"三岛化学研究所"，屠杀我革命者和爱国人士。在他被关押来抚顺战犯管理所初期，态度十分蛮横，拒不交罪认罪。他原以为从事特务工作干的事，一般人是不易掌握的；另一方面，凡是当过日本特务的，被俘虏关押过的，即便是被释放了，回国后主子也不会饶恕的。因此，他对自己的罪行始终守口如瓶，采取一字不讲的抗拒态度。

经过我们反复地进行各种形式的教育，岛村三郎的表现虽有所改变，但仍未能交罪认罪。1954 年 3 月，最高人民检察院东北工作团来抚以后，在日本将校级战犯中深入进行坦白认罪教育。先是在战犯学习反省的基础上，向他们指出日本帝国主义在侵华战争期间所造成的种种罪恶，启发他们讨论："谁把你们推上了战争犯罪的道路？""应当如何结束监禁生活，走上新生之路"等问题。随后，便把将校级与校级以下战犯分开，讲明政府的既定政策，指出认罪会得到宽大处理，不认罪会受到从严处理的两种态度与两条道路的关系；同时组成专门审讯组审查警察、宪兵、特务及其他高级军官，通过内查外调掌握证据，促使其交代罪行。结果，校级以下战犯纷纷交代罪行，高级战犯也表示低头认罪。开始时，岛村三郎仍在发表高论："反复让我回忆已经忘却的事情，是不近情理的混账逻辑。"可是，他的原部下纷纷揭发、控诉他的罪行。有的当面指出："因为你没想认罪，所以想不起来"；有的在叙述他所犯的罪行后说道："这也是按你的命令干的，怎么能说忘掉了？！"

在这种形势下，岛村三郎才第一次向审讯员坦白交代了自己参与杀害我抗联战士的罪行。当他一口气坦白了自己的罪恶，正在等待着审讯员对他进行责骂和训斥时，他听到的却是十分平静的声音："嗯，你的态度有了不少的变化，希望你能这样继续下去。今天累了吧。虽然还有时间，就谈到这儿吧！下一次，要求你谈谈你在三江省的事情。好好准备一下。"在我们人道主义政策的感召下，岛村三郎又连续主动交代了他在伪满三江省及其他方面所犯的罪行，后来，他还主动供出了日本特务机关的一些内幕。随后，战犯管理所又重新调整了监号，并指定了室长及各个学习组长、生活组长。同时，要求这些室、组长必须按期汇报情况，便于我们有针对性地做好管教工作。

岛村所在的室长比较老实，能忠实地履行职责。如经常写成书面材料向我反映情况。这样，我们有时候就将岛村发表的错误观点和不满言论，作为讨论内容布置下去，让战犯们座谈讨论。这使岛村感到十分恼火，他虽对室长有意见，却又奈何不得。如果他提意见，室长又会反映，这对他更不利。所以，他只好闭口不谈，或伪装积极，或者与同室的持馆背后议论室长，发泄不满。一天，他实在憋不住了，便在学习讨论会上公开发难，说道："室长每天写反映，这是好事，我并不反对。问题是我们现在都在努力改造思想，当室长发现我们的言行值得反映的时候，理应先批评帮助我们本人，然后再向管理所当局反映才是。"听岛村这么一说，持馆立即呼应："我也同意。每当室长在一个角落里背着我们写什么材料的时候，我心里真不是滋味，不向本人问清楚的话，反映很可能失实的呀！"两人一唱一和地攻击室长，弄得室长很尴尬，好像自己做了什么亏心事似的。

我得知这一情况后，便把岛村三郎叫到谈话室。我让他坐下，他说声"谢谢"之后，端正地坐在我的对面。我看他故作镇静，便有意问他最近学习情况怎样，然后慢慢地把话题拉到这件事上。岛村回答说："我对室长反映情况有点看法……"接着，他便列举了许多"理由"，说明让室长反映情况对思想改造不利。

听完他的话，我对他进行了一番个别教育。说明战犯管理所必须对他们的改造态度和前途负责，不允许责怪室长履行自己的职责。经我反复说明和教育，岛村不得不承认自己错了。

我继续说："你们校官组的全体人员已经交代了自己的罪行，不应消极等待判刑，而应深挖犯罪的思想根源。你们应该知道，所谓转变人的思想，就是要把自己肮脏反动的思想一个个地加以改正过来。"

这次的个别谈话，看样子岛村像是已心悦诚服似的，他不只向我表示了谢意，还表明了他今后努力改造的决心。

从那以后，我也时常找他谈话，随时针对他在每个时期出现的思想反复，耐心细致地对他进行开导和教育。岛村三郎的思想情绪才逐步稳定下来。有意思的是，他当室长以后，向我写的反映材料比他的前任更多、更及时。

1954年年末，以李德全为团长、廖承志为副团长的中国红十字会代表团访问日本，并发布了关押在我国的日本战犯名单。于是，自1955年2月开始，抚顺战犯管理所就陆续收到中国红十字会转来的日本战犯家属和亲朋寄给在押战犯的上千件信件和包裹。岛村三郎也接到了妻子岛村迪子的来信。信中叙述自1945年8月日本投降后，她带领4个孩子从我东北回国后的苦难经过和回国后的艰难生活遭遇，并详细地介绍了3个女孩的近况。岛村对信中没有提起儿子铁彦的事，心里产生了疑团。于是，他立即给妻子写了回信，直截了当地提问这件事，要妻子不要对他隐瞒。

岛村的信寄出后，脸上仍没有笑容，成天闷闷不乐。

大约过了20天，岛村接到回信，果然不出他所料，他儿子铁彦早已不在人世。妻子在信中写道："铁彦在3年前就死了，骑车子被公共汽车压死的……当我接到消息，慌忙赶回家时，孩子满身是血，已经断了气……我是怕你过分难过而隐瞒的啊！……"岛村三郎读完信，哭着对我说："我是死有余辜的人，我是没有资格为孩子的死而掉泪的人。"我把岛村的情况向所领导作了汇报。领导上交代：要让岛村休息几天，并告诉厨房，这几天要单独给岛村做些好吃的饭菜。对此，岛村三郎很是感动。打那以后，岛村三郎的思想表现发生了更加明显的变化。后来，在所里发动战犯开展创作活动中，岛村三郎曾先后写出了《副县长》《秘密战》两部作品，深刻揭露日本帝国主义操纵伪满傀儡政权，残酷压迫和剥削东北人民的滔天罪行。

1956年6月21日，最高人民法院沈阳特别军事法庭审判在押的28名伪满政府系里日本战犯时，岛村三郎也被起诉受审。

在庄严肃穆的特别军事法庭上，岛村三郎在陈词中声泪俱下地表达了对自己罪行的无比悔恨，对我宽大待遇的万分感激之情。7月20日，特别军事法庭判处他有期徒刑15年，他在最后陈述时，竟跪在地上请求法庭判处自己以极刑，然后，他又转身向旁听席群众磕头……这一突如其来的场面，使整个大厅的群众都惊呆了。站在被告席两侧值勤的两位军人，急忙跑过去把岛村扶了起来。当在场翻译把岛村说的话全部译过来时，大家方明白刚才是怎么回事。岛村那发自内心的真挚的声音，使我至今难以忘怀。

当时，岛村被判处 15 年有期徒刑，但刑期自判决前的拘留期算起，实际上再服 4 年刑，他就可以回国了。对他这个日本特务骨干头子如此宽大处理，他连做梦也未曾想过。

这期间，被判刑的日本战犯共有 45 名。其中，以前伪满国务院总务厅长官武部六藏为首的伪满各系统战犯 28 名；以前日军中将师团长铃木启久为首的前日本军人 8 名（以上在抚顺关押）；1945 年 8 月 15 日以后勾结阎锡山，留在山西，参加中国内战的日本战犯（关押在太原）9 名。开庭审判后，原在太原关押的战犯也都集中到抚顺战犯管理所服刑。

为了有利于这批被判刑的日本战犯的学习和改造，所里允许他们组织"学习委员会"，主任委员为前伪满国务院总务厅次长古海忠之；学习委员为岛村三郎；生活委员为沟口嘉夫。各监号还另设一名学习组长和生活组长。

判刑后，他们情绪稳定，服从管理，努力改造。1959 年 12 月，岛村三郎因改造表现良好而被提前释放回国。他临走时，为了对我表达多年关照的感激之情，还把他妻子寄来的一件黑褐色塑料雨衣和一面巴掌大的猫头鹰木雕框的镜子赠我留念。

他回国后，又将他撰写的《从中国归来的战犯》一书，作为珍贵礼物寄给我。

岛村三郎自回日本后便积极从事反对战争，保卫和平，促进日中友好的正义事业。他通过写作、演讲等方式扩大影响，得到已获释日本战犯和日本各界进步人士的广泛支持，曾担任"中国归还者联络会"会长和"日中友协"全国理事。

不幸的是，在 10 年前，岛村三郎在参加了"中归联"一个支部的大会之后，在返回的路途中，他乘兴爬山采野菜时，竟因不慎失足而跌落山中死亡。但他的遗作《从中国归来的战犯》一书，在日本却成了畅销书。金源同志已把这本书译成中文，在我国公开出版。

古海的悔罪

古海忠之，是伪满国务院总务厅次长。日本帝国主义操纵伪满傀儡政权时，他是掌握实权的第二号行政长官，仅次于伪满总务厅长官武部六藏。武部六藏在关押期间，因患重病一直卧床不起，未曾参加任何活动。所以，对那些习惯于盲目崇拜和绝对服从的日本战犯来说，古海忠之便是他们心目中举足轻重的和有影响力的人物。

古海忠之 1900 年生于东京。早年在日本东大经济系毕业后，被任命为日本宇都宫税务署署长。后来，他得到了他的"前辈"星野直树（曾任伪满国务院总务厅长官）的赏识，被吸收参加了以星野为团长的日本访欧经济考察团，较长期地考察了欧洲各先进国家的财政经济状况。

伪满洲国成立后，日本政府为了掌管伪满的财政经济，决定从大藏省（相当于财政部）的官员中，选出一批骨干人物派往伪满。于是，就把选拔人才的任务交给了星野。星野选择这批人物时，答应付给他们比在日本国内还要优厚的待遇。古海忠之就是被选拔者之一。

在星野的带领下，古海等人来到了伪满。他初任伪满经济部的主计处特别会计科科长，不久又升任伪满总务厅主计处处长、经济部次长。当伪满前总务厅次长岸信介调回日本国内任商工大臣时，古海遂接替了总务厅次长的职务，直到 1945 年 8 月伪满垮台被俘。

古海忠之任总务厅次长要职后，积极参与策划、制定和领导推行统治我国东北地区的政治、经济、文化等方面罪恶政策、法令和措施，并且协助伪满国务院总务长官操纵经济中枢，疯狂掠夺我东北地区的物资、搜刮财富，强行劳役、奴役、残害我东北人民。他还疯狂推行鸦片专卖政策，强迫东北人民栽种罂粟，毒害我国人民，大肆榨取人民的财富。因此，他在侵华战争期间犯下了各种严重的罪行。

他来到抚顺战犯管理所初期，表面看不卑不亢，能够服从管教，让干什么就干什么，表现一般，不怎么显眼。古海是个知识分子，很喜欢看书，他经常到管理所图书馆去阅读书报，从中了解形势。更重要的是，战犯管理所遵照中共中央教育改造日、伪战犯的有关政策，有计划有步骤地对战犯进行科学理论教育、形势教育、认罪悔罪教育，组织到社会上参观以及实行革命人道主义待遇等，使古海忠之的政治立场有了转变，对自己过去在中国犯下的严重罪行有所悔悟，并开始交罪认罪了。他先后交代了如何策划制定强占东北农民土地的移民开拓政策；如何榨取东北地区的粮食和其他物资，日本进行太平洋战争的内幕；如何策划、操纵伪满傀儡政府的内情和掠夺我国大量军需物资的数字。古海承认，他在参与操纵伪满政府期间，犯下了比亲自杀人还要严重几倍的罪行。

1954 年 3 月，在日本校级以下战犯中开展认罪检举运动取得重大进展的基础上，我们配合最高人民检察院东北工作团对日本将校级战犯开展了全面侦讯工作。工作团的李圃山主任亲自担负对古海忠之的审讯工作，并发现和培养了古海这个认罪典型。

当时，在日本校级以上的战犯中，普遍存在着侥幸心理，不肯悔罪认罪。

1954 年 5 月 20 日下午，战犯管理所召开了在押日本校级以上战犯大会。同时，让日本校级以下战犯及在押的伪满战犯派代表参加。

李圃山主任首先讲话。他指出了在押战犯中存在的思想问题，重申了我国政府的政策，指明了战犯们应争取的前途。然后宣布：现在让古海忠之作自我批判发言。

这时，古海从人群中站立起来，微微低着头，缓步走上了讲台。他先向就座的首长们深深地鞠躬行礼以后，便站到话筒前作自我介绍，并坦白交代了自己所犯的主要罪行，同时道出了自己犯罪的思想根源，叙述了自己思想转变和认罪悔罪的过程。最后，他说："第二次世界大战以后，国际法有了新的发展。策划和指挥侵略战争的人固然是甲级战犯，并且，凡是在侵略战争期间犯有各种罪行的人，无论他们的职级高低，被侵略的战胜国家，都有权定其为乙级或丙级战犯，而自行处理……"

当时，在场的战犯们都惊呆了，原先有些人认为自己"职级低，不够战犯"的幻想破灭了。古海在他们的心目中本来就是个大人物，他的话不能不信。听了古海所作的认罪悔罪发言，使所有在押的战犯都更加明确，自己唯一的出路就是彻底认罪，争取宽大处理。古海的典型发言果然起到了促使战犯们进一步认罪服法的积极作用。

1954 年冬，战犯学委会成立时，古海作为将级战犯的唯一代表被选为学委委员。1956 年 7 月 2 日，最高人民法院特别军事法庭对古海进行了庭审，他对起诉书中所列各项罪行一一供认不讳。伪满皇帝溥仪及大臣谷次亨等 9 人出庭做证，古海忠之对证人证词表示"完全属实"。古海在法庭上四次低头，两次流泪，对自己所犯罪行表示忏悔。7 月 20 日，特别军事法庭判处古海有期徒刑 18 年。判刑以后，我们指定他为服刑的日本战犯的总组长。他服从管教，尽职尽责，表现较好。

古海在日本的政界和经济界的要人中有许多亲朋好友。在他服刑期间，有一次来了一位日本鸟栖市的市长，他是古海的旧部下。这位市长是受岸信介首相之托来探望古海的。岸信介曾任伪满总务厅长官，是古海的老同学和老上级。岸信介授意鸟栖市长来中国观察古海的思想是否变了，还有意做官否，并示意岸信介还在等着他。意外的是，古海不但拒绝了回国做官的诱惑，而且还批判了岸信介现行的向美国一边倒、敌视中国的反动政策。同时，他还表明了自己获释回国后，要积极从事反对战争，保卫和平，促进日中友好事业的决心。鸟栖市长自讨没趣，灰溜溜地告别了古海，回国去了。

记得 1956 年春，我们组织日本战犯到各地参观时。一天，来到沈阳郊区大青高级农业合作社。我带领古海等数名将级战犯来到了一户社员家。古海因见中国农村的巨大变化而感动，便胆怯地问社员老太太："如果过去压迫和剥削您们的日本人，现在就出现在您的面前，您将会怎么样？"

老太太思忖片刻后，回答道："想起旧社会受的苦，我感到很难过。我恨透了日伪时期那些坏蛋。一小撮日本帝国主义的头目是坏的，但是日本人民是好的。即便是一些日本人在中国做了坏事，只要他们肯觉悟过来，我们还是欢迎的。"中国农村的这位极普通的妇女能说出这样朴实而富于哲理的话，使古海等几名日本将校级战犯感到震惊。当时，他们不约而同地跪下来，痛哭流涕地向老太太说："我们就是过去压迫剥削中国人民的战争罪犯，使您吃尽苦头的责任，也有我们的一份啊！"老太太连忙让他们起来，说："中国共产党的政策是坦白从宽，抗拒从严，只要你们好好坦白，好好改造，我相信我们党和政府会宽大你们的。"

参观回来后，古海对我说："一位雇农出身的农民，当了高级社主任，向我们介绍情况不用稿子，讲得那样好；一位农村普通老太太表现出的宽宏大量的政治觉悟，使我看到中国农村确实发生了惊天动地的变化，由此可见中国共产党和毛主席的英明和伟大。"

1963年2月，古海因服刑期间改造表现良好而被提前释放回国。这时，他已是花甲之年了。当我问起他回国后的打算时，他说，他已经做了两个十年的奋斗计划，即：第一个十年为准备时期，为竞选国会议员打基础；第二个十年，争取当选为国会议员，为实现自己的政治理想——建设独立、自由、和平、民主的日本和促进日中友好而奋斗。

他回国后，果然未做大官，而在经济界朋友们的帮助下从事经济活动，在东京批发中心任社长，负责东京都一千万市民的副食品供应。

为了实现他的第二个十年规划，他曾参加过国会议员竞选活动，但因他在日本社会有长时间的空白而落选。直到20世纪80年代他因病去世。

藤田茂的醒悟

前日本陆军第五十九师团中将师团长藤田茂是日本青森县人。他出身于一个封建武士家庭，幼年时代，正值日本军国主义鼎盛时期。那时的日本统治集团以扩充军备和对外侵略为国家的最高目标，制定了"强兵为富国之本"的基本国策。藤田茂中学毕业后，因受家庭的熏陶和社会的影响，选择了从军的道路。他考入了日本陆军幼年学校，以后又考入日本陆军士官学校。经过军校的系统学习和严格训练，藤田茂成为一名合格的骑兵军官。

1931年，日本悍然发动了"九·一八"事变。紧接着，侵华战争全面展开。

战争末期，藤田茂已担任日本中将师团长的职务，向我国山东省一带猖狂进犯。这个充满着武士道精神的日本军国主义分子在中国的大地上，施展着他的淫威，穷凶极恶地大抓劳工，掠夺财物，实行残酷的"三光"政策。他曾下令日本士兵拿我国活人做试胆训练，使许多中国人惨死在日本士兵的刺刀之下。这充分暴露了藤田茂凶狠残暴的刽子手本性。

藤田茂酗酒。由于酒量过大，酒精中毒，给他留下了后遗症。每当他写字的时候，手就哆嗦，而且写得很大，带有曲线。但他的反动残忍的本性却有增无减。他的脾气也越来越刁蛮古怪，在日本军人中有"鬼将军"的绰号。1945 年"八·一五"前夕，按照日本军部的命令，藤田茂带兵转移到朝鲜咸镜北道，这个地方离苏联很近。他们在这个地方抢修阵地、炮楼，准备与苏军决一死战。但慑于苏军的强大威力而未果。1945 年 8月 15 日，日本无条件投降，骄横一时的藤田茂被俘并被关进了苏联伯力收容所。

1950 年 7 月，藤田茂随其他日本战犯被移交给中国，关进抚顺战犯管理所。在苏联关押期间，当他得知东京远东国际军事法庭已将东条英机、坂垣征四郎、土肥原贤二等 7 名日本甲级战犯处以绞刑时，他曾确信"复仇是一切动物的本能"，决心以死效忠于天皇。他走进抚顺战犯管理所时，身穿将校服，肩佩军阶，足蹬马靴，依然是昔日践踏中国国土时的凶神派头。并曾表示"宁愿为天皇而死，也要为国复仇"。

使在押战犯认罪服法，是贯彻党的改造战犯政策必经之第一关。藤田茂是在押的日本将校级战犯中态度最顽固的一个。他不但不认罪，反而为自己的罪责开脱。他曾强硬地对管理所领导干部说："我是帝国主义者，你们是共产主义者，我们之间没有谈话的必要。"当他的赖罪理由被我方驳倒后，又怒气冲冲地拒绝回答任何问题，摆出一副十足狂傲的架势。

藤田茂虽表面上耍淫威，内心里却十分矛盾和空虚。他整天呆坐着，感到憋得慌。于是，他不得不到管理所里的图书馆去看书解闷。抚顺战犯管理所第一任所长孙明斋推荐他学习《中国通史》，学习马列著作和毛主席的有关著作，及日本共产党《赤旗报》。同时，所里又组织战犯看电影，收听广播。藤田茂目睹了所里所有管教干部及看守人员礼貌而又热情的面孔，听到有的还能说一口流利的日本话，对他十分体贴、关怀，使他有所感动。尤其是当他看了日本影片《基地的儿童们》、《混血儿》、《战火中的妇女》时，看到美国军队占领了日本的国土，美国坦克轧压着他们的土地，美军的飞机染污他们的天空，美国大兵奸污日本妇女……他闭上了双眼。藤田茂又从日本杂志上知道：美国军队占领了他们的土地以后，出现了一种叫"伴伴女郎"的妇女职业。这里的妇女有的是自愿的，有的是被迫的。由于美国军队里有不少黑人士兵，这样日本社会出现了不少混血儿，给日本儿童带来了终生的苦恼。当这些混血儿到了上学的年龄，发现自己的皮肤与别人不一样，特别是受到其他学生讥笑时，竟大哭起来。看到这里，藤田茂不禁落下眼泪。

藤田茂从管教干部的言传身教，以及从电影杂志上看到的一切，使他那矛盾、空虚的心灵为之震动。他开始思考：日本的悲惨现实是怎样造成的？以前中国百姓的惨状又是谁造成的？他低下了高昂的头。之后，管理所开展了系统的理论教育。藤田茂通过学习列宁的《帝国主义论》等著作，并了解世界革命形势，特别是中国人民志愿军在朝鲜战场上取得的巨大胜利，使他的思想逐渐发生了一些重大变化。他逐步感到了中国共产党和中国人民的力量，就他当时的处境而论，他感到中国人不仅是为了改造他，而且也为了给他重新做人的机会。所以，他在悔罪认罪活动中，开始认识自己的罪行。

1954年10月30日，中国红十字会代表团访问日本将中国政府关押的日本战犯名单公布于众。这一举动在日本引起了强烈的反响，战后十年，他们不知道这些战犯究竟在哪里？为改造战犯，创造良好的环境，中国政府通过中国红十字会向日本三团体表示，可以让中国关押的日本战犯的家属与其本人通信、寄包裹等。藤田茂与其他战犯一样，欣喜若狂地第一次接到了日本家人的来信。他从妻子的信中知道，1945年8月6日，美国向日本广岛投掷一枚原子弹，他姐姐全家及广岛市20多万市民在原子弹下丧生。这一惨景对他教育颇深。这个惨局又是谁造成的呢？他首先想到，这一惨景的罪魁祸首应是日本的军国主义者。

1956年8月，日本前军人访华团团长远藤三郎到抚顺战犯管理所，点名要看他的老同学藤田茂（他俩是日本陆军士官学校的同学）。在孙明斋所长的陪同下，远藤三郎会见了在押的日本战犯，他说："战后十年，你们还在这里，我看到大家感到心里很难受。因此，我们要争取日中友好，为使大家早日回到祖国尽力。"这时，作为日本战犯代表的藤田茂站起来讲话。他说："我能在这里见到老同学，首先要感谢抚顺战犯管理所的领导。刚才远藤君说了安慰我们大家的话，要知道，我们这些人是罪有应得的。"然后，藤田茂又列举了日本军国主义的罪行，接着又把远藤三郎教训了一顿。他说："你们都是日本高级将领，在推行日本军国主义战争期间，演出了不少类似我们这样的悲剧。忘记过去的历史，今后的日本就没有希望。我们只有在深刻反省基础上，取得中国人民谅解的基础上，才有资格谈日中友好。"藤田茂的一席话，使远藤三郎连连点头，感到十分惭愧。远藤三郎对所长说："藤田君讲的对呀！我们现在还活着，而且生活得很好，应该对过去有深刻的认识和反省。"

1956年6月30日，最高人民法院特别军事法庭对铃木启久等8名日军战犯宣判，判处藤田茂有期徒刑18年。当他听到法庭宣判以后，他痛哭流涕地表示："若论我的罪，判几个死刑，也不能赎罪于万一。然而，中国政府和中国人民却表现了如此宽宏博大的胸怀，赐予我重新做人的机会。我一定要认罪服刑，努力做个真正的人。"

中国政府允许被判刑的战犯家属到战犯管理所探访。藤田茂的妻子和其他日本战犯的家属一样，不但得到了周到的照顾，还让他们夫妻俩住在一个房间里。藤田茂向其妻子介绍了他十几年在外的情况。他说："我在中国犯下了滔天罪行，杀了很多人，我不是人，我是个杀人不眨眼的'魔鬼'。但中国政府宽大了我，才判处18年徒刑。你回国后，要积极参加日中友好活动，安心地等待着我。我在这里天天学习，就像在中国留学一样。"藤田茂的妻子听了这一席话，感动得泣不成声。她激动地说："中国政府对你这个战争罪犯如此好，这哪里是监狱呀！简直像在家里一样。不但吃、穿安排得好，还安排我们夫妻在一个房间里住，这真是世间少有的事。所以，我要求和你一起服刑。"

考虑到藤田茂的表现，1957年9月，他被提前释放回国。他回国后，还被获释回国的前日本战犯组成的"中国归还者联络会"全国代表大会增补为"中归联"首任会长。1960 年 12 月，藤田茂还以"中归联"会长的身份给抚顺战犯管理所写信，介绍"中归联"全国代表大会有关情况。

藤田茂晚年致力于"中归联"事业，为推进日中友好而呼号奔波，他曾四次率团访问中国，还受到周恩来总理的亲切接见。周总理曾高度赞扬他为中日友好所做的贡献，并赠给他一套中山服。1982 年，88 岁的藤田茂溘然去世。弥留之际，藤田茂特意嘱咐家人把来中国访问时，周恩来总理赠给的中山服穿在身上，以表示在九泉之下的学生怀念中国老师、系念日中友好之情。1984 年，藤田茂的孙子藤田宽应邓颖超同志之邀，随 3000 名来华参加中日青年友好联欢的日方代表团来到中国。10 月 3 日，当 23 岁的藤田宽在北京见到了爷爷的老师——原抚顺战犯管理所所长金源同志的时候，热泪盈眶地对所长说："我爷爷生前经常教育我，他的命是中国给的。我们绝不能让前辈的悲剧命运重演，一生要为日中友好而奋斗！"从藤田宽所说的这些话，充分显示出藤田茂生前已把他对中国人民的深厚感情传输给了下一代。

战犯与家属会面种种

1956 年六七月间，最高人民法院特别军事法庭在沈阳、太原两地，对罪行较重的 45 名日本战犯开庭审判，分别判处 8～20 年有期徒刑。之后，在抚顺战犯管理所院内特别成立了"抚顺战犯监狱"，集中关押在抚顺及太原的被判刑的日本战犯。同时，我国政府允许被判刑的日本战犯家属前来探视。为此，抚顺战犯管理所在所内一楼走廊两侧，腾出了十来套房间，粉刷一新，除摆设茶几、沙发和放有双套新被、新褥的床外，各房间的墙上还贴上有关战犯与家属接见的规定。其中，有一条规定比较新鲜，写着："凡是被关押时间已满 5 年以上者，如若战犯本人和妻子都希望，可以允许同居。"这可能是古今中外监狱史上未曾有过的监规。

第一批前来探望的日本战犯家属，是在中国红十字会倪斐君秘书长和一位翻译人员的陪同下到来的。同时，来到战犯管理所的，还有前来采访的日本各报社、广播电台记者。其时，日本摄影记者从这房间跑到那个房间忙着抢镜头，日本广播电台记者拿着话筒向战犯和战犯家属提问题。我们管教干部则站在一旁，静静地观看着这一幕令人激动的场面。

有些记者的提问是不怀好意的。诸如："战后已经10多年了，你还蹲在中国监狱里，你想得通吗？""中国对你判了多少年徒刑？你服气吗？""你们在生活方面有什么要求？""你们的所谓学习是否被迫的？"……这些记者先生们煞费苦心地想收集在押日本战犯对我国政府的不满，因而随便使用诽谤、污蔑之类言辞。但战犯们的表现却使他们大为失望，所有在押的日本战犯都异口同声地认罪服法，并感谢我政府的宽大政策和人道主义待遇。第二天，战犯管理所里连一个记者的影子也不见了。他们从日本不远千里而来，却又扫兴而去，想不到日本战犯在中国被关押还说中国好。

当时所说的允许在押战犯与其家属接见，其实是允许他们在一起共同生活，不但吃、住在一起，而且一天到晚都可以自由交谈。因此，无论是在押战犯，还是他们的家属，对此都万分感激。

当首批战犯家属将要返国的前一天下午，孙明斋所长主持召开了一次全体日本战犯和家属的座谈会。照例，我担任翻译。

到会的战犯们和家属们感激涕零，纷纷发表感想。一位50岁开外的日本妇女说道："从日本来的时候，我预想抚顺战犯管理所可能和日本的刑务所一样，犯人在官员的监视下，隔着铁窗，只能同亲人会见几分钟。我做梦也没想到在这里会受到如此优厚的待遇。承蒙所领导的亲切关照，我已经完美地实现了与相别10多年的丈夫重逢的夙愿。几天来，我和丈夫同居，有充分的机会进行自由交谈。他忏悔自己的罪过，感激中国的宽大，并对未来抱有希望。我觉得我的丈夫的确变了。他不像过去那样傲慢、任性、冷酷，而变得谦虚、和蔼，会体贴人了。我认为，这完全是由于各位先生教育的结果。太谢谢您们了！我看到了我的丈夫身心都很健康，我离别之前就完全放心了。"

前日军中将师团长藤田茂的妻子藤田喜代子说："这几天，我一连几个晚上，听我的丈夫藤田茂给我详细地讲述他对中国人民所犯下的滔天罪行。身为他的妻子，我竟不知道他会犯下如此严重的罪行。过去，我一直想做个贤妻良母，以为自己是军人之妻，应该看好家，养育好孩子，为藤田解除后顾之忧。可是，藤田犯下了那么多、那么严重的罪行，责任也有我的一半。因此，我请求把我留在这里，让我也和丈夫一起服刑吧！"

首批战犯家属离所回国不到一个月的时候，第二批战犯家属又来接见了。这批家属人数比上一批多得多，而随同前来的记者人数却比上一批少得多。接待方法及待遇等，一切照旧。不过，在她们离所前一天召开的座谈会上，出现了这样一件事情：

在押的日本战犯（伪满哈尔滨检察厅检察官）沟口嘉夫的妻子沟口浩子在发言中说："通过几天以来，我和丈夫一起生活，以及亲眼所见，我对我的丈夫所犯下的严重罪行，以及管理所当局实行的宽大待遇，我都已十分清楚了。以我丈夫所犯下的罪行而论，有多少条命也不够补偿，然而中国当局只判了他15年徒刑。而且，刑期从收押时算起，所以，他再过4年，就可以活着回国了。我难以表达喜悦和感激之情。中国人民的恩德比山高、比海深呀！在这里，我想告诉各位一件事，我们乘船来时，在船上，有些日本人给我们出主意，让我们联名给中国政府写请愿书，要求早日释放亲人。大家推选我和城野夫人（战犯城野宏的妻子）为代表，让我们起草请愿书。就这样，把联名请愿书写成了。原来，我们是打算在离开中国前夕正式向中国政府递交的。现在，当弄清了这里的一切之后，我们决定自动取消这一错误计划。我自感惭愧得无地自容，请各位先生原谅我们吧。我们已经醒悟了，只有由衷地感谢中国当局！"

照顾生活习惯与进行劳动教育

1956年7月，对日本战犯判刑后，为了照顾服刑的日本战犯的生活习惯，同时，也为了对他们进行必要的劳动教育，抚顺战犯管理所决定让这些日本战犯单独立灶，由他们自己做所喜欢吃的饭菜。但日本男人一般都不会做饭，这便出现一个新的问题。

起初，所里派炊事员边教边做。经过一段时间培训，城野宏等两人已能基本上独立操作了。他们想吃饺子，还不会包，金源所长和我们几个人便亲自教他们包。不久，他们也就学会了。

让他们自己办伙食，引起了他们研究烹调技术的兴趣。有些人还写信给家属，从日本国内寄来了有关料理方面的杂志。他们边学边做，很快就掌握了一些做日本风味饭菜的知识。不少人还把国内亲人寄来的食品和调料拿出来供大家食用。这样一来，不仅能吃到中国式的饭菜，还能吃到日本式的饭菜，所以这些日本战犯都很满意。

在1960年开始的三年困难时期，我国人民艰难地度过灾荒。在押的日本战犯的生活待遇虽然照常不变，但也或多或少地受到一定影响。为了确保他们优厚的生活标准，所里决定：让在押的日本战犯也参加一些力所能及的生产劳动。这样，就可以把他们生产的鸡、蛋和大米等补充到他们的伙食中去。为此，我们把能参加劳动的日本战犯都组织起来，编成了养鸡班和水田班。年老体弱的，就让他们管理监号前后的花园或附近的小块菜地。

养鸡班班长是前伪满警务总局司长今吉均。他身材魁梧，体力好。记账员是中井久二。班员有前日军中将师团长铃木启久等数人。鸡场紧挨着他们所在的监舍"七所"。那时监号的门早已不再上锁了。所以，无论是白天或黑夜，他们都可以自由进出。为了增加有关养鸡的知识，他们还从日本国内要来了养鸡杂志。他们参加养鸡劳动，不只是增长了知识，丰富了伙食，也培养了对劳动的感情。如在培育鸡雏阶段，他们显得格外小心。有时死了一只小鸡，他们都很心疼。于是，有人便在半夜里爬起来，向值班看守员请示之后，自动去鸡场随时查看。

这一年的春天，战犯管理所从外边买进的3000只小鸡雏，经他们的精心饲养，成长良好，成活率很高。鸡群繁殖起来以后，为了节省饲料，决定只留下了几十只种公鸡，其余的公鸡全部淘汰。这时，保留下来的大母鸡已有两千只左右。说来也巧，一只大母鸡竟在当年"八·一五"那天，下了一个特大鸡蛋。日本战犯们看到集体劳动的果实如获至宝，奔走相告。

当晚，他们还专门举行了一次庆祝晚会。大家围坐成圆圈，中间摆了一张桌子，桌子上便放着那只个头不小的、头一只鸡下的蛋。晚会上，他们畅谈劳动收获，载歌载舞，兴高采烈地度过了一个难忘的夜晚。

前日军陆军中将铃木启久说："过去，我没把鸡蛋放在眼里，认为几分钱一个的东西，没有啥。可是，通过这几个月来的养鸡劳动，使我深深体会到，一个鸡蛋来之不易。它确是农民们辛勤劳动的结晶啊！"

也有的战犯说："15年前的今天，我们作为日本帝国主义侵略中国的骨干分子，遭到了可耻的失败；而今天，在中国人民的宽大政策的感召下，我们都在痛改前非，努力改造自己。幸得管理所当局的关怀和指导，让我们有参加生产劳动的机会，终于得到了集体劳动的果实。这个果实虽然还小，但它的意义却是很大的。"

"八·一五"以后，产蛋率直线上升。最高日产卵数，超过1600个。这么多的鸡蛋，日本战犯自给还有余。

抚顺战犯管理所在20世纪50年代末期，为了对国民党战犯进行劳动改造，在距离管理所西北方向8华里的山沟里，办起一处农场。在附近的沟沟岔岔中开了几十亩荒地，栽了些果树、玉米、蔬菜之类作物，还饲养了猪。一次，我参加农场劳动往返时，发现小溪边有两块荒地，合起来有六七亩地，而且，小溪的流量、荒地的地形、土质等，都适宜开荒种水稻。我想大米很紧张，便向刘凤魁代理副所长提出建议，由我负责带领几名日本战犯开荒种水稻。刘副所长完全同意我的建议。于是，我便和抚顺城北关朝鲜族生产队取得联系，买来了稻种，借来了大拉锹等工具。在开荒阶段，我挑选了10名体力较强的日本战犯组成一个水田班。并指定伪满国务院总务厅次长古海忠之为班长。

水田班的人员每天早饭后，扛着两把大拉锹等工具，带着午饭，徒步走到开荒地点，晚上5点多钟又走回所里。朝鲜族使用的大拉锹，锹的面积比汉族用的铁锹大一倍多。这种大拉锹通常需5个人使用，即：一人扶锹，4个人拉锹。会拉的，既省劲，又出活。其效率高于汉族常用的铁锹。

我出身于农民家庭，做过水田活，但开荒种稻田也是平生第一次。当时，我既是管教员，又当生产"总指挥"，所以经常请老农指导。第一步修筑堤坝，第二步清除杂草等障碍物，都没费多少劲。进展到第三步，开渠引水造稻池时，山谷里流下的溪水冰冷刺骨，一些日本战犯们开始都打怵。我总是第一个赤脚下水。眼看指导员都下水干了，他们不得不脱掉鞋袜，挽起裤脚，咬牙下水。头一次下水时，我发现有些人还穿着鞋袜，我没有马上说什么。但拉大锹是集体劳动，不能因为穿的鞋陷进泥土里，总请求"暂停"。所以，歇气时，随着水温升高，他们中不少人也都自动地脱掉了鞋袜，和我一样赤脚干起来。

第二天早晨下地干活时，我发现他们下水前就脱掉了鞋袜，唯独前伪满奉天省警务厅厅长三宅秀也仍穿着尼龙袜子下水。歇气时，大家习惯地围坐在一起。我便有意向他们讲战犯管理所组织前来劳动的目的。我说，这两块地合起来，不过6亩左右，按亩产千斤算，年产顶多6000斤稻子，价值人民币不过700元左右。如果再扣掉种子、肥料等各项费用，单算经济账是不合算的。所以，管理所组织你们劳动，完全是为了教育的目的，使你们通过亲身劳动认识"劳动创造世界"的真理，树立劳动光荣、剥削可耻的观念，能够体会劳动人民的思想感情，否定旧我，重做新人。我还讲到过去农民们一年到头起早贪黑地拼命干活，还难以维持最低生活的情景。我接着说："我看到了你们有些人穿袜子下地干活，有所感触。你们无非是怕水冷，怕扎脚吧？可是，你们想过没有，农民，包括日本的农民，哪有穿着袜子下地的？如果农民看到了这种怪模样，还不得投以轻蔑的眼光？再说，农民舍得穿尼龙袜子下地吗？……"最后，我要求他们在劳动实践中，树立新观念，养成热爱劳动的好习惯。我的一席话，说得战犯们心服口服。三宅秀也悄悄地把尼龙袜子脱掉了。从此之后，再也没有发生穿着鞋袜下稻田的现象。

河套地虽多半是沙地，但因有地肥，再上硫胺，稻子长势喜人。经过精心管理，沉甸甸的稻穗随着秋风掀起一层层金黄色波浪。

那年稻子丰收，亩产800多斤。日本战犯们兴高采烈地参加了收割、脱谷等各项劳动。

所领导决定：日本战犯种的稻子，全部给他们自己吃用。在加工稻子时，还请加工厂给多磨了一遍。最终，加工成白晶晶的标准东北大米。看到这情景，城野宏高兴极了，他告诉其他战犯们："这是我们种的啊！今天的晚饭就要用我们亲手种的大米做饭了！"

那顿大米饭，他们吃得最多，也最香，因为那天，他们生平第一次尝到了用自己劳动换得的大米饭的滋味。

【作者简介】

崔仁杰，男，朝鲜族，吉林省海龙县人。1926 年 10 月生。1948 年参加工作，1953 年 1 月调到东北战犯管理所任管教员、翻译，1972 年调离，任抚顺石油学院日语教授。

日本校级以下战犯改造纪实

吴浩然

1950 年 7 月，由苏联政府移交给我国政府的 900 多名日本战犯中，校官级以下战犯有 700 多人。我在抚顺战犯管理所工作期间，大部分时间参与对校官级以下战犯的管教工作。现就我回忆起来的日本校级以下战犯的改造情况记述如下。

接收战犯

1950 年 4 月我由东北军区转业到东北人民政府司法部直属抚顺监狱工作。同年 5 月，中央拨款 465 亿东北币改建、整修抚顺直属监狱，并改称为东北战犯管理所（后称抚顺战犯管理所），准备接收、关押苏联政府移交的日本战犯及伪满战犯。

1950 年 7 月 14 日，抚顺战犯管理所接到东北人民政府公安部的紧急通知，命令该所选派几名会讲日语的翻译及医生、护士等，立即去沈阳东北公安部报到。我是朝鲜族人，读小学时就学习过日语，因我能讲日语，便选中了我。我同会日语的金源、医务室的医生张敦义、于芷林，护士关慧贤、赵毓英、张素琴一行七人于 15 日到沈阳东北公安部报到。

中央委托东北人民政府组成的接收日本战犯工作队，共有 30 多人。

总领队是东北人民政府外事处处长、会讲俄语的陆曦，副领队是东北公安部政保处执行科科长董玉峰。东北公安队还派出一个连的兵力担任警卫、押运，并由一位团级干部亲临指挥。

接收工作队于 16 日晚乘由 10 节车厢组成的专列从沈阳出发，7 月 17 日上午到达哈尔滨车站时，遵照领导部署，工作人员下车分头采购供千余人食用的面包和香肠等食品。车站附近的面包让我们给买光了，又到哈尔滨道里等地的商店去买。这一天，哈尔滨市区几处的食品店的面包、香肠等几乎被我们"抢购"一空。随后，专列继续向前驰进。车过牡丹江市后，便进入了林区。据说，这里原是当年抗日联军将士同日本侵略者浴血奋战的地方，有多少抗日将士为了民族的生存而在这里流血牺牲！他们在九泉之下如果有知，我们代表中国政府行使国家主权，路经此地前往中苏边界接收、押运日本战犯，一定会得到慰藉的！

因我们乘坐的专列是临时加车，只能在正常车次的空隙间运行，所以，于 7 月 17 日下午才到达了目的地——中国边陲小镇绥芬河车站。到达绥芬河后，听说苏联移交战犯的列车还需几天才能到来，我们便利用空闲时间熟悉绥芬河车站周围的地形、地物。原来，绥芬河车站是个不大的小站，在我国境内，属中国管辖。车站的西北面有座小山丘，山丘南坡下便是绥芬河镇，镇内有二三百户居民。记得镇街有一两幢俄式小楼房，其余大都是中国式的砖瓦平房或草房。车站东面有一条小河，可能是绥芬河的一条支岔，河宽不过 3 米，水深刚没脚脖子。河的东北面国界外是连绵起伏的山峦。

7 月份的绥芬河镇气候比较炎热。晚上，我们在列车上过夜，闷得不能入睡。我记得，中午最热的时候，我们曾到小河边去洗脸、擦身子。然后过河登上山顶，见那山丘上还残留着当年日本关东军抵抗苏联红军挖掘的战壕掩体。站在高处，向东北方向极目远望，隐隐约约地可以看到 10 里以外的苏联边城——伏罗希洛沃。

我们在绥芬河镇等了三天，7 月 19 日下午，突然由苏联方向开进来一列警戒森严的闷罐车。从车头至车尾，每节闷罐车厢的车门外都焊接出一块铁栏，站立着手端转盘枪的苏联红军战士，而且，身边还配有电话。

每节闷罐车厢都关得严实实的。一看便知，这是由苏军押送来的日本战犯列车。这时，以陆曦同志为首的接收日本战犯工作队一班人马便走到站台另侧的苏联列车旁。苏联军官下车后，同我们接收人员热烈握手、拥抱，互致问候。一位苏联红军少校军官向我方递交了一叠文件和名册，然后便命令各车厢警卫打开车门。在那炎热的夏天里，只见押在闷罐车厢里的日本战犯个个汗流浃背，显得极度疲乏。他们争先恐后地从车厢里跳了下来，东瞧西望不知所措。这时，苏军指挥官命令日本战犯面向中国列车排成两行，并按名册一一点名，苏方点一个名字，我方就复喊一个名字，经逐一进行核对，共计为 969 名日本战犯。我原以为，日本战犯都是年龄较长的将军以上军官，清点时竟发现其中还有不少年轻的尉官。移交完毕后，在我方押运人员的指挥下，日本战犯一个接一个登上了中国专列。他们意外地看到，中国为他们准备的竟是一列明亮、洁净的旅客专车。使日本战犯更为惊讶的是，我方已为他们准备了一盒盒香喷喷的大米饭和肉炒土豆、豇豆和大葱等菜。战犯们狼吞虎咽的样子，好像几天没吃饭似的。有的战犯告诉我，他们在苏联收容所已有 5 年没吃过大米饭了。

晚上，我方举行宴会招待苏方人员。宴会上，大家频频举杯祝酒。有的苏联军人还边喝酒边唱歌、跳舞，显得十分活跃、热闹，整个宴会充满了中苏双方兄弟般的友好气氛！

宴会结束后，我们同苏联官兵告别。列车于当天晚上离开了绥芬河车站，向牡丹江方向驶去。当列车驶过牡丹江时，我们便把从哈尔滨买来的面包和香肠分发给了日本战犯。日本战犯坐在客车上，吃着又白又甜又软的面包，面部现出各种各样的神情。有的与苏联的"大列巴"（面包）相比，表示欣喜；有的故作镇静，毫无表情；也有的心怀狐疑，用恐惧和猜疑的目光观察着我们。

我随大夫和护士到每节车厢里去，并用日语问："有生病的没有？有病的看病。"很少有人回答。后发现有两名 50 来岁的老头子和一名 20 多岁的年轻人确实有病发烧。经大夫诊断是感冒，就给他们发了药；年轻的军人病重了一些，给他打了一针。这些人很客气地向我方医务人员表示谢意。

每节车厢的车窗，都用报纸糊着，战犯们想看外边也看不到。车到长春站，恰好从沈阳方向往北开向哈尔滨的列车进站了，站台上的广播喇叭喊起了："长春站。"听懂中国话的战犯忽地精神起来，有的爬在窗纸缝隙上往外看。我问一名向外张望的 50 多岁的老头："你在长春待过？"他答："是，我家住在长春。我是在长春被苏军抓到西伯利亚的，已经有 5 年了。"说完，他便低下头再不说话了。我想起当年日本军人耀武扬威的情景，很想再问一问：你在长春都干了些什么？可是，考虑到安全问题，不便在行车途中刺激他，只好改口劝他："你好好休息。"说完之后，我便走到别的车厢里，继续观察情况。

来所初期

押送日本战犯的专列于 1950 年 7 月 21 日凌晨 3 时到达抚顺城车站。全体战犯听从命令，整理好各自携带的行李下了车。其中，除一小部分老弱病号犯人乘坐大卡车外，大部分人均整队步行至车站西南侧 5 华里处的战犯管理所。一路上警戒森严，10 米一岗，制高点上还都架设了机关枪。

战犯们一来到战犯管理所，看到深灰色高大的围墙上边还拉着高压电网，四周墙角都矗立着设有岗哨的岗楼，一扇大铁门敞开着，当战犯都走进监舍，铁门立即关闭。战犯们见此情景心情骤然发生变化。特别是当年在抚顺市曾任日伪警察局局长的柏叶勇一，任抚顺监狱典狱长的大村忍，任第二分监狱负责人的岛口信重以及警尉室田震策等人，更是惊恐万分。因为伪满时期，他们都在抚顺残害过许多抗日爱国志士，还有许多无辜的百姓也在他们屠刀下丧生。原典狱长大村忍心里更明白，抚顺战犯管理所原本是日本侵略者于 1936 年修建的一座特殊监狱，是专门用来关押、屠杀东北抗联将士及爱国同胞的，是一座残酷镇压中国人民的魔窟。谁曾想到，历史开了个玩笑，侵略者自己却住进了他们自己建造的监狱。当年在中国人民头上作威作福的大日本"皇军"，而今竟成了中国人民的囚犯。

当日本战犯们发现战犯管理所的墙上贴着《战犯管理条例》时，有些人用日语喊了起来："什么，我们是战犯？！""我们不是战犯，我们是战俘，必须无条件释放！"有人甚至愤怒地把贴在墙上的条例撕了下来，扔在地上，用脚狠狠地踩。战犯中职位稍高的、官儿大的，更是气焰嚣张；校官以下的也都"愤愤不平"。一时间，吵闹、骚动得挺厉害。看守员们虽都不懂日语，但从战犯的表情上能看得出是由于公布了"监规"而引起骚乱的，及时到管教科汇报了上述情况。听到情况后，我们立即下到各监舍。可当我们赶到时，战犯们的骚动已经基本上平息了。他们中有的人哭丧着脸，表现出十分痛苦的样子，有的低着头沉默不语，更多的人则是冷脸横眉，气势汹汹。我指着被撕下来扔到地上的条例，用日语质问："这是谁撕下来的？"待在屋里的战犯都紧张地看着我，没有一人吭声。片刻后，有一名战犯听到我能说流利的日语，便站起来，走到我的面前说道："先生，能不能找个地方面谈，我有话要讲。"我说："可以。"随即把他带到谈话室。谈话室设在"二所"的一个房间里。这个房间原来是日本人关押所谓"严重思想犯"的单人监号，现改作谈话室。屋子很洁净，隔壁的屋子都是空的，所以也很肃静。这名日本战犯乖乖地跟着我进了谈话室，规规矩矩地站着。我先在办公桌前坐下来，指着对面的椅子让他坐下，并递给他一支香烟。我本来不会吸烟，但为了缓和气氛，有时找战犯谈话，也能吸一两支。我先点燃香烟，后又把火柴盒递给他，他谦恭地向我表示谢意，并坐在椅子上。没有料到，我很有礼貌地对待他，竟使这名战犯不知所措。他把香烟和火柴盒都放在桌子上，双手贴在膝盖上，很拘谨地望着我。我说："你先点烟，我们再慢慢谈。"他这才说了一声"哈依"，点了烟说："多谢先生的关照。"我先随便地问了他姓名、年龄和过去的职业。他说，他叫滨田金八郎，32岁，1936年应征到北满一带当了骑兵，参加过多次战斗；1940年转为宪兵，在吉林、四平、长春等地服役，被俘前的军衔是曹长（上士）。1945年8月在长春被俘，在苏联过了5年俘房生活。这次被移交到中国，同监舍的战犯把他选为组长。接着，我问他："今天你们那里都发生了什么事情？"滨田答，我们到了中苏边境车站，才知道已被移交给中国，因此，大家都很恐惧、不安。后来，看到中国当局给我们乘坐的是很洁净的客车，吃上了多年未吃的大米饭和白面包，还给我们随时就诊看病，等等。这时候大家头脑里又产生了种种幻想，估计会送我们回国的。但来到抚顺监狱，看围墙四周拉着电网，岗楼上站着哨兵，架着枪，大家的一切梦幻又都破灭了，所以看到墙上写有"战犯"的字样，感到特别受刺激和烦躁。于是，同监舍里一位性情暴躁的人，就把监规给撕下来了。

我又问他："你对这个人的举动是怎么看的？其他人对这个举动又是如何评论的？"滨田思考片刻，才回答道："我认为撕监规是不对的。可是多数人赞成这种举动。大家都对中国当局认定我们是战犯想不通。"我说："一时想不通，我们以后再谈。不过你们把监规撕下来，是绝对不应该的，而且这是违犯监规的行为。你懂吗？"滨田回答说："我们也知道，这样做会受到处罚的。但撕监规的人是自暴自弃，破罐破摔了。他认为，既已当了战犯，早晚是要死罗死罗的。"我说："你回去告诉这个人，撕监规是严重的错误，按规定应给予惩处。但是念他新来乍到，是初犯，就不给处分了。今后，他必须严格遵守监规纪律，好好学习，好好改造！"说完，我便让看守员把滨田带了回去。

当时，我所以这样做，一方面，考虑到这件事情本身的严重性，不杀杀这些人的嚣张气焰不行；另一方面，又感到现在对战犯们的思想底数不清，在不明底数的情况下，过于激化矛盾，也不利于对他们的管教。特别是，我想起这些日本战犯刚走进抚顺战犯管理所大铁门时的种种表现，更感到不能轻易处罚。那时，他们有的耷拉个脑袋，显得灰溜溜的；有的则挺胸腆肚的趾高气扬。战犯们的种种神态，既说明了他们蔑视新中国，不甘心作中国人民的阶下囚，也反映了他们恐惧、畏罪和怕死的绝望情绪。他们之所以要在"战犯"或是"战俘"这个问题上大做文章，目的是想迫使我国政府把他们当作"战俘"对待，便于尽快送他们回国。

为了进一步摸清日本战犯移交我国后的各种思想状况，所长孙明斋让管教科的同志分头到各监舍去了解情况，主动找战犯谈话。当时管理所只有我和金源、张梦实等少数几个人懂日语，所以，我们几人用日语同战犯们交谈，不懂日语的同志就找会讲汉语的日本战犯谈话，或同认识汉字的战犯用笔谈。我意外地发现，有些日本战犯很愿意同我们交谈，他们想从我们嘴里得到一些情报，以探听中国政府将会怎样处理他们。

通过初步了解、摸底，多数日本战犯对到中国后享受到的良好待遇是满意的，将、校级战犯还吃上了小灶、中灶。我们分析，战犯们口头上说满意，实际上，他们每人都在提心吊胆，恐惧不安。因为他们在中国做的坏事实在是太多了。所以，他们时刻都在担心会被押上审判台。其后，所方又让我们进行了多次调查摸底，并将所了解的一些基本情况向中央拍了电报。听说，中央领导同志接到电报后，及时给予指示。周恩来总理还要求在对战犯的管教过程中，做到"不跑一人，不死一人"。为了贯彻中央领导同志的指示，大家都兢兢业业，尽职尽责，努力工作。

组织学习

抚顺战犯管理所管押的近千名日本战犯中，有将校级军官，也有警察、宪兵、特务等校级以下战犯。他们的出身、职级、经历、年龄虽有很大不同，但在侵略中国的战争中都程度不同地犯有各种严重罪行，而且在关押初期都拒不认罪。尤其是，其中的700余名校级以下的战犯，因与将校级军官同样被冠以"战犯"名称，更为不服。

经我们摸底调查，这700余名校级以下战犯，90%以上出身于日本劳苦国民家庭，文化程度大都为高小水平，被俘时年龄均在20岁到30岁之间。这些人因自幼接受日本军国主义的奴化教育，武士道精神很强，以效忠日本天皇为荣，忠实地执行日本帝国主义的侵华政策，在中国都犯有种种罪行。但他们入所时都不承认自己有罪。有的认为，即或有罪也是"奉命行事"，自己的所作所为都是受上司的差遣，无所谓犯罪。有的则认为，他们在苏联关押期间，苏方称他们为"战俘"，到中国却被称之为"战犯"，所以心怀不满，寻衅闹监。总之，他们都认为"侵华有理"。如：伪满警尉小林芳郎说："日本人口多，国土小，不向外找出路，国民就活不下去。日本提倡建立大东亚共荣圈是合情合理的。"他还说："当满洲国警察，帮助维护中国社会秩序，怎能说有罪？！"另一名日军中尉中队长辩解说：

"我是大日本帝国的军人，是天皇陛下的臣民。我在中国战场上的所作所为，都是为天皇效忠，为父母尽孝。天皇宣布投降后，我已经放下了武器，我没有义务再认罪。"他们口头上虽都不承认自己有罪，但又怕自己的罪过露了马脚，或者违反了监规，会受到加重处罚，因而又通过不同方式百般抵赖。在这些战犯中，还常常发生敌视、顶撞我管教人员，蔑视和辱骂我看守人员的现象。有的病犯还不服从医务人员的治疗，给药也不吃，有的甚至以绝食来对抗，或书写纸条要求同所方领导谈话，等等。另一方面，面对战犯们的种种谬论和嚣张气焰，我们工作人员都很气愤。战犯管理所不少工作人员在日伪时期就受到日本侵略者的压迫和摧残，有些同志的亲人还被日本侵略军杀害。就拿我来说，我的父亲和三叔便是在日本殖民统治下的监狱里被残酷折磨致死的。看守员王兴的遭遇更惨，他家原在热河承德长城脚下我抗日游击区域。当年，在日军的一次大扫荡中，他家里8口人竟被杀害了7口，仅有他一人从血泊中逃生。王兴在他大爷家长大后，参加了中国人民解放军，后来在部队当了排长。1950年7月，组织上调他到抚顺战犯管理所工作，他还很高兴。他原以为到战犯管理所工作后，可以"治一治"昔日残暴的日本侵略者，报国恨家仇。他来到管理所后亲眼看到在押日本战犯这样顽固，不听管教，甚至还敢气势汹汹地辱骂管教人员，气得真想狠狠地揍他们一顿。但当时上级有严格的指示，对关押的战犯"不准打骂"，必须"尊重人格"。王兴回想起当年在日军的大扫荡中，全村被烧成火海，全家人在日军的刺刀下丧生的情景，他怎么也想不通，躺在床上蒙着被子痛哭了一场。

日本战犯的反抗情绪，同管理所工作人员对战犯的愤恨情绪，互相交织在一起，严重地妨碍了党的教育、改造战犯政策的顺利进行。为此，所领导多次组织全体工作人员开会，找大家谈心，通过多种方式组织大家认真学习党中央的有关指示精神，提高大家对改造战犯工作重要意义的认识，要求大家不能感情用事，必须时时处处以新中国工作人员的高尚风貌，任劳任怨地把改造战犯工作做好。

这个时候，美帝国主义发动了侵朝战争。为安全起见，战犯管理所遵照中央和东北公安部的指示，将关押的日、伪战犯全部迁移到松江省哈尔滨几所监狱。当时，组织上让我随大约 500 名日本校级以下战犯住在哈市以北的呼兰县监狱。朝鲜战局的紧张，使本来就不愿认罪的日本战犯气焰更加嚣张。他们以为美军会很快攻占我东北地区，他们也因此而能得救。这期间，我发现不少战犯很注意战争形势的发展和我们工作人员对他们态度的反映。他们中的一些人还在私下议论，说什么"新中国在战乱中刚刚成立，若同美英为首的联合国军相较量，好比'鸡蛋碰石头'，根本不是美英的对手。"但是，事实上中朝两国军队却在朝鲜战场上连连打胜仗，美英军队被逼得连连败退。面对这种情况，校级以下日本战犯又产生了新的思想问题。如，原日伪大连检查院检查官田中魁说："看来当局要把我们送到北大荒去见阎王。"还有的说："从来中国几个月的情况看，中共对我们还是实行人道主义的，眼下还不会把我们送到北大荒，送回苏联的可能性很大。"当时，几乎所有在押的日本战犯都对我们持敌视态度，有的对战争结局仍持有幻想，有的还勾结监外的日侨企图越狱暴动，妄想同美帝国主义侵略军来个里应外合。

针对战犯的种种表现，中央领导同志指示：要对这些战犯进行悔罪教育。可是，怎样贯彻这一指示精神，全所上下都在想这个问题。管理所领导经过研究，认为对战犯进行认罪悔罪教育，应从抓好战犯的学习入手，使其认识帝国主义对内压榨和对外扩张的反动本质，认清日本军国主义发动侵华战争的罪行和美日侵略者给中、日两国人民带来的深重灾难。然后，再组织他们联系自身的实际，进行回忆对比，为其认罪悔罪打好思想基础。根据这个要求，我们便在呼兰县监狱组织了战犯自学小组。

呼兰县监狱原是清朝建立的，已有 100 多年历史。在这所破旧的古老建筑里，战犯居住都成问题，要想找一个可供学习的房间实在困难。记得我在监狱院内巡视了一圈，发现院子西边有一处大房间，好像过去是个仓库。于是，我便提出建议，把这间房子利用起来。这样，既能解决战犯睡觉拥挤的问题，白天又能当学习室。经所务会研究，采纳了我的意见。战犯学习组的地点就这样解决了。

在战犯中开展理论学习，我们没有搞强迫命令，也没有进行硬性灌输。而是先通过调查研究，首先把战犯中有学习愿望的 80 余人组织起来，分成6个学习小组，由他们自己选出国友俊太郎、大河原孝一、小山一郎、清水勇吉、滨田金八郎、伊桥章一等6人为各组的学习组长。这6人既是各学习小组的组长，又是呼兰监狱战犯理论学习组的核心成员。核心组的负责人由他们推选的国友俊太郎担任。当时确定的学习材料主要是日文版的列宁著作《帝国主义论》及日共编写的一些学习材料等。学习方法是，先由各小组传阅学习材料，在领会基本精神的基础上，联系实际开展讨论。讨论中遇有疑难问题，由各小组组长把问题带到核心小组来，经研究后逐一给予解答。核心小组解答不了的问题，再反映到所管教科请人解答。为了把学习搞好，我还把自己珍藏的一本日文版的《社会科学辞典》交给了核心小组，由滨田金八郎保管，并负责查阅有关资料。

记得1950年10月，国内报纸刊载我中国人民志愿军出国抗美援朝首战告捷，一举俘虏美帝侵略军15000名，缴获60辆汽车、几百辆坦克和装甲车，以及大量枪炮、弹药……这一喜人的消息，使原先对美帝国主义存有幻想的日本战犯大为震惊，幻想不攻自灭。由此，这80余名日本战犯的学习精力更加集中了。记得滨田金八郎在一次汇报中对我说："《帝国主义论》这本书在日本是禁书，过去我连摸也摸不到，谁看了是要被判刑的。在这里，我们是第一次接触这本书，从中懂得了不少道理。"通过一段时间的学习，战犯们开始对资本主义、帝国主义的反动本质有了一些认识。有的战犯在讨论中说，日本社会从资本主义发展到帝国主义，以至后来向国外扩张，发动侵华战争，这一历史发展过程同列宁在书里所分析的完全一样。通过学习，不少战犯已开始认识到，自己过去在日本国内接受的军国主义教育，实际上是受了垄断资产阶级的欺骗。所以，他们对列宁的《帝国主义论》一书很感兴趣，有的人还一段一段地把它摘抄在笔记本上。每次开学习讨论会，他们的发言都很热烈，不少人经常争论得面红耳赤。

1951年3月25日，由于朝鲜战局好转，经请示东北公安部批准，将在哈尔滨市呼兰县和哈市道里监狱的669名日本校级以下战犯迁回了抚顺。显然，抚顺战犯管理所的条件比哈尔滨监狱条件好得多，监舍清洁明亮，每个屋子都能容纳十七八个人。为了扩大学习成果，回抚顺后，我们有意识地把在呼兰县监狱参加学习的80余名战犯分散到三四所的各个监舍里。这些人分到各监舍后，都主动向同室战犯介绍了在呼兰县的学习情况及学习体会，还把自己的学习笔记拿给伙伴们看，启发了其他战犯的学习愿望。各监舍又都把在呼兰县参加过学习的人选为本监舍的学习组长。随后，又增加了原核心学习小组成员，由在呼兰县时的6人扩大为9人，增选的是大岛伊三郎、中村吾郎和板下雅章等3人。战犯管理所还给他们发了许多新的学习资料。在组织战犯系统地学习《帝国主义论》、《日本资本主义发展史》和《日本人民的前途》等书籍的基础上，又围绕开展反对军国主义的教育，学习《关于日本军国主义思想的批判》；围绕进行世界革命发展前途的教育，学习《关于社会主义力量和帝国主义力量的对比》、《朝鲜战争的伟大胜利》和《日内瓦会议后的国际形势》，等等。经过这段学习，使战犯们学习的欲望越来越强烈。在此基础上，又成立了"战犯学习委员会"，并开展了中国革命经验的教育，组织学习《毛泽东选集》。在我们工作人员指导下，在核心学习小组成员的带动下，在押的700余名校级以下日本战犯，就是这样逐步掀起了学习热潮。

马列著作和毛泽东著作原来在日本都是禁书。经过一段学习之后，战犯们普遍感到书里讲的有道理，尤其是那些出身于日本低层社会的战犯，他们都能认真地做笔记，热烈地展开讨论，还能提出不少疑难问题要求解答。如："何谓相对真理和绝对真理？""'从好的愿望出发，以坏的结果告终'同'从好的愿望出发产生好的结果'，两者的因果关系为什么不一样？对这两种'好的愿望'要不要区别对待？""过去认为，日本国土小，人口多，必须向外扩张，结果犯了侵略罪，这是否算好的动机，坏的结果？"等等。那时，我们指导战犯们学习，有一条原则：对他们提出的问题，只负责解答有关的名词、概念，至于实质性的认识问题，则靠他们自己在学习讨论中逐步去理解。

这些校级以下战犯受军国主义教育毒害虽深，但由于他们年龄都较轻，接受新事物较快，又都愿意吸取新知识，故大都能够按照我们安排的学习内容去学习，有些人对于学习毛泽东同志的哲学著作尤感兴趣。他们通过学习《矛盾论》、《实践论》等，分析和认识问题的能力有了明显提高。

在这一基础上，他们对日本进步历史学家井上清著的《日本军国主义发展史》，以及《日本帝国主义的反动本质》、《天皇制是什么？》等论著就更容易理解了。

认罪悔罪

为了帮助战犯巩固学习成果，推动思想改造，经研究，我们向国友俊太郎、小山一郎、大河原孝一等核心学习组成员出了两道思考题，让他们组织战犯开展讨论。一道题是，"对比一下两种不同的社会制度"；另一道题是，"对比一下两种不同社会制度下的监狱"。讨论第一道题的时候，我们有意挑选出几名出身较为贫寒的战犯作中心发言，讲他们自己及其父母兄弟在日本生活的实际情况，讲讲自己的家史。然后，让其他人联系实际进行分析讨论。这项工作开始不久的一天，我正在办公室翻阅各学习小组长报上来的"学习情况汇报表"，突然看守员师国荣跑进屋来，大声对我说："老吴，不知为什么，各监舍里都有人在哭，你快去看看。"办公室里的同志还以为出了什么事，我听了却很高兴，不慌不忙地对师国荣说："你不必担心，战犯们的学习已经进入了联系实际的阶段，他们正在回顾自己的遭遇。"师国荣说："我9点钟接班后像往常一样巡视各个监舍，看到战犯们都在座谈讨论。只觉得今天的学习气氛比往常严肃。我回到值班室，刚坐下卷了一支烟，就听到4所56号监室里传来了哭声。我赶忙走到56号监室，见一个日本战犯在抱头大哭，其他的日本战犯有的也跟着放声哭起来。不一会儿工夫，几乎各监舍里都传出了哭声。"听了师国荣的介绍后，我告诉他，这可能是战犯们因忆家史而诱发出来的，这对他们认罪悔罪有好处。随后，我便同师国荣一块儿到监舍去了解情况。

4所56号监室有个叫东一兵的战犯，他做工出身。1939年被征入伍，1940年自愿当了宪兵，入侵中国东北后期，职务是宪兵军曹。在这一天的学习讨论会上，他是56号监室的中心发言人，讲了自己的家史。东一兵讲：

　　"我家住在石川县穷山沟里。父母是佃农。成年起早贪黑地种地，但家境总是贫穷。我上学时穿的是用姐姐穿过的衣服改做的男服，补了又补。到学校看到家境好的孩子穿好衣服就很羡慕。可是还有不少孩子跟我穿的差不多，所以，我就跟穷家的同学在一起玩。后来，父亲因劳累而得病，卧床不起，家中却无钱给父亲治病，只靠母亲一人劳动维持生计，家境越来越贫困。从此，大姐不再上学，在家帮助妈妈种地。有一天，听说一家火柴厂招女工，5 年工钱 300 元，还管吃管穿。姐姐考虑到家里做饭无米，父亲治病又急需要钱，便去报名做工。母亲没有办法，只得收下 300 元，同厂方订了合同，把姐姐交给了火柴厂。父亲躺在床上流着眼泪跟姐姐告别，父亲说：'你走吧，我病好了再把你接回来。'大姐强打精神告别了父母，跟村里的一些姑娘去火柴厂。妈妈流着泪同我和二姐将和蔼可亲的大姐送到村外。望着大姐离去的车影，我和二姐一起扑到母亲的怀里哭了一场。大姐到了火柴厂，在工头的监视下，每天劳动 10～12 个小时，有时还要劳动 14～16 个小时。在极度的疲劳和营养不良中，她在这家工厂干了 3 年，因受火柴磷毒的毒害，大姐的牙床溃烂了不能吃饭。厂方老板看她没有用了，不仅不给她治病却把她送回了家。后来大姐的牙床全烂掉了，啥也不能吃，活活地饿死了。这时厂方硬说大姐的 5 年期限合同未完，又强逼我二姐前去顶替。大姐刚死去，二姐又被抓走，父亲在病床上悲伤得晕了过去再未醒来……"

　　东一兵一边讲一边哭，当他讲到父亲的丧事时便再也讲不下去了，一头倒在床头上放声大哭起来。这时在场的人也都想起了自己的过去，那些出身贫寒的人都争先讲述各自的家史，也是边讲边哭。

　　经过前一段的理论学习和这一段联系自身实际的讨论，使战犯们初步弄清了日本军国主义对内压榨、对外侵略扩张的反动本质。当他们知道战后的日本已成为美帝国主义的殖民地时，便越发认清了当年日本军国主义者发动侵华战争，不但给中国人民造成了深重灾难，同时也伤害和出卖了日本本民族的利益。原日本警察警尉室田震策曾在抚顺当过警察，说："我过去一直认为贫富是命运所决定的，天皇是最慈善的神。所以，我在日本或在中国当警察一心都只想着为天皇效忠，特别是到中国以后，做了许多残害中国人的坏事。"经过两种社会制度的对比，这些校级以下战犯普遍地认识到：人们的贫穷，不是天命所致，而是由于垄断资产阶级的剥削制度造成的；天皇也不是最慈善的神，他是日本剥削阶级的总代表。为天皇而效忠，实际上就是为垄断资产阶级卖命，所以，自己犯罪，应该感到惭愧！

在取得以上学习成果的基础上，紧接着又布置第二道讨论题：对比两种制度下的监狱。讨论这道题时，一开始，我们便让当年的日伪警察、宪兵、特务、狱吏作为中心发言人。记得其中有日伪时期抚顺监狱的典狱长、总务科长、看守长，有奉天监狱的看守长等。他们分别认真回顾了旧监狱的情形，并同眼前的抚顺战犯管理所作了对比。事实胜于雄辩，通过新旧监狱对比，使他们从内心里感受到社会主义的优越和中国共产党政策的伟大。曾任日伪抚顺典狱长的大村忍在座谈时说："抚顺战犯管理所的前身，就是伪满时期的抚顺监狱。过去，这里是关押中国爱国志士的地方。那时在这里只能听到拷打声、镣铐声和惨叫声；那时这里又脏又臭，冬天墙上一层冰，夏天到处是蚊蝇；那时押在这里的囚犯每天只能得到一小碗高粱米，还要终日服劳役，许多人被打死累死。不像我们现在吃着大米白面和鸡鸭鱼肉，还坐下来学习、讨论。不仅如此，我们现在住的地方，冬天有暖气，夏天有纱窗，从前的苦役工厂改成了锅炉房和面包房，从前爱国志士受折磨的暗室现在成了医务室的药房，从前的仓库现在成了浴室。我们现在住在这里，人格受到尊重，当局不打不骂，还处处关心我们的健康，开展各种文娱、体育活动等等。真是两种不同制度的社会，会有两种完全不同的监狱。谁会相信战犯管理所竟是一座监狱？！"

原日伪警察特务警尉中井义雄在讨论中说："我在旧监狱时曾经活活地折磨死中国的爱国志士。现在中国人民对我们不报复、不虐待，还施行人道主义的宽待，我深感罪过严重，心中惭愧。"原日军五十九师团伍长大河原孝一说："帝国主义的监狱把活人变成鬼，新中国的监狱把我们这些'鬼'教育成为人。抚顺战犯管理所其实是一所帮助我们懂得真理的大学校。"

记得这次学习讨论结束的那天中午，看守员黄宝珠同志正在给战犯们开饭，入所初期曾向黄宝珠大喊大叫的前日军五十九师团士官军曹烟佐太郎，突然跪倒在黄宝珠同志面前。他抱着黄宝珠的腿，边叩头边哭泣地说："我该死！我不是人！……"他伏在地上跪着哭泣着，久久不肯起来。

为了帮助这些战犯能够进一步联系自己的实际，自觉地认罪悔罪，我们又及时让他们讨论："谁把你们推上了战争犯罪的道路"、"你们是怎样成为'天皇'枷锁下牺牲品的""怎样才能结束背井离乡的监禁生活而获得新生"等题目。随着座谈讨论的步步深入，战犯们几乎都坐不住了，他们或则抱头痛哭，或则大骂军国主义。记得前日军大尉黑濑市夫流着眼泪说："我们为了真理而学习，如再不坦白自己的罪行，实在对不起自己的良心。"有的说："我们犯下了人类所不能容忍的杀人罪行，当局监禁我们是完全应该的。"有的还表示："我们毁了自己的青春，而犯下了严重的罪行；今天认罪，同样要有当年的勇气！"

在中国共产党正确政策的感召下，抚顺战犯管理所在押的 700 余名校级以下的日本战犯，终于纷纷开始认罪悔罪。他们不仅主动交代自己所犯下的严重罪行，还大胆揭发检举其同僚和上司的罪行。如，一名出身贫苦的前日军士官大胆坦白了杀害 270 多名无辜中国人的严重罪行；警佐大井健太郎也生平第一次为残酷杀害中国人民而流出了忏悔的眼泪，等等。就这样，经过两年的学习和认罪悔罪教育，80％以上的校级以下日本战犯交代出 2980 条罪行，写出 637 份检举材料，为最高检察院组成的东北工作团开展侦讯工作打下了良好的基础。

记得最高人民检查院工作团对在押的战犯进行侦讯时，在日本校级以下的战犯中曾一度出现过反复。有些人终日惶惶不安，他们预感到定罪审判的时刻即将到来，后悔因自己的彻底坦白而留下了定罪的证据。有些人本想交代自己的罪行，但怕因此而被治罪；本想要检举自己的上司，又怕遭到报复。于是，便出现了交代战争中杀人，不交代平时杀人；只交代奉命杀人，不交代自主杀人的现象。有人甚至还要推翻已交代的罪行。针对这种种表现，东北工作团及抚顺战犯管理所领导同志向在押的战犯作报告，反复讲明我党"惩办与宽大相结合""抗拒从严，认罪从宽"的政策，打消他们的顾虑。接着，又组织罪行虽严重，但认罪态度较好的前日军中尉中队长宫崎弘向尉级以下战犯作了认罪检举的典型发言。这种现身说法的典型，有强烈的感染力，对其他战犯的认罪悔罪起了稳定和推动作用。经过我们两个多月时间的深入细致的工作，在押的日本校级以下战犯，基本上交代清了自己所犯下的严重罪行，并写了4000多件检举材料，揭发了其上司或别人的罪行14000多条。

获得宽释

1956年4月25日，全国人大常委会通过《关于处理在押日本侵略中国战争中战争犯罪分子的决定》（简称《决定》）。当天晚上，抚顺战犯管理所召开全体战犯大会，向他们宣读了这一决定。《决定》是通过喇叭传向各监室的。记得当时，各监室一片寂静，连轻微咳嗽声都没有。战犯们都十分清楚，此刻，广播喇叭传出的每一个字，都将关系着他们个人的前途和命运。当他们听到"……按照他们所犯的罪行本应该予以严惩，但是鉴于日本投降后十年来情况的变化和现在的处境，鉴于近年来中日两国人民的友好发展，鉴于这些犯罪分子在关押期间绝大多数已有不同程度的悔罪表现，因此，决定对这些战争犯罪分子按照宽大政策分别予以处理"时，许多战犯流泪了。《决定》全文刚刚播完，各监舍顷刻沸腾了起来。战犯们含泪高呼："中华人民共和国万岁！""中国共产党万岁！"不少战犯还对我说："这个《决定》充分表明了伟大的中国人民的气魄和胸怀，体现了马列主义和毛泽东思想的革命人道主义的最高原则。我们除了无限敬佩和低头认罪外，简直没有其他的话可说。"尉级以下战犯对《决定》中"对于次要的或者悔罪表现较好的日本战争犯罪分子，可以宽大处理，免于起诉"这一段话，尤其感到亲切，并因此而感激涕零。他们终于盼到了那美好日子的到来。

最高人民检察院根据《决定》精神，于1956年6月21日、7月18日、8月21日，先后分三批宣布对1017名（包括太原关押的120人）日本战犯免于起诉，立即宽大释放回国的决定。随后，所有被免予起诉的日本战犯都被当作日本侨民，由我国红十字会交由日本红十字会先后经天津乘船回国。宣布宽释的这一天，所有战犯都感动得放声大哭起来，那哭声连成一片，整个礼堂都被战犯们的哭声淹没了。不少被宽释的战犯纷纷举手要求发言。不知是谁首先喊道："我保证绝不再拿起武器同中国打仗！"紧接着"我也是！""我也是！"的喊声连续不断地在人群中爆发出来。

在这三批宽释的日本战犯分别被宣布免于起诉的当天晚上，抚顺战犯管理所都邀请市内有名饭店的厨师来管理所掌勺，为他们举办欢送宴会。每次宴会都自始至终充满着感激、欢乐和浓厚的友好气氛。宴会中，获宽释人员和工作人员都有所感触地回忆着，谈论着在抚顺战犯管理所经历的不平凡的6年生活。一名获宽释人员握着我的手说："当初，从苏联乘闷罐囚车到达中国时，我认为一切都完了，活着回日本故土是不可能了，真没想到，我还能得到宽释回国……"他泣不成声，说不下去了。我安慰了他，并鼓励一番。宴会常常是晚7点开始，直到深夜10点后才结束。记得，孙明斋所长举杯祝酒时说："愿大家一路顺风，回国后与家人团聚，生活美满幸福！"被宽释的人员一齐举杯，呼喊："中国共产党万岁！""感谢中国人民！"接着，又纷纷离开席位，向各位工作人员握手道别。刹那间，长长的一排人站到了我的面前，等候同我道别。他们一个接一个深情地、紧紧地握着我的手，一再表示回国后，绝不忘记抚顺战犯管理所诸位恩师的教诲。有的说，"我们一定要向亲朋好友讲述中国人民、中国政府对战败的日本军人的伟大人道主义精神"；许多人还表示："我们回国后，要向亲人、向子孙后代，讲清楚日中友好的道理，日中永不再战！"每次宴会，大家都有说不完的话，我的手也被握得酸疼了，因为每次都要同300多人握手。

这三批获释人员，都是在天津塘沽港乘日本派来的"兴安丸"客轮回国的。每次，组织上都指派我送他们到天津。记得在抚顺城车站，当回国人员领队得知我随车去天津时，他高兴地向每节车厢通报："吴先生跟我们一同去天津！"顿时，几乎各车厢都有人喊："吴先生和我们在一起！"他们见了我，都拍手向我表示欢迎。在旅途中，他们不停地同我恳谈着，谈6年来的收获，谈回国后的打算，等等。

我发现有位站在我旁边的人很焦急，因与我谈话的人络绎不绝，他接不上茬，我便让他过来谈。他握住我的手，流着眼泪，激动地对我说："您是我的再生恩师，中国共产党是我的再生父母……"这人叫腾井善次，出身于日本沿海渔民家庭，家境贫寒只念了两年书。他说："我在中国6年，不只学习了真理，学习了做人的道理，还学习了文化。刚到管理所时，我连自己名字都写不好，填写登记表得让别人代写，现在我已具备了小学6年文化水平，能写自己的感想了。我在管理所6年的改造生活，是终生难忘的。"他还向我表示："回国后，要向日本青年讲解侵华战争的罪恶史，鼓舞日本青年为维护和平而斗争……"

出发前，获宽释人员胸前都佩戴着中国红十字会发给的"日本侨民"证章。三批获宽释人员在天津候船期间，仍然保持着有组织的活动。第一批获释人员的总负责人是国友俊太郎；第二批总负责人是小山一郎和宫崎弘；第三批总负责人是大河原孝一。在天津，三批获宽释的人员都向抗日烈士纪念馆献了花圈，沉痛哀悼我死难烈士，有不少人还在纪念馆跪下来放声大哭。离岸时，他们还向最高人民检察院和抚顺战犯管理所致"感谢文"，向中国红十字会和最高人民检察院献锦旗。另外，三批获释战犯都于上船前在港口宣誓：要把自己的后半生献给反对侵略战争，促进日中友好，维护世界和平的伟大事业。这个誓言后来成为"中国归还者联络会"的会旨。每次宣誓完毕后，离境人员都纷纷同我红十字会人员和我们管教人员紧紧拥抱，哭泣不已。大河原孝一等人还再三向我说："回国后，一定要把先生请到日本作客。"轮船已经鸣笛，就要起锚了，获释人员才不得已地登上了"兴安丸"号客轮。我看到有的人还怀抱着从管理所带回去的乐器，在船上流着泪，面对着我们演奏。接运获释人员的"兴安丸"轮船长，激动地说道："这种惜别之情真是少见！"

"兴安丸"客轮驶离天津港许久，我们还能听见获释人员高唱《全世界人民一条心》的歌声。

归国新生

被我国政府宽大释放的日本战犯，分三批返回日本国之后，不久便给抚顺战犯管理所寄来大量信件。在上千封的来信中，不只有报喜的，也有报忧的，可谓昔日仇敌，今日挚友，无话不谈。他们一桩桩、一件件地向我们诉说着回国后遭受的各种冷遇和当局对他们的监视，甚至非难……初期来信，主要是介绍他们登岸后如何成立"中国归还者联络会"的经过及其活动情况。

国友俊太郎、小山一郎、大河原孝一等人在给我的来信中谈到：他们在日本舞鹤港上岸，回到久已怀念着的祖国的时候，如何首先发表《告日本人民书》，号召人们反对侵略战争、保卫世界和平。同时，向日本国会递交了请愿书，并列队同他们的家属一块到国会门前静坐，要求日本政府给予回国后的生存条件。经过他们4天的交涉和斗争，日本政府才答应了他们提出的部分要求。有些人在来信中还谈到，回国后如何受冷落和歧视，有的妻离子散，有的长年找不到工作，有的还常常受便衣警察跟踪，等等。总之，归国前一些想象不到的事情都发生了。他们在来信中还一再表示："虽然遇到了困难，但我们绝不会背叛中国人民所指引的道路……一定要作为一个正直的人活下去。"为此，他们组成的"中国归还者联络会"，在东京设立了本部，在全国各都、道、府、县，设立了54个支部，并且创办了会刊《向前，向前》。同时，还集体加入了日中友好协会。

据我所知，"中归联"的诸位先生，为反对战争，争取和平，促进日中友好，在30多年（指1990年出版时间）的斗争中做了大量艰辛的工作。主要活动大体可分以下四个方面。

一是，让日本人民了解历史真相，促进日中关系正常化。他们获释回国时，日中两国关系还处于冷冻状态。他们通过演讲、文艺演出、著书立说等方式，向日本人民介绍中国的情况，揭露日本侵华战争的罪恶，宣传中国政府和中国人民对日本战犯实行的人道主义政策,促进日中两国友好。日本和平团体为实现日中建交,发起了3000万人的签名运动,"中归联"一直活跃在最前列。山中胜之助等人不辞辛苦地组织日本人民签名时,常有便衣警察跟踪他们,但他们毫不畏惧。后来,山中胜之助过度劳累因病住进了医院,第一个进病房看望他的便是跟踪他的那个警察。日中两国恢复友好关系后,这名警察对山中胜之助说:"现在,我不再监视你了。你的精神实在令人感佩!"

20世纪50年代,在日本友好人士发起的查寻中国烈士遗骨(指被日军劫掳到日本做苦役后,被折磨致死的中国人)、募捐、组织遗骨护送活动中,"中归联"为此作了总动员,发动全体会员积极参加了这项促进日中友好的活动。在日本全国17个友好团体募捐总数中,"中归联"的募捐款额占总捐额数的1/3。1944年被日军抓劳工的中国人刘连仁,在日本北海道的山洞里与世隔绝地生活了13年。"中归联"领导成员大河原孝一等人得知后,立即将刘连仁保护起来,并组织资助,亲自将刘连仁送回了他的老家中国的山东省。

"中归联"还以揭露战争行径、保卫和平为己任。他们从其成员在中国关押期间写作的《忏悔录》中选出了15篇,配上15幅历史照片,编成《三光》一书出版。该书"跋语"写道:"日本军国主义所掀起的战争,把日本国民自身陷落到人类的最下层,同时给亚洲各国人民,特别是给中国人民带来了惨重的伤害。我们不允许再把祖国和青年们再次驱入这种可恨的战争!不允许重演对勤劳人民进行残酷屠杀的犯罪行为!"《三光》一书在日本影响很大,销售量名列战后日本书籍的第二位。对此,一些日本军国主义分子采取砸书店,在报刊上对该书谩骂和攻击等手段,破坏该书的发行。但"中归联"不畏强暴,又陆续出版了《侵略》、《天皇的军队》等17本书,继续揭露和鞭挞日本军国主义的罪行。1987年,我应"中归联"邀请访日时,鹈野晋太郎向我讲述了他出版《菊花和日本刀》一书的经过。他说,这本书分上下集,主要揭露日本帝国主义侵华罪行,还曾在日本报纸上连载过。有人读后便给鹈野来电话,说他给日本人丢脸,要他停止在报上刊载,并说如若不然就杀死他。鹈野回答说:"这是我的责任，要杀就杀，只要我活着，任何恐吓我都不怕。"

二是，抵制文部省修改教材，篡改历史的行径。1982年，日本文部省执意篡改日军侵华史，在教科书中将"侵略"一词改为"进入"。"中归联"成员以亲身经历为依据极力反对，他们到日本议会门前游行抗议；同时还迅速将新编的《三光》一书出版发行。新编《三光》一书以大量的事实，揭露了日本帝国主义发动侵华战争的罪恶行径，还配有24幅目不忍睹的日军在中国烧杀奸淫的真实照片。"中归联"要求日本政府对过去的侵略战争"要真反省，真谢罪，真行动"。《三光》一书在日本国内发行25万册后，"中归联"又为日本广岛和平教育研究所撰写了当年日本帝国主义发动侵略战争的史实，作为对50万中学生进行和平教育的教材。

三是，集资在"再生之地"——抚顺战犯管理所修建"谢罪碑"。"中归联"的全体会员为了真诚地向中国人民忏悔自己的罪行，向中国的抗日殉难烈士谢罪，于1987年11月，以"中国归还者联络会"的名义，向中国政府正式提出在"再生之地"抚顺战犯管理所兴建"向抗日殉难烈士谢罪碑"的申请。经我国政府批准，自1988年4月，"中归联"257名会员捐款564万日元，集资在抚顺战犯管理所院内建碑。兴建工程于同年7月开始，9月竣工。"谢罪碑"碑高6.37米，由云白理石和花岗岩构成。碑的正面镌刻着"向抗日殉难烈士谢罪碑"字样，背面铭文刻有日、中两种文字，阐述原日本战犯的忏悔和对中国人民和政府的宽大政策的无限感激之意。碑面日文由"中归联"特请日本著名书法家原舜先生书写。同年10月22日，"中国归还者联络会"会长富水正三率团来华，一行19人，专程来抚顺战犯管理所参加揭幕式。在揭幕式上，日本代表团成员在谢罪碑前深深鞠躬，表示忏悔之情。富永正三在揭幕式上讲话并宣读了碑文，碑文是："我们在参加长达15年的日本军国主义侵略中国的战争中犯下了烧、杀、抢的滔天罪行。战败后，我们被关押在抚顺和太原战犯管理所。在那里，中国共产党、政府和人民给予了我们'恨罪不恨人'的革命人道主义待遇，使我们开始恢复了做人的良心。真没想到，根据宽大政策，一名也没有被处死刑，全部释放回国了。正当抚顺战犯管理所恢复原貌时，在这里建碑，刻下我们对中国抗日殉难烈士谢罪的诚意，决不允许再发生侵略战争，为和平和日中友好的誓言。"揭幕式后，中日双方共同在"谢罪碑"周围栽上了常青树。

四是，为"再生之地"抚顺市的振兴献力。30多年来，"中归联"的成员们一直没有忘记他们称之为"再生之地"的中国抚顺。不少人曾多次来抚顺访问，十分关心抚顺的振兴。1985年初，"中归联"成员还自动捐赠1600多万日元，帮助"再生之地"抚顺兴建了一家日本风味的餐馆和旅店，取名"樱花饭店"。他们用捐赠的900万日元，为樱花饭店购置了中国国内所没有的厨房设备，如自动吹饭器、鱼片烤炉、微波灶，以及全套日式餐具等等；余下的420万日元则寄赠给抚顺，便于从当地购置其他厨房设备、器材以及店内装饰材料。"樱花饭店"开业后，已成为接待国外宾客，沟通中日友好交往的一个场所。

"中归联"为反对侵略战争，维护世界和平，促进日中友好的不懈努力，已引起了日本社会各方面的重视。1989年初，日本最大的"NHK"电视台，已决定将"中归联"的活动拍成电视片，在日本国播放。该电视片内容分为三部分：第一部分是"侵华战争的事态"；第二部分是"'鬼'变成了人"；第三部分是"回日本以后"。"中归联"为此派出五名会员随同"NHK"电视台摄制组成员来我国摄片。第一部分片，在我国山东省内拍摄；第二部分片，在抚顺战犯管理所拍摄。这部电视片已在1989年"八·一五"日本战败投降44周年之日的晚间新闻节目时间向日本全国播放。

【作者简介】

  吴浩然，男，朝鲜族，吉林省敦化县人。1919年7月生。1945年12月参加革命。1950年4月调入东北司法部；继又调入战犯管理所，任管教科科员、副科长，1982年离休。1988年被该所聘为顾问。

参与改造太原的日本战犯纪实

王振东

1954 年，我被分配到山西日本战争犯罪分子罪行调查办公室任管教组长，我原本不想去。原因很简单，我叔父遭日本兵杀害，战友们一个个倒在他们炮火下的惨景历历在目，因此，我一看到日本兵就从心眼里恨，我真想亲手杀他几个才解恨。现在，竟让我去说服教育和改造这些杀人犯，真不情愿。是毛主席、周总理的教导，使我明确了对日本战争犯罪分子实施改造教育的深远意义，思想逐步开阔了。

太原战犯管理所的形成

太原日籍战犯管理所位于太原城小东门。日本侵略者占领太原期间，对外称作"太原工程队"，实则是日军关押惨杀中国战俘的集中营。曾有我八路军、国民党官兵及一般平民百姓数千人被关押在这里。日本投降后，阎锡山统治期间，这里又是蒋阎镇压屠杀爱国志士和中共党员的监狱。1949 年 4 月 24 日太原解放后，山西省公安厅为了改造日本战争犯罪分子，对此处进行了较大规模的修整，粉刷了监房和办公室，添置了床铺和用具，修复了食堂，增加了医疗室、图书室和浴池、运动场等。

该管理所首任所长由山西省人民检察院副检察长谷震兼任，副所长为孙榜锦。1954 年，国家最高人民检察院派来井助国同志率领的工作组，在此指导工作。管理所下设三个办事机构，即办公组 3 人，组长栗希颜；审讯组 10 人，组长张焕新；管教组 7 人，组长王振东。我本人于 1937 年参加革命，历任区长、县司法科长、县长。1953 年调中央政法大学学习，次年毕业后分配在山西省司法厅任秘书，还未到职便又调该战犯管理所。管教组还配有日籍工作人员，佐藤峰男、高桥、高桥胜子 3 人；审讯组配有小野士、南政夫 2 人，专做翻译工作。管理所还配备有勤杂人员和警卫部队。

日本战争犯罪分子分别来自河北永年（原属解放军官教导团）122 人；公安部转来 10 人；还有日寇投降后为阎锡山效力的日军俘虏 4 人。最多时达 140 人。身份最高的是原日本关东军高级参谋河本大作，1954 年 9 月病死。按战犯罪恶情况，予以起诉被判刑的 9 人，其余皆分三批免于起诉释放回国。

这 9 名被判刑的战争犯罪分子是：

1. 城野宏，男，1914 年生，日本熊本县人。在日本帝国主义侵略我国的战争期间，曾任日军山西陆军特务机关总务课少尉课附、政治课中尉课附、太原陆军联络部政务班中尉班附、班长、伪山西省政府顾问辅佐官等职务。日本投降后，又任阎锡山第二战区司令长官司令部"合谋社"军事组上尉副组长、组长和特务团司令部上校部附，山西省保安司令部研究部少将部长、暂编独立第十总队少将总队长附兼政治部（原改新闻处、政工部）部（处）长、太原绥靖公署教导总队附兼政工处处长等职务。

2. 相乐圭二，男，1916 年生，日本福岛县人。在日本帝国主义侵略我国的战争期间，曾任日本北支那派遣军独立混成第三旅团独立步兵第十大队少尉小队长、中尉通信班班长、中队长、大尉大队副官及独立步兵第九大队大尉大队长等职。日本投降后，曾任阎锡山山西省保安第二大队上校副大队长、暂编独立第十总队少将参谋长、太原绥靖公署教导总队少将团长等职。

3. 菊地修一，男，1915 年生，日本宫城县人。在日本帝国主义侵略我国战争期间，曾任日本北支那派遣军独立混成第三旅团独立步兵第七大队第三中队少尉、中尉中队长和第一中队中尉、大尉中队长及独立混成第三旅团独立炮兵大队大尉大队长等职。日本投降后，曾任阎锡山山西省保安第二大队上校副大队长，暂编独立第十总队上校团长、太原绥靖公署教导总队少将参谋长和炮兵团长。

4. 永富博之，又名永富浩喜，化名龙升云，男，1916 年生，日本熊本县人。在日本帝国主义侵略我国战争期间，曾任日本北支那派遣军第三十七师团三十七步兵团司令部情报室上等兵、兵长、伍长和伪山西省霍县（今霍州市）保安队联队部指挥官，北支那派遣军第五独立警备队第二十七大队本部情报室军曹、伪山西省闻喜县、安邑县保安部联队部指导官等职。日本投降后，曾任阎锡山第二战区司令长官司令部"合谋社"军事组少校组员、山西省保安第三大队上校大队长、暂编独立第十总队上校部副、太原绥靖公署教导总队上校团长等职。

5. 住冈义一，男，1917 年生，日本大阪府人。在日本帝国主义侵略我国战争期间，曾任日本北支那派遣军独立混成第四旅团独立步兵第一三大队少尉小队长，机关枪教育队少尉教官，大队部中尉教育主任，独立步兵第一四旅团独立步兵第二四四大队中尉、大尉中队长等职。日本投降后，曾任阎锡山山西省保安第六大队上校队副、山西省保安总司令部上校教育科长、暂编独立第十总队上校团长、太原绥靖公署教导总队上校团长等职。

6. 大野泰治，男，1902 年生，日本高知县人。在日本帝国主义侵略我国战争期间，曾任伪满滨江省公署警务厅特务科外股长、阿城县公署警务指导官、伪蒙古联合自治政府署北政警务厅副厅长、警备科长、应县县公署参事官、大同省公署直辖警察队队长等职。日本投降后，曾任阎锡山太原绥靖公署炮兵集训团中校教官、"山西省产业技术研究所"少校编辑员等职。

7. 笠实，男，1906 年生，福冈县人。在日本帝国主义侵略我国的战争期间，曾任伪山西省临汾县公署财务辅佐官、伪山西省壶关县新民会首席参事和县政府顾问等职。日本投降后，曾任"亚洲文化会"代理组织部长、阎锡山暂编独立第十总队野战医院少校军需事务长等职。

8. 神野久吉，男，1908 年生，日本爱媛县人。在日本帝国主义侵略中国的战争期间，曾任伪蒙古联合自治政府晋北政厅平鲁县警察队警尉补、警尉指导官，大同省公署直辖警察队指导官，首席指导官等职。日本投降后，曾任阎锡山大同保安总队少校队副、情报主任等职。

9. 富永顺太郎，化名富永德治、富永顺，男，1895年生，日本东京都人。在日本侵略我国战争期间，历任伪满铁路总局警务处警务指导员，日本北支那振遣军宣抚班本部防共组长，满铁北支事务局警务班长，华北交通株式会社警务部警备课长、保安课长兼铁道外事警察班长和资业局第二交通课长、调查第三主干兼警务局中央特务班长及北支那交通团交通地志室（通称"富永机关"）主事等职。日本投降后，又任伪华北交通股份有限公司情报部干事长和国民党国防部第二厅北平工作队（后改北平电讯支台）中校副台长等职。该犯被另案判处有期徒刑20年。

围绕改造与反改造展开斗争

日本战犯在侵华战争期间，犯下了严重罪行。他们在被关押初期，仍然骄横跋扈，拒不认罪，抗拒改造。为此，战犯管理所根据中共中央关于处理日本战犯总方针，始终坚持把政治思想改造放在第一位，实行惩办与宽大相结合，阶级斗争与革命人道主义相结合的政策，将整个学习、管理、劳动都以转变战犯的反动立场、反动观点为出发点和归宿。

为了组织战犯学习革命理论，挑选学习较认真的中川博、铁村毫等人组成学习委员会，下设12个学习小组，组长由战犯自己推选。白天，我们和他们一块学习，听他们讨论，收集他们的反映。晚上，针对他们提出的问题，分成专题，分头准备讲课稿，并通过翻译给他们讲大课，回答他们提出的问题。诸如：你们的侵略真的是为了民族的利益吗？是谁把你们拉上了侵略战争的道路？侵略战争的后果？怎样充当了侵略战争的加害者和受害者？如何才能走向新生？等等。

通过上课，组织讨论，战犯们普遍认识到：发动侵略战争是违反国际公法和人道主义原则的。战争不但给被侵略者带来灾难，而且也使日本人民蒙受巨大损失。在深入学习，提高思想认识的基础上，开展坦白交代罪行与检举揭发活动，表扬好的，批评差的，孤立顽固死硬分子，配合审讯展开工作。

与此同时，对他们实行人道主义待遇，尽管当时我国经过长期的战争磨难，国民经济十分困难，但我们仍然尽最大的努力，给他们规定了较高的生活标准，保证他们每天吃到大米、白面和肉菜。另外还供给他们生活用品：毛巾、肥皂、牙膏、牙刷、纸烟等，对患病者提供挂面、鸡蛋、饼干、牛奶和水果等营养品。还将他们中的重病号送太原各大医院治疗，给99名战犯镶了183颗牙，为39名战犯配了眼镜。战犯上中正高，因患胃溃疡，吐血过多，病情严重，在医疗手术中，输入了300cc中国人的鲜血。他病愈出院后感激地流着泪说："是中国人民救了我的生命，我发誓回日本后，要把中国人民对我的人道主义待遇，讲给父母兄弟，甚至全国人民。我要为日本的独立、自由、中日友好而奋斗到底，并以此报答中国人民。"战犯永富博之镶牙后说："我于1943年1月，在山西闻喜县南白石村，用刺刀插入一个和平居民的嘴里，刺破了他的咽喉，割下了他的舌头，把全部牙齿打掉，然后将他杀了。中国人民对我这个犯有滔天罪行的战犯，还给予人道主义待遇，替我镶牙，这怎能不使我感动呢！我对不起中国人民，我发誓彻底认罪，重新做人。"

这些战犯，多是受军国主义毒害很深的人，但是，他们毕竟是人，是有血有肉的人，只要认识提高了，是可以改变的。因此，除了上课教育、文体活动外，还采取如下措施：一是发动群众（特别是受害者）写检举控诉材料，加快战犯认罪；二是邀请有关人士向罪犯作报告；三是利用其亲朋好友及家属来信来访进行正面和反面教育；四是组织外出参观进行实际教育。

监狱，历来是和社会隔绝的，然而，我们是人民民主专政的国家，一改反动监狱的常规，打破监狱和社会隔离的状态，争得社会力量和人民的支持，使战犯们了解社会，认识社会，促进对战犯们教育改造工作。

根据周总理指示，战犯管理所分三批组织战犯到社会上参观学习，让这些作恶多端的战犯去看看中国社会主义革命和建设的事实，亲身感受新旧社会的不同，促进悔罪，加速改造。这样，把理论教育和感性认识结合起来，巩固学习成果。他们心中还藏有种种疑虑，如：中国工业化的速度是否像报纸上说得那么快？资本家接受改造是真心实意的吗？新中国在世界上能否站得住脚？真能成为东方的和平堡垒吗？……要解决这些疑难问题，必须让他们在参观实践中自己去寻找答案。

参观地点从东北到江南，既有城市亦有农村，既有工厂学校，又有旅游胜地。参观后，战犯们普遍感到惊讶和羡慕，认为新中国的变化真是太快了，站立起来的中国人民真了不起。过去办不到的现在办到了，不仅能制造汽车，而且能制造精密仪表，只有人民掌握了政权，才会为自己祖国富强发挥巨大的能动作用。战犯远山哲夫参观了第一汽车制造厂后说："汽车厂规模宏大，而且完全是现代化的设备，它现在的年产量等于日本全国的年产量，真是惊人！"他们向天津仁立毛纺厂和方经理提出十多个问题，这位经理回答说："你们提的这些问题，我认为基本上是个人生观问题，我的人生观变了，我希望实现一个永无剥削压迫，人人过上美满幸福生活的社会，国家富强了大家都幸福，对我自己也有好处，谁不为子孙造福而高兴呢？伟大的中国共产党，伟大的领袖毛主席，给我们资本家指出了光明的道路，完全符合我自己的愿望。我是 1954 年 2 月申请公私合营的，过了半年才批准，完全自愿，绝非强迫。"

战犯们听了，连连点头表示相信。

处处有课堂，事事是教材。战犯们所到之处，无处不有惨遭日本军国主义践踏的伤痕和蹂躏的受害者。在哈尔滨，参与审讯赵一曼的战犯大野泰治，遥望东北抗日烈士纪念馆，要求向死难烈士偿还血债。他回忆说：1935 年，我以伪满滨江省公署警务厅特务科外事股长的身份亲自对受伤被俘的抗日英雄赵一曼，以毒打伤口等残酷手段进行刑讯。赵一曼坚贞不屈，她热爱祖国的精神感动了护士和看护，用汽车送赵一曼脱险。由于洪水冲毁了万绿桥，阻止了去路，在当地群众的协助下改乘马车，不幸被追兵赶上，再次被捕，被杀害在殊河郊外。赵一曼在英勇就义时高呼"打倒日本帝国主义！""中国共产党万岁！"这一历史惨剧，使战犯们深受教育。

参观后，战犯们深有感触地说："中国人民在共产党和毛主席领导下，社会主义事业一定胜利！站立起来的六亿中国人民完全有力量防止和粉碎帝国主义的侵略！"

此外，战犯管理所还订购了不少图书、报纸杂志，经常放映包括中国、日本、苏联、朝鲜、匈牙利、捷克、印度等国的影片。据统计 1954 年 7 月至 1956 年 7 月，两年时间内，共放映 93 场、151 部（次）。进行反对侵略战争，维护和平的教育。战犯们除自己组织学习委员会，还经常举办歌咏会和演出自编自演的短剧，开运动会、出刊墙报等，开展多种形式的文体活动。通过学习和文体活动，使许多人明辨了是非，思过悔改。战犯住岗义一在太原东门外教场，以活人练兵，一次就杀害中国数百名无辜平民。正是在明辨了是非的基础上，主动坦白交代出的。后经过一名幸存者证实这一罪恶是真的。

从仇敌到友好朋友

1956 年 7 月，得到中国人民政府批准，被判刑的日本战犯家属可以来太原、抚顺战犯管理所探亲。被判处 20 年徒刑的富永顺太郎在太原战犯管理所，会见了他的妻子和九岁的女儿。富永顺太郎问他的妻子富永贵美子说："现在的中国和你想象的中国不一样吧？"富永贵美子说："让我们来中国探亲这件事就可以完全看出来，一个战争罪犯的家属受到这样的待遇，真受感动！"当她知道她的丈夫被判处 20 年徒刑时，对富永说："你还是换上一颗心，好好的改造吧！"原太原绥靖公署教导总队少将总队附兼政工处处长等职的城野宏妻子城野绫子，是日本的大学教授。她来中国前，听信一些人的宣传，不相信中国的政策。来到太原，在管理所看到战犯们吃的、住的、穿的以及医疗、卫生、文娱体育等生活情况后，感慨地说："这里再不像监狱，完全出乎我的意料！中国政府不仅允许我探监，还允许我们夫妻同吃同住，中国的人道主义政策和管教干部的真心诚意的教育，使我深受感动。"她当即发电报，写文章给日本有关方面阐明中国监狱的真实情况，并一再表示，要留在中国，哪怕是让擦地板也行。管教人员再三向她解释，眼下中日尚未复交，你可先回国，如果愿来，可通过正常手续再来。当她在天津上船后，竟突然晕倒了，急救醒来，她还是表示要留下来。我们还是劝她说："你先回去，如愿来，通过办正常手续，我们是欢迎的。"

1956 年 7 月，从日本国内来的第一批访华代表团来访时，他们走进太原战犯管理所后，未进监舍有个人就嚷："你们辛苦了！忍耐一下就要放了！"他们走后，战犯们在座谈中说："肥头大耳的家伙，是资产阶级的走狗，除了一点香水而外，什么也没留下。"

前日军中将远藤三郎率领日本代表团访华，见了侵华战争中的老伙伴，本想表达一下同情和安慰，可是没等他开口，战犯们都站起来忏悔自己的罪行，并劝告这些老上司说："侵华战争中，你也曾在中国，也该反省啊！"他没想到先被堵住了嘴，又揭了底，回到接待室，远藤说："这里是最叫人羞愧难堪，最叫人冒汗的地方。"远藤第二次来访时，接受了教训，没等别人开口，就先站起来忏悔自己的侵华罪行。

有位访华团员嘲笑中国商店物品少。城野宏（原日伪山西省政府顾问辅佐官，日本投降后，残留山西，任十总队少将队副兼政治部长）心平气和地说："你说过去的商品多，可是人民买不起，在人民看来是商品少。你说现在商品少，可是大量供应的是人民需要的，人民大众说商品多了。"这位代表说："诚然！诚然！"

1956 年 7 月 25 日至 8 月 3 日，经中国红十字会联系安排，城野绫子等 9 名战犯家属来太原战犯管理所探视，我们组织他们实地观看了战犯的生活学习环境以及文体活动场所。大野峰寿对大野泰治说："我虽然跟你在中国住过，但不知你犯了这么严重的罪行。"她对管教干部说："我有这样的丈夫，很对不起你们！"大野泰治羞愧交加，请求妻子原谅。

有一位随团来的日本记者，他到处乱跑，没有采访到战犯们不满中国政府的怨言，就把希望寄托在探监的家属与犯人单独会面上，结果也是一无所获。他在发回的电报稿中说："当有人监视的时候，固然不用说，就在仅仅剩下夫妻两个亲昵交谈的时候，他们也是忏悔自己的罪恶，我的希望落空了。"他在临走的时候这样说："凡是监狱里带有的那种阴森可怕的气氛，在这里，我实在一点也没有看到！"

中国日本战犯管理所对日本战犯经过 4 年多的教育、感化、改造，紧密地配合了侦讯工作。1956 年 6 月，在太原关押的 136 名战犯，除 9 名被起诉，7 名病故（尸骨送回日本）外，其余均免于起诉释放，转道天津乘船回国。在天津候船期间，他们集会通过告别词，以表达他们对中国政府和中国人民的感激之情，同时，还向中国红十字会和最高人民检察院敬献了锦旗，并表示"将来有机会的时候，邀请检察员和管教干部访日"，并期望争取将来组织"谢罪团"来中国正式谢罪。

当他们登上"兴安丸"轮船即将离开中国时，思绪万千，有的躺在船上，有的无言闷坐，有的泪流满面没精打采的。在中外记者要求下经我国外交部批准，我和抚顺管理所负责人从天津市到塘沽港前去看望。刚要上船，一个被释人员喊了一声："管教所干部来了！"顿时船舱活跃起来，有的抛帽子，有的扔手绢，有的喊"中国共产党万岁！""中日友谊万岁！"不约而同地向我们围过来，握手言别，倾诉感激和留恋之情，并表示：绝不辜负管理所的耐心教导，保证实现在"学校"的诺言，一定要为和平事业和中日友好事业而斗争。《正义的审判》、《再生之地》中的两个镜头就是当时拍的。

"兴安丸"客轮一声长鸣，驶离了天津港，他们久久地注视岸上，直到驶入茫茫大海眼睛看不到岸。据后来相会介绍，当时他们坐在船舱想着"心中的故乡"这个再生之地，有的拥抱中国赠送的提琴，有的双手捧着口琴，向着中国的方向奏起《东京——北京》《全世界人民心一条》……"兴安丸"号船长感慨地说："这样的惜别真是少见！"

1984 年 10 月 20 日至 30 日，日本"中归联"邀请中国管教人员访日，我是访日团成员之一。在日本访问了东京、大阪、仙台、奈良、京都和广岛。所到之处，受到日本"中归联"朋友及其家属的热情欢迎。日本《读卖新闻》等各大报纸，以"狱中之恩难忘却，不禁热泪喜相逢""管制者应被管制者邀请访问日本"等醒目标题，报道宾主满目热泪，握手言欢的动人场面。日本的电台、电视台也纷纷发消息写评论，在日本引起轰动。有位日本记者在采访时提出一个问题："管制者和被管制者历来是仇敌，为什么在中国变成了朋友？其秘密何在？这个问题实在让人费解。"是呀！别说不了解中国政策的人会提出这样的问题，就是我当年对这项工作也不理解。家仇国恨怎能忘却，是党的政策，是毛主席、周总理的教导使我明确了这项工作的意义，并坚信他们是可以改变的。我是硬着头皮接受任务，在边学边干的过程中，逐步理解了周总理曾经讲的"20年后，你们会看到中央不判一个死刑，判有期徒刑也要极少数的决定是正确的"。所以，我越干越觉得有意思。这次我们来日本访问受到热情接待就是实证。

官矢崎信二被免诉回国后成了家，他经常向妻子讲述中国政府的人道主义待遇，为了报答中国恩人，夫妻俩省吃俭用，每月都积攒钱，4年前夫人病故，他再婚后有意问后妻，这笔钱该怎么处理，后妻表示继续存下去。如今，他把多年存下的20万元捐献出来，作为接待中国代表团的经费。他见到我们访日团激动地说："我早就盼望见到先生们，这一天终于盼到了！"他边说边登台尽情地跳起了当年在中国战犯管理所学会的中国少数民族的蒙古舞。86岁的三宅秀也，早上6点半从兵库县出发，赶到大阪时，代表团已离开去了京都，他又转乘火车去京都，半夜12点才见到了代表团，高兴地说："我终于见到了恩师！"佐藤福次的夫人，捧着已故丈夫的遗像，从北海道千里迢迢来到仙台，见到代表团痛哭流涕地说："我丈夫活着的时候，很想见见先生们，说几句话，今天我特地赶来代替丈夫向先生们致谢。"

"中归联"成员为了表示谢罪，报答中国政府的教育之恩，城野宏在陪同代表团从东京到仙台的路上对我说："我以前在山西犯下了严重罪行，真对不起！"并表示："我要马上派我的秘书去山西洽谈合资业务，为山西的四化做贡献。"原太原战犯管理所在押犯倪玉华子、中川博等人，已与中国合资兴建了机械厂、摩托车制造厂等，他们有的将优良树种和良种稻送给抚顺，愿象征中日友好的大树在中国土地上安家，枝繁叶茂，万古长青，祝华夏大地到处稻谷飘香，人民丰衣足食。他们还纷纷写回忆录揭露日本帝国主义的残暴罪行，有的还编写中小学读物，让日本青少年接受前辈发动侵略战争的沉痛教训。他们中不少人还在为中日结成友好城市中起着推动作用。

【作者简介】

　　作者原系山西省日籍战犯管理所管教组长。

有关山西日本战犯的来历

孙凤翔

解放战争在山西

"二战"结束，日本投降，中国却没有立即赢得和平。远在后方的国民党军队依靠美国的军舰、飞机运到抗日前线，日本人武装起来的伪军换上国民党的帽徽，摇身一变成为"国军"。神州大地依然战火纷飞，硝烟弥漫。

山西，这块抗日战场，不同于其他地区的是：国民党系统的晋绥军，没有依靠美军的海空支援，而是在日本军队的掩护和配合下，抢占了胜利果实。它不但收编了伪军，而且留用了大批日俘日侨，组成中日混成部队，投入了反人民内战。这就是说，尽管日本已在密苏里舰上签署了投降书，而日本天皇派遣的军队还是全副武装地驰骋在中国的一块土地上，直到 1949 年全国解放。

山西和日本渊源深厚。20 世纪的前 30 年，许多留学过日本的人执掌着山西的军政大权。但是，山西人民是爱国的。抗战军兴，晋绥军转战长城内外、黄河两岸，无愧于中华气概。尽管如此，日本军部还是对晋绥军寄予希望。从暗送秋波到明修栈道，已非一日。前日本陆军省兵务局长田中隆吉少将在他的回忆录《旋风二十年》中写道："我从北京启程赴山西就任第一军参谋长时，就反复考虑如何与阎锡山将军重修旧好，共同反共……"这不是田中个人的意愿，而是日本军部的策略。它的代号叫作"对伯工作"。就在国共摩擦发展到"十二月政变"与"皖南事变"的前前后后，山西的日中双方高级官员频频会晤，而且阎锡山本人也曾两度会晤日军司令官、参谋长，实现了物资交流、人员交流，以至于移让地盘的程度。正因为有此基础，所以，1945 年 8 月 15 日日本宣布投降之后，8 月 20 日，阎军先遣部队北区作战军就开到省会太原城郊，阎锡山本人也在日军沿途警戒护卫下，在日本第一军高级参谋伊藤忠夫中佐亲赴介休迎接并指挥日军司令部直属的精锐部队乘装甲车掩护下，于 8 月 30 日回师太原，成为国民党各战区司令长官中"凯旋"最早的将军。从此，阎日勾结进入了一个新阶段——从日本人拉拢阎锡山转变为阎锡山拉拢日本人。

应该说，这只是适应形势变化而出现的不同方式，实质并无变化。抗日战争期间，阎锡山为了在国民党和共产党的夹缝中保持自己的割据势力。打出了"日本牌"，而日本人则是为了分化中国的抗日战线而利用阎锡山。现在形势急转直下，阎锡山为了从共产党的三大块抗日根据地中夺取自己的立足之地而改变方式仍打"日本牌"，日本人则企图凭借阎锡山的力量和影响掩护其军民安全复员，进而一箭双雕，伺机实现其反共阴谋和东山再起的美梦。

这是一桩肮脏的交易，在山西拍板成交了。几个月里，阎锡山留下了上万日军，并武装了一批日侨。由于国内外严厉指责和抗议，最后落实了 2600 余名。为了避开更多的舆论指责，这些日本人改用了中国姓名，换穿了中国军装，并且由阎军将领出面领衔，组成了以日本人为骨干的"山西省铁道护路总队"，后改称保安大队、保安团，先后隶属于山西省保安总司令部、山西野战军司令部。1947 年 6 月改编为暂编独立第十总队，最后改称太原绥靖公署教导总队，下辖五个团。但是经过历次战斗中的伤亡和三次遣俘遣侨，最后只剩下几百名战斗人员，除了这支主力部队而外，还有大同总队、铁甲车队、炮兵训练处（实际是战斗部队）等小股武装，还有一批日军官兵被派到青军团、亲训团及各军、师中担任训练工作和通信、运输等技术工作。山西解放战场的几次大战，如上党战役、汾孝战役、晋中战役，以及大同、忻州、太原的攻守战，无一不有日籍武装参加。不过，这时的日本军队已经是"强弩之末"，难以再逞"七七"当时的枭勇骠悍了。每次战斗中都要损兵折将。前日军步兵第十四旅团长、阎军野战军副总司令元泉馨少将在晋中战场被击毙，日军第一军司令官澄田赉四郎中将及其麾下的参谋长、师团长等被阎锡山纵放回国。日军残留未能挽救国民党阎锡山的覆灭。1949年4月24日太原解放，4月30日大同守军放下武器，残留日军与阎军同归于尽。前日军独立混成第三旅团高级参谋、阎军暂编独立第十总队长今村方策自杀，前日军第一军司令部参谋、阎军炮兵训练处处长岩田清一等被俘。

日本帝国主义侵略中国的历史应该写到1949年4月，而铲除战争根源、争取思想转变的工作也是从1949年以后才开始的。

审讯日本战犯纪实

山西审讯日本战犯共有两次。第一次是1946年至1948年。国民党政府拘捕了前日军第一军司令官澄田赉四郎审讯20余人，进行审讯。但因当时阎军依靠日军进犯解放区，所以审讯工作近乎儿戏。首先，确定战犯名单极不严肃。除了澄田赉四郎"树大招风"，而且因他在师团长任内率部在湖北作战中犯有严重罪行，国民政府根据受害者控诉而指名逮捕外，其余像使用毒气的战争犯罪的负责人，还有情报特务头子、宪兵队长，以及指挥解剖活人的军医部长等，大都混在复员士兵中漏网回国。而有些从未上过战场的军官，如第一军司令部高级副官恩田忠录，因为反对日军残留，被阎锡山扣以战犯帽子，软禁起来，吓得他赶紧参加阎军训练工作，表现积极。还有驻临汾地区的第一一四师团长三浦三郎中将，因曾任日军华北宪兵队司令官而被北平行辕指名搜捕，阎锡山为了安抚留下来的该师团士兵，对他实行"保护性拘留"。其次，审理工作十分草率。倒如澄田赉四郎既是阶下囚，又是座上客。他以太原绥靖公署高级顾问身份，住在太原工程司街7号小洋楼里，配备副官1人、炊事兵2人、司机2人、女仆1人，丰田小车1辆、卡车1辆。生活设备全由中国政府供给，样样齐全，唯独没有法警看守。澄田曾受过两次传讯，但不是在法庭上，而是在会客室里，他与法官分宾主落座，法警送上香茶。谈话间，澄田问可以抽烟吗？法官点头允许。事后，侍卫人员传为美谈，说他收敛多了。的确，作为一个司令官，可以说是收敛多了；但作为一名战犯，却是够放肆的。第三，没有依法严肃处理。前述将、校级军官，无一人受到惩处。只处决了号称"白阎王"的日军中队长白岩定夫大尉和县指导官柿本善治2人。其余大部分转解南京，后随同冈村宁次释放回国。剩下三浦三郎于1948年秋混在日侨中遣送回国；澄田赖四郎于1949年2月由阎锡山租了一架陈纳德飞虎队的专机，化名送往青岛，飞回日本。他的副官冈野克己和太原绥署参事杨叔衍同行。澄田回国后，曾往谒见驻日盟军司令麦克阿瑟元帅，转递了阎锡山致麦帅的亲笔信。

第二次是解放以后。解放初，太原市公安局拘留了河本大作（曾任日本关东军高级参谋，策划了"皇姑屯事件"，炸死张作霖，在国内外一片指责声中离开军职。以后来山西，参与"对伯工作"。战后受阎锡山包庇，盟军曾派人来山西要人，阎拒不交出）、岩田清一（日本第一军参谋，策划日军残留山西的负责人）、城野宏（日军特务机关政治班长，日军残留山西的鼓吹者）、藤井要三（曾任日本东京目黑区警察署长，负责抓捕日共中央领导人）4人。然后，1952年12月从河北永年县解来日本战犯112名，1954年又从公安部解来10名，直到1956年正式开庭和分批处理为止，前后经历了7年侦讯工作。

侦讯，与其说是司法工作，毋宁说是政治工作。因为我们审讯日本战犯，不是为了惩罚人，而是为了改造人。不是回头看，而是向前看。因此，在调查研究的全过程中，贯穿了实事求是，说服教育这条红线。实事求是的思想教育，不仅适用于战犯，而且适用于中国人民。更确切地说，首先适用于中国人民。试想，审讯工作的各级各类工作人员，如果陷入民族复仇主义的感情中去，就不会有博大的胸怀，不会以人类和平事业为重；至于受害者本人、他们的家属、证人，更是国仇家恨，积怒火于一身，产生食肉寝皮的泄愤情绪是可以理解的。如何引导他们胸怀世界，放眼未来，实事求是地控诉、检举、揭发，也是一项艰巨的工程。审讯工作正是在这样的基础上展开的。在战犯工作中，则是采取了审讯与管教并重的方针。从监房卫生、伙食管理，到室外锻炼、保健医疗，以至于允许家属通信、探监、记者采访，始终贯彻人道主义精神。当年曾经在这所监房里审讯、屠杀过抗日军民的人，首先从天渊之别的生活待遇上获得启示，开始考虑问题。不过，更重要的是正面教育，使他们逐渐认识到日本侵华战争是非正义的，这种战争本身就是犯罪，而施放毒气、屠杀和平居民、虐待和杀害战俘，以及烧毁民房、奸淫妇女等等，是违反国际公法和人道主义的。同时，还要使他们认识到"二战"后大势所趋、人心所向，必须维护世界和平，人类才能繁荣进步。日本人对美国人在广岛、长崎投放原子弹耿耿于怀，那么，将心比心，只有维护和平，反对侵略战争，才能使自己不再身受其害，也使自己不再蹈覆辙。鉴于在押战犯基本上是犯罪活动的执行者而不是决策者，所以在教育他们反省过去和认识前途时，特别指出如何掌握自己的命运，不要再为效忠于谁的抽象口号而作出无谓的牺牲。美国有一篇论"说服"的文章指出："说服不同于辩论。人是有感情的动物，当你正面驳斥了对方时，尽管你的论据无懈可击，但在逆反心态下，你得到的回报往往是僵局。"文章又指出："人又是有思维的动物。当他明辨是非以后，他会知道自己该做什么。"的确，审讯日本战犯不仅是搜集证据和运用法律，更重要的是为争取持久和平的国际政治任务服务。正是在思想运动达到一定火候的时候，他们才会交代出一些"有愧于神明，无颜告妻子"的犯罪活动。住冈义一交代出他任少尉教官教练新兵时，将八路军抗大分校被俘师生100多人带到太原城东赛马场附近，让新兵以活人作靶子集体刺杀的罪行。事后述怀说他是置生死于度外的。汤浅谦参加解剖活人的罪行，也是在柔肠百转的情况下逐步吐露的。这是一项艰巨的工程，它和历史上、国内外任何审讯活动都不一样，它"拨亮一盏灯，照明一大片"，收到了启蒙效应，为改变关系格局奠定了基础。1956年夏，山西在押的日籍战犯100余名受到不予处诉的宽大处理。分三批释放回国，只有9名被判处有期徒刑，移送抚顺执行，以后都得到不同程度的减刑。1963年，山西的二号战犯，被判处18年徒刑的城野宏登上归舟，结束了山西战犯服刑的历史。

在此之前，当年和这些战犯们一道参加战争的日军士兵，也在经过思想教育和劳动锻炼以后，于1954年前分批回国。而战后留用的日籍技术人员及其他日侨，则大部于1953年以前回国。这些人的立场观点也有了很大的转变，船到东瀛，迎接他们的政府官员和亲属不得不"刮目相待"。右翼分子说他们被中国共产党"洗脑"了，脑子是可以洗的吗？如果可以洗，那只是洗去污垢，返璞归真罢了。当然，回到赤子之心也是很不简单的。

巨大的转变

日本帝国主义侵华战争的结束，意味着"二"战的终结，也意味着国际秩序和日本国内秩序变化的开始。长期被压抑的日本人民爱好和平、反对侵略战争的善良愿望产生了新的萌芽，被军国主义教育熏陶得头脑空空的人们有了复苏、反省的机会。随之，中日关系也出现了重大转折。日中友好协会及其他友好团体、和平团体如雨后春笋，首先从遣返中国劳工和送还殉难者骨灰着手修复中日两国人民之间的感情。抗日战争时期，日本军队从中国各地强抓了数以万计的壮丁送到日本国内从事采矿、军工等苦役，酿成了花岗惨案等多起虐杀事件。幸存者在"八·一五"以后在盟军干预下幸获生还，而殉难者的遗骨却是通过民间渠道送还的。

中日关系的变化，不单取决于日本，中国的变化也许是更为重要的。1949年中华人民共和国成立，为中日关系的恢复和发展铺平了道路，而新中国的各项政策的实施，又为此创造了条件。其中，审理和正确处理战争罪犯，像一声春雷，在日本社会引爆出良知的火花，激荡起和平友好的浪潮。1956年6～7月，中国政府除对45名战犯判处徒刑外，宽大释放了1017名日本战犯，从6月28日到9月6日，分三批遣送回国。这些人回国后，于1957年8月24日成立了"中国释放战犯会"，不久改称"中国归还者联络会"，简称"中归联"。1967年分裂为两股，1986年召开统一大会，恢复了各项活动。中归联《会则》第二条规定，它的目的是"反对侵略战争，为和平和中日友好作出贡献"。它的成员分为会员和赞助会员两种。会员是参加侵华战争成为战犯,受到中国政府宽大处理而归国者,现在还有 530 名;赞助会员是一般社会人士赞成该会宗旨而申请入会者,现有 149 名,中归联的活动方式是:1. 出版。先后出版过《侵略》、《三光》、《勿忘侵略和屠杀》、《一个宪兵的记录》、《难以忘却的回忆》等纪实文学和回忆录,共计 16 种;还出版会刊《向前,向前!》每年 4 期。2. 广播、电视宣传,如《战犯的告白》、《一个战犯的谢罪》、《中国的和平之旅》等等。3. 举办展览、报告、讲演等活动,直接向社会上发表证言,揭露日本帝国主义的侵略罪行。例如 1973 年 7 月开始的"七三一部队展"在全国 40 个县市区巡回展出,揭露日本侵略军设在中国哈尔滨的七三一部队以活人做细菌战研究实验的罪行。展出历时一年有余,仅东京两个区 6 个展出点,参观人数就达 23900 人,意见征集书的回收率高达 26.2%;1994 年在广岛展出,有 23000 人参观。各个展点上,许多参加侵略战争的人现身说法,慷慨陈词。前七三一部队成员田部伴之打破了 50 年的沉默,在大庭广众之间揭露了骇人听闻的罪行,使听众十分震惊。特别是战后出生的大中学生,受到了一场前所未闻的深刻的和平教育。最早把日本对外侵略写进教科书因而受到迫害的、著名的"家永诉讼"的主角、历史学家家永三郎教授亲临展览馆。《朝日新闻》于 1993 年 7 月 11 日为七三一部队展发表了题为"展示战争的意义"的社论。社论指出:日本政府热衷于纪念本国的战殁者,不惜为他们投资 123 亿日元建设纪念馆以"祈祷和平",而民间人士则是不懈地致力于勿忘加害于人的历史。两者形成鲜明的对照。不考虑受害者,是没有认识到加害责任的表现。新加坡居民向来访的日本首相海部俊树说道:"我们可以忘怀,但是希望加害于人的日本牢记过去,这是为了防止悲剧重演。"这句话在日本民间得到了响应。除了这种大型活动之外,中归联会员以个人身份参加各项反战和平活动,如批判教科书运动,反对内阁首相正式参拜靖国神社,支持慰安妇索赔运动等,他们为之到处奔走呼号。仅 1994 年 1 ~ 4 月,永富博道等四人就发表证言 22 次。从山西回国的永富博道,把自己的证言证物摄制成录像带,扩大宣传效果。汤浅谦 30 年如一日地揭露日军罪行,反战和平活动成为他的第二职业。

　　反对侵略战争,维护世界和平,这是人类的共同心声,是 20 世纪后

50年的时代潮流。而驱使笔者为此奋笔疾书的,是上述反战和平活动者,即当年参与策划、至少是亲手执行侵略犯罪活动的人。证言出自加害者之口,影响及于加害者的子孙后代,其意义非同一般。中归联正在总结50年转变史,汇编《震撼世界的奇迹》,准备作为日本战败50周年的纪念品而及时出版。奇迹的创造者是中归联的一个个成员,更是导致中归联诞生的中国政府和人民。侵略战争使他们沦为战犯,而中国政府使他们创造奇迹。正如中归联的日中友好交流部长坂下雅章所说,这是纽伦堡、东京、伯力法庭所没有实现的目标——人的转变。古人说"放下屠刀,立地成佛"。是什么力量使屠夫放下屠刀,又是怎样使他们成佛的?中归联的诞生和活动回答了这个问题。

反对侵略战争导致友好交流,这个过程具有它的逻辑必然性。中日友好是中日两国人民的民族感情。近百年来日本人民受了蒙蔽,一旦觉醒,会从内心里迸发出友好交流的力量。当年的侵略者在"证言"中的自白:效忠的观念蒙蔽了战争的侵略本质,一念之差使他们犯罪,如今悔恨交加,谢罪心理反回来加深了友好感情。中归联从成立之日起,一直积极参加了中日友好的各项活动,如中国殉难者骨灰送还活动、花岗事件展的后援活动,欢迎中国人民使者活动等等。从山西归国的大矢正春成为长野县处理中国劳工问题善后工作的委员,做出了重要贡献。特别是1986年统一大会以后,中归联频频组团来访中国,仅来山西就达5次之多,到抚顺的活动更多。每次来访,他们都要向地方政府、向当年沦陷区的人民表示谢罪,祭扫中国烈士墓、树碑、植树,表示"中日不再战"的决心。他们还不止一次邀请当年战犯管理所的职员以及有关官员访问日本,每次都竭诚欢迎。就连笔者这样一个普通工作人员因其他公务访日,也多次受到中归联集体的和部分成员个人的热情欢迎。有些成员年逾七旬,不远千里赶来接站陪宴,恳切托付笔者向山西人民转达他们的心意。一般的友好活动还导致经济交流,如抚顺开设的樱花餐厅,就是中归联成员集腋成裘集体赞助的。最近,中归联根据抚顺战犯管理所的事业计划,集资240万日元支援移动陈列馆的展出工作,还计划与合资企业协议,向中方贷款600万日元以支援开发皮革事业。从两国经济交流的整体看,这只是沧海之一粟,但却是宝贵的一粟，因为它象征着巨大的转变。

中归联的山西组成员，还有一段更为酸辛的经历。这就是前面提到的：日本投降以后，侵晋日军中，有2600名未解除武装、继续留在山西参加了国民党军队，后来约有550人战死，110人被列为战犯。对此，日本政府根据前日军第一军司令官澄田赉四郎等人的证言，认为属于个人行动，不列入日本国家授予优抚的范围。生还者及死者遗属则认为他们是根据军令而集体残留的，属于日本军队身份的延长，理应依法享受优抚。为此，他们组成了全国山西省在留者团体协议会，前日军驻晋独立混成第三旅团独立步兵第七大队长、国民党军暂编独立第十总队参谋长、中归联山西组成员相乐圭二任会长，会员约350人，他们从防卫厅防卫研究所获得当年档案资料，认定是军令残留，向政府、国会提出了申诉，并得到军事史学家们的赞同，而日本政府则坚持原案，拒不接受申诉。这桩公案也许还要拖下去。明眼人不难看出：日本政府所关心的，不在于区区优抚经费，而在于战争责任问题。如果民间申诉成立，就意味着当时日军没有完全执行波茨坦公告，继续保持武装，屠杀盟国军民。唯其如此，日本政府是不会轻易认同的。

最后，笔者想介绍汤浅谦的转变过程。汤浅谦生于1916年，医科大学毕业后于1941年应征入伍，1942年赴山西长治的日本陆军野战医院充任军医，1944年升任主任，军衔累升至大尉。日本投降后留下来为残留日军担任军医，解放后以战犯入狱，1956年宽大释放回国，开设私人诊疗所，加入了进步组织"全日本民主医疗机关联合会"，又是中归联的常任委员，一直活跃在反战和平运动的第一线。

汤浅谦在长治任军医时，参加了7次解剖活人的罪行。第一次。他有些忐忑不安，但他看到同事们泰然自若，又听到上司说杀共产党不必大惊小怪，也就沉默不语了。后来，他当上了主任，也同前任一样，按计划向宪兵队要人。当时，他认为这是为天皇效忠，是参加"圣战"，并没有犯罪意识，直到解放后被送进监狱，他还自己度量：大不了坐上2年，灌一脑子马列就是了，其奈我何？但是他万万没有想到：共产党的检察官不追不逼，而且让他自己回忆，写材料，又向他交代了坦白从宽的政策，这就不得不想了。不想还好，一想开来，越想越多，往事如鬼影幢幢，若隐还现。他又一个万万没有想到的是：被害者的母亲写来的控诉信展现在眼前，一个小脚老妇在宪兵队的卡车后面，又哭又喊地追也追不上的惨象，骤然浮现在眼前。哦！圣战原来如此。于是他交代了全部罪行，讲完以后，刚松一口气，不料——又是一个不料，检察官说你们砍杀来不及解剖的人，是两个而不是三个。汤浅谦坚持说是三个人。检察官又提示了另一份证明，原来当时天晚，匆忙中有一个未被砍死，掩埋土浅，半夜逃跑了。一份控诉，一份证明，字字都有千钧之重。他认识了侵略战争的罪恶，认识了中国政府的政策。因此，当他返回日本，受到当年同事们的迎接时，面对着"你一个小小军医，怎么会被控为战犯"的提问，他坦然说明了认罪经过，而当他看到一副副惊愕的面孔时，他开始思索：当年的同事们，当年与自己一样的战争罪犯，今天仍如自己入狱前一样，心安理得，毫无认罪意识，反而对自己的如实揭露感到迷惑不解。这些人尚且如此，那么，这些人的子孙，战后出生的中青年日本人，耳不闻战鼓轰鸣，眼不见硝烟弥漫，而自己祖国的政府又通过审查教科书等办法向国人封锁了战争罪行，那么，日本人将如何对待过去？如何迎接未来？一旦条件成熟，谁能保证不重蹈覆辙呢？于是，他向作家吉开那津子吐露了甚至未曾对父母妻子说过的情节，借助于吉开女士的生花妙笔，写成了《难以忘却的回忆》一书，1981年出版后，一年之内印刷 7 次，不胫而走，激动人心。他还到处参加和平集会，利用各种场合揭露自己的罪行，进而指出罪行的根源，和当今世上讳疾忌医的危险性。据不完全统计，汤浅共做证言讲演 144 次，听众约 7万人，轰动效应是可以想见的。汤浅谦对和平友好事业的贡献，功不可没。然而也正因为如此，他遇到了种种阻力。年轻纯洁的大学、高中学生。如呆似痴地听完他的证言后，有人问，你当年解剖活人，今天还是这双手，还是这把刀，给同胞患者做手术，没有异样感觉吗？当年的某些同事来信说："我理解你的心情，我支持你的行动，但是我已年迈体衰，只愿安度晚年，恕我不能同你一道活动。"而最使他头疼的是右翼分子的恫吓电话和辱骂信。这些人板起了卫道者的面孔，质问汤浅谦，你想干什么？把日本弄臭了，于你有何好处？什么"神经病""当心你自己"之类的泼妇骂街、恶犬狂吠的声音，不绝于耳。然而，汤浅谦镇静自若，坚定地走自己的路。汤浅谦不但在国内讲，到中国来访时还特意赶到当年的犯罪地长治市向公众交代。那时，他是有思想准备的，尽管中国人宽大为怀，然而……他准备接受可能发生的一切。可是，他得到了宽恕，得到了鼓励，中国人要同他一道反对日本军国主义分子发动的侵略战争。于是汤浅谦老当益壮，百战不殆，他今年从医生岗位上退下来，但他发誓永远不从和平友好运动中退下来，他与中国结下了不解之缘，他为中国留学生承担经济保证，他接待来自山西的许多访问团组，他率团来访山西，他慨然同意他的书在中国发行译本，不收版税……他要日本人相信：要同中国世世代代友好下去；他要中国人相信：日本人愿意同中国世世代代友好下去。"二人同心，其利断金；同心之言，其嗅如兰。""海内存知己，天涯若比邻。"

【作者简介】

本文作者曾任太原战犯管理所翻译组长，后任山西省文史研究馆馆员。

回忆我参与侦讯、起诉与免诉
日本战犯经过

李甫山

　　中华人民共和国成立初期，我在最高人民检察署担任办公厅主任；1954年初成立侦讯日本战犯的东北工作团时我任工作团主任，参与了侦讯、起诉、免诉日本战犯的全过程。下面根据我的记忆，将这次侦讯日本战犯的经过，简述如下。

　　根据中央的指示，最高人民检察署（后改院，以下简称"高检"），于1954年初对在抚顺和太原关押的1000多名日本战犯和伪满战犯所犯的罪行进行了侦讯，查明了日本战犯在侵华战争期间所犯下的严重罪行。这次为期两年多的大规模侦讯工作，为1956年六七月最高人民法院特别军事法庭在沈阳和太原审判45名日本战犯，以及最高人民检察院免予起诉分三批释放1017名日本战犯奠定了基础，从而开创了新中国侦讯与审判国际战犯的新模式。

　　1945年8月日本战败投降前，苏联红军进军我国东北地区，俘虏和捕获了一批日本侵华战犯和伪满洲国皇帝溥仪及其他伪满高级官吏。中华人民共和国成立后，原苏联政府于1950年7月、8月，相继将969名在中国犯下罪行的日本战犯和60多名伪满战犯移交给我国政府。这些战犯被关押在抚顺战犯管理所。另外，在解放战争中，被中国人民解放军俘获的 100 多名参加蒋介石、阎锡山部队的日本战犯，则收押在太原战犯管理所。

根据中央指示，为开展对日本战犯罪行的调查，高检曾经计划派人组织东北地区和日本侵略军到过的省、市的群众进行检举揭发。1952 年 2 月，高检派出马光世、赵维之检察员等到沈阳做过调查。由于当时抗美援朝战争正在进行，及我国"三反"、"五反"运动开展的影响，调查工作未能按计划进行，便中途停止了。

一、传达周总理的指示

1953 年 7 月，朝鲜战争结束。同年冬，当时在"高检"主持工作的副检察长高克林，向我们传达周恩来总理的指示说：当前，国际形势发展有了新的变化，中央考虑处理在押的日本战犯。日本战败投降已有八年，国际形势已发生了重大变化，日本是我们的近邻，还处于美国的管制下，与我国没有外交关系，然而中日民间往来却日益增多。最近日本有些团体通过各种渠道探询，要求来中国访问。在押日本战犯没有公布，外界还不知道，还是早做处理为好。日本战犯对中国人民犯了罪，我们必须把他们犯的罪行搞清楚，这样才能起诉审判或者从宽释放。这些战犯的罪行比"二战"后远东国际军事法庭审判的日本甲级战犯要轻一些。抗战胜利结束已这么些年了，这么多战犯不可能都起诉审判。侦讯结束后，要将罪行重大的起诉审判，多数还是要释放的。对要起诉审判的也只判有期徒刑，不判处死刑。现在已建立了检察机关，侦讯任务由高检负责执行。检察机关初建，这项工作需要大量人力，人员可能不足，由公安部门协助支援。这批战犯 1000 多人，在日本社会会有不少联系的。他们侵略中国，残害中国人民，他们自己也是战争的受害者，有的家破人亡。在侦讯中要耐心地争取教育，可能改造成为反对侵略战争与争取和平的朋友。周总理明确地指明了侦讯处理日本战犯的原则，并决定了由高检作出实施计划，以便执行。

高检党组接受任务后，决定将这项工作交由谭政文副检察长分管。当时，我任高检办公厅主任，遂由我具体执行实施。

二、紧张的准备工作

我们接受任务后，立即着手进行各项准备工作，如借调干部，了解近期管教情况等。

1. 汇报实施计划

过了数日，我随谭副检察长去政务院向周恩来总理汇报准备工作情况。总理听了汇报后说道：计划还得当。关于经费预算，你们考虑一下，要组织战犯出狱参观，接受社会现实教育，这样，预算恐怕不够。

当时，我们把问题看得简单，想在当年结束全部侦讯工作。后来事情的发展，即使侦讯工作完成了，也不能立即处理。结果延到1956年夏秋之间才开庭审判与释放日本战犯。

根据周总理的指示，公安部从1956年2月起，分批组织在押日本战犯及伪满战犯到东北、南方、华北各地参观，接受社会现实教育。因这项活动安排，追加了预算，是经周总理亲自批准的。

2. 办集训班

1954年2月初，高检从公安、检察、大专院校、涉外单位等系统借调的侦讯员、调查员、书记员、翻译和其他事务人员200多人齐集于北京。当时我们考虑到，借调的人多数没有侦讯外籍罪犯的工作经验，几乎全没接触过外国犯人，对侦讯外籍罪犯工作十分陌生。况且，日本帝国主义侵略我国长达半个多世纪，借调来的工作人员都有国仇家恨。若不事先学习党的方针政策，端正思想认识，仅凭个人感情和工作热情是难以做好侦讯工作的。因此，在侦讯工作开始之前办了约一个月的集训班。这个班设在北京朝阳门内真武庙街，有人称之为真武庙训练班。

集训班是针对侦讯工作需要开办的，由我负责。集训班第一天，我传达周总理对侦讯处理在押日本战犯工作的指示。经过十天左右的认真学习讨论，大家对中央决定侦讯、处理日本战犯工作的重大意义有了深刻认识，同时对周总理指示的包括判刑、释放日本战犯等项政策也有了更深一层的理解。一致认为，对日本战犯只判有期徒刑，不判死刑的政策，是远见之举。

在集训期间，最高人民检察院副检察长谭政文就如何侦讯日本战犯和伪满战犯作了专题报告。他的报告，讲了有关侦讯业务方法，侦讯的重点与取证应注意的事项。强调对日伪地方行政系统县级简任官和军事系统校官以上的要进行单独严格侦讯。之所以提出要重点侦讯，是为了侦讯结束后，便于确定起诉公审对象。

3. 成立工作团

关于为何成立"高检东北工作团"，是因为当时我国关押日本战犯属于机密。侦讯工作又一下子集中 200 多人，加上战犯管理所的管教人员共 400 多人。而且侦讯不仅仅是在管理所内进行，调查取证须与许多地方和单位进行联系。当时，若不成立专门组织，都由高检出面，困难太大。于是，办集训班后，便提出成立一个组织，名称为"东北工作团"。因为工作团是一种通称，不引人注意，利于对外保密。当时东北是个大行政区，便冠以"东北"二字，以示在东北地区工作。

东北工作团成立于 1954 年 2 月底，1956 年年底完成任务后解体。工作团是委员会制度，是集体负责制，设主任、副主任。始终未用过团长、副团长或队长、副队长等名称。我自始至终任工作团委员会主任，白步洲（中途调离）、权维才、井助国是副主任，委员有汤文、黄华山、冯荣昌、孙明斋。孙明斋是抚顺战犯管理所所长。另外，当时为便于开展侦讯工作，经与公安部协调后决定，战犯管理所的管教工作由东北工作团布置安排，因此，战犯管理所当时便是工作团的组成部分。由孙明斋兼任工作团委员是自然的。工作团下设办公室，由汤文、冯荣昌分别兼正副主任。设第一、第二侦讯室，后来又增设了第三侦讯室。以上三个侦讯室分别负责侦讯日本军队系统的战犯、伪满洲国军政警宪系统的日本战犯，以及伪满战犯。

在太原关押的日本战犯，由山西省检察院和山西省公安厅共同负责侦讯，方法步骤要求与东北工作团一致。东北工作团派赵维之检察员驻太原，负责协调工作。1954 年秋天，我曾去太原视察对日本战犯的侦讯工作，并带去两个卷宗作示范，要求统一宗卷形式。太原侦讯工作做得不错，我住了一个星期，便返回抚顺。根据工作需要决定调赵维之检察员回高检，派井助国副主任去太原接替协调工作。

在抚顺、太原关押的1000多名日本战犯，在侵华战争期间，犯下了严重罪行。到1954年春，侦讯工作开始时，虽已经历了近三年时间的教育改造，但仍有不少日本战犯拒不认罪。面对这一状况，如何开展侦讯工作是当时摆在我们面前的首要问题。

从苏联移交的日本战犯人数占多数，但移交的宗卷材料却特别简单。原属日本侵略军的将佐级军官，根据其师团、旅团活动地域还好进行查证，但下级军官所犯罪行就难以查证。日本战犯中有一部分是受派遣任伪满军政警宪官吏的，他们利用伪满国家机器，既镇压屠杀中国人民，又掠夺我国资源财富。关押在太原的日本战犯，既在日本侵华战争中犯罪，投降后又与阎锡山的军队相勾结，继续进行侵略犯罪。日本战犯的犯罪形式多种多样，犯罪地点又遍布全国许多地方，查证工作存在一定困难。

然而，也有有利的一面。经过公家部门几年的管教，取得了一定的效果。尤其是在职位低的日本战犯中，思想转变比较快。他们在一起关押时间长了，即使不属于一个单位、一个系统，但都为效忠于天皇，彼此对犯罪行为并不避讳。这就使我们有可能利用其上下间的矛盾，施行政策攻心，分化瓦解，开展检举揭发活动。

谭政文副检察长曾对我说，周总理曾指示，有关侦讯业务问题，可直接请示彭真同志。为此，谭政文副检察长和我曾一同去找中共中央政治局委员、政务院政治法律委员会副主任彭真同志请示。彭真同志很支持在日本战犯中开展认罪检举运动。指示应向其申明"抗拒从严，认罪从宽"，对敢于检举揭发的给予鼓励，促其交代犯罪线索，然后沿着线索进行查询，并进一步收集证据定案。为此，我们在2月份便确定，以认罪检举运动与重点侦讯结合的侦讯方式，打开突破口。事实证明，运用这种方式是成功的。

三、开展认罪检举运动

3月初，东北工作团全体人员移驻抚顺。中共抚顺市委和抚顺市政府对我们的工作大力支持，将行政干部学校校舍借给工作团使用。这是一所平房独院，背负一座小山岗，其余三面均为田畴菜地。出门向东不远折向南行，便是战犯管理所所在的宁远街。这个处所很僻静，距管理所不远，是很合适的驻地。

认罪检举运动是在3月17日开始的。那天，在战犯管理所召开了认罪检举动员大会。全部在押日本战犯与伪满战犯，以及我们侦讯人员、管教人员都参加了。在会上，我向日本战犯和伪满战犯宣布了开展认罪检举运动的要求，以及认罪从宽、抗拒从严的政策。战犯们看到我们这么多陌生的面孔，显得既紧张，似乎又觉得处理有望了。

鉴于日本战犯经过几年的关押教育，年纪较轻罪行较轻的战犯多数有了一些悔罪的表现，而一些职位较高，罪行深重的战犯还在负隅顽抗，拒不认罪。为此，我在动员大会上针对他们的思想动态，着重讲了他们对中国人民烧杀掳掠无一不是犯罪，罪责应自负，隐瞒是隐瞒不了的。我通过抗美援朝取得巨大胜利的事实，强调战犯中有人幻想第三次世界大战再起是痴心妄想。最后我指明，日本现在处于美国军事占领之下，人民的生活是很难的。他们的出路只有一条，就是下决心认罪，反对侵略，为维护世界和平，为子孙后代的幸福而与旧我决裂，并主动坦白认罪，交代自己的罪行。同时，检举他人所犯的罪行，以帮助他人改恶从善，争取从宽处理。会场上响起"认罪从宽"的口号，对日伪战犯震动很大，特别是使中下层日本战犯看到了希望。

会后，进行分组讨论。一开始，日本战犯有的悔悟，有的动摇，有的仍坚持顽固立场。在这种情况下，我们按原定的侦讯方案，采取开展认罪检举运动与进行重点对象侦讯相结合的方式，组织侦讯人员对原拟定的

100多名日伪战犯重点对象进行了有选择的提审。同时，战犯管理所的管教人员也加强了对他们的监管与谈话。

为了配合侦讯工作，战犯管理所经常放映敌伪时期的电影，还与中国电影发行公司联系，进口了一些日本影片和新闻纪录片。期间，也订购了一些日本书报杂志供战犯们阅览。日本战犯们从电影、书报中看到战后日本的景象，特别是日本街头出现了"梆梆女郎"、"混血儿"（黑孩子），以及民众生活十分困苦的景况，很受刺激。原来傲慢十足的民族自尊心受到刺伤，特别是一些将级战犯还落下了眼泪，承认日本确实是战败了。这时他们才承认管教人员和侦讯人员以往介绍的日本国内情况都是事实。于是纷纷表示，只有悔恨过去，认罪检举，才能对得起家乡的父老亲人。

开展认罪检举运动期间，日伪战犯思想曾出现了很大的波动，尤其是日本将佐级战犯和溥仪等人食欲不振，夜不能寝。这时，日本中下级军官纷纷检举其上司的罪行，并坦白交代自己的罪行。根据战犯们交代的线索，我们提供条件，及时派人外出调查取证。

当时，战犯管理所已没有往日的平静。有一次，我去监号观察时，正是中午休息时间，只见原伪满皇帝溥仪还在满头大汗地写自己的认罪材料。那时候，伪满战犯写的认罪检举材料我可以直接审查，但日本战犯写的认罪检举材料或口供，因侦讯人员大都不懂日语，都要经过翻译。因而使翻译人员忙得不可开交。同样，管教人员因要加强监督，也增加了工作量。所以当时在我们驻地，加班加点已成为正常现象，午夜12点能上床休息的日子很少，不少人往往要忙到后半夜。这样，便在午夜12点增加了一顿夜餐。

由于工作团团委委员都各司其职，侦讯人员全力攻克重点侦讯对象，经过全体人员的努力与相互配合，在一个多月时间内，使日伪战犯交代出一些重要的罪行线索。

东北工作团在进行侦讯工作期间，先后派出50多人根据战犯交代的线索进行调查取证。经过几个月紧张的交代、调查、侦讯，从3月17日到10月底止便基本完成了侦讯任务。侦讯人员为取证跑了黑龙江、吉林、辽宁、内蒙古、河北、京津、山东、山西和长江下游一带的一些省市,总共12个省市,大家辛勤地忙了近一年,总算有了成果,搜集到控诉书、证词、鉴定书、照片以及日伪档案书报等物证一万八千多件,做到了主要罪行都有证据证实。

四、侦讯古海忠之

1931年日本占领东北后,先后派遣了大批日本官吏到伪满各级政府任职,以实现其主宰与侵略我东北之目的。日本人设置的伪满国务院总务厅,就是日本军阀控制伪满政府的中心。历任的伪满总务厅长官和各部次长向来都由日本军部直接任命,因而伪满政府的实权一直牢牢地控制在日本军阀手中。

在押日本战犯、原伪满总务厅长官武部六藏因长期患病,卧床不起。于是,原总务厅次长古海忠之便成为日本战犯心目中的显赫人物。古海忠之原来在日本内阁大藏省任职,后来作为骨干被派到我国东北。侦讯中,我提审过古海忠之多次,启发他认识所犯的罪行。由于古海忠之思想转变较快,而且又能在认罪检举中起示范作用,经研究,我们在5月中旬召开了古海忠之公开认罪大会。那天,日本战犯和伪满战犯都参加了大会。会议开始,我先作了简单讲话。针对日伪战犯们存在的思想顾虑,我重申了党的认罪从宽的政策,并提醒战犯们应当自己争取光明前途。随后,我宣布由古海忠之作认罪批判发言。古海在会上交代了他所犯的主要罪行,分析了犯罪思想根源,还讲述了自己思想转变和认罪悔罪的过程。他告诉其他在押战犯,罪责是不可推卸的,被侵略国是有权处理任何战犯的。因古海是日本派遣的高级官吏,在日本战犯中有较强的影响,他的坦白认罪引起了强烈的反响,对促使日本战犯们丢掉幻想,主动认罪起到积极推动作用。

五、向日本公开战犯名单

1954 年末，中国红十字会会长李德全和顾问廖承志应邀访日。当时，中日两国政府尚没有外交关系，仅是作为两国红十字会间的高层次访问。为做好对日工作，中央决定借这次访日机会，向日本公布在押战犯名单。因接到通知时间紧迫，我立即派团委秘书吴建璞负责铅印日本战犯名册。为了保密，名册是在北京高检机关印刷厂排印的。

战犯名册，经中国红十字会访日团交给日本红十字会后不久，抚顺、太原两地战犯管理所便陆续收到通过中国红十字会转来的战犯家属、亲友的信函、包裹等。日本战犯自 1945 年被俘，与外界断绝音信将近十年。当他们接到来自国内的信函、包裹，知道了日本社会和家庭亲友的现状，有喜有悲。有一点是他们共认的，就是从日本社会的现状来印证，战犯管理所与工作团工作人员在侦讯管教中讲的情况是真实的。他们从国内寄来的信函获悉，日本军国主义者发动的侵略战争，不仅危害了别国人民，也伤害了日本国民。历史证明，允许日伪战犯同家属通信，对于促进日伪战犯的思想改造起到了积极作用。

六、起诉、审判与免诉、释放日本战犯

1954 年 10 月间，侦讯工作基本完成。对此，东北工作团留下了少数人员继续侦讯重点日伪战犯，其他同志便返回了原单位。随后，工作团的工作便侧重于抓教育改造，加深与巩固战犯们对侦讯与认罪运动成果的认识，促进其改造的深度，为中央决定起诉、审判及免予起诉、释放战犯做准备。在此期间，为了启发与促进战犯们自觉学习改造的积极性，还决定由日伪战犯自己分别成立了学委会。自己推选学习委员及学习小组长。

1955 年末，周恩来总理听了关于侦讯与管教日伪战犯工作的汇报。不久，中央便决定起诉、审判一些罪行严重的日本战犯，同时从宽处理一批罪行较轻的日本战犯。为此，高检领导同志经过慎审研究，决定起诉 45 名日本战犯，随即开始了紧张的准备起诉工作。彭真、廖承志等中央领导同志亲自过问与关注这项工作。彭真同志曾经多次主持会议研究证据和起诉书内容。他说，判定战犯每条罪行要有六个条件，都要有人证与物证。因起诉、审判日本战犯由最高人民法院组织特别军事法庭进行，因而参加起诉准备工作的，还有最高人民法院、军事法院、军事检察院等方面的同志参与。

由最高人民检察院提起公诉的 45 名日本战犯，分成四个犯罪案件进行公开审判，原因是这些被告虽然都在侵华战争中犯了罪，但他们的犯罪是有差别的。其中，有犯罪地域的差别，也有犯罪类型的差别。1956 年 6 月 9 日至 6 月 19 日，首先在沈阳开庭审理的铃木启久等 8 名被告，他们原是日本陆军的师团长、旅团长、联队长，其犯罪主要是犯战争中的烧杀抢掠罪行，因而是战争犯罪案。1956 年 6 月 10 日至 19 日，在太原开庭审理的富永顺太郎被告，因他是日军特务，后又投奔蒋阎军事系统继续从事间谍活动，其犯罪是战争犯罪和特务间谍犯罪案。另外，1956 年 6 月 12 日至 20 日在太原审理的城野宏等 8 名被告，原为日本陆军军事人员，1945 年日本投降后，又在解放战争中帮助阎锡山继续危害中国人民，所以是战争犯罪和反革命犯罪案。1956 年 7 月 1 日至 20 日在沈阳开庭审理的武部六藏、古海忠之等 28 名被告，他们都是担任伪满政府的实职官吏，靠操纵伪满国家机器镇压中国人民并掠夺资源，因而是战争犯罪案。

1956 年 7 月 1 日下午 2 时 30 分，特别军事法庭在沈阳公开审理武部六藏等 28 名日本战争犯罪案时，我以公诉人首席检察员的身份，同检察员军法上校曹振辉等，在法庭上宣读约 33000 字的起诉书时，各被告人戴着耳机听翻译员用日语同时播送，起诉书宣读完毕，审判长贾潜逐一审问各被告人。

这一天，审判长还宣布，被告人武部六藏因病不能到庭受审，法庭将另行就地审讯。其间，伪满皇帝溥仪及其他伪满大臣，均曾出庭做证。

在沈阳开庭公开审判武部六藏等 28 名日本战争犯罪案，经法庭预审，法庭调查，法庭辩论及被告人作最后陈述，至 7 月 20 日进行宣判。被告武部六藏等 28 名被分别判处 20 年至 12 年有期徒刑。

伪满总务厅长官武部六藏被判处 20 年有期徒刑，但因其身患高血压及半身瘫痪症已有四年，生活不能自理，送经医生治疗均不见效，且在关押期间悔罪表现尚好，便由抚顺战犯管理所所长孙明斋提出申请，由沈阳中国医科大学内科教授潘绍周进行病情鉴定，最后经最高人民法院特别军事法庭裁定，准予假释，提前释放回国。

当时我国着手处理日本战犯时尚没有刑法。1948 年 11 月 1 日中国人民解放军总司令朱德、副总司令彭德怀发布的惩处战争罪犯的命令，以及 1951 年 2 月 21 日中央人民政府公布施行的《中华人民共和国惩治反革命条例》，都是针对我们国内罪犯，援引惩处这批国际战犯难以提供法律依据。为此，1956 年 4 月 25 日第一届全国人大常委会第 34 次会议通过了《关于处理在押日本侵略中国战争中战争犯罪分子的决定》，从而解决了法律依据问题。

当时依据全国人大的决定，分管各案的起诉书都是几经修改的。由我担任首席检察员公诉武部六藏等 28 名被告案，曾经起草过一份 400 多页约几十万字的起诉书，文字虽很详尽，最后还是采用了比较简略的表述方式。

在最高人民法院特别军事法庭于沈阳、太原分别开庭审判的同时，最高人民检察院还分三批对 1017 名职务较低、罪行较轻、悔罪表现较好的日本战犯，宣布免予起诉立即释放，由中国红十字会移交日本红十字会乘船回国。

沈阳法庭审判结束后，我到抚顺，向最后一批 354 名在押日本战犯宣读了最高人民检察院张鼎丞检察长决定免予起诉的决定书。这是第三批免诉、释放的，也是最后一批免诉、释放的日本战犯。战犯们领取决定书之后，我讲了话，勉励他们回到日本要坚持反对军国主义发动侵略战争，为维护世界和平做贡献。散会之后许多人拥上前来，声泪俱下地感谢中国政府对他们的教育改造，感谢对他们的人道主义关怀。有的还一再说，回国后一定要给我写信，以表示他们全家的谢意。而那时，中日两国尚未复交，个人间也不便交往。因此，我回答他们：来信就寄给战犯管理所吧。他们回到日本后，果然给抚顺战犯管理所寄过几百封感谢信。

（原"高检"东北工作团团委秘书吴建璞协助整理）

【作者简介】

　　李甫山，系最高检察院办公厅主任、"东北侦讯工作团"负责人。（称"主任"，不称"团长"）。这是"高检"于1954年侦讯与起诉日本战犯而采取的保密措施。审判工作结束后，李甫山任山西省检察院院长，并在太原离休。

我作为主审法官之一，
参与审判日本战犯经过

袁　光

1956 年 4 月 25 日，中华人民共和国最高人民法院根据全国人民代表大会常务委员会《关于处理在押日本侵略中国战争中战争犯罪分子的决定》，组织特别军事法庭，分别在沈阳、太原两地先后对铃木启久、富永顺太郎、城野宏、武部六藏等案共 45 名战争罪犯进行了审判。在我国领土上，由代表中国人民的法庭审判帝国主义侵略者，在中国历史与近代史上还是第一次。在中国，在世界上都有着重要的意义，也是中国人民站起来了的一个标志。

认真精细的准备

1955 年底，我任中国人民解放军军事法院副院长不久，陈奇涵同志（当时任最高人民法院副院长）通知我参加审判日本战犯的工作。作为特别军事法庭的成员参与审判日本战犯，这个使命是艰巨而复杂的。中华人民共和国成立不久，我们还没有来得及颁布一套完整的法律，法制也还不健全，实施具有国际意义的审判，困难是很多的。虽然此前国际上对日本战犯已

116

有东京、伯力等几次国际审判，在一定程度上可以作为借鉴，然而各次审判的对象大不相同，到我们这次审判又过去很长时间。在审判中，我们既要清算日本侵略者的罪行，也要体现中国共产党和人民政府的政策；不仅要着眼于过去，还要放眼于未来。这对于我和其他参与审判的同志，都是一个新课题。

1956 年 1 月，我们参加审判日本战犯的检察院、法院、司法部三个单位的有关人员，集中在北京西郊香山卧佛寺，分头开始了紧张的准备。最高人民法院副院长高克林负责案情工作，我们在其统一领导下，各司其职，密切配合。检察部门跑遍全国，查证罪行，寻找人证、物证；我们法庭人员，则主要是熟悉案情。我们将要审判的战犯，乃是被我们逮捕或由苏联政府移交我国的一部分，由于他们的犯罪地点遍及全国曾经沦陷过的地区，战后又经过了很长时间，要查清其罪行，对要审理的案件做到心中有数，工作是相当浩繁的。高克林副院长曾对我们说："案件一定要搞准，日本战犯是狐狸精，要认真对付。"大家都感到压力很大，夜以继日地拼命工作，天天都在熟悉案情，研究如何审判。

我们审判的对象是外国人，审判既要合乎中国的国情，又要合乎国际的惯例，涉及面很广。因此，我们特地请著名的国际法专家梅汝璈等三人当顾问。同时，我们又起草了审判日本战犯的决定提交人大常委会讨论，一经通过，我们就有了审判日本战犯的法律依据。这个决定经过反复的推敲，从我们起草第一稿，到人大常委会最后讨论通过，自文字到内容都有很大改动。

人大常委会通过的关于审判日本战犯的决定指出：现在在我国关押的日本战争犯罪分子，在日本帝国主义侵略我国的战争期间，公然违背国际法准则和人道原则，对我国人民犯下了各种罪行，使我国人民遭受了极其严重的损害。按照他们所犯的罪行本应该予以严惩，但是，鉴于日本投降后十年来情况的变化和现在的处境，鉴于近年来中日两国人民友好关系的发展，鉴于这些战争犯罪分子在关押期间绝大多数已有不同程度的悔罪表现，因此，决定对于这些战争犯罪分子按照宽大政策分别予以处理。

在决定中，对于处理在押日本战争犯罪分子的原则和有关事项，也做了明确的规定：

1. 对于次要的或者悔罪表现较好的日本战争犯罪分子，可以从宽处理，免予起诉。

对于罪行严重的日本战争犯罪分子，按照各犯罪分子所犯的罪行和在关押期间的表现分别从宽处刑。

在日本投降后又在中国领土内犯有其他罪行的日本战争犯罪分子，对于他们所犯的罪行，合并论处。

2. 对于日本战争犯罪分子的审判，由最高人民法院组织特别军事法庭进行。

3. 特别军事法庭使用的语言和文件，应该用被告人所了解的语言和文字进行翻译。

4. 被告人可以自行辩护，或者聘请中华人民共和国司法机关登记的律师为他辩护。特别军事法庭认为在必要的时候，也可以指定辩护人为他辩护。

5. 特别军事法庭的判决是终审判决。

6. 处刑的罪犯在服刑期间如果表现良好，可以提前释放。

有了人大常委会决定，我们的审判工作从法律上就已经完备，各项准备事宜也有了依据。当时负责司法工作的董必武、彭真等领导，对我们的工作做了许多直接的指导。彭真同志多次召集我们开会，反复研究审判前后可能出现的问题，并一再强调，不管审判任何人，即使对日本战犯也要以事实为依据，以法律为准绳，一定要遵循人大常委会的决定。领导们对一些具体事项也抓得很细致。比如，我们最初曾计划把抚顺作为东北的一个审判地点，以后又根据中央的指示，改在沈阳。因为，日本帝国主义是首先在沈阳制造了"九·一八"事变，打响了侵华战争的第一枪，在沈阳审判日本战犯更有特殊的意义。我们在沈阳重新设置了法庭，并把法庭设置的照片呈送董老，他不但一一过目，而且又报请周总理审定。

廖承志同志在很长一段时间里负责指导我们的审判工作，他是中央领导同志中的"日本通"，很注意这次审判在日本人民中间的影响。为了把审判搞得更好，他除了经常把我们找到家里了解情况、研究工作以外，还曾两次到卧佛寺给全体人员作报告，详细地介绍日本的历史和现状。他从日本民族的风俗习惯讲到日本法西斯对本国人民的压迫，使大家认识到日本军国主义发动侵华战争，不仅给中国人民带来了深重的灾难，也给日本人民造成了巨大的损失。

我和廖承志同志早在长征路上就相识，我们曾在四方面军训练班相处过。后来，他受到张国焘的排挤，被关押了很长时间，直到同二方面军会合，他才得到解脱。这次，因为参与审理日本战犯，我又同他见面，他给我的印象仍然如当年的乐观、诙谐与忘我的工作热情。他虽然博学多才，却没有大知识分子的架子，待人一向平易近人，记得有几次开会晚了，就邀我到他家里吃饭。饭后又接着谈工作。还有，当我们准备离京去沈阳时，组织上考虑到工作上的安全与需要，特地给我们包了一架专机。我获知后，感到花费太多，有些不安，曾为这事给廖承志同志通过电话。廖承志同志却乐呵呵地说道："老兄啊，这不是为了方便工作嘛。反正是米在箩里转，不要紧的。"

我们在卧佛寺度过了一个紧张忙碌的春天，当白兰花开放的时候，各项工作都基本就绪，大家分赴东北和山西，准备开庭。我则乘飞机抵达沈阳。

公正的审判

1956年6月，最高人民法院特别军事法庭分别在沈阳、太原两地开庭，开始了对日本战犯的审判。

6月9日，特别军事法庭首先在沈阳开庭。审判的日本战争罪犯有：前日本陆军第一一七师团中将师团长铃木启久、第五十九师团中将师团长藤田茂、第五十九师团第五十三旅团少将旅团长上坂胜、第三十九师团中将师团长佐佐真之助、第五十九师团第五十四旅团少将旅团长兼济南防卫司令官长岛勤、第一三七师团第三七五联队大佐联队长船木健次郎、前日本关东军第七三一部队第一六二支队少佐支队长榊原秀夫和第三十九师团第二三二联队本部中尉俘虏监督军官兼情报宣抚主任鹈野晋太郎等8人。

这次审判，由我担任审判长，审判员是张向前、牛步东。首席检察官是王志平，检察官是权维才、田志洪、王宝祺。被告的辩护人由律师徐平、王敏求、孙仆、邓毅、韩凤路等担任。

开庭那天，旁听席上坐满了专程赶来的中央各部门，各省、直辖市代表，以及各民主党派、人民团体与沈阳各界人民群众的代表和许多新闻记者。

上午 8 时 30 分，我登上审判长席，郑重宣布："最高人民法院特别军事法庭现在正式开庭。" 8 名被告随即被押上被告席。我首先通知被告："你们在庭审过程中，可以向证人和鉴定人发问，除辩护人为你们辩护外，你们还可以自己辩护。另外，你们还有最后陈述的权利。"当时，我国还没有颁布《刑法》和《刑事诉讼法》，但是我们根据最高人民法院规定的组织法，给予了被告人充分的法律权利。在开庭前 5 天，法庭已将起诉书副本连同日文译本送达各被告人，辩护律师也同被告人会见。这些律师，都是水平很高的法律界知名人士，我们为被告人聘请的翻译也是第一流的。

开庭之后，我请检察官宣读了起诉书。起诉书列举了 8 名被告人在日本侵华战争期间所犯下的坚决执行侵略战争政策、严重违反国际法准则和人道原则等罪行。他们中，有的命令所属部队残杀我和平居民，制造了骇人听闻的惨案；有的命令部属大量掠夺我和平居民的粮食和财物；有的命令所属部队杀害我被俘人员；有的命令部下把我无辜人民作为训练新兵刺杀的"活靶"或作为战场上的"扫雷工具"；有的对我和平居民施放毒气；有的用中国人试验细菌武器的效能，从事准备细菌战的活动等等，所犯罪行极其严重。当日下午，开始对被告人的犯罪事实进行法庭调查，法庭出示了大量的物证，并传召证人出庭做证。

法庭首先讯问了被告人铃木启久。1941 年 12 月到 1944 年 10 月，他在先后任日军联队长和师团长时，指挥所属部队对我河北省冀东地区和河南省浚县等地进行了残酷的"扫荡"和"讨伐"，制造了六起集体屠杀我和平居民的罪行。其中 1942 年 10 月，铃木启久忠实执行"三光"政策，曾向所属第一联队和骑兵队下过"彻底肃清潘家戴庄"的命令，致使日军于 28 日在潘家戴庄集体屠杀了 1280 多名和平居民，烧毁民房 1000 多间。

在调查这一罪行时，法庭传召了证人周树恩。这位 44 岁的农民，是当年在日军对潘家戴庄集体屠杀时从埋人的坑里逃出来的受害人，身上仍留着日军残害的伤痕。他在法庭上详细叙述了那天早晨，铃木部队在潘家戴庄进行大屠杀的野蛮暴行，他一家 12 口人就被日军杀害了 6 口，村中鲜血四溅，粮食牲畜被洗劫一空。他满腔悲愤地诉说这个惨景，并解开衣服，露出遍体伤痕。在确凿的证据面前，被告人铃木启久"扑通"一声跪倒在地上，连连喊着："饶命！饶命！"并承认："这完全是事实，我诚恳地谢罪。"

第二天，法庭继续进行事实调查。被告人藤田茂，被控犯下多种罪行，其中之一是 1939 年 4 月他任联队长时，指挥部下包围山西安邑县的上段村，杀害和平居民 100 余人。法庭传召了幸存的受害者张葡萄出庭做证。当时，33 岁的张葡萄和上段村许多无辜居民一同被日军驱赶到一口井旁，她的公公、婆婆、丈夫和年仅 4 岁的女儿都被杀害后投入井内，她也被打伤投入井内。她当庭哭诉了家破人亡的经过，说到亲人们的惨死时泣不成声，旁听者和法庭工作人员都不禁为之落泪。被告人藤田茂在二十多年后，回忆当时的情景说："满含愤怒控诉我罪行的张葡萄，是个满头白发的老婆婆。她的姿态是我今生到死也忘不了的。这位老婆婆的一家大小全部被日军杀光，她自己躲在井里才得以幸免。她含泪控诉时的悲伤、憎恨、痛苦，一齐在脸上表现无遗。她在愤怒到极点时，要奔过桌子这一边来抓我。这是日本侵略中国得到的真正回答。一想到她的遭遇，她内心的愤恨是多么深刻啊！我终于认为我是侵略者。那老婆婆的控诉到今天还深印在我的脑中。"

在法庭上，藤田茂的其他罪行，也都有证人出庭做证。在他当联队长到师团长期间，经常训示部下军官要用活人作"靶"，对士兵进行"试胆教练"，又曾下令"将俘虏在战场杀掉算入战果"。此外，藤田茂还有强迫和平居民"踏探地雷"等残酷罪行。对于这些，藤田茂供认不讳，表示："一切都是事实，我愿接受任何严厉处罚。"

其余 6 名被告人也都有许多严重的罪行。其中，上坂胜曾制造杀害800 余名和平居民的河北定县北疃村惨案；船木健次郎曾命令部下对学生和居民施放毒气来显示毒气威力，伤害 400 余人；鹈野晋太郎曾残酷地砍杀和虐杀许多我被俘人员；榊原秀夫是众所周知的细菌战部队——原日本关东军"七三一部队"（即石井部队）的支队长，曾大规模培养细菌，繁殖跳蚤、搜养老鼠，积极准备细菌战，并用和平居民进行细菌武器的试验……对他的罪行，除有证人出庭做证外，法庭还专门请了中央生物制品研究所副所长孟雨等 3 名专家作为鉴定人出庭鉴定。

特别军事法庭的事实调查，充分表现了我国司法机关"严肃认真，实事求是"的态度和高度民主精神。起诉书上所控告的 8 名被告人的犯罪事实，是根据 920 人的控诉、266 人的检举、836 人的证词，一件一件核实的。在大量人证、物证面前，8 名被告人不得不一一低头认罪。

调查结束后，检察官指出："庭审调查已经完全证实了起诉书中所控诉的被告人的犯罪事实，虽然被告人的种种罪行仅是日本帝国主义侵略我国所犯下的滔天罪行的一小部分，但已给我国人民带来了极为严重的灾难。他请求法庭，对本案各被告人必须给予应得的惩罚。对他们的惩罚，同时也将是对一切妄图再走日本帝国主义可耻道路的侵略分子的一个严正警告。"

接着，律师为各被告人作了辩护。被告人铃木启久、藤田茂和佐佐真之助的律师说，被告人虽然是日本陆军的高级指挥官，但他们的重大行动必须受战地最高司令官的指挥。律师还提供了被告人在关押期间的悔罪表现，请法庭作为对被告人量刑时考虑的因素，从宽处理。

辩护人进行辩护之后，公诉人就辩护词的某些问题提出意见，辩护人又再次发言……直到双方都表示没有意见需要再陈述时，我才宣布法庭辩论结束，由各被告人作最后陈述。

8 名日本战犯依次在法庭上对自己的罪行作了忏悔，都表示愿意诚恳接受法庭的正义裁判。铃木启久在最后陈述时说："对自己的残暴行为，起初曾企图隐瞒，但在中国人民人道主义态度的感召下，我进行了反省，认识了自己犯下的罪行。根据我的罪行，我在法庭上本无辩护的余地，但是法庭仍给我指定了辩护人，还告诉了我在法庭上的权利，我感谢中国人民，我诚恳地谢罪。"藤田茂在法庭调查结束，作最后陈述道出肺腑之言：

"我在这个法庭里，接受了中国人民严肃的、光明正大的、实事求是的审判。现在我准备心甘情愿接受这个法庭的判决，以便改过自新。"上坂胜痛悔了自己的罪行后称："我这样的人，就是判处死刑，也不能弥补我过去所犯的罪行。"并表示："愿意接受任何一种处罚。"

法庭在被告人最后陈述后，退庭进行评议。经过三天评议，19日上午 8 时 30 分开庭宣判，宣读特别军事法庭的判决书。特别军事法庭判处铃木启久徒刑 20 年，判处藤田茂、上坂胜徒刑各 18 年，判处佐佐真之助、长岛勤徒刑各 16 年，判处船木健次郎徒刑 14 年，判处鹈野晋太郎、榊原秀夫徒刑各 13 年。各被告人的刑期，自判决之日起算，判决前关押的日数，以一日抵徒刑一日。

在沈阳审判的同时，特别军事法庭在太原审判了两个案件。一个是富永顺太郎在侵华战争期间和战争结束以后的战争犯罪和特务间谍犯罪案；另一个是前日本军政人员城野宏、相乐圭二、菊地修一、永富博之、住冈义一、大野泰治、笠实、神野久吉等 8 人的战争犯罪案。这 8 名罪犯除积极参加日本侵华战争外，在日本政府宣布投降后，又在我国组织前日本军人参加反革命军队，参与反对中国人民的解放战争，阴谋复活日本军国主义。经过特别军事法庭审判，判处富永顺太郎徒刑 20 年，判处城野宏徒刑 18 年，其余各罪犯分别被判处 8～16 年徒刑。

7 月份，特别军事法庭在沈阳又审判了武部六藏、古海忠之等 28 名日本战犯。这些战犯都曾在伪满洲国担任过各种不同的重要军政职务，分别犯有积极执行日本帝国主义的侵略政策，操纵或参与操纵伪满洲国傀儡政府，僭夺我国国家主权，违反国际法准则和人道原则等罪行。

审判之前，为了核实日本战犯的罪行，我曾在抚顺战犯管理所同前伪满洲国皇帝溥仪谈话，让他出庭做证，揭露武部六藏等战犯的罪行。在法庭上，溥仪详细供述了被告人武部六藏、古海忠之奉行日本帝国主义侵略政策，操纵伪满洲国政府，统治和奴役我国东北人民的罪行。溥仪说："在伪满，我是没有实权的。统治和支配伪满的实权者，就是伪满总务厅长官武部六藏和他的辅佐者、伪满总务厅次官古海忠之。伪满的一切政策法令的制定和实施，都是首先由武部六藏主持和古海忠之参与策划召开的，日本关东军第四课课长、伪各部日本人次长等出席参加的次长会议（火曜会）上作出决定，成为不可动摇的铁案。然后经过伪满洲国国务会议和伪参政会议通过，并由伪满总理和伪参政议长先后分别向我报告，经过我的'裁可'和签名盖章后，再由伪国务院发表实施。"溥仪还做证说："在伪满洲国各部的日本人次长、伪各省的日本人副省长、各县的日本人副县长，都是由武部六藏直接指挥。而伪各部的日本人次长、省次长、副县长，都是掌握实权的。这就形成了武部六藏对伪满洲国的由中央到地方的整个操纵支配网。"

在审讯武部六藏时，因被告人患有重病不能到庭，法庭特派审判员到被告人住地进行讯问，作为公诉人的检察官和被告人的辩护律师也一同前往。这充分体现了人民法庭的人道主义精神。

经过法庭调查及法庭辩论，评议和被告人最后陈述，7月20日，特别军事法庭对武部六藏、古海忠之等28名罪犯分别判处徒刑12～20年。其中，武部六藏判处徒刑20年，古海忠之判处徒刑18年。

在此期间，我国政府先后分三批释放了1017名罪行较轻和悔罪表现较好的日本战争犯罪分子。7月22日，特别军事法庭又将身患重症的武部六藏予以假释。至此，在我国关押的1062名日本战争罪犯全部处理完毕。

对于这些日本战争罪犯，新中国的法庭是有充分理由按照他们所犯的罪行给予严厉的惩办的。但是，按照人大常委会决定中所制定的原则，我国政府和人民仍然对他们从宽处理，没有一个被判处死刑和无期徒刑。如果他们服刑期间表现良好，还可以减刑以至于提前释放。这不仅体现了我国政府的宽大政策和中国人民"不念旧恶""与人为善""以德服人"的传统美德，也充分体现了中国政府和中国人民对日本人民的友好之情。正如周恩来总理1956年6月28日在全国人民代表大会第三次会议上明确指出的："由于中日两国人民友好关系的发展和日本现时的处境，尽管中日两国之间的战争状态还没有结束，中国政府现在仍然主动地按照宽大政策分别处理了经过长期关押和审查的日本战争犯罪分子"，"中国政府对于这些战争犯罪分子的处理，同我们过去对访问中国的日本朋友所表示的精神是完全一致的。中国政府所以作出这些不断的努力，是由于我们正确地估计了中日两国人民要求和平共处和友好来往、要求两国早日恢复正常关系的强烈愿望。"

深远的影响

我国政府对在押的日本战犯所采取的宽大为怀的政策和特别军事法庭的公正判决，引起各方面的强烈反响。

大多数日本战犯在刚被关押的时候，曾经对中国政府和人民充满疑虑和恐惧之心。他们一方面想掩饰自己的罪恶历史，甚至幻想日本军国主义东山再起；另一方面，他们又都害怕受到严厉的惩罚。在我国政府的人道主义原则感召下，他们逐渐觉悟了。最初，战犯们总以为中国人民会像他们过去残害关押俘虏那样对待自己。看到战犯管理所修暖气锅炉房，他们以为是在盖"杀人房"；修医务所，又以为要拿他们做"细菌战试验材料"。后来，他们终于发现事实总和他们预料的相反，开始有了悔恨之心。被首批释放的佐野一，本来不肯承认自己的罪行，在关押中患了直肠癌，病情危急，管理当局把他送到医院，动了两次手术，做了人造肛门，才把他抢救过来。病愈出院之后，他写了一篇手记，供认了自己过去拷打、杀害中国人民的罪行，并且详细描写了中国医生、护士为他治病的经过，表示悔罪。这篇手记当众宣读的时候，听到的战犯都和佐野一本人一道流下了眼泪。

特别军事法庭的判决，也在战犯中间引起震动。铃木启久在宣判后对记者说："在进行判决时，按照我过去的罪行来判断，我认为中国对我这样悖逆人道、违反国际公法的做法当然要从严处断，处以极刑。但是，结果，我只被判处20年徒刑，而且可以用被关押的时间折抵。这种宽大政策是从哪里产生出来的呢？我认为，这是由中国的真正的和平政策产生出来的。只有和平，人类才能幸福。我过去走的完全是破坏人类幸福的道路，我认为，将来绝对不应该再对世界采取这种方式。"他还表示："今后我一定要成为保卫和平的一分子，加入和平阵营，以我的余生为和平进行努力。"其他被我们判刑的战犯，也都发表了类似的感想。

那些被我国政府宽释的战犯，更是感激涕零。战犯宫崎敏夫泣不成声地说："我过去在矿山当电工，后来放下锤子，拿起枪杆，参加侵略战争，杀害过像我父亲那样的中国人民，污辱过像我母亲那样的善良妇女，杀死过在母亲怀里吃奶的婴孩。这些罪行是不能饶恕的。但是，中国人民宽赦了我，还教育我怎样做人。我今后要以反对战争、维护和平，回到劳动人民队伍中去，来回答中国人民的恩情。"被释放的日本战犯在离开我国前夕，曾到天津抗日烈士纪念馆向中国抗日烈士献花圈致哀。他们集体表示："我们现在在你们的灵前宣誓：我决不再走过去的罪恶道路，我们决不容许残酷的、非人道的侵略战争再在人类历史上出现。我们坚决反对侵略战争，我们要为持久和平和中日两国人民永远团结而奋斗。"

经我国政府批准来华探望的日本战犯家属，非常感谢中国政府给了他们探望亲人的机会。战犯上坂胜的长子上坂旭说："这次除了来探望我们的亲人外，我们都有这样的意思，就是来亲自向中国人民谢罪。中国政府对战犯一个不杀，也没有一个被判无期徒刑，这实在是太宽大了。我们实在感激中国政府。"战犯鹈野晋太郎的72岁老母亲鹈野好说："我的儿子对中国人民所犯的罪行，我是知道的，我们实在对不起中国人民。"武部六藏的妻子武部歌子在来华的轮船上听到她的丈夫被假释的消息，喜出望外地告诉新华社记者："我实在太高兴了，我原来打算看护他几天后就回去，根本没有想到这样快就能和我的丈夫一起回东京去。"武部六藏身患多种重症，原以为没有重归故土的希望了，当他听到我国政府对他假释的消息，老泪潸然而下。在我医护人员陪送下，他从沈阳到达天津，在一所医院里同妻子见了面，两人感慨万端，表示一定要努力教育孩子，为日中两国友好、为反对战争和维护和平竭心尽力。

被宽释归返故土的战争罪犯，在回到日本之后，绝大多数成为中日友好的使者，不断为促进中日友好关系的发展、恢复中日邦交积极奔走。当年，被我国政府宽释回国的1062名日本战犯，组成了"中国归还者联络会"（简称"中归联"），为促进日中恢复邦交与日中友好做了大量有益工作。他们痛恨昔年充当日本军国主义的帮凶，决心以有生之年为促进日中友好而献身。曾任第五十九师团日本陆军中将师团长的藤田茂，1959年和其他正在服刑的日本战犯，被我国政府提前释放回国。回国后，他被"中归联"全国代表大会增选为会长，成为热心推动日中友好的社会活动家，不只在口头上，而是以整个后半生中实践着自己促进日中友好和反对日本军国主义东山再起的愿望。

我国政府对在押日本战犯的处理，收到了很好的效果。中国人民对日本人民的旷达胸怀及愿意同他们友好合作、和平共处的真诚愿望，得到了日本人民的同情和赞扬，成为中日友好关系发展的动力。在毛泽东主席和周恩来总理关怀下，我们审判日本战犯的工作，为中日友好起到了铺路架桥的作用。1972年，经过两国人民的长期努力，中日邦交终于得以恢复。我相信，中日两国人民决不会允许侵略战争重演，一定会世世代代永远友好下去！

【作者简介】

作者系1956年，中华人民共和国最高人民法院特别军事审判庭副庭长、主审法官。袁光实际职务是解放军军事法院副院长、老红军、少将。并在北京离休。

有关与日本红十字会交接获宽释的
日本战犯归国前后情况

纪 锋

　　1950 年 10 月，我参加以李德全为首的中国红十字会代表团，出席了在摩纳哥蒙特卡罗举行的国际红十字会协会第 21 届理事会。这是新中国红十字会首次出席国际红十字会议。协会秘书长德鲁希在向会议所作的报告中，提到日本红十字会于 1950 年 7 月，要求协会转请中国红十字会协助，包括 332 名日本红十字会护士在内的 60312 名在华日本人回国，协会已将日方要求转给中方，迄今尚无答复。这个问题引起了中国红十字会代表团的注意，回国后向政府有关部门反映了这一情况。

　　遵照周恩来总理指示，1953 年 3 月中国红十字会邀请日本红十字会、日中友好协会、日本和平联络会三团体来北京商谈协助在华日侨回国问题。中国红十字会首席谈判代表廖承志在会上宣布：现在中国的日本人除少数在押战犯外都是侨民，至于对少数战犯的处理问题乃是我国政府主权范围内的事。会谈结束后，中国红十字会即着手配合政府主管部门，加紧进行处理日本战犯的准备工作。当年，我作为中国红十字会国际联络部部长，以代表身份参与了这次谈判，会谈后又很快开始了协助日侨回国工作，以及协助我国政府宽释 417 名犯有各种罪行的前日本军人回国等项工作。

　　1954 年 10 月，周恩来总理在接见日本国会议员访华团及日本学术文化代表团时宣布：除已回国的 417 名日本军人外，现留在中国的还有 1000 多名日本战争犯罪分子。其中分两部分，一部分是苏联军队解放东北时逮捕的日本战犯，移交给中国的有 900 多人；另一部分是在阎锡山军队中参加反对中国人民内战（解放战争）的重要罪犯，约 100 人。对于其中大部分，我国政府准备根据宽大政策很快地予以处理。这是我国政府对处理日本战犯的首次正式表态。

1954 年中国红十字会接受日本红十字会、日中友好协会、日本和平联络会三团体邀请访问日本。我作为代表团代表之一（代表团有 6 名代表、一名秘书、一名随员和两名翻译共 10 人），行前聆听了周恩来总理的指示：代表团的主要任务是向日方说明我国政府愿意和日本以和平共处的和平政策与友好态度商谈继续协助日侨和日本战犯回国等事务。此行应成为一个良好开端，为今后对日本的更多来往打下基础。

中国红十字会代表团在访日期间与日本三团体两次会谈，签署了关于遣送日侨和日本战犯等问题的备忘录。协议规定，我方不仅将继续协助愿意回国的日侨和日本战犯回国，还将协助他们和家属通信，调查下落不明的人，家属有愿意去中国探亲的也可予以协助。中国人民的深情厚谊在日本引起了强烈反响，代表团所到之处感谢之声不绝于耳，有的人激动得痛哭失声，真情流露，感人至深。

代表团回国后，中国红十字会配合最高人民检察院、公安部等国家主管机构，继续协助在华日侨和被宽释的日本战犯回国。在押的日本战犯原有 1109 名；其中，苏联政府于 1950 年 7 月移交给中国 969 名，被中国人民解放军逮捕的 140 名，除去历年因病死亡的 47 名，当时还剩下 1062 名分别关押在辽宁抚顺和山西太原两个战犯管理所。

从 1956 年 6 月 28 日到 7 月 23 日，经最高人民检察院检察长张鼎丞签署命令，我代表中国红十字会三次前往最高人民检察院签字接收了全部被免予起诉，宽释的日本战犯 1017 名，并送他们去天津乘船回国。至此，1062 名日本战犯中有 1017 名被宽释，45 名被判刑的战犯中有一名因患重病准予提前假释，只有 44 名在抚顺战犯监狱继续服刑。随后，经过一段时间，他们也都陆续刑满或提前释放回国。

共和国审理日本战争罪犯前后

宽释战犯这件事说明，中华人民共和国是真正的人权捍卫者，中国是大公无私的社会主义人道主义者。中国的历史实践已经证明，只有以解放全人类为己任的中国共产党人，才有如此宽大的胸怀！

我在接收和遣送被宽释日本战犯的整个过程中，目睹了战犯本人及他们的亲属用种种方式忏悔罪行，表达他们对中国的感激之情。40多年过去了，那痛哭流涕的动人情景仿佛还在眼前，那发自肺腑的慷慨陈词似仍在耳边。如第二批被免诉宽释回国的战犯代表宫崎弘，对战犯管理所工作人员发表的感谢文说："我们现在受到中国人民的宽大赦免，有着言语所不能形容的感谢和感激。我们过去生长在贪婪无厌的军阀和财阀所统治的日本社会里，从幼小的时候起就受到野蛮的军国主义欺骗教育的影响。在十几年前，我们拿着丑恶的杀人凶器，侵入神圣的中国领土，公然地违反国际法和人道原则，把勤劳、朴素、勇敢、智慧以及为了和平和幸福生活而劳动着的中国人民当作敌人，犯下了罄竹难书的罪行。""现在我们将要回到故乡，在幼时就住惯了的那个美丽的土地上和家人们一起过团圆的日子了。可是，被我们所杀害了的中国人民，却永远也回不到你们富饶的土地上来了，想到这件事情，我们心中充满了惭愧和对不起人的心情，感到无地自容。""我们的生命，是不记前仇、只谈论着将来并用笑脸对待我们的各位所赐予的。只有中国人民，才是我们的再生恩人和重生父母。我们要把从各位那里得到的两件宝物——新的生命和真理，在后半生中，要为人民、为社会和为和平而奋斗。"

被判20年徒刑的伪满洲国国务院总务厅长官武部六藏因患重病，被提前假释回国。他的妻子武部歌子在接运战犯回国的"兴安丸"轮船上，对新华社记者说："我实在太高兴了，我原打算看护他几天后就回去，根本没有想到这样快就能和我的丈夫一起回东京去。""我深深地感谢中国政府。""我今后一定要努力教育孩子，为中日友好，反对战争和维护和平做一些工作"，"我们绝对不再要战争了。"

被判处18年徒刑的前日本陆军中将师团长藤田茂不仅用语言，而且用行动来报答中国人民不杀之恩。他回国后，被由中国宽释归国的日本战犯的组织——"中国归还者联络会"增补为首任会长；他不但在日本国内到处宣传日中友好，还多次率团来华访问，为促进日中友好作出了贡献。

中国政府宽释日本战犯的义举也感动和教育了日本来华接运战犯的官员。日中友协、"兴安丸"接运日本战犯代表池田利子1956年7月13日写信给周恩来总理说："你在诸事繁忙中，还给予会见的机会，使我能够听到有益的谈话，是一生以来的喜事。今后我们誓将和大多数日本人民共同进一步为日中友好和亚洲和平而努力。"

明年7月是宽释日本战犯64周年，包括被宽释的日本战犯在内的广大日本人民和有识之士认真反省侵华战争罪行，得出了日中两国人民应当坚持"日中不再战"，"世世代代友好下去"，避免重蹈历史复辙的结论。然而，日本国内一小撮右翼集团，从来没有承认过它们的战争罪行，经常以参拜靖国神社供奉的日本侵华战争罪魁祸首，以及篡改教科书等等方式，不时地发泄他们反华的心声。善良的人们，对此不能放松警惕！

最近一个时期，江泽民主席等国家领导人，在会见日本朋友时反复强调，前事不忘，后事之师。要把眼光放远点，共同创建面向21世纪新的中日关系，并同世界各国携手共建以和平共处五项原则为基础，以和平、发展为目标的国际政治经济新秩序。江主席的话语重情长，在世界各国引起强烈反响。我以风烛残年之身，在今后余生中一定要加倍努力学习邓小平同志关于建设有中国特色社会主义的理论，紧跟时代步伐，迎接21世纪的到来。

在落笔结束本文时，我还要说饮水不忘掘井人。当年，为宽释日本战犯工作开辟道路的周恩来总理，以及李德全、廖承志、伍云甫、倪斐君、彭炎等各方面人士，虽都已作古，但他们的功绩将永存人间。为此，谨以此文献给这些先行者们。

【作者简介】

纪锋，原系中国红十字会国际部长，后任该会副会长。并在北京离职。

毛泽东与"一个不杀"

纪　敏

　　几年前，有日本作家和 NHK 电视台编导来访，相继向我提出几个令他们百思不得其解的问题："'二战'后，同盟国大都有处死日本战犯的判决，唯有新中国没有，为什么？""新中国对战犯实行'一个不杀'政策，是谁倡导的？日本人普遍认为是周恩来，历史事实是否是这样？"……看来，新中国成功改造战争罪犯的历史创举在国际间确实影响很大，其中关于为什么对战争罪犯实行"一个不杀"政策，更是国际间探讨的重点。

　　据笔者考证，新中国最先提出对战争罪犯实行"一个不杀"主张的是毛泽东，而主张对日本战犯实行系统教育改造的，则是周恩来。正因为有毛泽东、周恩来等中央领导集中全党智慧、创造性地制定了一整套独具中国特色的教育改造战争罪犯的方针政策，才会有震惊世界的"人间奇迹"的发生。

战犯问题的最早提出

　　抗日战争胜利后，1946 年 6 月，蒋介石悍然发动了对解放区的全面进攻，扬言"要在三至六个月内消灭中国共产党和人民解放军"，中国内战全面爆发。对此，毛泽东于 1947 年 10 月在陕北葭县（今佳县）神泉堡为中国人民解放军总部起草的政治宣言中，提出了"打倒蒋介石，解放全中国"的口号,并宣布了中国人民解放军的八项基本政策。其中,他首次提出"逮捕、审判和惩办以蒋介石为首的内战罪犯",这是中共日后处理国内、国际战犯问题总政策的由来和根据。

之后,蒋介石非但未能在三至六个月内消灭中国共产党和中国人民解放军,反倒是他的反动统治被奋起的中国军民所消灭。至1949年1月辽沈、淮海、平津三大战役全部结束时,蒋介石的主力部队已大体上被消灭。1948年12月25日,坐镇河北省西柏坡的毛泽东通过"新华社陕北电"的形式,以"陕北权威人士"身份,首次公布了以蒋介石为首的44名"头等战犯"名单,指明这些战犯"罪大恶极,国人皆曰可杀者"。

关于释放战犯问题的意见[1]

(一九七五年二月二十七日)

锦州、大虎山、沈阳、长春,还有战犯为什么没有?[2]

放战犯的时候要开欢送会,请他们吃顿饭,多吃点鱼、肉,每人发一百元零用钱,每人都有公民权。不要强迫改造。

都放了算了,强迫人家改造也不好。

土改的时候我们杀恶霸地主,不杀,老百姓怕。这些人老百姓都不知道,你杀他干什么,所以一个不杀。

气魄太小了。十五元太少,十三人不放,也不开欢送会。[3]有些人有能力可以做工作。年老有病的要给治病,跟我们的干部一样治。人家放下武器二十五年了。

根据中共中央办公厅印发的文件刊印。

1975年,毛泽东关于释放战犯问题的意见

1949年1月14日,针对蒋介石于1月1日发表的"求和声明",新华社发表了《中共中央毛泽东主席关于时局的声明》。声明首次提出,国共两党如要和谈,必须以八项条件为基础,这也就是有名的"和谈八条件",其中第一条便是"惩办战争罪犯"。

蒋介石为了实现"划江而治",并想利用和谈时间整军备战,于

共和国审理日本战争罪犯前后

1949年1月21日宣布"引退",由副总统李宗仁主持国共和谈。在这期间,新华社又公布了第二批内战战犯名单。同一天,国民党国防部军事法庭竟然宣判日本侵华派遣军总司令官冈村宁次等260名日本战犯"无罪释放"。对此,毛泽东以"中共发言人"身份,通过新华社发表《中共发言人关于命令国民党反动政府重新逮捕前日本侵华军总司令冈村宁次和逮捕国民党内战罪犯的谈话》,首次提出:"惩办内战战争罪犯,必须同惩办日本战犯一并进行。"

1949年4月1日,以张治中为首的国民党政府和平谈判代表团到达北平,与以周恩来为首的中国共产党代表团进行谈判。经过半个月的协商与和谈,双方拟定了《国内和平协定》。结果,《国内和平协定》(最后修正案)竟然被南京政府所拒绝。4月21日,在毛泽东起草的《向全国进军的命令》中,再次指明"逮捕一切怙恶不悛的战争罪犯,不管他们逃至何处,均须缉拿归案,依法惩办。特别注意缉拿匪首蒋介石。"

中华人民共和国成立初期,很少见到毛泽东关于处理战犯问题的公开谈话。这期间,倒是周恩来总理指示中央有关部门对在押的战争罪犯进行长时间地系统调查研究。据档案资料记载,自1951年2月开始,周恩来就指示最高人民检察署与公安部等部门组织专人研究处置日本、伪满、伪蒙与蒋介石集团战犯案,并限期提出处理方案。

1954年1月,最高人民检察署为对日满战犯进行侦讯而组建的"东北工作团"和"太原工作组"到达抚顺及太原战犯管理所,就地开展侦讯工作。经过一年多时间的侦讯、取证,"东北工作团"提出,应将在押的70余名罪大恶极的日本战犯及伪满战犯判处极刑。据抚顺战犯管理所时任副所长金源回忆,1954年末,他随"东北工作团"负责人李甫山等前去北京中南海汇报工作时,周恩来总理听完最高检的侦讯报告后说道:"对日本战犯的处理,不判处一个死刑,也不判处一个无期徒刑,判有期徒刑的也要极少数。起诉书要把基本罪行搞清楚,罪行确凿后才能起诉。对犯一般罪行的不起诉。这是中央的决定。"

但是当李甫山等回到抚顺驻地向全体侦讯人员传达周总理的意见后,绝大多数人表示"想不通"。于是,李甫山等又返回北京,再次向周总理

1956 年 6 月 3 日,最高人民检察院对铃木启久等 45 名日本战犯提起公诉,其中有 9 名来自太原战犯管理所,大部分是日本投降后参加过反共斗争的战犯。图为特别军事法庭开庭前,被告人进入法庭

汇报基层干部们的意见和要求。周总理听完汇报后耐心地说:"恐怕不是下面的思想不通,而是你们的思想不通。你们的思想要通了,下面的思想怎么会不通呢?"周总理又说:"中央决定对日本战犯实行宽大处理,20 年后,你们会看到中央的决定是正确的。"

"一个不杀"政策的由来

中华人民共和国成立之后,毛泽东系统公开地谈及对战争罪犯实行"一个不杀"问题,是在 1956 年 4 月 25 日中共中央政治局扩大会议上发表的《论十大关系》重要讲话中。

《论十大关系》重点讨论的是经济问题,而国家政治生活中的一些重大问题与经济密切相关,其中就包括如何处理"革命和反革命的关系"问题。

反革命是什么因素?是消极因素、破坏因素,是积极因素的反对力量。反革命可不可以转变？当然，有些死心塌地的反革命不会转变。但是，在我国的条件下，他们中间的大多数将来会有不同程度的转变。由于我们采取了正确的政策，现在就有不少反革命被改造成不反革命了，有些人还做了一些有益的事。有几点应当肯定：

第一点，应当肯定，1951年和1952年那一次镇压反革命是必需的。有这么一种意见，认为那一次镇压反革命也可以不搞，这种意见是错误的。对待反革命分子的办法是：杀、关、管、放。杀，大家都知道是怎么一回事。关，就是关起来劳动改造。管，就是放在社会上由群众监督改造。放，就是可捉可不捉的一般不捉，或者捉起来以后表现好的，把他放掉。按照不同情况，给反革命分子不同的处理，是必要的。现在只说杀。那一次镇压反革命杀了一批人，那是些什么人呢？是老百姓非常仇恨的、血债累累的反革命分子。六亿人民的大革命，不杀掉那些"东霸天""西霸天"，人民是不能起来的。如果没有那次镇压，今天我们采取宽大政策，老百姓就不可能赞成。现在有人听到说斯大林杀错了一些人，就说我们杀的那批反革命也杀错了，这是不对的。肯定过去根本上杀得对，在目前有实际意义。

第二点，应当肯定，还有反革命，但是已经大为减少。在胡风问题出来以后，清查反革命是必要的。有些没有清查出来的，还要继续清查。要肯定现在还有少数反革命分子，他们还在进行各种反革命破坏活动，比如把牛弄死，把粮食烧掉，破坏工厂，盗窃情报，贴反动标语，等等。所以，说反革命已经肃清了，可以高枕无忧了，是不对的。只要中国和世界上还有阶级斗争，就永远不可以放松警惕。但是，说现在还有很多反革命，也是不对的。

第三点，今后社会上的镇反，要少捉少杀。社会上的反革命因为是老百姓的直接冤头，老百姓恨透了，所以少数人还是要杀。他们中的多数，要交给农业合作社去管制生产，劳动改造。但是，我们还不能宣布一个不杀，不能废除死刑。

第四点，机关、学校、部队里面清查反革命，要坚持在延安开始的一条，就是一个不杀，大部不捉。真凭实据的反革命，由机关清查，但是公安局不捉，检察机关不起诉，法院也不审判。一百个反革命里面，九十几个这样处理。这就是所谓大部不捉。至于杀呢，就是一个不杀。

之前毛泽东一再坚持要对战争罪犯进行严厉惩办，而在此期间，他却一反常态，反复强调对战争罪犯实行"一个不杀"。究其原因，主要有以下几个方面。

第一是国际形势的变化，尤其是国际共产主义运动形势的变化。斯大林主政期间，实行清洗和"肃反"扩大化政策，1953 年 3 月 5 日他逝世后，赫鲁晓夫上台导致苏联国内掀起了反斯大林的逆流，造成了苏联国内的混乱和与国际共运阵营的分裂。

第二是国内形势的变化。中华人民共和国成立初期，中共中央对台方针是"武力解放台湾"。随着 1953 年达成朝鲜停战协议、1954 年日内瓦会议签订越南停火协议，国际紧张对峙局面和海峡两岸紧张形势均有所缓和，毛泽东随即提出争取和平解放台湾的设想。1955 年 5 月 13 日，周恩来在第一届全国人大常委会第十五次会议上第一次公开提出："中国人民解放台湾有两种可能的方式，即战争的方式与和平的方式。中国人民愿意在可能的条件下，争取用和平的方式解放台湾。"

第三，在押的日伪蒋战犯集团通过教育改造开始瓦解，并纷纷主动悔罪认罪。最先是疯狂顽抗的日本战犯集团的瓦解。在押的日本战犯主犯、原伪满总务厅长官武部六藏长期患病卧床不起，原伪满总务厅次长古海忠之便成为在押日本战犯心目中的领军人物。1954 年 5 月 20 日，在东北战犯管理所召开的认罪大会上，古海忠之不但率先坦白交代了自己的主要罪行，讲述了自己思想转变和悔罪认罪的经过，还谈道："'二战'后，国际法有了新发展。策划和指挥侵略战争的人固然是甲级战犯，并且，凡是在侵略战争期间犯有各种罪行的人，被侵略的战胜国家都有权定其为乙级或丙级战犯而自行处理……"古海忠之的认罪，极大地震动了所有在场的日满战犯。

还有一点也极其重要。毛泽东提出对在押战犯实行"一个不杀"政策，实际上也是从研究我国经济形势出发的。1956年1月中旬，毛泽东从杭州回到北京，召集国务院各部门汇报工作，为召开党的八大做准备。在听取汇报和调查过程中，引发了他对中国应该怎样建设社会主义的思考。如何对待战犯、如何调动一切积极因素为建设社会主义服务，也是他集中思考的问题之一。他在《论十大关系》中就说道："杀了他们，一不能增加生产，二不能提高科学水平，三不能帮助除'四害'，四不能强大国防，五不能收复台湾。……反革命是废物，是害虫，可是抓到手以后，却可以让他们给人民办点事情。"

特赦释放全部在押战犯

据原中共中央调查部部长、周总理办公室副主任罗青长介绍，1974年12月，在湖南长沙养病的毛泽东做出一项重大决定：全部特赦释放所有在押战犯，包括在押的被俘的美蒋派遣的一批武装特务。

1975年3月23日，中共中央副主席叶剑英、国务院副总理华国锋、全国人大常委会委员长吴德、全国政协副主席沈雁冰、最高人民法院院长江华，在北京饭店宴会厅接见并宴请了全体获释人员

罗青长说:"周总理从长沙回京后,12月28日中午,通过保密电话通知我:根据毛主席的指示,要中央调查部与统战部、公安部配合,组成一个小组,清理一下在押战犯名单。接到总理指示后,就开始着手这项工作。我们好不容易从'牛棚'里和'五七'干校找回来几位战犯管理所老所长和老管教干部,总算查清了在押战犯的人数及其现实政治表现、身体状况等,列出了准确的名单。经过清理,当时尚在关押的国内战犯还有293名,其中,国民党战犯290名,伪满战犯2名,伪蒙战犯1名。按照中央指示精神,准备对这些战犯全部释放。在讨论战犯名单及释放后的安排、待遇等问题时,搞了好几个月。经与当时刚从'五七'干校回来、被任为中共中央统战部副部长的童小鹏,最高人民法院院长江华,公安部军管干部负责人施义之等反复商讨,最后形成了公安部党的核心小组《关于第七批特赦问题的报告》。"

1975年2月27日,毛泽东主席在看到上报的报告和准备给全国人大常委会的说明后,再次谈到"一个不杀"问题。他说:

> 放战犯的时候要开欢送会,请他们吃顿饭,多吃点鱼肉,每人发100元零用钱,每人都有公民权。不要强迫改造。
>
> 都放了算了(注:指报告中仍要关押13名),强迫人家改造也不好。
>
> 土改的时候我们杀恶霸地主,不杀,老百姓怕。这些人(指战犯)老百姓都不知道,你杀他干什么,所以一个不杀。
>
> 气魄太小了,15元太少(指报告中,拟将安置在农村的释放人员,每月给生活补贴15~20元)。有些人有能力,可以做工作。年老有病的要给治病,跟我们干部一样治。人家放下武器25年了。

3月17日,第四届全国人大常委会第二次会议讨论了国务院关于特赦释放全部在押战争罪犯的建议,决定对全部在押的战争罪犯实行特赦释放,并给予公民权等。此决定由最高人民法院执行。3月19日,最高人民法院分别在抚顺、济南、西安和秦城监狱召开特赦释放大会，宣布特赦名单，并发放"特赦释放通知书"。各个特赦会场气氛热烈。

3月23日下午，中共中央副主席叶剑英、国务院副总理华国锋、全国人大常委会委员长吴德、全国政协副主席沈雁冰、最高人民法院院长江华，在北京饭店宴会厅接见并宴请了全体获释人员。叶剑英代表毛泽东、周恩来发表了重要讲话。至此，特赦国内战犯工作全部结束。

新中国开辟出一条独一无二的改造战犯新路

"二战"之前，国际间没有惩办战争罪犯的记载。"二战"之后，同盟国于1945年8月设置纽伦堡国际军事法庭，审判德国纳粹战犯；又于1946年11月设置远东国际军事法庭，审判日本甲级战犯，从而开创了国际间申张正义、惩办战争罪犯的先河。但是，这一重大历史进步却因"二战"后国际间政治与军事格局的变化而发生了重大改变，使得国际军事法庭以及各盟国处置战争罪犯时，只有两种方法：一是杀；二是放，并加以收买利用。而新中国创造的这条新路，既不是"杀"，也不是"放"，而是通过对在押战犯进行科学社会主义理论教育，并依靠群众对其进行犯罪现场的实际教育，促使罪犯们能够自觉悔罪认罪，从而走上重新做人的道路。当年，对于新中国找到的这条更加光明、更加进步的新路，国际间曾给予高度赞扬，普遍认为"这是对人类的文明和进步做出的巨大贡献"，称其是"人间奇迹"。

毛泽东本人对中国政府改造战争罪犯取得的成功也十分满意。1964年7月7日，毛主席在接见日本社会党委员长佐佐木更三等五位日本国会议员时，谈到日本军国主义侵华历史以及中国政府处理日本战犯情况时，曾自豪地说："那些打中国的将军们，大多数被苏军俘虏的，被我们俘虏的。日本战犯中，有中将、少将，有校级军官，一共1100多人。经过教育，除一个人外，都不反对我们了，而且变成中国的朋友。在日本国内，他们还进行宣传，反对他们的垄断资本主义和美帝国主义。"

　　毛泽东谈新中国改造战犯成就时，谈论最多的还是有关溥仪、杜聿明等人的改造。以溥仪等人为例，毛泽东谈"一个不杀"政策也不是一次两次。例如，1956年11月15日，毛泽东在中共八届二中全会上的讲话中就谈道："宣统皇帝、王耀武、杜聿明那些人，我们一个不杀。" 1962年1月30日，毛泽东在扩大的中央工作会议即"七千人大会"上发表长篇讲话，讲到最后一个问题时，虽再未以溥仪等人为例，却一再强调"不要轻易捕人，尤其不要轻易杀人"。1962年9月24日，毛泽东在中共八届十中全会上发表重要讲话时，开篇词中讲到如何对待党内犯了错误的同志的问题，他强调要允许犯错误，允许改正错误，即使里通外国，搞了反党的小集团，只要实事求是讲出来，"我们就欢迎，还给工作做，绝不采取不理他们的态度，更不采取杀头的办法"。接着，毛泽东又谈道："杀戒不可开，许多反革命没有杀……宣统皇帝是不是反革命？还有王耀武、康泽、杜聿明、杨广等战犯，也有一大批人没有杀。多少改正了错误就赦免他嘛！"

　　尤其是1965年12月21日，毛泽东在杭州同人谈哲学问题时，还从哲学的高度谈到认识溥仪和杜聿明等人的改造实践问题。毛主席说："我们过去是怎样分析国民党的？我们说，它统治的土地广，人口多，有大中城市，有帝国主义支持，军队多，武器强；但是最根本的是，他们脱离群众，脱离农民，脱离士兵，内部存在无法克服的矛盾。我们过去是怎样综合国民党的？综合就是吃掉敌人，把敌军的东西拿来改造，俘虏的官兵不杀掉，一部分放走，一部分补充我军；武器、粮食、各种器材，统统拿来。不要当中还有要的，用哲学术语来说就是扬弃。对待杜聿明这些人正是这样。"

　　在许多外事场合，毛泽东更是屡屡谈及对溥仪的改造。例如1964年6月23日，毛泽东会见智利新闻工作者代表团时，就以溥仪为例，说"人是可以改造的"。

　　据抚顺战犯管理所原所长金源介绍，1964年3月9日抚顺战犯管理所提前释放最后一批在押日本战犯斋藤美夫等三人之后，他奉命于4月26日前去北京，向日共政治局委员松岛治重介绍中国政府教育改造日本战犯情况。6月10日，根据公安部指示，抚顺战犯管理所上报《十四年来教育改造日本战犯工作基本总结》。1966年2月9日，根据国务院指示，抚顺战犯管理所"改造日本战争罪犯展览会"在北京劳动人民文化宫举办。展出三个月，共接待公检法系统观众三万余人。最高检察长张鼎承等领导前来参观时，都写下留言。

在1964年3月中国政府全部释放在押日本战犯前后，中央公检法机关都在议论和研究中国改造战犯，特别是改造日本战犯的基本经验。在这期间，毛泽东也多次谈到改造战争罪犯应具备的基本条件。例如，1963年11月15日，毛泽东在谈到改造罪犯经验时指出："我们相信人是可以改造的，在一定条件下，在无产阶级专政的条件下，一般说是可以把罪犯改造过来的。"1964年4月24日，毛泽东再次重申："罪犯也是人，人是可以改造的，就是政策和方法要正确才行。"同年，当谈到改造战犯经验时，毛泽东再次就改造罪犯应具有的条件作了概括，指出："在敌人放下武器，缴械投降以后，敌人中的绝大多数是可以改造好的。但要有好的政策，好的方法。要他们自觉改造，不能只靠强迫、压服。"

新中国开辟的这条改造战犯的新路，在世界上是独一无二的，它既使战犯们心悦诚服、认罪服法，也体现了中国人民的宽宏大量和正义的尊严。

【作者简介】

作者系抚顺市政协文史委原主任，主编有《生死轮回——改造战犯密档全公开》等史料专著。

周恩来在改造日本战犯工作中的重大贡献

纪　敏

2010 年，是新中国改造日本战争罪犯 60 周年。此时此刻，我们不会忘记，为"二战"之后，新中国成功改造日本战犯做出重大历史贡献的已故总理周恩来。

1984 年 10 月 20 日，当"原中国抚顺、太原战犯管理所工作人员友好访日团"一行八人，应归国的前日本战犯组成的"中国归还者联络会"的邀请，乘飞机抵达东京成田机场时，曾经引起日本舆论界的一阵轰动。翌日，日本《读卖新闻》等报纸纷纷以"狱中之恩难忘却，不禁热泪喜相逢"、"管制者应被管制者的邀请访问日本"、"在阔别的三十载之后重逢"等醒目标题，报道了这一重大事件。有些日本报刊还纷纷发表文章，称赞："再生之地创造的人间奇迹，是对人类文明的一大贡献。"其间，有些日本记者还向原抚顺、太原战犯管理所管教人员，提出了一个百思不得其解的问题："管制者与被管制者、改造者与被改造者，历来都是仇敌，为什么在新中国竟然能成为好朋友？其中的秘诀何在？"

记得，10 年之前，有位日本作家来抚顺访问，他也向我提出了类似的问题。当时，我回答："如果想在最短时间内，用最简洁的文字，将这一重大历史现象说清楚，只能用'天时'、'地利'、'人和'六个字来形容。"所谓"天时"，指的是在 20 世纪 50 年代，中国人民刚刚推翻了"三座大山"，建立了新中国。紧接着，又在朝鲜战场上以劣势的武器打败了曾经降服日本的美国军队，这无疑会给在押的日本战犯以心灵上的震撼。同时，也使负隅顽抗的日本战争狂人们不得不重新审视中国人民的力量，开始悔罪认罪，走新生之路。所谓"地利"，指的是羁押在抚顺的日本战犯们，恰好又是押在日伪时期残酷杀害中国人的魔窟"抚顺典狱"里。新中国在日本建立的"魔窟"成立战犯管理所，又给日本战犯最良好的生活待遇，与昔日日本强盗残害中国人的恶劣行径形成了鲜明对照，这不能不给在押的日本战犯们自我感知和良心上的谴责。所谓"人和"，指的是新中国派来的一批管教人员和医务人员，政治坚强，纪律严明，业务过硬。他们与在押战犯们朝夕相处，生活供给远远低于罪犯，举止言谈却要以身作则，这不能不给在押的日本战犯们，以潜移默化般地深刻影响和实际教育。而以上三项，哪一项都离不开以毛泽东为首的中共中央领导层的英明决断，尤其离不开已故周恩来总理在改造日本战犯全过程中，所作出的若干重大历史贡献。

本人有幸在担任抚顺市政协文史委主任期间，先后访问原中央公安部、东北公安部等相关部门的若干领导干部、各地战犯管理所的亲历者和知情人以及日本"中归联"继任会长、委员长等前日本战犯们，因而能对新中国改造战犯情况有个较全面的了解。现在我想将有关史实作一归纳和概括。

日本战犯的由来

新中国于 1949 年 10 月成立前后收押的日本战犯，来自两个方面：一是苏联军队于 1945 年 8 月俘获，1950 年 7 月由苏联政府移交给中国政府的 969 名，全部关押在抚顺战犯管理所；二是 1948～1952 年先后被中国人民解放军逮捕的 140 名，其中在日军于 1945 年 8 月投降后又参加蒋介石、阎锡山集团进行反共、反人民内战的有 128 名，当时多数关押在太原战犯管理所。两部分共 1109 名，后在关押期间因病死亡 47 名，到 1956 年 4 月正式听候审理的全部日本战犯为 1062 名。其中，将级或相当于将级的 31 名，校级或相当于校级的 210 名，尉级以下的 821 名。他们都是在日本侵华战争期间对中华民族犯有累累罪行，使中国人民的生命、财产遭受巨大损失的战争罪犯。

谈到苏联政府主动向中国政府移交一批日本战犯，还有当时的历史背景和原因。1949 年 10 月 1 日，中华人民共和国成立后，新中国面临两大政治课题：一是必须尽快恢复由于多年战乱而遭到严重破坏的国民经济，进而打破西方国家对新中国的经济封锁和军事包围；二是必须尽快解放台湾，进而实现国家的最终统一。为了实现这两大使命，1949 年 12 月 9 日，毛泽东主席亲率代表团去苏联访问。在毛泽东、周恩来与斯大林等同志式地友好地讨论了双方有关的政治与经济问题的基础上，双方共同签订了《中苏友好同盟互助条约》、《关于中长铁路、旅顺口及大连的协定》、《关于贷款给中华人民共和国的协定》。1950 年 2 月 14 日，在克里姆林宫举行了签字仪式，苏联外长维辛斯基与中国外长周恩来分别签署并相互换文。当天中午，斯大林在克里姆林宫举行了盛大的宴会。

访苏期间，毛泽东还在所住的莫斯科近郊孔策沃别墅接待了苏联外长维辛斯基的三次来访。其中一次，维辛斯基友善地向毛泽东通报了国际形势动态状况，着重介绍了美国武装日本与加紧扩军备战的最新动向。为此，维辛斯基友好地提出：鉴于中国中央人民政府已经成立，建议中方应及早考虑将仍在苏联境内拘留的一批在中国作恶多端的日本战俘和中国伪满战俘接收过去。

总之，毛泽东、周恩来这次访苏，中苏双方相互坦诚、友好地协商、交谈，成果是相当丰富的。但有一件事就是中方提出向苏方订购一批歼击机、轰炸机，斯大林态度一直十分暧昧。早在毛泽东访苏前的 1949 年 7 月 11 日，斯大林第一次接见先期去苏联访问的刘少奇。当刘少奇提出希望苏方能卖给中方一批歼击机和轰炸机一事，斯大林回答说："这件事要提交苏共中央政治局，在邀请一部分军方和部长参加的扩大会议上进行讨论。"据苏方科瓦廖夫在口述记录中记述："他（指斯大林）强调苏联经济经过战争受到了严重的破坏，从西部前线一直到伏尔加河一片荒芜。苏联对进攻台湾的军事支持，将意味着与美国海空军发生直接冲突，为其发动新世界大战提供借口。"所以，当毛泽东亲自访苏再一次就解放台湾问题希望苏联能帮助中国培训一批飞行员和购置一批战斗机时，斯大林在无法回避的情况下，虽然表了态，但态度仍然十分暧昧。斯大林说："援助是要援助的，但援助的方式需要考虑。这里主要是不要给美国人以干涉的口实。至于参谋人员和教官，我们随时都可以派。其余事项我们也要考虑。"斯大林的态度实质上仍是没有表态。

正因为苏方出于对中方的歉疚与尚存有友好感情，才有维辛斯基主动移交日满战俘的表达过程。对此，毛主席对维辛斯基说过，这批战犯中国需要接过来，并加以审判。但因目前中国人民的主要仇恨集中在内战罪犯方面，而审讯内战罪犯的时间最快要到1951年，如果先期审讯日满战犯，不审讯内战罪犯，则有不足之处。因此，对应移交的日满战犯，可否请苏联暂代拘押，维辛斯基表示同意，并商定届时再行研究，予以公布。

1950年下半年，苏联驻华大使罗申通知我国外交部，准备移交日满战俘。双方交接后，塔斯社即发表了公告：

> 中华人民共和国中央人民政府与苏维埃社会主义共和国联盟政府关于接收与移交日本战俘之公告——
>
> 苏联政府决定将971名对中国人民犯有严重罪行的日本战俘移交中华人民共和国中央政府。关于此事，塔斯社于1950年4月22日及6月9日业已声明。上述日本战俘已于1950年7月18日由苏维埃社会主义共和国联盟政府代表负责移交，由中华人民共和国代表负责接收完毕，并将与此有关的主要材料亦由苏联方面移交给中国方面。双方代表并就此事签订了战俘交接的协议书。中苏两国的交接战俘工作，至此已告完成。

在发表公告的同时，苏联驻华大使告诉我外交部：只发表移交日本战俘的公告，溥仪的问题由中国自行处理。我外交部当即报告了周总理。周总理批示同意，并照会苏联大使馆：

> 贵大使馆费德林参事来外交部告知：现贵国准备先遣224名

曾参加日满伪政权的中国籍俘虏一事，我们同意将该224名中国籍俘虏遣送回中国，并准备接收，请即将贵方之遣送计划、办法、时间及路线告知为感。

苏方很快告知我方：苏方移交日满战俘工作由苏联管理总局代表中校科富托夫及上尉阿斯尼斯负责，地点在绥芬河车站，移交日俘时间为7月18日。我方决定由东北人民政府外事处长陆曦同志作为中华人民共和国中央政府外交部全权代表负责接收这批日满战俘工作。

周总理对交接日满战俘工作非常关心和重视。为了安全而顺利地接收这批日满战俘，周总理给东北人民政府高岗主席、林枫副主席去电指示除派出陆曦外事处长负责外交外，还应另派一名团级干部及适当部队前去协助。并指示日、满战俘不要同在一起，日俘及溥仪的档案，用后速送中央，以便阅审。

交接日满战俘的具体经过是：7月14日，陆曦处长率领全体接收人员日夜兼程抵达绥芬河。但苏方押送日满战俘尚未到达，直到17日晚，押送日俘运货列车驶抵绥芬河车站。据苏方称，由于苏联境内大雨滂沱，道路泥泞，难以行进，故而来迟。因已是深夜，交接不便，所以于18日晨5时才开始移交。按照中央指示应接收日本战俘971名，但据苏方代表称：按原规定缺少两名，其中因病已死一名，重病将死一名，不能如数移交。实际只接收969名。另有审讯材料969份亦照收无误。8月1日，运送第二批伪满战俘列车驶抵绥芬河车站。

1993年初，我应日本"中归联"邀请，在访日期间，日本"中归联"委员长绘鸠毅等向我介绍，"二战"之后，被苏联红军俘获的60多万日军战俘，分散关押在苏联远东地区40多个"战俘收容所"内。其间，没有任何政治思想教育，只有强制性地从事森林采伐、煤矿开采、修筑道路和土建工程等繁重体力劳动。之后，因日军战俘有4300多人患有各种不同疾病，经日本政府交涉，苏联政府同意分批释放他们回国就医。其间，苏联内务部门在日军战俘中，为了深挖企图对苏联发动细菌战的犯罪分子，还广泛开展了相互揭发和交罪活动。苏联承诺，凡能揭发立功者，均允许其提前回国。因此，到 1950 年 5 月左右，从远东各地集中在伯力地区的日军战俘总数仅剩下 2000 多人。被苏联政府引渡移交给中国政府的 969 名日俘，全部都是在此期间拒绝相互揭发和批斗的死硬分子。至 1956 年 12 月 12 日，苏日两国恢复邦交后，苏联政府才将其余日俘全部释放回国，其中包括被苏联滨海军区军事法庭判处 25 年劳改徒刑的日本关东军司令官山田乙三大将等。据介绍，因日俘不适应西伯利亚寒冷气候，加上营养不良，劳动量过大，约有 6 万名日俘在苏联期间病亡。

周恩来发挥主导作用

"二战"之前，国际间没有惩办战争罪犯的先例。"二战"中，斯大林于 1943 年 11 月 6 日，发表声明称："战后要严厉惩办这次战争发动者一切法西斯罪犯。""二战"之后，无论是纽伦堡国际军事法庭和远东国际军事法庭，抑或是各同盟国各自设置的军事法庭，对所关押的战争犯罪分子的处理方式，无非是两种：一是"杀"；二是"无罪释放"。有些战犯还被收买重用。唯有新中国反其道而行之，既不是"杀"，也不是"无罪释放"，而是通过教育改造，促使战犯们自动悔罪认罪，重新做人。

以下是日本"中归联"提供的，"二战"之后，对日作战之各个同盟国，处置在押的乙、丙级即 B、C 级日本战犯的调查报告：

国　名	审判期间	死刑	无期	有期	无罪	其他	总计
美　国	1945 年 11 月至 1949 年 9 月	140	164	872	200	77	1453
英　国	1946 年 12 月至 1948 年 3 月	223	54	502	133	66	978
澳大利亚	1945 年 2 月至 1951 年 4 月	153	38	455	269	24	939
荷　兰	1946 年 8 月至 1949 年 1 月	226	30	713	55	14	1038
中国（国民政府）	1946 年 5 月至 1949 年 1 月	149	83	272	350	29	883
法　国	1946 年 2 月至 1950 年 3 月	63	23	112	31	1	230

续表

国　名	审判期间	死刑	无期	有期	无罪	其他	总计
菲律宾	1947 年 8 月至 1949 年 12 月	17	87	27	11	27	169
中华人民共和国	1956 年 6 月至 7 月	无	无	45	1017	无	1062
合　计		971	479	2998	2066	238	6752

　　新中国对日本战犯的处理所以有别于其他任何国家，根本原因在于，中国共产党人对于战争俘虏处理是有其历史渊源的。早在中国工农红军创建初期，中共中央即有优待敌军俘虏的明确规定。抗日战争期间，中共中央和中央军委，又针对日军战俘的实际情况，将有关政策规定加以细化，先后由八路军总政治部专门发布了《关于日本俘虏优待办法的规定》，新四军政治部也制定了《敌军工作纲要》，要求全军切实贯彻执行，"如有违者，不论有意无意，均需执行处分，从警告禁闭直到送军事法庭"。1940 年 10 月，中共中央还接受从苏联到达延安的日共领导人野坂参三提出的建议，在延安成立一所专门学校教育改造日军俘虏。这一建议与中共中央的想法完全一致，毛泽东亲自将这所学校定名为"日本工农学校"。在这前后，在各解放区，还成立了由最先觉悟的日军俘虏创立的"反战联盟"或"觉醒联盟"。据相关文史资料记载，在八年抗日战争期间，由八路军和新四军俘虏的日军官兵共计有 7100 多人。这些被俘的日军官兵，经受八路军、新四军优待俘虏政策的教育，特别是经受"日本工农学校"的深造，以及各"反战联盟"的影响，绝大多数都转变了反动立场，有些日俘还自愿加入我人民军队，先后回国的人也多成为促进日中友好的骨干。

　　"二战"之后，国际形势发生了很大变化。根据"二战"中各盟国对于战后处理战犯问题的协议，1946 年 1 月 19 日，驻日盟军最高统帅麦克阿瑟宣布将成立远东国际军事法庭，同时也颁布了该法庭的组织宪章。该宪章第五条规定，该法庭有权审理三种犯罪：一是破坏和平罪；二是战争犯罪；三是违反人道罪。鉴于该法庭自 1946 年 5 月 3 日开庭，至 1948 年 11 月 12 日终结，历时约两年半时间，仅对 28 名日本甲级战犯进行审判。而且，仅对其中的 25 名甲级战犯进行宣判，所以在这期间，各同盟国便相继组建本国的军事法庭，对在押的乙、丙级日本战犯进行审判。审判结果如日本"中归联"提供的调查报告。

1949 年 10 月，中华人民共和国成立之后，中共中央和中国政府根据中国的国内法，对处理日本战犯制定的总方针是："一个不杀，宽大处理。"具体做法是："惩办少数，宽释多数；上层从严，下层从宽；抗拒从严，认罪从宽。"同时对绝大多数不判刑，对极少数判刑的也一个不判死刑，一个不判无期徒刑，判刑后表现较好的还可以提前释放。

为了执行这一总方针，中共中央和中央政府还逐步摸索并不断完善和补充，相继制定了一系列具体政策和实施措施。自 1950 年 7 月由苏联移交中国，到 1964 年 3 月 1061 名（在服刑期间，佐佐真之助因病死亡，已不足 1062 人）在押的日本战犯全部释放回归日本，周恩来在这长达 14 年的岁月中，在参与制定处理日本战犯的方针、政策中，始终发挥着独创性的主导作用。这些具体政策主要有：第一，根据毛泽东主席关于"罪犯也是人，人是可以改造的"指导思想，周恩来大力倡导对日本战犯要实行革命的人道主义待遇。何谓"革命的"？就是超越"常规的"，也就是具有中国特色的人道主义待遇。1950 年 7 月初，苏联政府移交的 969 名日本战犯来到抚顺战犯管理所。因当时中国物资匮乏，从所长到管教人员大部分时间都吃高粱米等粗粮，所以，日本战犯来所也同管教人员吃一样的饭菜。但是，这些战争狂人寻衅闹事，扬言"高粱米是喂马的，我们不吃喂马的饲料。"他们发动绝食抗议。此情况，经东北战犯管理所首任副所长曲初请示上级主管部门。不长时间，东北公安部就传达了周恩来的电话指示："对在押的日、满战犯，在生活供给标准上，要按照国际惯例处理，""对在押的战犯既要看严管严，外紧内松，做到不跑一个，不死一个，又要做到不打不骂，不侮辱人格，尊重他们的民族风俗习惯，并注意从思想上对他们进行教育和改造"。对此，东北公安部、卫生部又根据周恩来的指示，相应制定了一系列实施细则，包括按战犯原级别分大、中、小灶，并一律供应大米等细粮，及鸡、鸭、鱼、肉等食品。还在所内设立卫生所和战犯病房，并由专职医护人员调配营养食谱，定期进行体检，保证每日有足够的体育活动和娱乐活动时间，等等。而管教人员还在继续吃粗粮，甚至吃

"代食品"。为增进战犯体质，外出劳动时，管教人员为避免用餐时的尴尬，都躲在远处吃自己的粗粮。20多岁的女护理员焦桂珍，常年护理患中风瘫痪在床上的伪满总务厅长官武部六藏。她每日给他喂饭、喂水、喂药，还要为赤身的武部擦浴，1956年7月，武部被判20年有期徒刑，因患重病被批准"假释"提前回国。在天津港，武部同前来迎接他的妻子武部歌子对护理到此的焦桂珍，失声痛哭说："真是太感谢中国政府、太感谢中国人民、太感谢焦桂珍女士……"凡此种种，任何国家的狱所都做不到的事，中国人做到了。

第二，坚持对抗拒改造的战犯进行耐心细致的思想与政治理论教育。首先，"要对这些战犯进行悔罪教育"。1950年6月25日，朝鲜战争爆发，美军很快逼近鸭绿江边。周恩来立即密电东北公安部，速将在抚顺收押的1000多名日满战犯转移到哈尔滨。由于朝鲜战争形势紧张，在押日本战犯更加猖狂，普遍不服从管教。1952年2月，周恩来总理看到中央公安部《内部简报》通报的有关情况，立即在简报上批示："要对这些战犯进行悔罪教育。"可是，究竟应怎样理解周恩来总理的这一重要批示，又应怎样对嚣张至极的日本战犯进行"悔罪教育"？开始战犯管理所的管教干部都不十分清楚。

经过管教干部反复学习研究，管教干部兼翻译张梦实（张梦实是伪满总理张景惠的小儿子。1945年8月，他也随父亲被苏军押至苏联。1950年5月，张梦实随一批伪满战俘提前回国后，因其是中共的地下党员被东北公安部发现，安排他做战犯管理所的管教干部。他早年就读于日本东京帝国大学，其间曾阅读过日文版列宁著作《帝国主义论》）建议：对日本战犯进行"悔罪"教育，应先从组织日本战犯学习列宁著作《帝国主义论》入手。因为列宁的论述，深刻而精辟地揭露了日本垄断资产阶级为了获取剩余价值，不仅对内压榨，而且还具有积极参与瓜分世界的罪恶本质。张梦实说，只有从理论上帮助日本战犯明辨是非，摧毁其赖以顽强抵抗的"效忠天皇"的精神支柱，才能逐步转变他们的法西斯反动立场、观点，进而最终悔罪认罪。战犯管理所采纳了张梦实的建议，效果果然明显。

这期间，抗拒改造最凶的是原日本陆军第五十九师团中将师团长藤田茂。而且最后转变最彻底的也是藤田茂此人。开始，藤田茂拒绝参加集体学习，甚至还拒绝战犯管理所所长找他谈话。藤田茂说："你们是共产主义者，我是帝国主义者，我们之间没有共同语言，没有找我谈话的必要。"但藤田茂一个人待在监舍内，他忍受不了孤独，便一个人走进图书馆找书看。于是，他喜欢上有关《政治经济学》理论研究。由此，促使他认识到自己前半生的罪恶。（详见日本"中归联"编辑出版的《我们在中国干了些什么？》第七章《藤田茂》专文。）有关藤田茂刻苦研究经济学，以及对日本发动"九·一八"满洲事变与"七七"卢沟桥事变，他参加侵华战争时，与他接受改造、悔罪认罪后所表达的观点，是截然不同的两种认识和理解过程。

第三，重视人民群众的教育能量，看重社会现实教育的作用。1956年1月，国内各大行政区战犯管理所在押的日本战犯和国内战犯开始普遍认罪之后，中央公安部传达周恩来总理指示："要组织战犯到社会参观，接受现实教育，让他们到曾经犯罪的地方看看中华人民共和国成立后的变化。"周恩来总理还要求"要注意他们（指战犯）在参观中的安全，同时要尊重他们的人格"。这种打破旧监狱与社会相隔离，运用社会群众力量教育和改造罪犯的大胆尝试，古今中外闻所未闻。根据周总理指示精神，中央公安部决定从1956年2月起，分三批组织战犯到社会参观学习，接受社会的实际教育。

当抚顺战犯管理所正式向在押的日本战犯和国内战犯宣布中央的上述决定时，在场的所有战犯几乎都不相信能走出院墙。也有少数战犯担心到社会参观，会被受害人认出来遭到报复。事实证明，战犯们的怀疑和顾虑都是多余的。在抚顺关押的日本战犯，当参观抚顺平顶山惨案"万人坑"展馆时，眼见被日军杀害的白骨成堆，都跪地不起，痛哭失声，频频请罪。自1956年2～8月，在抚顺、太原关押的1000多名日本战犯共分三批，先后参观了长江南北的十几座城市。他们亲眼看见新中国在短短几年间，工农业生产和人民生活竟然发生了翻天覆地的变化，无不从内心感叹。其间，他们北至哈尔滨，南至上海、南京、武汉等地，到处都受到中国人民宽大的接待。越是这样，他们越是止不住自己悔罪的泪水。

第四，对在押的日本战犯和国内战犯"一个不杀"（毛泽东语）。中国最高人民检察院"东北工作团"，自 1954 年 3 月起，经过对在押日本校级以上战犯进行一年半的侦讯、取证，到 1955 年末，列为重点侦讯对象的有 107 人。鉴于他们的罪行极为严重，"东北工作团"和抚顺战犯管理所曾经建议国家最高检察院和最高法院对其中罪大恶极的 70 余名战犯处以极刑的方案。1955 年末，"东北工作团"和战犯管理所负责人去北京汇报工作时，周恩来总理在中南海亲自听取了他们的意见。周恩来总理语重心长地对他们说："对日本战犯的处理，不判处一个死刑，也不判处一个无期徒刑，判有期徒刑的也要极少数。起诉前要把基本罪行搞清楚，罪行确凿后才能起诉。对犯有一般罪行的不起诉。这是中央的决定。"

"东北工作团"和抚顺战犯管理所负责人回到抚顺后，尽管原原本本地向工作团和管理所的全体干部传达了中央的决定，但很多遭受日军伤害的一些人坚持"想不通"。于是"东北工作团"负责人又二次进京向周总理汇报。周恩来耐心地对他们说："不是下面的思想不通，恐怕是你们的思想不通。你们的思想通了，下面的思想怎么能会不通呢？"周恩来总理还说："中央决定对日本战犯进行宽大处理，在 20 年以后，你们会看到中央的决定是正确的。""东北工作团"负责人回抚顺后，召开了有工作团和管理所共 900 多名干部参加的大会。当大家再次听到周总理语重心长的话语，似乎站得高了，看得远了。从此，再也没有人坚持非要处决几个日本战犯不可。

除周总理连续两次谈话外，最关键的还有毛泽东主席关于对在押战犯"一个不杀"的科学论述。1956 年 4 月 25 日，毛泽东主席在中共中央政治局扩大会议上，作了《论十大关系》的重要讲话。其中，他针对苏联肃反扩大化造成的消极后果，提出了对处置战犯"一个不杀"的政策主张。

谈到什么样的人不杀时，毛泽东同志说："连被俘的战犯宣统皇帝、康泽这样的人也不杀。不杀他们，不是没有可杀之罪，而是杀了不利……杀了他们，你得一个杀俘虏的名声，杀俘虏历来是名声不好的。"

历史证明，"二战"之后，正是因为新中国有毛泽东、周恩来等高瞻远瞩的国家领导人和政治家，有中国人民的博大胸怀，国际社会才会出现新中国创造的把战争罪犯教育改造成维护世界持久和平的忠诚战士这样的"人间奇迹"。

坚持两国间要实现世代友好

先谈战后中日间经济往来的恢复。"二战"后，日本一直处于被美军管制的状态。1948 年 1 月 6 日，美国陆军部长罗亚尔声明，美国对日政策要从实现非军事化转变为使日本成为"反共的堡垒""远东的工厂"。1950 年 3 月 7 日，美国驻远东军总司令麦克阿瑟颁布"宣誓出狱"办法的"第5 号指令"，开始大量释放或重用已判罪的日本战争罪犯。1950 年 12 月6 日，日本吉田茂政府根据美国的指令，全面禁止对新中国的贸易。1950年 6 月 25 日，朝鲜战争爆发。就在美日与新中国的对抗达到了极限，时任新中国总理的周恩来，站在历史高处，看到了中日两大民族的根本利害。他通过中国国际贸易促进会，主动邀请前去莫斯科开会的日本"国际贸易恳谈会"成员、参议员帆足计，众议员宫腰喜助、高良富到北京访问，并于 1952 年 6 月 1 日，在北京签订了第一次《中日民间贸易协定》。由此，打开了美日对新中国经济封锁的突破口。这是周恩来倡导的"对日工作，民间先行，以民促官"方针的第一次胜利。

接着是 1962 年 9 月，日本自民党顾问松村谦三访华。周恩来总理、陈毅副总理同松村谦三先生于 16 日、17 日和 19 日进行了友好、坦率的会谈。中方重申应坚持政治三原则、贸易三原则和政治、经济不可分的原则。经过友好交谈，双方一致认为，应该采取渐进的和积累的方式，谋求两国关系包括政治关系和经济关系在内的逐步正常化。这就是后来在中日关系发展中起到了重要作用的"廖、高（崎）备忘录贸易"，即"LT 贸易"的起源，因而使中日间贸易由"民间交往"升格为"半官半民"。

最终，田中角荣首相就任 81 天后，就于 1972 年 9 月来到北京，同毛泽东、周恩来进行协商商谈。两国领导人高瞻远瞩，面向未来，在极为困难的情况下，签署联合声明，实现了中日关系正常化，开辟了中日友好的新时代。中日间贸易也上升为"官民并举"的新阶段。

在中日友好往来过程中，有一个极为重大的历史事件始终贯穿于中日交往的三个发展阶段之中，这就是新中国收押、改造和释放的日本战争罪犯这一重大历史事件。在这一历史过程中，也有三个标志性事件，呈现在中日两国国民视野之中。而且，整个过程都与周恩来总理的极大关心和关照有关。

第一个标志性事件。为感谢协助日侨陆续归国，1954年5月27日，日本众议院通过决议文邀请中国红十字会代表团访日。1954年10月24日，李德全、廖承志率领中华人民共和国第一个民间使节团到达东京等城市访问时，竟受到日本国民万人空巷般的热烈欢迎。尤其是，周恩来总理授权中国红十字会会长李德全在日本东京公布了在华羁押的日本战犯名单，更加引起了日本各党派、团体与各界人士的极大关注。1954年10月，日本国会议员访华团，在日本社会党委员长、众议员铃木茂三郎到北京访问时，周恩来总理在面谈时，就已首次向他们披露中国尚有在押1000多名日本战犯待审理。李德全在东京公布在押战犯名单后，日本各党派、团体和各界人士先后派出80多个友好访华团，共约1000人次来到抚顺战犯管理所同在押日本战犯见面。通过这一批批友好访华团的来华访问，打消了日本各界人士对新中国的疑虑、不解，甚至敌视，进而纷纷要求日本政府尽早实现中日邦交正常化。

第二个标志性事件。是1956年3月14日，周恩来在中国全国政治协商常委会第十九次会议（扩大）上提出："对于日本战犯的处理，参照国际法，但不属于国际法庭，我们用国内的军事法庭来审。"根据周恩来的提议，中国第一届全国人民代表大会常务委员会第三十四次会议，于1956年4月25日，通过了《关于处理在押日本侵略中国战争中战争犯罪分子的决定》，形成了依照国内法处理日本战犯的主要法律依据。于是，根据全国人大常委会作出的决定和中共中央提出的"一个不杀，宽大处理"的总方针，中国最高人民法院特别军事法庭于同年六七月份，对罪行严重的45名日本战犯分四案在沈阳、太原进行了公开审判，仅分别判处8～20年有期徒刑，一个未判处死刑和无期徒刑。与此同时，中国最高人民检察院还根据周恩来"未审战犯分三批释放"的建议，对在押的 1017 名职务较低、罪行较轻、悔罪较好的日本战犯宣布全部免予起诉，立即释放，由中国红十字会交日本红十字会接运回国。结果，原押 1109 名日本战犯，除在押期间病亡 47 人，服刑期间病亡 1 人，其余 1061 人全部获释生还日本。这件事，当时不单对日本，对国际社会的震动都相当大。

第三个标志性事件。1972 年 9 月 29 日，中日实现邦交正常化之后，周恩来针对中国国内一些人认为中日"民间外交业已完成历史使命"等看法，适时提出"官民并举，不忘老朋友，广交新朋友"的主张。据此，周恩来指示有关部门有计划地邀请那些长期以来为中日友好而尽力的日本各界人士前来中国访问。其中包括日本"中归联"会长藤田茂率领的日本"中归联"第二次友好访华团。1972 年 11 月 9 日下午，在人民大会堂同藤田茂等进行友好交谈时，周恩来深情地感谢"中归联"各位朋友归国之后，在非常困难的环境里，为实现日中友好作出的努力。周恩来说："前些日子，我同田中首相发表了恢复两国友好正常化的共同声明，这是经济基础不同的两个国家的总理在纸上的约定。但要牢固地实现中日邦交正常化，是要在日本人民和中国人民真诚地相互理解的基础上，最后达到深刻的相互依赖关系的时候。只有这样，才能结成两国子子孙孙的友好睦邻关系。为此，我们还要经过长时间的努力。"今天看来，周恩来的这一见解，仍具有很重要的指导意义。

我接触到的一些日本朋友都说周恩来总理有关中日关系的一些重要谈话，意义重大，内容深刻，情真意切，感人肺腑。例如 1962 年年末，在北京人民大会堂，周恩来总理在同高崎达之助、冈崎嘉平太等五位日本国会议员谈话时曾说："从中日甲午战争开始，日本侵略中国，特别是 1931 年'九·一八'事变，日本入侵中国内地，给中国人民的生命和财产造成重大损失，对此我们抱有很深的怨恨。但是，甲午战争到现在只有七十年，这在两千年的中日友好史上是短暂的。我们现在正在努力忘记这段时间，忘记怨恨，结成友好。"其实，"忘记怨恨，结成友好"也正是中央制定宽大处理日本战犯方针、政策的基本出发点和着眼点。

两年前，我同日本"亚洲交流协会"理事长北村博昭先生进行访谈时，他向我介绍，当年他是日本国际贸易促进会"中国部"驻北京首席代表，后来又作为日本前外相园田直的秘书，直接参与了同中国国家领导人邓小平等进行日中签订"和约"的谈判。北村博昭说，1971年11月他陪同日本飞机制造会社社长东海林武雄率领的"日本经济界访华代表团"访华时，曾受到周恩来总理的亲切接见，当时周总理语重心长地谈道："日本方面很关注战争赔偿问题。但是，发动这场侵略战争是军国主义时代的事，和现在的一代、孩子们的一代以及孙子们的一代没有关系，不能让孙子们承担祖父的罪过。"陪同访问的北村博昭谈道："当时不单来华访问的日本经济界人士听了周恩来总理的谈话十分感动，广大日本国民也都十分感动。"

1993年4月，我应日本"中归联"邀请访问日本时，跟随"中归联"首任会长藤田茂来华访问，受到周总理接见的"中归联"全国委员三尾丰对我说："我今生最崇敬的人就是周恩来，我有幸能在人民大会堂亲眼见到周恩来，让我兴奋得几天几夜睡不好觉。"在访日期间，还举行了我

1972年11月9日下午，周恩来总理在人民大会堂会见日本"中归联"首任会长藤田茂率领该会第二次友好访华团时合影。前排左五为藤田茂

主编的《难忘的中国——日本中国归还者联络会历次访华见闻实录》首发式。在这本史料专辑中，收录了藤田茂、三尾丰、国友俊太郎等各自回忆受到周总理接见的经过。现在我把他们各自写的片段记述综合整理如下。

1972年11月9日下午，在北京人民大会堂，接见日本"中归联"第二次访华团时，参加会见的有：国务院总理周恩来，中国人民解放军总政治部主任李德生、中日友好协会会长廖承志，以及有关方面负责人吕村夫、张秀山、王云、孙平化等各位先生。随藤田茂访华并参加会见的有："中归联"事务局长（即秘书长）塚越正男（全国委员）、相川松司（全国委员）、三尾丰（全国委员）、东一兵（全国委员）、小林荣治（全国委员）、国友俊太郎（全国委员）。以下是双方交谈记录：

周恩来：各位先生归国之后，在非常困难的环境里，为了实现日本和我国的友好，各位先生，还有广大"中归联"成员，都作了极大的努力，我深表感谢。日本和我国的关系与其他国家关系不同，我们两国是亲密友好的邻邦。中日两国人民的友好往来有着两千多年的悠久历史，这在世界上是极为少有的。在这漫长历史长河中，中间虽有过非常不幸的时期，但从历史的现实去看问题，那仅仅是一瞬之间而已。在接受过去历史教训的同时，从现在起，我们都应该向前看，我们两国关系必须永远友好下去。

藤田茂：是的，日中两国确实是有着长期友好历史关系的邻邦。不幸的是，日本军国主义分子发动了毫无人性的侵华战争，我们这些人也在这场侵华战争中犯了罪。非常感谢中国政府和中国人民对我们实行的宽大政策。回想自己的前半生，感到非常内疚。可庆幸的是，我们归国之后，能用自身血淋淋的侵华经历，唤起了广大日本国民的觉醒。我认为，必须认识日本军国主义发动侵华战争的本质。只能继续反对侵略战争，揭露军国主义分子企图东山再起的阴谋，这才是日中能够长期友好的基础。

周恩来：藤田先生以前是日本前军人，我想多听一听关于军事方面的事。藤田先生，您是否研究过《拿破仑战争史》？

藤田茂：我没有读过最高学府的陆军大学，没有学过战争史，不过听说过一些，就这么点水平。

周恩来：现在世界上各国都在研究拿破仑战争史，这又是为什么呢？那本《拿破仑战争史》，一点也没有修饰的地方：坏的地方写坏，好的地方写好。这是一部非常鲜明的战争史，可见这部战争史中牢牢抓住了拿破仑最卓越的优点和缺点，充分认识其短处，便于避免重蹈覆辙。所以，这部战争史，现在仍然受到很多国家军事家们的重视。当前，一些国家的军事家把这部战争史当作样板来研究，为了从中吸取历史教训。这就是现在的军事趋势。

藤田茂：是的，是的，的确如此。

周恩来：日本结束战争已近30年了，可是，我读了些日本最近出版的各种各样关于战争的书，有的是战争史，有的是战地实录，读后觉得不少内容仍然是美化那场侵略战争。这是应该得出的历史结论吗？令人怀疑。前几天，还在国内看了《山本五十六》的电影，又看了《大陆军》电影，但不论是哪一个，都是颂扬和美化军国主义的英雄传。这对于那些不了解那场侵略战争的年轻人，由于憧憬而再次做出那种愚蠢的事是很有可能的。仅我知道的东条英机大将，他做过总理大臣、陆军大臣、参谋总长，可是，他指挥的大东亚侵略战争果真是出色的战役吗？那是非常明显的，有很大的缺陷，这里表现出和拿破仑战役几乎无法相比的很大的缺陷。藤田先生，您回到日本后，应该写出一本关于那次大东亚战争中符合历史事实的客观的真实的战争史。那个时期的幕僚们大都上了岁数，有的已经死去了，您的岁数也相当大了，不抓紧不行了。若不能正确地总结这段历史教训，还是要重蹈覆辙的。

藤田茂：总理谈的这番话，确实是意味深长的告诫，令我钦佩，铭记在心。只可惜，我的水平有限，今年也已80岁高龄，还时常有病。我会尽自己所能，试试看吧。

周恩来：在今天日本已经成为经济大国的情况下，承认它拥有与其相适应的自卫力量，那是很自然的事。对于这支自卫力量，在世界两个超级大国垄断核武器的环境里，参加到美国的核保护伞下也是可以理解的。但是必须说明，中国人民决不会允许日本经济膨胀之后，再重走过去那样侵略、压迫、剥削亚洲各国人民的老路，走靠武力征服的老路。

藤田茂：中国有句老话："前事不忘，后事之师"。通过与总理的一番谈话，我们感到，周总理向我们指明了当今社会一系列新的课题。

周恩来：前些日子，我和田中首相发表了恢复两国邦交正常化的共同声明，这是经济基础不同的两个国家的总理在纸上的约定。但要牢固地实现中日邦交正常化，是要在日本人民和中国人民真诚地相互理解的基础上，最后达到深刻的相互信赖关系的时候。只有这样，才能结成两国子子孙孙的永久的友好睦邻关系。为此，我们还要经过很长时间的努力。藤田先生也已高龄，我也老了，剩下的时间不多了，我们都要努力实现这一共同目标。

藤田茂：我认为，周总理今天的这番话，才是最明确地指明了日中关系得以稳定持久发展的方向。我会坚贞不渝地把周总理今天的谈话，作为我们前进道路中的座右铭，不断对照和反省自己，为日中世代友好而继续努力。

交谈结束，参加会谈的中日双方全体人员在人民大会堂会客厅前集体合影留念。然后，宾主双方热烈握手告别。

周恩来与中日邦交正常化

纪 敏

在中日邦交正常化 30 余年（指本文发表于 2002 年的时间）之际，人们不会忘记开国总理周恩来倡导的"民间先行，以民促官"的方针，给中日关系带来的巨大变化。

中国红十字会代表团首次访日

1945 年 8 月 15 日日本败降之后，其国内的右翼势力不吸取惨重的历史教训，又转换门庭，追随占领军美国，处处与新成立的中华人民共和国为敌，因而有一段时间中日政府间无任何直接联系。

1952 年 5 月初，日本参议院议员帆足计、高良富和众议院议员宫腰喜助，在出席莫斯科国际会议之后，周恩来授意由中国有关团体出面邀请前来北京访问。这次意外来访，虽因三名议员违犯了所谓日本的签证法而被日本政府大兴问罪，但他们在北京同中国国际贸易促进会签署了第一次《中日民间贸易协定》，在日本国内引起了轰动，并受到日本各界人士的热烈欢迎。这一事件，成为战后中日关系史上一次开拓性的突破，从而打开了中日民间交往关系的大门。此后，在中日两国友好人士的共同努力下，又相继签署了第二、三、四次民间贸易协定（第四次民间贸易协定因受日本政府阻挠而未能执行）。

　　1954年10月，由团长李德全（中国红十字会会长）和副团长廖承志（中国红十字会顾问）率领中国红十字会代表团首次到达了日本，此举成为战后中日关系史上的又一次重大突破。据笔者在北京采访当年跟随李德全首次访日的中国红十字会国际部原部长纪锋介绍，中国红十字会之所以能应邀组团访日，其中还有一些鲜为人知的内幕。

　　据纪锋介绍，1950年10月，李德全首次率中国红十字会代表团，出席在摩纳哥蒙特卡罗举行的国际红十字协会第二十一届理事会议时，该协会秘书长德鲁奇在向会议所作的报告中，谈到日本红十字会于1950年7月，曾要求该协会转请中国红十字会给予协助，将包括332名日本红十字会护士在内的60312名在华日本人送交回日本国。德鲁奇说："遗憾的是，协会已将日方要求转给中方，中方迄今尚未给予答复。"会后，李德全等将德鲁奇的讲话稿转交中央有关部门后，引起周恩来总理的高度重视。

　　1953年3月，遵照周恩来总理的指示，中国红十字会正式邀请日本红十字会、日中友好协会、日本和平联络会三团体派代表来北京商谈协助在华日侨回国问题。中国红十字会首席谈判代表廖承志在会上宣布："现在中国的日本人除少数在押战犯外都是侨民，至于对少数战犯的处理问题乃是我国政府主权范围内的事。"会谈结束后，中国红十字会便立即着手将2.6万多名日侨遣送回国的工作，以及协助我国政府宽释417名犯有各种罪行的前日本军人回国等项事宜。

　　1954年10月，周恩来在接见以著名学者安倍能成为首的日本文化学术代表团和由各党派重要领导人物参加的超党派议员访华团时，向他们介绍了中国对日本的一贯政策，表示中日两国应该迅速实现邦交正常化。同时还宣布除已遣送回国的417名前日本军人外，现留在中国的还有1000多名日本战争犯罪分子。其中一部分是苏联军队解放东北时逮捕的日本战犯，移交给中国的有900多人；另一部分是在阎锡山军队中参加中国内战（解放战争）的重要罪犯，有100多人。对于其中大部分，我国政府准备根据宽大政策很快地予以处理。这次谈话，是我国政府对处理日本战争罪犯问题的首次正式公开表态。

1954 年 10 月末，以李德全、廖承志为首的中国红十字会代表团，经日本红十字会一再邀请，并经日本参众两院相继通过了邀请决议，冲破了美日反动派的阻挠，开始正式前去日本访问。这是中华人民共和国成立以来的第一个进入日本的中国代表团。行前，周恩来总理特地约见了代表团一行 10 人，一再嘱咐："代表团的任务是促进中日两国发展友好关系，向日方说明我国愿意和日本和平共处的和平政策与友好态度，商谈继续协助日侨和日本战犯回国等事务。此行应成为一个良好开端，为今后对日本的更多来往打下基础。对在日华侨要鼓励他们爱护祖国，团结互助，同时也要尊重居住国的风俗习惯和法令，不参与居住国的政治纠纷。"

代表团在日本停留 13 天，先后访问了东京、京都等六大城市。所到之处，万人空巷，彩旗飘扬，《东京——北京》、《和平之歌》歌声此起彼伏。这次访问不仅受到日本广大国民热烈的欢迎，还引起亚洲各国强烈的反响。这一行动的本身，已经把中日关系向前推进了一大步。

1972 年 11 月 9 日下午，周恩来在人民大会堂会见藤田茂

共和国审理日本战争罪犯前后

中国红十字会代表团在访日期间，与日本红十字会、日中友好协会、日本和平联络会三团体进行了两次会谈，签署了关于继续遣送日侨和日本战犯等问题的备忘录。协议规定，我方不仅将继续协助愿意回国的日侨和日本战犯回国，还将协助他们和家属相互通信，并调查下落不明的人，同时有关家属有愿意去中国探亲的，也可以予以协助。为此，李德全还在东京首次披露了在抚顺、太原在押的部分日本战犯名单。

中国方面这种以德报怨的举动，在日本各阶层引起了强烈的反响，纷纷要求与台湾国民党政权断交，与中华人民共和国实现邦交正常化。日本天皇的弟弟三笠官和弟媳高松宫妃以日本红十字会名誉副总裁的身份会见了代表团。日本内阁厚生相草叶隆园会见代表团时说："日中两国应该互相来往。"他希望中国方面同日本政府多打交道。内阁国务大臣安藤正纯在众议院议长堤康次郎的招待会上说："我觉得只有日中两国之间的友好，才能保证亚洲的和平。"这是新中国代表团与日本政府官员的首次接触。

中国红十字会代表团首次访日成功，不但结束了两国民间交往中只有来访的单向状态，还将两国相互往来关系推进到半官半民的新阶段。从此，两国间半官半民性质的代表团相互访问、协商不断。1962 年在池田内阁的暗中支持下，在周恩来总理提出的"长期积累"的原则指导下，经过中日双方友好、细致地协商，达成了廖承志、高崎达之助备忘录，规定了中日双方为期五年的综合易货和延期付款进口成套设备等项事宜。1963 年初，日本派来以平璩常次郎为首的渔业资本家代表团访华，商谈中断了五年的中日民间渔业协定，并受到周总理和廖承志的亲切接待。其间，经过两国同行之间的友好磋商，于年底重新签订了民间渔业协定。1963 年 10 月，以廖承志为会长、郭沫若为名誉会长的中日友好协会在北京宣告成立。《人民日报》为此发表社论《中日友好的里程碑》，说明两国关系在向新的目标发展。

1964 年中日关系虽有反复，但总的趋势还是向好的方向发展。3 月，中国派出以国际贸易促进委员会主席南汉宸为首的经济贸易代表团访问日本。与此同时，中国在东京、大阪举行了规模较大的第二次商品展览会。

新任日本国际贸易促进协会总裁的前首相石桥湛山亲自主持接待南汉宸代表团，并协助处理展览会事宜，在日本影响很大。这年初，经松村谦三与廖承志协商，谈妥了在北京和东京互设"备忘录贸易常驻代表"及交换常驻新闻记者的协议。

中日民间交往的逆转期

在中日关系不断向前发展时期，也曾有逆流出现，最困难时期，要算1957年3月至1960年7月，岸信介担任日本内阁首相期间。

1936年岸信介担任伪"满洲国"总务厅次长时期，就是日本军国主义侵略与掠夺中国大批资源的急先锋。1940年归国之后，岸信介又相继担任东条英机内阁的商工大臣和国务大臣兼军需次官，参与策划和发动了太平洋战争。

在日本败降之后，岸信介成为甲级战犯，被盟军拘押，1948年12月又被驻日美军释放；1952年参加日本再建联盟，重新步入政界。1954年参与创建日本民主党，并任该党干事长；1955年与石桥湛山共同竞选自由民主党（此时日本自由党与民主党结成了自由民主党）总裁失败，便任石桥内阁外务大臣。1957年2月，石桥湛山因突患中风辞职。岸信介接着组阁，3月当选为自由民主党总裁并任日本政府内阁首相。由此，中日关系开始逆转。

岸信介出任内阁首相以后，一方面追随美国实施遏制、包围、封锁新中国的政策，促使日本政府与美国重新缔结《日美安全保障条约》企图把日本纳入美国的全球战略之中；另一方面，又无视中华人民共和国的存在，竟多次到中国台湾进行阴谋活动。岸信介甚至狂妄地声言：蒋介石"反攻大陆是好事"。

面对岸信介的倒行逆施，1957年7月周总理曾发表谈话，严正谴责岸信介在台北发表的反动言论。当月，以日本和平友好人士风见章为首成立了恢复日中邦交国民会议，10月率团来华访问，同我外交学会联合发表了反对岸信介制造"两个中国"的声明。1957 年年底，以廖承志为团长的中国红十字会第二次访日代表团到达日本，同日本朝野人士进行了广泛接触。1958 年 2 月，在日本北海道山中发现隐藏了 13 年的中国劳工刘连仁，引起中国人民的极大愤怒，掀起了反对日本军国主义复活的斗争。当年，又发生了一伙日本暴徒撕毁长崎中国展览会一面中国国旗事件，日本官方竟然轻描淡写，因而激起中国人民的极大愤怒。对此，时任外交部长的陈毅发表声明，谴责岸信介内阁的错误态度，并宣布采取一系列必要的反措施。其中包括废除中日之间关于钢铁贸易等长期协定；不再延长到期的渔业协定；中断和取消多批访日代表团的安排；停止接待除民间或与官方关系不大的代表团之外的任何日本访华团等。中国方面的坚定立场和有力措施在日本朝野引起很大震动。

1959 年 3 月，为了打开僵局，促进中日民间交往继续向前发展，同时联合日本进步人士共同把矛头指向岸信介内阁背后的美国统治集团，日本社会党第二次派代表团访华，同我外交学会发表了《反对日美安全保障条约》的联合声明。浅沼委员长在北京政协礼堂发表了《美帝国主义是日中两国人民共同的敌人》的著名演说。10 月，前首相、自民党开明人士石桥湛山访问北京，同周恩来总理发表联合声明，针对岸信介内阁玩弄"政经分离"的伎俩，双方确认了"政经不可分"的原则。当月，自民党元老松村谦三也来北京同周恩来会谈，对当时的中日关系深表忧虑。日本执政的自民党中的显赫人物石桥、松村先后来访，对孤立岸信介和建立中日半官方关系产生了重要的影响。

1960 年，日本国内掀起了声势浩大的反对修改《日美安全保障条约》和打倒岸信介内阁的群众运动。在这场斗争中，被中国政府免予起诉、陆续释放回国的 1017 名职务较低、罪行较轻、认罪态度较好的前日本战犯们，始终坚定地站在日本国民运动的最前沿。他们归国后，由于日本政府处处对他们排斥和歧视，不单不予工作，还派密探和警察跟踪监视，因而逼迫他们发起创建"中国归还者联络会"（简称"中归联"），坚持团结斗争。当他们集体到日本国会静坐抗议示威，满足了要求补发工资、退职金等部分经济要求后，就纷纷撰写、出版揭露日本军国主义发动侵华战争犯下种种暴行的亲身经历，同时，通过举办演讲会、展览会和座谈会等，号召国民追究发动侵略战争者的责任，并大声疾呼："日中世代友好，永不再战！"当1957年被我国政府提前释放归国的前日本陆军第五十九师团中将师团长藤田茂任"中归联"首任会长之后，"中归联"在反对侵略战争和争取同中国实现邦交正常化的斗争中，目标更加明确了。

据日本"中归联"提供的资料介绍，1959年12月，当日本各进步团体准备联合开展反对修改《日美安全保障条约》第十次统一斗争行动时，"中归联"决定采用《抚顺书简》这一独特的斗争方式。所谓《抚顺书简》，是指仍在抚顺战犯监狱服刑的、原伪满总务厅次长古海忠之等30名仍在押的日本战犯写给岸信介的一封封抗议信件。古海忠之等以日本军国主义发动侵华战争既使中国人民惨遭涂炭，也使日本人民深受其害的沉痛教训，警告岸信介等不要再追随美国发动侵略战争，也不要再与近邻中国仇视为敌。藤田茂与日中友协商议，决定由他出面把抚顺寄来的"书简"，亲自交给岸信介本人。经过日本社会党委员长浅沼稻次郎的多次沟通，得到可以同岸信介直接会面的许可。这一主张也获得由部分日本国会议员组成的"日中邦交恢复国民会议"的赞同，并决定或将"书简"在国会上公布，或通过日中友协和"中归联"广泛地向国民进行宣传。

但12月24日，当藤田茂等应约到达岸宅时，却被岸信介的秘书官将藤田茂等拒于门外。秘书官说道："听说'书简'点名称首相是甲级战犯，这是非理之言辞。你来送交这样的信件，我作为秘书官，无论如何是不能允许你与首相直接会面的。"无奈，"中归联"和日中友协只好把《抚顺书简》广为印刷，以《致岸信介公开信》的方式，向日本国民广为宣传，收到独到而显著的宣传效果。后来，"中归联"还会同日本各进步团体共同发起以征得3000万名国民赞成日中复交为目标的签名活动。会长藤田茂在街头演讲中振臂高呼："一定要把漏网的甲级战犯岸信介拉下马！"等口号。

"中归联"首次访华

在对日本发展友好关系过程中，一直有一个应如何看待历史上日本军国主义侵略中国及其后果的问题。为此，周恩来总理一再对日本友人强调"前事不忘，后事之师"。一方面，要求日方必须从过去那场战争中吸取惨痛的经验教训，只有如此才能保证两国世世代代友好相处；另一方面，他又耐心地说服教育我公、检、法系统的干部，对已悔罪的日本战犯"一个不判处死刑，也一个不判处无期徒刑，判有期徒刑的也要极少数"，还要求把日本人民与军国主义者严格区分开来。同时，周恩来总理还说，虽然中日两国间有过长达半个世纪的不幸时期，但与两千多年的友好交往历史相比还是短暂的。因而坚信，只要双方举一反三，采取向前看的态度，是能够重建中日世代友好关系的。正因为如此，我国政府于 1956 年初在处理在押的 1062 名日本战犯时，采取了区别对待、分两步走的方针。即对 1017 名职务较低、罪行较轻、悔罪较好的日本战犯免予起诉，立即释放遣返；对 45 名职务较高、罪行较重的日本战犯则进行公开审判，并分别判处 8 ～ 20 年有期徒刑，服刑期间表现好的还可提前释放。

1956 年，中国政府所采取的这一系列重大决策，不仅震惊了全日本，也震动了全世界。于是，在此前后，有一批曾参加侵华战争的日本旧军人希望访问新中国。周总理获悉后，即于 1955 年年底批示廖承志向正随日本前首相片山哲访华的前陆军中将远藤三郎发出邀请。1956 年 8 月，远藤三郎冲破种种阻挠，率领 14 名前日军中高级军官来华访问，并受到毛泽东、周恩来和陈毅的接见，这些人来华前虽有某种悔罪之意，但对我国仍有很大的疑虑和偏见。由于周恩来等领导人亲自做工作，加上在访问中亲眼看到新中国的巨大变化，亲身感受中国政府和人民的宽宏气度，他们深为感动，纷纷表示要为促进日中友好作贡献。其中不少人，如远藤三郎等一直活跃在日中友好运动的第一线，成为"以民促官"的骨干。

1964 年以后，随着日本经济力量的增强，其大国主义倾向和敌视中国的情绪又有所抬头，两国关系呈僵持状态。就在这一年的 10 月，日本"中归联"举行了"第四次全国大会"，与会代表一致要求派遣正式代表团直接和中国方面接触。1965 年 1 月，中日友好协会表示欢迎"中归联"组团访华。

9 月 7 日，在中日尚未复交又未直接通航的情况下，藤田茂率领"中归联"首次访华团一行 10 人，从东京羽田机场出发，绕道香港，经深圳、广州等地，到达了北京。9 月 29 日，在中华人民共和国国庆节前夕，代表团在北京人民大会堂受到了中日友协名誉会长郭沫若的接见。藤田茂满怀对中国政府和人民的感谢之情，赠送了刻有"感谢中国人民的宽大政策，发誓促进反战·和平·日中友好"的铜牌。对此，郭沫若致答词时，委婉地指出了"反战·和平"的提法不大准确。据随团首次访华的"中归联"委员山冈繁向笔者介绍："'中归联'本部制作这一铜牌的本意，是想把它作为一块碑文，作为我们全体会员永远悔罪谢罪之意。本应刻上'反对侵略战争'字样，但由于附和了当时日本社会上的流行语，而未加考虑地写成了'反战·和平'字样。不过，访华团归国之后，经藤田会长提议，已将'中归联'的创会宗旨，由原先的'反战·和平'，改为'反对侵略战争，贡献于和平与日中友好'。"

山冈繁还介绍，在中国国庆节前一天晚上，访华团一行 10 人还应邀出席了在人民大会堂宴会厅举行的盛大国庆招待会。周恩来在中日友好协会会长廖承志等陪同下来到日本人的座席时，同藤田茂会长紧紧地握手。山冈繁说："我发现一种心照不宣的共同愿望，使藤田会长充分领会了周总理的目光。"10 月 1 日晚上，藤田茂应邀参加了在天安门城楼上举行的茶话会。同周总理再次握手，并进行了交谈。

藤田茂回国后号召广大"中归联"会员及其朋友，更加努力学习，加强团结，使"中归联"在国民反对侵略战争和争取实现日中恢复邦交的斗争中，更加有战斗力。

"官民并举"

在周恩来"民间先行，以民促官"与"长期积累"思想的引导下，中日关系经历 20 年的风风雨雨，终于有了突破性的进展。

先是 1971 年 7 月，日本公明党领袖竹入义胜初次访华，同周恩来会谈后整理出五要点，即与中日友协发表了有关中日建交条件的联合声明；10 月，藤山率议员联盟代表团访华，在北京同中日友协签署了中日建交四原则的联合声明。1971 年 11 月，中华人民共和国恢复了在联合国的合法席位。

让日本朝野震惊的是，1972 年 2 月，美国总统尼克松竟然亲自出访中国，在北京经与毛泽东、周恩来会谈之后，又与周恩来在上海共同发表了中美联合公报。自 1945 年 8 月 15 日日本败降之后，日本历届政府都忠实地执行美国的遏制、封锁中国的政策，其间即使有些阁僚主张与新中国建交，但在与美国与台湾关系上始终不敢有任何丝毫变化，而现在却被美国背叛和嘲弄，使日本在国际上陷入了空前的被动与窘态。6 月，佐藤荣作内阁在摇摇欲坠中声言要辞职。接着，经过激烈竞争，赞成中日复交三原则（即：一、中华人民共和国是代表中国的唯一合法政府；二、台湾是中华人民共和国领土不可分割的一部分；三、日台条约是非法的、无效的，应予废除）的庶民阶层出身的田中角荣得到自民党多数人的支持，出任日本内阁首相。周恩来当即发表谈话表示欢迎。7 月 27 日，公明党委员长竹入义胜同田中首相密谈之后，昼夜兼程赶往北京，进一步传达了田中首相、大平外相准备与中国建交的设想。于是，周总理三次会见竹入，经过长时间的讨论，最后提出了中方的建交方案。竹入带回日本，向田中、大平报告，田中、大平深受鼓舞，感到周恩来的意见通情达理，依此谈判定会成功。

8 月 30 日，周总理在北京会见日本国际贸易促进会代表萩原定司和钢铁资本家稻山嘉宽，表明中日关系正常化以后，政府、民间贸易并行不悖。9月24日，田中角荣首相亲率日本政府代表团正式访华，周总理到机场迎接，在钓鱼台国宾馆就中日关系正常化问题进行多次谈判并圆满地达成了协议。9月27日，毛泽东主席会见田中角荣一行。9月29日，中日两国政府首脑共同签署联合公报，宣布自即日起正式建立大使级外交关系。自7月7日田中就任首相次日，发表"要为日中关系正常化而努力"的声明，到9月29日在北京签署中日建交的联合公报，其间仅有82天，其速度之快，使各国观察家都叹为观止。

中日邦交正常化之后，周总理针对一些人认为"民间外交业已完成历史使命"等论点，又适时地提出"官民并举"和"不忘老朋友，广交新朋友"的主张，指出："民间外交继续发展可以使官方外交基础更加牢固；反之，官方外交开展了，又可以为民间外交提供更为有利的方便条件。"据此，他指示有关部门有计划地邀请那些长期以来为日中友好而尽力的日本各界朋友来北京，由他亲自做工作。他真诚地表示，"饮水不忘掘井人"，中国人民永远不会忘记老朋友，永远感激老朋友，鼓励他们为巩固和发展两国友好关系而继续努力。日本"中归联"第二次组团来华访问，就是在这一背景下实现的。

据日本"中归联"本部提供的资料介绍，1972年6月26日，藤田茂收到日中友协转交的中日友协寄来的信，问候他健康状况如何，能否旅行。7月13日，远藤三郎（日中友好原日本军人会会长、"中归联"正统派顾问）访华时，受到周恩来的接见，并当面委托远藤转告藤田会长，邀请他能否在近期内访华。时已80岁高龄的藤田茂已大病痊愈，听说周总理亲自邀请他访华十分高兴。

10月30日藤田茂一行七人从东京羽田机场出发，绕道香港，经广州、长沙、南京、上海以及到东北各地参观访问后，最后到达了北京。11月9日下午，下榻在北京饭店的访华团突然接到通知，周恩来总理正在人民大会堂等待接见他们，这使藤田茂等人非常兴奋和激动。当他们走进人民大会堂时，周恩来已在门口等候他们多时了。后来藤田茂在回忆文章中记述道：

11月9日，在人民大会堂会见我们的有：国务院总理周恩来、中国人民解放军总政治部主任李德生、中日友好协会会长廖承志，以及有关方面负责人吕村夫、张香山、王云、孙平化等各位先生。这次会见是一次盛大而又十分严肃的会面。

由于我是个前军人，周恩来总理在谈话中，以东条英机、山本五十六，甚至以三岛由纪夫事件为话题，强调指出：应通过批判军国主义而从中总结历史教训的重要性。他还指出，处于不同社会制度的日本和中国，在恢复邦交正常化之后，为使日中友好关系得以发展，除了要遵循和平共处五项原则之外，日本人民和中国人民之间应该进一步加深互相理解。周总理严肃地说，在今天日本已成为经济大国的情况下，承认它拥有与其相应的自卫力量是很自然的事；对于这支自卫力量在世界两个超级大国垄断核武器的环境里，参加到美国的核保护下也是可以理解的。但是必须说明，中国人民决不会允许日本经济膨胀之后，再走过去那样侵略、压迫、剥削亚洲各国人民的老路，走靠武力征服的老路。

藤田茂深为心服地认为："对于日中邦交恢复后的新形势，的确，应有与以前不同的认识，对待一切问题，要有新的态度。"

另据笔者采访跟随藤田茂两次访华的三尾丰介绍说："周总理在谈话中，还热情地谈到，各位先生归国之后，在非常困难的环境里，为了实现日本和我国的友好，各位先生，还有广大'中归联'会员都做了极大的努力，我深表谢意。日本和我国的关系与其他国家关系不同，我们两国是亲密友好的邻邦。中日两国人民的友好往来有着两千多年的悠久历史，这在世界上是极为少有的。在这漫长的历史长河中，中间虽有过非常不幸的时期，但从历史的观点去看问题，那仅仅是一瞬间而已。在接受过去历史教训的同时，从现在起，我们都应该向前看，我们两国关系必须永远友好下去。"

三尾丰说："我深切理解周总理谈话的精神实质，就是为日本人民今后奋斗指明了方向。周总理在谈话中，不但谈及有关日中两国关系的大局，同时还很关心地询问了我们每人的生活近况。周总理真正是一位伟人，一位大国总理的胸怀啊！"

这次会谈进行了约三个小时，比原定时间延长 40 分钟。藤田茂回国后，在向"中归联"会员及朋友们介绍这次访华观感时，提出："即把日中人民世世代代持久友好作为唯一的旗帜，来谋求统一全体会员的意志，并更好地加强团结。"周恩来于 1976 年 1 月 8 日逝世的消息传到日本以后，藤田茂十分悲痛。他在一篇追忆周恩来的文章中，再次记述了他曾两度会见周总理的难忘印象："我是 1965 年 9 月，随'中归联'第一次访华团访华时，首次见到周恩来总理的。正好那时赶上中国的国庆节，10 月 1 日下午 6 点，在天安门城楼上举行了茶话会，我会（指'中归联'）仅我一人应邀出席，并与周恩来总理握手，交谈了一会儿。"藤田茂详细记述了第二次见到周恩来的情形：

> 周总理说："日本败降已近30年了，可是，我读了些日本最近出版的各种各样关于战争的书，有的是战史，有的是战地实录，读后觉得不少内容仍然是美化那场侵略战争。这是应该得出的历史结论吗？令人怀疑。前几天，还在国内看了《山本五十六》电影，又看了《大陆军》电影，但不论是哪一个，都是颂扬和美化军国主义的英雄传。这对于那些不了解那场侵略战争的年轻人，由于憧憬而再次做出这种错误的事是很有可能的。仅我知道的东条英机大将，他做过内阁首相、陆军大臣、参谋总长，可是他指挥的大东亚战争果真是出色的战役吗？那是非常明显的，有很大的缺陷，这里表现出几乎和拿破仑战役有同样的很大的缺陷。藤田先生，您回到日本去，应该写出一本关于那次大东亚战争中符合历史事实的、客观的、真实的战争史。那个时期的幕僚们大都上了岁数，有的已经死去了。您的岁数也相当大了，不抓紧不行了。若不能正确地总结这段历史，还是要重蹈覆辙的。"周总理的话，确实是意味深长的告诫，令人钦佩的谈话。他的这一席话，至今仍然是我心中最难忘的教诲。

那次会见分别的时候，周总理还说："前些日子我和田中首相发表了恢复邦交的共同声明，这是经济基础不同的两个国家的总理在纸上的约定。但要牢固地实现日中邦交正常化，是要在日本人民和中国人民真诚地相互理解的基础上，最后达到深厚的相互依赖关系的时候。这样，才能结成子子孙孙永久的友好关系，为此我们还要经过很长时间的努力。藤田先生也已高龄，我也老了，剩下的时间不多了，我们都要努力实现这一共同目标。"谈完后，我们握手告别。

我认为，周总理的谈话，最明确地指明了日中关系得以稳定持久发展的方向。我是坚贞不渝地把这一席话作为前进的座右铭的。

果然，在藤田茂的带动下，"中归联"本部及其广大会员不但冲破了日本右翼势力的威胁和破坏，相继出版了一大批揭露和谴责日本军国主义罪恶的书，而且还通过举办演讲与抗议示威等多种方式号召广大日本国民共同行动，警惕和阻止日本军国主义的重新复活、东山再起，从而唤起日本广大国民的觉醒。

郭沫若名誉会长谈话，对"中归联""会旨"《反战·和平》分寸提法的重要启示

山冈繁

编者说明： "日本中国归还者联络会"（简称"中归联"），于1957年9月在东京正式创建时，因沿用当时日本国内流行的说法，确定该会创建的"会旨"为"反战·和平"。

1965年9月，"中归联"首任会长藤田茂应中日友协邀请，首次率"日本中归联友好访华团"来华访问期间，因受到中日友协名誉会长郭沫若等人，就战争，既有正义战争，又有非正义战争，不同性质与含义、与不同分寸提法谈话的启发，该会便将创会的"宗旨"正式改为"贡献于和平与日中友好"。并业经该会召开的全国大会予以肯定。

作者山冈繁，为"中归联"全国委员，"中归联"首次访华团成员。

真没想到，我们这些前日本战犯，会受到中日友好协会的邀请，即将访问怀念很久的中国了。在日本，从南到北，来自各地的代表共计10人，聚集到东京的"中归联"本部。那是1965年9月3日的事。

当时的情况是，日本的经济由于美国进行朝鲜战争的"特需"而刚刚

175

出现了复苏，而我们作为前日本战犯，在中国政府的宽大政策下，被免于起诉获释回国已经九年了。回国后，我们却被社会上视为"在中国被洗过脑筋的人"，而受到歧视，找不到工作，生活很是清苦。处于这种环境，我们应邀访问中国，简直如同做梦一般。中国方面考虑得十分周到，这次访华所需的一切费用，自东京羽田机场起飞，到访问归来回羽田机场降落，全部由中国方面负担。我揣摩这大概是因为我们还穷，而中国正处于兴旺发达之时期吧。

"中归联"本部的工作人员已经帮助我们做好了出发前的一切准备。令我感到吃惊的是，往中国带的礼物中，有一块长 1.3 米，宽 0.6 米的铜板，上面写着："感谢中国人民的宽大政策，誓为反战、和平、日中友好而奋斗！——日本中国归还者联络会。"我对本部的一位干部说："反战、和平的提法不对吧？"他当即反驳说道："你说什么？有啥不对的啊！"

当时，美国插手越南战争正愈演愈烈。在战争问题上，中国一直呼吁"反对侵略战争"。因此，我有些搞不通说："我们为何不能如实地写上'反对侵略战争'，而非要写成一般日本人所主张的'反战、和平'，才可呢？"

1965 年 9 月 7 日，东京的伙伴们都到机场送行。以藤田茂为团长的我们"中归联"第一次访华团一行 10 人，从羽田机场出发，开始了预定于 10 月 9 日回国的长达一个月的中国之行。当时，日中两国尚未恢复邦交，日本的飞机还不能直达北京，因而只能由香港绕道而行。

在香港机场，大概是中国方面的安排，由日语说得很流利的中国人员接待了我们。局促不安的我们，被领到一家专供外宾的宾馆住下。第二天，便乘火车到达广州。在广州火车站，乐队竟高奏欢迎曲，一群少女向我们献上鲜花，还受到广东省人民政府许多干部的迎接。当天晚上，广东省人民政府设宴招待了我们。在欢迎宴会上，藤田团长把由日本带来的三角形小旗赠送给中方人员。在小旗上跟铜板一样写有"感谢宽大政策，起誓反战、和平、日中友好"字样。果然不出所料，坐在我身旁的一位中国人用严肃的目光看着小旗，问道："反战、和平是什么意思呢？"我答不上来，出了一身冷汗，不得不向藤田团长耳语了几句，提醒他有必要补充说明，这就是"反对侵略战争"的意思。

在北京，我们住进了有很多日本旅客光顾的新侨饭店。负责向导工作的是与我交往很深的金黎先生。他态度温和，日语讲得很流畅。

我们能够获得这次到中国访问的机会，是由于有以李德全女士为团长，以中日友协会长廖承志为副团长的中国红十字会大型访日团的访日。当时，中国对日政策的重点是指向促成早日实现恢复中日邦交正常化。应日本国际贸易促进协会、日中文化交流协会等团体之邀请，中日友好协会廖承志会长、孙平化秘书长等中国领导人，接连以文化、体育、艺术交流访问团团长的身份，先后访问了日本。金黎先生也以这些代表团的副团长、秘书长的身份，记得还以中国芭蕾舞团、杂技团与乒乓球交流友好团等团长身份，多次率领代表团访日。这些代表团访日时，一般都前往我所在的奈良县参观访问。由于当时日中邦交尚未恢复，尽管有中国领导人来访，但日本政治、经济界人士却不予以理会。

在奈良，由少数人艰难地维持的"日中友好协会"和"中国归还者联络会"的基层组织互相合作，主动承担了迎接中国访日团的向导工作。当时在日本，反中国分子也不少，住在奈良宾馆的访日团成员和中国领导人，随时有受到突然袭击的危险。为此，我们便借助于天理大学中国语科学生和学少林拳法的年轻人的力量，亲自出来组织和担当护卫工作。

记得我曾多次在奈良宾馆中间的院子里露宿护卫，十几次同金黎先生见过面。因此，在个人之间，我同金先生的关系已经是相当亲密了。

现在，由这位金黎先生负责我们访华团的向导工作，因而我感到格外亲切，非常高兴。

金黎先生详尽地说明，我们在中国一个月旅程活动的安排以及参加中国国庆节活动的有关事宜。经他介绍，我们得知，将由广东到哈尔滨的各个城市进行访问中，白天我们将参观工厂、人民公社和风光秀丽的名胜古迹；晚上，还要出席所到之地政府举行的盛大欢迎宴会，以及出席观看戏剧、杂技演出等等招待会，日程安排得满满的。

金黎先生最后还亲切地补充说："请大家就像回到自己家乡那样，宽松、愉快地度过在中国的旅游生活。"

听后，我不顾伙伴们的强力制止，便把自己所想的事，坦率地向金黎先生说了。我说："先生，中国政府对我们这些前战犯竟给予如此无微不至的优厚待遇，我真不知该如何感谢是好。但我要说，我们不过是极普普通通的日本人，不是什么工业或农业方面的专家，所以，尽管让我们看了许多工厂或农村，我们并不能正确掌握和评价中国在如何发展。对于中国，我现在最关心的是，中国人民对于过去受日本人的迫害究竟抱什么态度，被我们日本军队摧毁的地区，现在恢复得怎样了？如果强词夺理一点说，我们可算是侵略的专家了。因此，我很希望一定能到这样的地区看看，在日程安排上最好能有这方面的内容。拜托了。"

金黎先生说："对负责接待各位的我们来说，你们都是在日本国内积极地为促进中日友好而奋斗的最亲密、最可敬的朋友。我们的任务是为各位在中国过得愉快、难忘而尽最大的努力。过去的事情，就不要再提了吧。"随后，他又补充说："不过，您的意见我可以向上级汇报。山冈先生，您究竟希望到什么样的地方去呢？"

我说："在中国，受日本侵略战争之害的地方，范围非常广，所以什么地方都可以。例如：1. 日军进行过大屠杀的南京；2. 我们第 59 师团司令部和关押残害中国共产党员、八路军干部的收容所'新华园'的所在地济南；3. 遭日军屠杀三千余名无辜居民的抚顺平顶山……类似这样的地方，我们到哪儿去都行。"

因为同金黎先生之间不必客气，我才敢于提出了如此的要求。可能是他已和上级做了研究吧，第二天金黎先生向我们传达的访问日程表里，补充了到南京、济南和抚顺访问的安排。

随后，我们便先后访问了武汉、南京、上海、广州、济南、天津、沈阳、抚顺、长春、哈尔滨等城市。我们所到之处，都受到当地政府组织的手持鲜花的人们的迎接，可以说是得到了最高级格的接待。

这次来中国访问，无论是到工厂也好，到农村也好，我所遇到的中国人，与在侵华战争中所接触到的中国人，已经完全不一样了。孩子们满脸朝气；姑娘们明亮的双眼里充满了幸福；小伙子们身强体壮，满怀信心和希望而忘我地工作；老人们脸上虽然刻有战争苦难的皱纹，但是享受着和平幸福生活的表情还是明朗的。总之，我们到处都可以看到中国人民充满了活力。当时，我就想：中国人克服任何困难的信心和决心。以及建设社会主义的干劲可真厉害，我们大有"巨人已经站立起来了"之感。

特别是在当时，中苏论战趋于激化，苏联专家已经撤走，在中国各地激起了对苏联的极大不满和批评。我们在访问的许多工厂里，听到了许多关于苏联卑鄙行径的事情，因而更加感到中国人民奋发图强、自力更生精神的可贵。

回想战前，我们同苏联之间，连一发子弹都没有打过。可是日军战败，他们却把我们强制带到西伯利亚，强迫我们从事繁重的体力劳动。由于饥饿和寒冷，很多伙伴死去了，这就是我们在苏联的生活。然而当年在侵华战争时期，被我们杀害了无数百姓、烧毁了整个村庄、掠夺了大量财富的中国，却与苏联决然相反，使我们受到了优厚的人道主义待遇。我们被关押在抚顺期间，连日本人的民族生活习惯都给予尊重。在美军发动侵略朝鲜战争极为艰苦的年代里，中国人民过着清贫困苦的生活，却让我们这些日本战犯吃饱大米饭，并遵循宽大政策，对我们从宽处理，竟没有一个人被判处死刑的，后来全都释放回国了。从我们自身经历的这两种完全不同的体验之中，怨恨苏联，感谢中国，也成了我们大家共同的真实心情。

1956年9月末，临近中国国庆节的前几天，我们又返回了北京。在北京，我们参观了万里长城、故宫、天坛等名胜古迹。晚上还观看了杂技表演和京剧演出。

国庆节将要来临之时，许多外国人纷纷聚集到北京。我们下榻的新侨宾馆，也住满了身穿各种服装的外国客人。上街的时候，他们多半乘公共汽车。令我惊讶的是，我们的藤田团长竟单独坐一台中国制造的"红旗"牌轿车，其他团员则两人坐一台。于是，六台车辆排列成一行，飞驰于北京马路上，如同国宾待遇。

我简直弄不明白，为什么我们"中归联"第一次访华团竟能受到如此优厚款待？后来，我从日本报纸上发现，周恩来总理在同日本国会议员谈话时，曾说过下面一席话："从中日甲午战争开始，日本侵略中国，特别是1931年'九·一八'事变，日本入侵中国内地，给中国人民的生命和财产造成重大损失，对此我们抱有很深的怨恨。但是，甲午战争到现在只有五十多年，这在两千年的中日友好史上是短暂的，我们现在正在努力忘记这段时间，忘记怨恨，结成友好。"周总理的这一席话，是在中日两国是一衣带水的近邻，有着两千年的友好交往的背景下，以伟大的胸怀，洞察、分析和处理近代一百年来中日之间对立、对抗和日本侵略中国的短暂的历史而作出的深刻豁达的总结。"忘记怨恨，结成友好"，这就是中国领袖和中国人民的宽阔胸怀和所得出的结论。当接见日本社会党访华团的时候，周总理还说过："获释回国的前日本战犯们，为和平友好而奋斗，这真是个奇迹！"由此之后，我才明白周总理为什么要对前日本战犯的访华活动寄予深切的关心。

同时，我也知道了，周总理为什么会向难以消除怨恨的中国人民做长期、反复的开导工作。听说周总理曾经讲过，捍卫和发展经过长期为之斗争和巨大牺牲而获的国家独立及和平环境，这是政府和人民的最大任务。我们不应该只记住对于战争的怨恨，而应把发展中日间的和平友好视为保障亚洲和平的关键。

由此，我还理解了，为什么中国政府从苏联方面接过来日本战犯，在关押到抚顺战犯管理所之时，对日本战犯的生活细节方面给予关照指示的，也正是周总理。周总理自始至终在决定对我们的待遇和处理等问题上，都是给予指导的最高负责人。

正因为当年我们在战犯管理所受到了中国方面感人肺腑的教育改造，因而才能正确地反省自己的过去，努力掌握人生真理。当我们获得释放回国之后，又能够自愿地参加了反对侵略战争，向日本国民呼吁和平，推动日中友好的活动。对于我们所做的这一些微不足道的工作，周总理却能给予极大的关心和注视。由此，我便想到对于"中归联"第一次访华的接待工作，可能也是根据周总理的指示来安排的吧。

在北京逗留期间，我们还意外地受到了中日友好协会会长廖承志的接待，并且还应邀访问了廖承志先生的家。廖先生像是招待老朋友似的，满面春风地迎接了我们。在廖先生家里，还有中日友协的几位先生。落座之后，廖先生对我们说："和平与友好，对于中日两国人民都是很必要和重要的。我们正在为此目标而奋斗。看到在面临困难很多的日本，各位先生在奋斗，我们感到心里很踏实，你们是我们的战友。"说完这番话，廖先生手搭着藤田茂团长的肩说："好吧，我们一起到北京烤鸭店，去吃烤鸭吧！"于是，我们在廖先生的向导下，同中日友协各位先生一起，前往北京前门外一家有名烤鸭店，吃了别有风味的北京烤鸭。那次访华，藤田团长及我们九名团员都感到有些紧张和拘束，这不仅仅是因为我们内心中还拘泥于对自己过去的罪恶而感到不安，而且更由于廖先生对我们现在所做的一些微不足道的活动给予了过高的评价，因而使我们既感到内疚，又非常高兴，受到了极大的鼓舞，增添了很大的勇气，激动得难以用语言表达。

有一天，一位中国有名的军事专家（我怎么也想不起他的名字），带领几个人来宾馆看望了我们。他的日语讲得比翻译还好。

在宾馆的会议室里，我们倾听了这位先生的讲话。他说："现在越南人民正在反对美帝国主义的侵略，进行着英勇的抗战。我们中国人民支持越南人民的斗争，正在进行大力支援。战争有两种：一种是侵入别国，侵犯该国主权，杀害贫民百姓，掠夺资源的战争。这种战争是侵略战争，是非正义的战争，我们坚决反对这种战争。另一种是为了抵抗别国的侵略，捍卫国家主权与和平，不得不起来进行反抗，保卫自己祖国的战争。这是正义的战争，这种战争我们坚决支持。"

我觉得先生的这番话，是对我们铜板上不留心地刻上"反战、和平"，所给予的一种非常委婉和友善的批评，因而我觉得脸红。

临近国庆节的 9 月 29 日晚上，我们"中归联"首次访华团一行十人，在金黎先生的向导下，从天安门广场一侧的正门进入人民大会堂，为的是同中日友好协会名誉会长郭沫若先生见面。我们被带进一间会客厅，那是在电视中常看到的，中国领导人同外国要人会谈的地方。在房门口，以郭沫若先生为首的许多中国要人迎接了我们。经介绍、寒暄和亲切的握手之后，主人把我们让到了房间里。郭沫若先生亲自请藤田团长坐在厅中央右席，然后自己坐在紧挨着的左席上。我们几位团员都在右侧的椅子上落座，中国方面人士则在左侧就座。

郭沫若先生非常精通日本国情。其实，我们回归日本所做的一切，并非是哪个人教给我们应如何去做，只不过是依照着自己的良知与信念，在日本各地向自己周围的人，介绍了中国人民的心情，并通过自己亲身体验，呼吁国民起来反对侵略战争，宣传实现日中友好的必要性。我们所能做到的就是这些。可是，郭沫若先生却以非常温和的语气，对我们的活动给予了高度的评价。对此，我感到有些羞愧，并且抱着自省的心情倾听了郭老先生的话。

接着，由访华团副团长大河原孝一把我们家属的影集和那面刻着"反战、和平"字样的铜板，赠给了郭沫若先生。郭先生郑重道谢之后，以列举过去的战争和当今越南战争为例，委婉地指出了"反战、和平"的分寸提法。

"中归联"本部制作这块铜板的本来用意，是想把它作为一块碑文，便于在中国任何一个地方建碑时用上，以求把我们全体"中归联"会员的心情如实地表达出来。本应刻上"反对侵略战争"字样，但由于附和了当时日本社会上的流行语，而未加考虑地写成了"反战、和平"。由此，这块碑文便见不到阳光，至今仍陈列在抚顺战犯管理所展览馆的一角。

国庆节就要到来了，我们怀着喜悦的心情，准备同信心百倍建设社会主义的中国人民一道参加庆祝国庆佳节的活动。

在国庆前夕之夜，金黎先生带领我们走进了人民大会堂，登上铺有红地毯的楼梯，来到宴会大厅。据说，这是一个可以举行五千人宴会的超级大厅。仰望天棚，见有大型枝状吊灯高悬，大厅内几乎没有柱子，展现着广阔的空间；厅内是一排排罩着雪白台布的园形桌子，造型美观。

离我们较远的地方有一个舞台，正面挂着一面很大的五星红旗，中央挂有中华人民共和国国徽。

来自世界各国的应邀前来参加国庆宴会的宾客，身着华丽多彩的服装，接踵而至。不多久，园桌前坐满了人。在后方右角的席位上聚集着日本人，我们也恭恭敬敬地入了座。和我同桌的有得排球冠军的日纺贝冢的教练；有电视及报纸上常见到的女作家和电影导演等，都是些知名人士。像我们这样极平凡而普通的日本人，真算是凤毛麟角了。

不久，主持人讲话，乐队奏乐。由于座位离得远，舞台上进行着什么，

郭沫若名誉会长谈话，对"中归联""会旨"《反战·和平》分寸提法的重要启示

一点儿也不知道，只是掌声响起来，我们也跟着鼓掌。开始上菜时，我原先还担心菜会怎么运上来。可是，眼看着供五千人食用的各样菜肴同时摆在了餐桌上，实在令我吃惊。不但丰美的菜，一盘接一盘地送上来，而且服务员们还彬彬有礼地给客人逐一地斟酒。突然，响起了暴风雨般的掌声，大家一起起立，跷起脚来向舞台方向望去，只见舞台上并排站着中国国家领导人。站在中间的是主席毛泽东高大的身影，旁边有副主席刘少奇、朱德和总理周恩来等，总共有十几位中央领导人。他们鼓掌和挥动手臂，表示欢迎宾客之意。当毛主席及其他领导人走下舞台，我们方坐下来，吃着这丰盛美味的中国饭菜。

霎时，又是一阵喧哗。原来，在廖承志先生和金黎先生的引导下，周恩来总理来到了日本人的座席。在同两、三位日本人祝酒干杯之后，还直奔我们的餐桌。"这位是'中国归还者联络会'会长藤田茂先生"，廖承志先生给周总理介绍说。我注视着周总理，忽然在我脑海中闪电般地浮现出：我们从苏联移交到中国的国境小镇绥芬河——到抚顺战犯管理所——被免于起诉释放，搭乘"兴安丸"轮船，在日本舞鹤登陆……那一幕幕亲身经历过的情景。

就是这位浓浓的眉，紧缩的嘴角，炯炯有神的目光——能洞察世界一切的伟人，站到了我的身前。顿时，我觉得自己很渺小，同时，感到这位伟人面容慈祥，胜过释迦如来佛，尽管我这个比喻可能不够恰当。当时，我特别崇拜的这位周恩来总理正在同藤田茂会长紧紧地握着手。他那双目光慈祥的眼睛，仿佛看透了一切。在这位伟人面前，有一个地地道道的职业军人——前日本陆军中将藤田茂，他住过中国的战犯管理所，又被中国政府提前释放，他归国后奋不顾身地把自己的后半生，贡献给了反对侵略战争，促进日中友好的正义事业中去。我发现一种心照不宣的共同愿望，使藤田会长充分领会了周总理的目光。他也紧紧地握着周总理热情而有力的手。

廖承志会长依次地把"中归联"访华团每位团员介绍给周总理，周总理一一地和我们每个人握手。当轮到我时，我急忙恭敬地用双手握着周总理的手，并且躬身行了个礼。我觉得这是一只温暖而有力的手。我心想，

多亏了周总理和中国其他领导人，我们才得以活着回国。我握着周总理的手，心里热乎乎的，好长时间我都不愿松手。

在旁边目睹这一切情景的金黎先生，面带微笑地给我递了个眼色。我想，他可能看到我激动的满脸通红，眼睛也可能湿润了吧。

曾经是惨无人道、做尽坏事，中国人民憎恨的敌人的我们，做梦也没想到，此刻竟会面临着这样的场面。我认为，这样的事情，在世界上的任何地方，都是绝对不会发生的，而在中国却出现了。那宝贵的时光，那洞察一切的周总理的目光，我一辈子也不会忘记。

10月1日，天空蔚蓝，一片云彩都没有。我们访华团全体成员，站在天安门城楼下的观礼台上，同许多日本知名人士一起，边鼓掌，边观看国庆游行队伍。仰望天安门城楼，毛主席站在城楼中间，中国其他领导人排列在毛主席的两侧，满面笑容观看着浩浩荡荡的游行队伍。站在观礼台上的我们，被那热情洋溢、高呼祝福口号的游行群众队伍所感染。站在我身旁的藤田茂团长的表情也是同样的。这时，有人分开人群，走到藤田身边，并且很有礼貌地对他说："藤田先生，请您登上城楼。"他恭敬地拉着藤田会长的手，把他引导到天安门城楼上。我猜想，这恐怕也是周总理的安排吧。

通过这次访华，我深切地体会到，中国领导人和中国人民是如何迫切地希望中日邦交能早日实现，而且为着日本人民和中国人民子孙后代的利益，期待着中日友好关系向正常化的方向发展。

通过这次访华，我还深切地体会到，中国人民是坚决反对侵略战争的，同时坚决支持反对别国的侵略、而保卫自己祖国的自卫战争。我也看到了，中国决不侵略别国，但也决不允许别国侵略中国的坚强决心和态度。

对于我们这些前战犯的所没有先例的款待，充分说明了中国方面是多么热切地希望中日两国能长期和平与友好相处。

日本人性急，有着忽冷忽热的性格，但是，也有知错必改，一旦认为正确就会满腔热情去干的性格。在不忘恩负义，重信义这点上，日本人同中国人是一样的。

我对中国的感激和自省是铭刻在心的。虽然我没有财力，也没有更大的影响力，但是，我决心把我的余生贡献给中日友好和发展中日经济交流的事业上。我认为，我应该竭尽全力而为此奋斗终生。我作为"中国归还者联络会"的会员，特别是参加了归国后的第一次访华，感触是很多的，收获是极大的。

最后我还要说一句：迄今，我还能清晰地回忆起尊敬的周恩来总理那炯炯有神的目光。

（崔仁杰 译）

【作者简介】

山冈繁 1920 年 2 月生于日本奈良县。1940 年 12 月随侵华日军入侵河南省开封一带，长期从事收集情报活动。1945 年 8 月 23 日，在朝鲜咸兴市被苏军俘虏押送苏联。1950 年 7 月由苏联移交我国抚顺战犯管理所管押。1956 年 8 月经最高人民检察院免予起诉宽释回国。回国后三十余年，在"中归联"组织的领导下，为反战、和平与中日友好而奔走。曾任"中归联"全国委员。

吕正操与日本"统一中归联"访华团会见谈话记

"中归联"访华团 整理

编者按： 1967年2月，"中归联"成员由于对中国"文化大革命"所持看法不同，于1968年正式形成了两个不同观点的群众组织。随着历史形势的发展，日本"中归联"两派组织代表共同成立了"统一促进委员会"（次年3月以后，又改为"统一筹备委员会"）。大家从"舍小异求大同"的立场出发，经过一年的准备工作，于1986年10月19日召开了引人注目的"统一全国大会"。

会后，由"统一全国大会"代表委员富永正三和大河原孝一，分别担任"统一中归联访华团"团长和副团长，一行共8人，于1986年11月7日来华访问。以下是本次访华团回国后整理的《同全国政协副主席吕正操先生会见、谈话记录》。会见时间：1986年11月19日10时30分。地点：北京人民大会堂江苏厅。

吕正操先生：据说"中归联"会员目前有700多人，现在终于实现了团结和统一，这比什么都好。不久前，中国也分裂了，而现在团结了。因此，团结是必不可少的。

富永正三："中归联"全体会员都想把本会的宗旨世世代代地传下去。

为此，就要对自己抱有一种高度的使命感和责任感。

吕先生：过去侵略的责任，就在于一部分军国主义者，而不在于日本人民，也不在于你们"中归联"成员。我看了日本影片《阿信》。阿信一辈子反对战争。她克服了重重困难，以自力更生的精神对待生活，广交朋友。我认为，她是否就体现了当今日本人民的心情。

富永：（编者按：富永先生叙述了"中归联"应如何看待过去的历史，略。）

吕先生：不愉快的历史时期已经过去了。拿中日友好两千年的悠久历史来看，50 年只是短暂的。过去了的就让它过去，我们应该竭尽全力对待当前的问题，中国就是这样做的。对侵华战争的问题，对"文化大革命"的问题，我们都是如此对待。中日两国人民应该致力于中日两国的长期友好。最要紧的是，要把中日两国人民间的友好关系世世代代地传下去。

今年，正是孙文先生诞辰 120 周年。孙文先生说过："中国要进步，同日本的友好合作就是必不可少的。"事情正像他说的那样。

你们说，"中归联"会员在逐年减少，可是还有 700 多名会员，还有他们的夫人，他们的儿女们也已经长大成人，而且又有了子孙。况且，还有你们众多的亲朋好友。虽然会员年岁大了，有的已经作古；可是，还要看到参与中日友好的人数却在逐渐增多。中日友好是大势所趋，必定要发展，和平事业必定是要保卫的。

当然，也不否认日本国内会有人要重蹈复辙，但这仅仅是极少数人，我相信广大的日本人民会坚决反对的。有些老年人虽然死去了，可是，这些老年人所教育出来的年轻人在增多。毛主席曾经说过："日本人民是伟大的民族。""二战后"，日本发展了教育、科学，使得经济力量得到很大发展。如果，这个民族坚持保卫和平的话，那将会成为一支伟大的力量。如果中日两国友好相处，共同保卫和平的话，在亚洲可以防止战争，也可以保卫世界持久和平。希望你们今后一定要常带家属来中国访问。这里有和你们一起保卫和平与友好的日本朋友；战争时期，在中国参加"反战同盟"的人们，回国之后也为中日友好而努力；还有那些在解放后，留在中国协助新中国从事建设事业的铁路工程技术人员和医务工作人员，协助过解放军航空部队建设的人们，他们也都在致力于中日友好事业。还有 1953 年以后回国的人们以及那些回国的孤儿。如果把这些人加在一起，中日人民友好的力量是非常大的。青年一代之间的交流也很重要。所以，胡耀邦总书记邀请 3000 名日本青年来华访问；中曾根首相前些日子来华时许下诺言：今后，每年邀请 100 名中国青年访问日本。中日间的和平与友好，就要这样实实在在的捍卫下去。

金井贞直（常任委员）：我是归国相隔 30 年之后才访问中国的。两天来承蒙亲切接待，实在感谢。聆听先生的话，您是在教导我们，今后不要向后看，考虑问题要着眼于向前看。您的话很重要，实在谢谢了。

吕先生：我的话不是什么教导，而是互相交流看法。就是说，先生们把过去做的事就让它过去，而应竭尽全力地向前走。这样好啊，可以用轻松愉快的心情，把我们相互之间的感情交流搞得更活泼些嘛。

高桥哲郎：（常任委员）：我明白了。为了日中人民间的更加友好，今后应该加强相互见面交流，加深相互理解是增进更加友好的前提。为了保卫和平，为了日中友好事业发展，就必须经常地进行相互交流。昨天听到了中国国际友谊促进会的先生们的谈话，今天，又聆听了您的话，我弄清了进行友好交流的现实意义和它的重要性。

吕先生：中国国际友谊促进会是个同世界各国友好团体之间进行广泛交流活动的组织。"中归联"会员各位自不必说，还要把你们的亲属和周围的朋友们组织起来开展工作，不要只看你们的 700 多名会员，而要以更广阔的视野开展活动。人与人之间，互相接触是个很要紧的事情。我的故乡是辽宁省。开始，我在南满铁道工作。在日本发动侵华战争时期，我参加反对侵略战争活动，因产生了爱国思想，我参加了抗日军队。"九·一八"事变后，入军官学校。后来，又发生了"七·七"事变。我在华北时曾领导八路军的游击队，同日本侵略者进行了战斗。当时日军司令官，我记得叫冈村。日本投降后，我到东北参加接收工作，搞过铁路管理工作，也当过铁道部部长。"文化大革命"之后，还担任铁道兵领导工作，直到离休。自那以后，在政协任职至今。

有压迫就有反抗，看看我的一生，就知道它的必然性。

一言以蔽之,我曾有过几十年不愉快的时期,然而那个时期已经过去了,现在是个愉快的时期。我们各自遭到了灾难,然而灾难已经过去,所以我们应该成为朋友,携起手来,向着光明前进吧。

（崔仁杰　译）

我国国际法学家梅汝璈发表谈话说：
对日本战犯的判处是严正的宽大的

新华社1956年6月22日电 全国人民代表大会代表、前远东国际军事法庭法官、我国国际法学家梅汝璈，今天就日本战争犯罪分子的处理问题向新华社记者发表谈话。

梅汝璈说：全国人民代表大会常务委员会关于处理日本战争犯罪分子的决定是正确的，最近最高人民法院特别军事法庭对于十七名日本战争犯罪分子的判决也是正确的，本人完全同意。毫无疑义，中国政府对日本战争犯罪分子的处理是严正的，同时也是非常宽大的。不但对于极大部分在押的日本战争犯罪分子中罪行较轻和悔罪表现较好的可以免予起诉、释放回国，而且就是那少数罪行严重、交付审判的分子也将获得从宽判处。我国特别军事法庭最近宣布的判决对他们不但没有判处死刑，而且也没有判处无期徒刑，仅仅判处了不同年限的有期徒刑。就是这少数被判处有期徒刑的战争犯罪分子，如果有良好的表现，将来也可以获得提前释放。这种宽大的处理是人民中国伟大胸襟和高度人道主义精神的表现。同时，它也是符合中日两国人民的利益和远东及世界和平的利益的。这种史无前例的事情只有胜利了的中国人民才有气魄做得出来。

梅汝璈说：必须指出的一点是，我们这次对日本战争犯罪分子的判决虽是十分宽大的，但是作出这些判决却是十分郑重的。它们都是经过缜密的侦查、公正的审讯的。不但人证物证俱全，而且被告人都获有充分辩护的机会。这样的审判程序是完全符合国际惯例和国际法准则的。它是本着人道主义的精神，同时也照顾到法律正义的要求的。

梅汝璈接着说：不必讳言，六十年来日本帝国主义者对我国人民所欠下的血债确实是算不清的。他们在中国所犯的罪行是数不胜数、书不胜书的。日本帝国主义者的长期侵略，使中国人民的生命财产遭受着极其惨重的损失。远的且不谈，只就1937年日本发动全面侵华战争起到1945年日本投降止，仅在这八年之中，我国人民所遭受的生命损失，财产损失价值是难以数计的。1937年冬南京沦陷后六个星期里，经远东国际军事法庭认为证据确凿，有案可稽的被屠杀的中国人民就在二十万人以上，全部都是手无寸铁的平民，其中大多数是老年人、妇女和儿童。对日本战争罪犯们的这些骇人听闻的暴行，中国人提起来是没有不切齿痛恨的。

但是，梅汝璈说，事情已经过去十年以上了，在这十年中，国际局势和中日关系已经起了根本的变化，现在，在我国羁押的日本战犯并不是发动日本帝国主义侵略战争的主要责任者，而且他们在长期羁押期间，极大多数都有不同程度的觉悟和转变。在这种情形之下，我们是可以对他们采取宽大处理的。"不念旧恶""与人为善"是中国人民的传统美德。中国和日本是近邻，为了和平的长远利益，我们应该着重看到未来，而不要只看到过去。

我们这种处理表示着中国人民对日本人民极端旷达的胸怀和愿意同他们友好合作、和平共处的真诚愿望。

梅汝璈最后说：总地说来，我国政府的宽大措施，对于增进中日友好和保卫远东和平不但不会带来丝毫损害，而且会产生一定有利的影响。同时，这样处理对于进一步地和缓国际局势和进一步地打击战争阴谋，也会产生一定有利的影响。

（1956年6月23日《人民日报》）

中国归还者联络会三十年的脚步

富永正三　绘鸠毅　三尾豊

日本中国归还者联络会（以下简称"中归联"）自 1957 年（昭和 32 年）成立至今，转瞬间，已有 30 余载了。现在，借中国辽宁省抚顺市政协文史委员会编辑、中国文史出版社出版《震撼世界的奇迹——改造日本战犯暨伪满皇帝溥仪纪实》一书的机会，回顾本会 30 年来走过的艰辛路程，对中国广大读者以及我们自己，都是很有意义的。

"中归联"的创立及其历史背景

1956 年夏，由于中华人民共和国的宽大政策，"免于起诉的 1018 名日本战犯（包括被判刑、获假释的武部六藏）及以后获提前释放或刑满的其他 44 名战犯陆续被准许回到日本。当归国之际，我等在默默无言中，从内心发誓：不再重犯侵略者的错误，归国后一定要走互助合作，互相激励，反对战争、促进日中友好的道路。

由此，我们在东京"回国者寮"（"常磐寮"）设立了联络处（由五十岚基久负责），同全国各地归还者取得联系，并于 1957 年 9 月召开了第一次全国大会，通过了会章，选举了负责人员，创立了全体会员制的"中归联"。会章第二条规定了本会的宗旨："本会以敦促会员间亲睦相处，过和平生活，互助合作，发展日本与中国友好，贡献于和平为宗旨。"之后，又改为：本会以在第二次世界大战中参加对中国的侵略战争，并犯有多种罪行的人，站在人道的反省立场上，反对侵略战争，"贡献于和平和日中友好为目的。"

当时，日本国内外的状况是：在国内，由于战败经济十分萧条。在国外，美军以联合国军的名义，于1950年6月突然发动了侵朝战争。因为美军远离本土，日本便成为美军武器装备的主要供给基地，这样，便使萧条的日本经济重新得以复活。我们回国当时还有非常流行的所谓"特需景气"出口头禅。一方面，作为战争结束正处于缔结媾和条约的时期，日本政府却遵循美国政府的政策，在全面媾和的进程中，选择了单独媾和的方式，无视中华人民共和国已经建国的事实，而与台湾的国民党流亡政权缔结和约。国内随之出现反对政府的政策，开展增进日中友好，推进与中华人民共和国建立邦交正常化的运动。另一方面，日本政府又与美国政府缔结了《日美安全保障条约》，把日本纳入美国的全球战略之中。为了阻止违反日本宪法的日美军事同盟，国内掀起了广泛的国民运动，声讨战犯岸信介内阁的罪行，示威队伍包围了国会，最后导致岸信介内阁的倒台。在这场风暴中，"中归联"开始经受了激烈的和平运动的洗礼和锻炼。

在日本国内，利用美国发动朝鲜战争的机会创建的警察预备队改编为保安队、自卫队，用现代化装备武装起来，日本的陆、海、空三军已成为世界上有数的强大军队之一。与此相并行的是自由党与民主党于1955年执行保守契约，结成了自由民主党。

由自民党组阁的历届政府首脑，相继复活崇尚天皇制的纪元节[①]，正

---

① 纪元节，日本建国纪念日。1873年日本政府将神武天皇登基的日子——纪元前660年2月11日定为"纪元节"。第二次世界大战后，日本国内取消了纪元节，自民党政府于1966年又将其恢复。

但是，日本不少历史专家对神武天皇的存在都持否定的态度，认为规定每年的2月11日为建国日也是没有根据的。昭和天皇的三弟三笠宫，"二战后"在东京大学专攻日本古代史，也认为定2月11日为建国纪念日根据不足，持反对的态度。

式参拜供奉甲级战犯灵位的靖国神社 ①，篡改教科书否认侵略史，等等，军国主义复活的倾向一直层出不穷。对此，日本国民不能熟视无睹。

以上种种状况，就是"中归联"得以创立存在与开展广泛活动的历史和社会背景。

"中归联"的组织机构概况

创会的宗旨：如《会章》第二条所记述："贡献于和平与日中友好"。

为实现创会宗旨担负的各项任务，《会章》规定要组织会员；对参与侵略战争进行反省与学习；组织会员反对复活军国主义，保卫和平，开展以日中友好为目的的各项活动，并与主张和平与日中友好为目标的社会各团体进行合作；"中归联"谋求会员的共同利益，开展增强团结的各

---

① 靖国神社：1868年6月，日本天皇的军队征讨德川幕府军队，当时天皇军队的总司令官对此次战争中牺牲的战士举行了慰灵祭祀。次年，1869年6月，在九段阪上修建了"招魂社"，称为"东京招魂社"。十年后，即1879年6月4日，日本明治天皇给予"别格官弊社"的持珠地位，做为天皇祭祀功臣的神社，由天皇或者指派的代表前往祭祀。此后，受明治天皇的指示，改称为"靖国神社"（"靖国"者，安国之意也），几为国家大事而殉职者（不包括幕府军战死者），则以军神奉祀。

此后，靖国神社为陆军省、海军省共同管理，祭祀天皇军队的战死者（战死、战病死均在内）。天皇每逢祭祀战死者的时候都亲临参拜，从1938年以后的每年4月和10月二次定期前往参拜。

第二次世界大战战后，依据1952年1月28日施行的"宗教法人法"，作为宗教法人的靖国神社与国家分离了。日本宪法规定，政府公务人员不能参与宗教活动。1985年，中曾根首相却强行以官方身份参拜而引起一场风波，遂被中止。

现在，神社供祭的神座牌位共有245余万个，其中的大部分约230万个是中日战争以后被奉祀的。1978年秋，在国民不知内情的情况下，政府将第二次世界大战后被处死的14名甲级战犯合祀其中，终于1979年4月暴露于世，而成为震惊世界的重大问题。

项活动。

《会章》决定在全日本各都、道、府、县设立支部或小组。会员分为会员和赞助会员两种。

会员——以曾参与侵略中国并成为战犯，而受中国政府宽大政策释放归国的全体成员。

赞助会员——赞成本会宗旨，并自愿希望入会者。

我会现有会员700多人，赞助会员30多人。其中，全国委员58人，常务委员24人，会长为富永正三，副会长为大河原孝一，常务委员长为绘鸠毅，事务局长为高桥哲郎。

"中归联"历届全国大会召开的概况

第一次全国大会于1957年9月22～23日召开。地点在东京都新宿区下落合——"山乐会馆"。

由全国务支部、分支部选举出正式代表30名、观察员10名出席大会。

会议听取国友俊太郎作本部一般工作情况报告及财政情况报告。国友在报告中指明："归国后1年期间，我们是在国民的同情、友好团体的协助和广大会员相互间的援助下，组织发展起来的，是在会员艰苦生活中奋斗出来的。我们生活越艰苦，就越有必要强化组织。"

会议明确开展活动的重点——会员的生活安定，强化"中归联"的组织与财政。明确组成本会的基本精神：本会既不是单纯的亲睦会，也不是政治团体或劳动组合。本会是具有特殊的性质的会员的集合体，此精神必须纳入在本会的会章内。

会议认为，"中归联"组织应保证满足全体战犯的合理要求。并决定组织"中联金库"（暂称）开展会员储金活动，融通会员生活资金。

成立"中联销售部"（暂称）对全国各地的物产由本部介绍至各地会员销售。

会议决定开展反战、和平和日中友好活动：

1. 全国各支部以团体会员身份加入各地的"日中友好协会"，本会可根据需要支付一定的分担金，加入该团体共同奋斗；

2. 地方会员，可经常为当地报纸撰稿，宣传反战与和平活动；

3. 参加各地方的反战活动，应经常从"我们是加害者"的立场出发，进行现身说法。

会议选出了"中归联"领导机构。

第二次全国代表大会于 1960 年 10 月 22 日召开。第三次全国代表大会于 1962 年 11 月召开。第四次全国代表大会于 1964 年 11 月 22 日召开。

1967 年 2 月，"中归联"成员由于对中国"文化大革命"的看法不同，始出现不同的观点，1968 年 2 月成立了"中归联"（正统），正式形成两个组织。两派在分裂后的 18 年间，都始终坚持反对战争、保卫和平，促进日中友好而各自继续开展活动。1983 年 7 月，为了共同筹办欢迎"原抚顺、太原战犯管理所职员访日代表团"活动，两个组织的接触日益加强。随后，为了组织反对日本政府颁发"金鵄"勋章①的集会，为在中国辽宁省抚顺市筹建"樱花饭店"事宜，以及共同组织欢迎原抚顺战犯管理所工作人员张梦实先生等活动，越来越增加两个组织统一的因素。

1985 年 8 月，由"中归联"两组织代表共同成立了"统一促进委员会"（次年 3 月以后，又改为"统一准备委员会"），大家从"舍小异求大同"的立场出发，经过一年的准备工作，于 1986 年 10 月 19 日召开了引人注目的"统一全国大会"。

在此次大会上，关于本会工作情况的报告及当前活动方针，以及预算

---

① 金鵄勋章：

这个勋章制定于1890年，是授予在战争中武功超群军人的勋章。从功一级开始至七级为止。除授予勋章外，尚给终身年俸。从1941年开始只给一次性奖金，并规定凡在战场上战死者都给此勋章。于是，这个勋章便与战争罪犯有不可解之缘。"二战后"，政府授予东条英机功二级，授予在南京执行大屠杀的战犯松井石根功一级。据说，在日本神话中的第一代神武天皇为了阻击强敌而陷于鏖战之时，一只鵄鸟飞至神武天皇手握的神弓顶端，因闪烁着金光而使敌人眩目与逃窜，终导致战争胜利。这是关于金鵄的传说。

案等议题，继全国委员进行审议，全部在友好的气氛中予以承认和通过。这次大会的召开，使全国委员都痛感两组织重新统一的必要。

1988 年 10 月 9 日至 10 日召开了统一后的第二次全国代表大会。这次大会是在欢迎抚顺战犯管理所所长陈奇、顾问吴浩然两先生的基础上，接受了谢词及纪念品，大大地鼓舞了全体与会人员的意志。关于本会工作活动情况报告与当前活动方针，以及预算案等议题，均予以全部通过。同时，还深入讨论了一些具体事宜。大会还针对由于天皇患病，国内出现美化天皇的情况，为了阻止天皇制的复活，而发表了抗议声明书。

"中归联"活动概况

1956 年，依据中国政府宽大政策而释放归国的侵华日本战犯 1018 名，归国后第二年即组成"中归联"。由此，全体人员始终遵循"反对侵略战争，贡献于和平与日中友好为其主要目的"的本会宗旨，而开展各项活动。

30 多年来，本会高举着"反战、和平与日中友好"的旗帜，在连续不断地开展的各种活动中，始终都把坚持认罪和向中国人民谢罪（也就是，将中国人民被害者的心，变成我们的心的一种赎罪活动），作为本会一切工作的出发点。本会一切工作的动力来源，可以说是有两个：一是为了反对侵略战争，保卫世界和平；二是为了促进日中世代友好，加强日中两国人民之间的团结。

本会于 1957 年 1 月创办会刊《前进·前进》，一直延续至今。

现在，按年代的顺序。将本会的主要活动情况简述如下：

一、反对侵略战争，维护和平

我们刚归日本国时期，日本新闻界有些人恶毒地宣传我们是被"中共洗过脑筋的人"。国家警察组织也将我们每人都视作"要注意的人物"，对我们普遍实行罪嫌的监视。在那种险恶的环境下，"中归联"广大会员出版书籍，揭露用自己在中国所犯下的侵略罪行，来追溯战争发动者的责任，并警告那些复活军国主义的当政者和他们的帮凶。本会广大会员纷纷将自己在中国所犯下的侵略战争罪行，用发行书刊的形式予以暴露，由此，而开始追溯战争发动者的责任，并进一步警告那些复活军国主义的当政者与其同伙。此项出版活动，以后就再没有中断过，而成为本会重要活动中的一部分。

出版活动：

1. 1957 年 3 月，"中归联"编写的《三光——日本人在中国战争犯罪纪录》一书，由先文社发行。此书忠实地记述了日本天皇的军队在中国所犯下的凶恶战争罪行。因该书毫不隐瞒地将日本军队的罪行暴露出来，所以，在日本全国掀起了冲击性的强烈反响，受到广大反对战争的人们的热烈支持。当时虽畅销一时，但却受到反动势力的阻挠。非常遗憾的是，该书在初版之后就绝版了。第二年夏季，新读书社又用《侵略》二字作为书名，重新出版此书。

2. 1970 年 9 月，"中归联"与日本中国友好协会共同编写的《侵略——从军士兵的证言》一书，由日本青年出版社发行 2 万册。本书辑录了本会会员齐藤常三写的《母亲》以及另外 16 名会员写的稿件，都是以暴露自己参与侵略战争的体验为题材。《朝日新闻》曾在评书栏上，刊载作家鹿地亘的评论文章，称此书是"历史的控诉"；戏剧演员山本学氏也撰文，称此书是"超越想象的记录"，都给予了高度评价。

3. 1982 年 8 月，"中归联"编写的《新编三光——在中国，日本人做了些什么？》，由先文社发行。这年，国内发生了文部省篡改侵略历史的教科书事件。以此事件为起因，鉴于政治上复活军国主义的倾向有所上升，我们便在这个时候，商求先文社出版了此书。该书发行出售以后，竟成为全国占有第二三位的畅销书，仅仅在一个月的时间里，就销售 25 万册。但此时，因先文社发行的《恶魔的绝食》一书，发生了照片差错的问题，而我们编辑出版的书也因为有一张照片说明有误，所以就为右翼势力阻挠《三光》一书的出版提供了借口，说此书是"残缺本"，这本书就这样从市场上消失了。《三光》一书，除收集了有会员小美野义利写的《日本鬼子》，还有 15 名会员写的参与侵略战争的自白。名记者本多胜一先生撰写序言，评述该书是："真的反省，真的谢罪，真的行动。我对笔者这种出色的实践，表示由衷的敬意。'没有反省的民族'变化之日是否已经来了？这种萌芽能否长大，是否具备了成熟条件，令人甚为之悬系。"

4. 1984年5月，"中归联"编著《三光》（完全版）一书，由晚声社发行。

5. 1984年7月，"中归联"编著《侵略——在中国的日本战犯的告白》一书，由新读书社发行。

6. 1987年10月，"中归联"编著《我们在中国干了些什么？》一书，由三一书房发行。发行后印刷4版共6000册。这本书本来在十几年前就计划发行，直到这一年才完成。从全国各地会员收集到的75篇稿中，选出15篇而编辑成此书。这本书的主题，记述的是日本军人如何在侵略战争中由人变成为鬼，以及在获得中国的人道待遇下，又如何从鬼重新变为人的过程。可庆幸的是，《朝日新闻》在书评栏里刊载了，来自全国各地的评述文章，有16岁的少女，有80岁的老人，全国各界人士纷纷发表深受感动的感想文章。仅举一例，如横滨市一位23岁的公务员在书评中这样写道："这是一本动人心弦的书，是给后人了解残酷战争后果的一部好书。……殷切希望'中归联'今后将此项工作更加活跃起来。"

7. 1988年12月，"中归联"编著《天皇的军队——侵略中国的日本战犯的手记》第一集，由日本机关报中心发行。第1版发行6000册。

同年7月，在大阪举办了"为了和平，反对战争展览会"，展出了会员的手稿（写于抚顺战犯管理所）。这是一次引人注目的群众性的宣传材料。展览期间接受了入场参观者希望出版的要求，遂由"中归联"事务局委托"机关报协会"给予出版。此时，恰逢藤野、奥野二位现职大臣公开发表当年日本进行侵略战争合理化的谈话之后，同时又逢裕仁天皇患病之际，一些保守势力企图推卸天皇的战争责任。因我们痛感有暴露当年日本发动侵略战争罪恶的必要，才协助此书的出版。

在这本书里，除有会员集体执笔写的《宜昌作战》外，还收集了有15名会员的手稿和5名会员的证词，后记是由会长富永正三执笔撰写的。正当这本书销售之时，政府发表了因天皇病重，应取消对天皇的批判的意见，各大报纸均拒绝登载本书的广告。后来，《朝日新闻》给予刊登广告，《朝日新闻》又刊出了书评，引起了很大的反响。

8. 1989 年 3 月，"中归联"编著《不忘侵略屠杀的天皇军队——日本战犯的手记第 2 集》，由日本机关报中心发行。第 1 版印刷发行了 6000 册。这本书是第 1 集的姊妹篇。第二集除发表会员野田实的手记《实况·军医教育·割开活人的肚腹·削足》以外，还刊载其余 13 名会员以参与侵略战争体验的手稿，后记由富永正三会长执笔撰写。

这本书发行时期，刚刚是昭和天皇死后不久，国内新闻媒介一致赞扬天皇的功绩，掀起了一股奇特的"天皇热"之风。在这种形势之下，把天皇裕仁的战争责任给否定了，有些学者、专家竟也唱出了这种论调。为了回击这些论调，把日本人应负的国际道义责任公诸于世，本会才决定出版此书，以赠各界人士。

9. 除以本会的名义编著出版的书籍外，本会有些会员还以个人的名义编著和发行了不少反映反对战争，维护和平运动的书。现将其主要书名列举如下：

① 1956 年——野上今朝雄著《战犯》（三一书房出版）

② 1972 年——西谷稔著《我在中国做了些什么？》，（中国亚细亚、侵略史研究会出版）

③ 1973 年——横山光彦著《望乡——我在中国成了战犯》（善后出版社出版）

④ 1975 年——岛村三郎著《从中国归还的战犯——原满洲国保安课长的转变》，（日中出版社出版）

⑤ 1977 年——富永正三著《某 BC 级战犯的战后史——真正的战争责任是什么？》，（永曜社出版）

⑥ 1978 年——江先光作著小说《战鬼——日中战争最前线》，（丛文社出版）

⑦ 1979 年——小川仁夫著（没有被判刑的战犯——人民审判的背面》，（日中出版社出版）

⑧ 1981 年——汤浅谦口述《不能消失的记忆——活体解剖的记录》，（日中出版社出版）

⑨ 1981 年——江先光作·小说《刺刀与人形——日中战争最前线》，

（丛文社出版）

⑩1982年——江先光作·《慰安妇——日中战争中，日本鬼子兽行录》，（丛文社出版）

⑪1983年——佐藤荣作作·诗集《白云与铁丝网》，（出版实行委员会出版）——米村济三郎著《胡作非为的军队的行迹（生平记录）》，（共荣书房出版）

⑫1984年——江先光作·小说（千人战鬼——使鬼变成人的中国战犯管理所》，（丛文社出版）

⑬1985年——鹈野晋太郎著《菊花和日本刀》上、下卷（谷沢书房出版）

⑭1985年——长冈澄夫著《我堕入了地狱——土屋芳雄宪兵少尉的个人史》、（日中出版社出版）

⑮1986年——土屋芳雄著《某宪兵的记录》，（朝日新闻山形支局出版）

⑯1986年——汤浅谦等著《我们在亚洲从事了战争》，（梨之木舍出版）

其他各种活动：

本会在阻止日本军国主义化和从事保卫和平的活动中，除以上所述出版了许多书籍外，还采取各种活动方式或通过各种形式，由本会单独或同其他社会民主团体、新闻报道机关共同召开集会，举办讲演会、座谈会、展览会，或进行街头宣传等活动。

30多年来，本会开展的这些活动，或以本部为中心，或以本会的各分、支部为中心，或以本会分散在各地的会员个人为中心，其活动范围之广，内容之丰富多彩，可以想见。现仅将以本部为中心开展的主要活动，书写于后：

1. 1957年10月10日，由本会会员、曾对中国人剖腹的前军医中尉野田实，在东京"电通会馆"，对日中友好各团体，介绍了战争的体验。

2. 1958年10月28日，本会在台湾海峡危机之际，发表声明，向日本国民呼吁，反对美国支持国民党流亡政府反攻大陆。

3. 1961年2月18日，本会与原军人口中友好会共同举办"谈谈中国讲演会"和电影放映会。本会会长藤田茂以"谈谈我的反省"为题，作了讲演，使到会的听众深受感动。

4. 1961 年 7 月 9 日，本会常务委员汤浅谦作为日本和平理事会的代表，赴苏联莫斯科出席"全面裁减军备和保卫世界和平大会"。

5. 1966 年 8 月 15 日，日本广播协会（N.H.K）广播电台播放本会会员反对军国主义的文章。

6. 1968 年 2 月 29 日，中国的北京电台广播了本会会员菊池义邦撰写的参加侵略战争回忆录《生死感》。

1968 年 7 月 7 日～8 月 15 日，在本会倡导的"日中不再战运动"的活动中，会员佐藤仁（北海道区域）水埜公治、鹿田正夫（广岛）渡边楠之（神奈川）、永富博道、达宗盛、富冈平八郎、矢崎新二（东京）等人分别发表了各自参加侵略战争的体验。

7. 1969 年 7 月 12 日，会员西谷稔（宝琢市）；10 月，白须勇、中川胜、山田诰造（广岛地区）等人各自介绍了参加侵略战争的体验，引起了很大反响。

8. 1970 年 6 月 6 日，会长藤田茂与日本各界 75 名进步人士联名签署了反对美国侵略柬埔寨的声明。

9. 1971 年 5 月～1973 年 1 月，东京的 6 名会员在《潮》杂志，矢崎新二在 NHK 电台教育电视节目、山田诰造在 NHK 对华广播节目，福岛巳之进、山冈繁、中崎嘉明、植松楮数、三尾豊、小山一郎、矢崎新二、城野宏等人分别在《新评》杂志、《丸》杂志（对中国进行侵略战争特辑号），大野、大岛、三成、高木、横仓、榎本、新井等人在日本电视台，以及菊池义帮、铃木丑之助，新井宗太郎与专栏作家熊泽四郎采取对话的形式，在《现代的眼睛》杂志上，分别发表参与侵略战争的体验，影响很大。

1973 年 7 月 7 日，会员福岛、山冈、中崎、植松、三尾等人在大阪市公会堂举行的"纪念'七·七'事变 36 周年大会"上，做了讲演，参加听众达 1 千人。

10. 1974 年 5 月 27 日，在东京飞岛山公园建立"日中友好·祈念世界和平的女神"的揭幕式上，本会会员冲勇以设立委员的身份参加活动。

7 月 7 日，本会主办了"揭发日本军国主义报告大会"，会长藤田茂在 300 多名听众面前，以"中国人民的宽大政策"为题，做了报告，得到极大反响。（收录在本会编写的《我们在中国干了些什么？》专辑。）同样，8月15日，藤田茂又在本会与日中友好商社共同筹办的讲演会上，做了讲演。

11. 1975年8月30日，在《朝日新闻》（大阪版）上，刊出的《"中归联"祈愿和平》的大标题下，刊载了本会会员佐藤荣作所做的反战争求和平的介绍。

12. 1976年2月8日，本会参加了各友好团体在东京九段会馆召开的"紧急要求缔结和平条约集会"。

13. 1977年12月1日，富永正三被聘为"诲神会"定期讲演会的讲师。

14. 1980年9月18日，富永正三在日中友好协会中野支部主办的讲演会上，和在涉谷劳政会馆的讲演会上，作了参加侵略战争的体验与战争的责任的讲演。

15. 1981年2月15日，在广岛召开的"战争体验听证会"上，本会广岛、山口两地的会员参加会议。在会上，还放映了本会制作的幻灯片《日本在中国干了些什么？》。之后，会员鹿田·中谷，江先等纷纷发表证言，使与会者特别是青年学生深受感动。

随后，富永、小山、汤浅、矢崎等人又多次作了参与侵略战争体验的讲演。11月21日，富永正三还参加了在东京涩谷·山手教会馆召开的"为了和平的国民集会"。

16. 1982年8月13日至18日，本会在东京涩谷·山手教会馆举办"为了和平，反对战争资料展"，入场参观者超过了1万人。

8月14日，本会在日本教育会馆召开了抗议篡改教科书的集会。

8月15日，以国友俊太郎为首的7名会员到文部省面交抗议书。

10月8日，富永正三·都学连在牛込会馆，主办讲演会，讲演"关于教科书问题"。

17. 1983年7月26～31日，会员桧山高雄在福冈美术馆举办"反战绘画展"。入场参观约2000余人，给予了高度评价。

18. 1984年9月22～24日，本会在东京正则高校召开"和平教育座谈会"。富永正三以"继承战争的体验"为题做了报告。

6月19日，为了反对恢复"金鵄"勋章奖，在池之端文化会馆共同召开了抗议集会。

6月20日，富永正三、小山一郎、大河原孝一等三人，代表本会到首相官邸，向内阁官房长官手交了抗议文。

19. 1986年7月7日，富永正三参加了"日中友好协会"举办的"'七·七'纪念日控诉战争大会"，并在御茶水车站前高喊反战。

8月12～16日，在东京"山手教会馆"举办的"为了和平反战争展览"，入场者达4千名，并当场对反战问题进行测验，观众多给予认真的回答。

10月19～20日，在热海召开"中归联"二组织的统一大会上，本会发表了抗议赞美天皇风潮的声明。

20. 1987年6月27～28日，在"全国和平座谈会大阪大会"上，富永正三，佐藤荣作诉说了战争体验与战争责任。有500人参加大会。

7月7日，本会与日中友好各团体在日本青年会馆共同召开"纪念'七·七'大会"和田外城生发表了纪念演说，有1000人参加。

7月11日，本会与原军人日中友好会共同召开了"反战集会"，鹈野晋太郎发表了战争体验。参加者60人。

8月11～15日，在东京山手教会馆，举办第七次"为了和平，反对战争展览"。入场参观者约5000人。

21. 1988年7月8日，本会接受原军人日中友好会的邀请，参加了该组织举办的"纪念'七·七'座谈会"，并同与会四个团体共同发表了反战声明。

8月9～13日，在涩谷山手教会举办了第9次"为了和平，反对战争展览"，富永正三代表实行委员会主持会议，由于受到保守势力的阻挠，入场者仅有2500多人。（中国《人民时报》海外版曾作过报道）。

22. 1989年1月22日，以本会常务委员会的名义，对因裕仁天皇去世而急速升起的右翼复辟风潮予以抗议，并发表了指控天皇应负战争责任的声明文（《朝日新闻》刊载其中一部分）。

2月23日，本会与各民主团体在家之光会馆召开的"不许对昭和天皇国葬集会"，本会富永正三、绘鸠毅、矢崎新二、伊桥彰一、三尾豊等

5 人参加会议，并由富永发表声明文，约有 300 人参加。

7 月 8 日，本会与四个团体在东京总评会馆共同举办"纪念'七·七'集会"，由会长以下 11 名会员出席。鹈野晋太郎并以"活着的战犯"为题发表了讲演，日本广播协会（N.H.K 电台）对会场实况进行了录像播映。

8 月 8 ～ 12 日，本会又在山手教会馆举办"为了和平，反对战争展览"。

23. 1989 年 8 月 15 日，在日本广播协会（N.H.K 电台），以特别节目"战犯们的自白——抚顺、太原战犯管理所 1062 人的手稿"为题，向全国作了广播，给日本国民以冲击性的影响，收看者约 1200 万人。

二、促进日中友好交流活动

"中归联"自创建以来，一贯地以实现与发展日中友好为目的，而不间断地开展各种形式的活动。为了述说方便起见，现划分以下二个时期，分别予以概述。

日中邦交正常化以前时期（自1956年9月至1972年9月）：

1. 1956 年 10 月 4 日，在东京"千代田公会堂"召开了归国纪念文化公演会，宣传在中国受到的优迁，使与会者深受感动。

2. 1957 年 2 月 1 日，本会集体加入了日中友好协会。

5 月 9 日，国友俊太郎率团将中国殉难烈士遗骨第七次捧送归还中国。

12 月 6 日，本会热烈欢迎了以李德全为团长的"中国红十字会访日团"。

3. 1958 年 4 月 24 日，本会参加了"恢复日中邦交国民会议"。

4. 1959 年 6 月 12 日，参加了编写中国人殉难者名簿工作。

5. 1960 年 4 月 16 日，本会参加了在东京九段会馆，举办的慰祭中国人民殉难烈士的"国民大会慰灵祭"。藤田茂会长以"反省的根本课题"为题，发表了讲演。

6. 1961 年 3 月 26 日，本会群马县支部与日中友好协会共同举办了中国殉难者慰灵祭。

同月，本会参加欢迎以许广平为团长的"中国妇女访日代表团"。

7. 1963 年 2 月，开始为中国红十字会代表团募捐筹措欢迎基金，并参加了为促进恢复日中邦交，以 3000 万名为目标的签名活动。

11 ～ 12 月，本会欢迎了以倪斐君为团长的"中国红十字会访日代表团"。

8. 1965 年 9 ～ 10 月，本会以会长藤田茂为首共 9 名团员，受到中国中日友好协会的邀请，在北京得到郭沫若先生的接见。访华团归国后，举行了记者招待会，并举办了报告会。

9. 1966 年 9 月，本会支援天津歌舞团在日本的公演。

10. 1967 年 4 月，本会参加了建立郭沫若先生诗碑的揭幕式。

8 月，本会抗议佐藤内阁拒绝中国代表入境事。

9 月，本会对于右翼势力袭击廖承志事务所事件，向政府提出了抗议。

10 月，在中国"东方红歌舞团"访日公演之际，本会组织会员担任了保卫工作。

11. 1969 年 1 月 5 日，藤田茂会长等访问了来日的中国"东风号"邮轮。

9 月 30 日，永石初秀在九州有田举办了"中国物产展览会"。

12. 1970 年 9 月 29 日，本会在东京千代田区民馆，召开"纪念中国建国二十一周年集会"，冢越正男在会上讲了自己的战争体验。

12 月 23 日，藤田茂会长呼吁成立"日中邦交国民会议"。

13. 1971 年 2 月 16 日，本会参加了在"东条会馆"召开的要求恢复实现日中邦交的国民大集会。

8 月 16 日，在日本广播协会（N.H.K 电台）举办的集会上，藤田茂会长、丸谷忠三、小山一郎、汤浅谦、白须勇等，对中国政府的宽大政策，讲了自己的体会。

14. 1972 年 1 月 23 日，本会会员关根德治在神奈川县制作的《战争与我》录像中，述说了中国政府的宽大政策。

1 月 30 日，在日本电视群众节目里《中国与我》中，本会会员冢越、小川、小林、鹈野等会员作了演出，充分表达了中国政府的人道主义待遇与政策。

日中邦交正常化以后时期（自1972年9月29日至1989年12月31日）：

1. 1972 年 9 月 29 日，日中两国发表了日中邦交正常化的共同声明。在日本 NHK 电视节目中，会员矢崎新二演出了庆祝节目。

10 月，本会与各和平团体在广岛建立了"日中不再战碑"。

10 月 30 日～ 11 月 21 日，应中国方面的邀请，藤田茂团长率领 7 名团员，以"中归联"的名义，进行了第 2 次访华。在北京的人民大会堂，受到周恩来总理的接见。

12 月 6 日，藤田茂会长归国后，在《日本与中国》杂志上，发表了文章《谈中国最近的政策》。

2.1973 年 1 月 22 日，本会举办了第 2 次访华见闻报告会。

5 月 13 日，本会在上野的"精养轩餐厅"，召开了以副团长楚图南为首的"中日友好访日团"欢迎会。

3.1974 年 10 月 3～4 日，本会支援了"松山巴蕾舞团"在东京公演《红色娘子军》。

4.1975 年 9 月 16 日，本会派遣藤田茂团长率领 16 名团员进行了第 3 次访华。

5.1976 年 10 月，本会作为筹办团体参加了在东京日比谷公园室外音乐堂举行的"追悼周恩来总理全国大会"。

10 月 6 日，本会参加了在东京日比谷公会堂"毛主席逝世国民追悼会"。

11 月 9 ～ 23 日，召开纪念本会成立 20 周年大会，并欢迎了由中国派遣的以王芸生先生为团长的共 6 名团员的访日代表团。

6.1977 年 5 月，本会协助了中国"天津歌舞团"在日本全国主要城市的公演。

8 月 1 日，本会参加了日本各和平团体举办的"纪念中国人民解放军建军 40 周年"招待会。

9 月，本会参加各和平团体共同举办的"纪念日中邦交正常化五周年和促进缔结日中和平友好条约国民集会"。

11 月 25 日～ 12 月 2 日，派遣了以团长大河原孝一率领的代表团进行了第 4 次访华。

7.1978 年 7 月 7 ～ 27 日，本会派遣了第 5 次访华团，随访华团同行的还有"RKB"电台每日广播队。并将录制的纪录新闻在全国的广播网进行广播。

8.1979 年 7 月，本会事业委员会决定派遣"访问抚顺工作团"。

9. 1980 年 2 月 28 日～3 月 7 日，"中归联友好贸易视察团"，对中国辽宁省抚顺市进行了友好访问。

8 月 10～20 日，本会派遣了以高桥节夫为团长一行 13 人，进行了第 6 次访华。

10. 1982 年 7 月，埼玉支部主办了"中国物产展览会"。

11. 1983 年 3 月 25 日～4 月 3 日，组成了"北海道支部友好访华团"，由团长大河原孝一率领一行 13 名团员与原抚顺战犯管理所工作人员会晤，归国后发行了《分别 27 年后的相遇》小册子。

12 月，派遣了"创作委员会"正、副委员长访问抚顺。

12. 1984 年 9 月 29 日～10 月 17 日，本会派遣 5 名会员子弟参加日中青年友好交流活动，前去中国西安等地参观访问。

10 月 20～30 日，本会接待了金源团长带领的"中国抚顺、太原战犯管理所工作人员友好访日团"8 名团员访日，先后参观访问了东京、埼玉、仙台、大阪、广岛等地，参加欢迎的有 800 多人。所到之处均参加本会各支部的招待会。本会并发行了《28 年以后再相会》的小册子。

13. 1985 年 1 月，本会广岛支部与本部共同制作了揭露日本侵略中国的幻灯片《日本在中国干了些什么？》，制作幻灯 100 片。

5 月，派遣了"中归联访华友好交流团"。

6 月 19 日，本会在"池云端文化中心"，举行了欢迎原抚顺战犯管理所工作人员张梦实先生访日招待会，并送行。

10 月，派遣了"中归联事业委员会访华团"。

10 月 13～21 日，派遣小安久枝为团长率 8 名团员组成的"中归联妇女友好访华团"访问中国。归国后，出版发行了访华感想文集。

14. 1986 年 4 月 1 日，广岛支部与本部合作编写、出版了和平教育副读本第 4 册，《广岛——15 年战争和广岛》，现已在全国各中、小学校广为利用。

11 月 17～24 日，以富永正三为团长共 8 名团员组成的"统一的中归联代表团"访问了中国。并在北京受到中国人民政治协商会议全国委员会副主席吕正操先生的接见。

15.1987 年 3 月 10～20 日，本会向中国抚顺市"樱花饭店"赠送了一批厨房设备，并派遣了两名代表山中、山冈二君前往工作。

4 月 7 日，本会向中国抚顺战犯管理所赠送了一批历史资料与样本，并被日本广播协会采用，做为制作录像放映的材料。日本广播协会在新闻节目，进行合并放映。

4 月 8 日，本会接待了以陈奇所长为团长共 5 名团员组成的"抚顺战犯管理所访日团"，来东京领取"中归联"的活动资料，并访问了东京、北海道、广岛等地，在各地区都受到了欢迎。4 月 17 日，在东京五反田"有望阁"举行了资料赠送仪式。之后，举行了记者招待会，双方进行了友好座谈。

5 月 12～21 日，派出由富永正三为团长的 16 名团员组成了"中归联 1987 年第 1 次访华团"。归国后，发行了题为《心里铭刻着前事不忘的中国》小册子。

5 月 16～26 日，派出以永石为团长的 15 名团员组成的"赴中国齐齐哈尔友好访问团"。归国后，发行了《赴中国齐齐哈尔进行友好访问纪录》。

8 月 7～17 日，欢迎"中国国际友谊促进工作组"来日本访问。

10 月 11～19 日，派出以团长高桥哲郎以下 35 名团员组成了"中归联 1987 年第 2 次友好访华团"。归国后，整理发行了访问中国见闻录。

11 月 15～26 日，接待了 3 名"抚顺樱花饭店实务者视察团"。

11 月 28 日～12 月 7 日，接待了"中国国际友谊促进会访日团"。

16.1988 年 10 月 5～13 日，在召开"中归联统一后第二次全国大会"期间，接待了中国抚顺战犯管理所所长陈奇、顾问吴浩然两位先生。

10 月 6～15 日，派出以汤浅谦为团长率 25 名团员组成"赴中国山西友好访问团"。

10 月 19 日，以富永会长为团长，率 19 名团员组成，"中归联友好访华团"，赴中国抚顺战犯管理所，参加"向抗日殉难烈士谢罪碑"揭幕式。归国后，发行了《向抗日殉难烈士谢罪碑揭幕记录》小册子。

11 月 1～11 日，欢迎"中国国际友谊促进会 1988 年访日代表团"。

17. 1989 年 3 月 24 日，接受中国驻日大使馆的邀请，藤田孟（故藤田会长的长子）、平井和夫（故藤田会长的女婿），和以会长富永正三及绘鸠、高桥、山中、国友、冢越等 8 名会员出席了招待会。

4 月 13 日，由山中、新井、三尾、绵贯等会员出席了在东京"新大谷旅馆"举行的"欢迎李鹏总理招待会"。

4 月 21 ～ 29 日，以汤浅为团长，率 16 名团员组成了"中归联赴中国山西友好访问团，参加了纪念山西解放 40 周年活动。

4 月 22 日，高桥事务局长到中国大使馆，对胡耀邦总书记逝世进行吊唁。

5 月 9 ～ 19 日由大河原为团长，率 22 名团员，组成访华团，到抚顺战犯管理所谢罪碑周围植树 130 株。

5 月 24 日，在"后乐宾馆"举办欢送中国大使馆一等秘书高海宽先生和欢迎新任曹全新先生的迎送会。

7 月 15 ～ 24 日，本会派出以高桥为团长的小岛陆男、金子安次、铃木良雄、岩崎贤吉和 NHK 电视台两人共 7 名团员的"中归联访华团"协同日本广播协会特别节目广播部，"NHK 访华采访团"赴中国战犯管理所和山东省拍摄资料片，拍摄《战犯们的自白》电视片。

7 月 15 日～ 8 月 15 日，本会派遣山中盛之助前往抚顺战犯管理所，参加了对该所第三陈列室的资料整理工作。

10 月 1 日，富永会长、高桥事务局长应邀出席中国大使馆举行的"庆祝国庆节招待会"。

以上所述，仅是"中归联"本部 30 余年部分活动情况。本会在各地的支部和在没有支部的地方而建立的小组，以及在农村偏僻地方会员的个人，都为了实现本会的反战、和平与日中友好目标，开展了有各自特点的活动。

"中归联"成立 30 年来，各级组织与广大会员开展各种活动，有一个共同特点，就是都把坚持"认罪"作为自己一切工作的出发点。为了对过去的罪行赎罪，每人都把智慧和力量贡献于阻止日本军国主义复活，保卫和平与促进日中友好上。主要是讲演宣传或提供证言等方式，大家都从中国人民受害者的立场出发，而批判自己。我们认为，在日本反战、和平与日中友好的运动中，必须以"加害者的民族反省"作为运动的前提，揭发日本军国主义的反动本质。正因为我们的事业是正义的，所以，今日已经开花结果了。在当今，日本国民掀起的"反战、和平与日中友好"的运动中，正因为渗透了"加害者的眼睛"及"加害者的反省"才促进了加害者民族的反省，这也正是本会一切活动的前提与归宿。

1989年8月15日，日本N.H.K电视台，在全国放映了《战犯们的自白——抚顺、太原战犯管理所1062人的手稿》，得到日本全国1200万人的收看，引起了冲击性的反响。"NHK"播出评论家佐怒贺三夫先生的评语写道："假若光是从被害者的立场来描述战争，那么战争的真相就不能清楚。要加害者谈谈战争的事实真相是十分重要的，所以《战犯们的自白》电视片给我们以很大的教育。"

"中归联"在日本国内产生的作用与影响

归国当时，国内一些人讽刺我们是"在中国被洗脑回来的人"。在这以前，国内那些人却对20世纪40年代末从苏联回来的原日本军人，称作："从西伯利亚归来的'红萝卜'"，意思是说他们表面上是"红"的，内心仍是"白"的。因此有些政府官员便说，这些被洗过脑的人是不好对付的，处理他们也难办。甚至同我们有着亲密关系的日中友好协会中的个别人，也曾说过我们是"悔过和尚"的风凉话。

当1957年3月，我们把在抚顺战犯管理所写的手稿编辑成《三光》一书，由光文社出版后，在国内引起了强烈反响。该书责任编辑神吉晴夫作《序言》评述："对那些在战争中犯有如此罪恶的人们，能够拿出十分勇气来叙述战争实况并进行反省和赎罪，对此，我由衷地致以敬意。"《三光》一书发行之后，因此书受到很高的评价，立即成为国内最畅销的书，很快出售了5万册。受到出版界右翼势力的威胁与逼迫，被迫停止出版了。在我们将自己的体验编成书刊出版的同时，还利用各种机会，揭露军国主义

211

发动侵略战争的实质。同时，也随时介绍我们在侵略战争中如何由人转变为鬼，战败之后如何成了战犯，又如何受到中国政府"只憎恨其罪，不憎恨其人"的革命人道主义政策的宽待，而从鬼转变成人的过程。正是由于我们向国人进行了广泛的陈述，才使越来越多的人正确理解了"中归联"关于"反对侵略战争，促进日中友好"的宗旨。

战后的日本和平运动，是从遭受原子弹爆炸之害的广岛、长崎开始的。本会广岛县支部是会员最多的地区之一，在广岛、长崎国民呼吁"不许原子弹再爆"的和平运动中，"中归联"广岛支部做了大量有声有色的宣传工作，产生了很大的反响。例如，每年到广岛渡假旅行的高等院校生和中学生，来到广岛之后，都愿意听听"中归联"广岛支部会员所作的参与侵略战争体验报告。这样，就使人们认识到日本不仅是战争受害者，也是战争的加害者。其他支部也都进行了类似的讲演等宣传活动，因而使"中归联"的影响遍及全国各地。

本会组织会员以"加害者"的身份，编写的和平教育副读本第4册，已经成为全国各地的中、小学校广大学生的课外读本。

从1980年开始，以"中归联"为主体举办的历次"为了和平，反对战争展览"以及本会与其他各民主团体为"反对战争、保卫和平"而共同举办的各种集会、纪念会、座谈会，等等，在排除右翼势力阻挠的情况下，已使侵略战争的实质广为人知。受此影响，从1986年开始，在大阪成立了"亚太地区战争牺牲者思念刻心会"。每年8月，都要邀请来自亚洲各国的受害者参加会议，并听其证言。同时，在东京等十数个城市也召开这种促进日本国民进行反省的集会。这些活动都能体现"中归联"的影响与作用。尤其是，1989年日本广播协会取材"中归联"的稿件，在8月15日这一天，向全国播映的《战犯们的自白》给全国1200万人同时收看反战争、保和平的影像，使广大观众对"中归联"留下了深刻的印象。播映后，我们收到了许多如下述的观感："综合电视于8月15日19时30分播的《战犯们的自白——抚顺、太原战犯管理所1062人的手稿》是极精彩成功的节目。可以说，'战犯'中的老人们打开了我们的心扉。对此，在向宣传媒介的工作表示感谢的同时，提出了可否再给予重播的愿望。"

应广大观众的要求，这个节目于 12 月 26 日夜 10 时又播映了一次。同样，朝日新闻社 9 月 15 日在《朝日俱乐部》周刊，专栏内刊出"中国、抚顺战犯管理所的日本战犯们"的特刊栏目，刊载本会会员的体验文章和在抚顺战犯管理所拍的生活照片，从而使"中归联"广为人知。

"中归联"编辑、出版了大量书刊，从《三光》一书发行开始，少则发行了千余册，多则发行了数十万册，不但教育了"中归联"广大会员及其家属，而且还使"中归联"的社会影响越来越广泛。

一般说来，由被害者本人说出自己遭受种种凌辱和摧残的体验总是比较容易的，而由加害者本人自觉地说出自己摧残人的体验则比较难。令人欣慰的是，"中归联"全体会员在归国以后的 30 年间，始终没有忘记认罪悔罪，始终没有忘记以自己害人的体验，奔走疾呼："反对战争！""保卫和平！""日中永不再战！"尽管他们都已年逾古稀，但仍然在险恶的环境里为建设新日本和促进日中友好而坚持不懈地奋斗着。正因如此，"中归联"的宗旨和行为越来越得到日本广大国民的理解和支持。

（李维则、孙学圃译，吴浩然校）

（本文引自纪敏主编的《震撼世界的奇迹——改造伪满皇帝溥仪暨日本战犯纪实》，中国文史出版社1990年6月出版）

【作者简介】

富永正三：1914 年 5 月生于日本熊本县，1939 年 3 月毕业于东京大学农业经济系。1940 年 2 月入伍。1941 年 7 月随陆军第 39 师团入侵中国，历任见习士官、中队长。1945 年 8 月在中国东北开原县被苏军俘获，押至苏联。1950 年 7 月由苏联政府移交中国，1956 年 8 月被中国政府免于起诉。释放回国后，任私立高校教员。曾任"日本中国归还者联络会"继任会长。

绘鸠（旧姓石渡）毅：1913 年 3 月生于日本鸟取县。1938 年 3 月毕业于东京大学文学部伦理学系，并曾在文部省师范学校任教。1941 年

7月入伍。1942年5月随陆军第59师团入侵中国山东省，任陆军军曹。1945年8月在北朝鲜被苏军俘获，押至苏联。1950年7月，由苏联政府移交中国。1956年8月，被中国政府免于起诉释放回国后，先后任公立高校教员、特定邮政局长。曾任"日本中国归还者联络会"常务委员长。

三尾豊：1913年11月生于日本岐阜县。1926年3月在原籍小学校毕业。1934年1月入伍。1934年5月，在中国东北地区从事侵略战争，历任宪兵上等兵、宪兵准尉。1945年8月被苏军俘获，押至苏联。1950年7月由苏联政府移交中国。1956年8月被中国政府免于起诉、释放回国后，任社会团体职员。曾任"日本中国归还者联络会"常务委员、东京支部长。

有关日本"中归联"创建与终止活动概况，
以及我与该会建立友好关系经过

纪　敏

——我所知道的日本"中归联"

"中归联"全称："日本中国归还者联络会"。本部，设在东京，1957年9月，由中国免于起诉、先期归国的1017名前日本战犯，与被判刑、获假释归国的武部六藏所创建。会旨："贡献于和平与日中友好"。首任会长为藤田茂（前日本陆军59师团中将师团长）。在日本全国各都、道、府、县，都设有支部或小组。并创办会刊《前进、前进》。

当年，被中国政府审理、释放的1062名前日本战犯，除佐佐真之助在服刑期间，因患癌症病亡，全部加入"中归联"组织。随后，被免于起诉、宽释回国的饭守重任，因急于找工作，曾发表过对中国不够友好的言论，而被"中归联"开除会籍，又因患病死亡以外，其余1060名全部获释归国的前日本战犯，都能恪守誓言，坚定地走终身悔罪赎罪之路。该会创建后期，由于会员逐年病故，人员减少，实行由归国的前战犯作为"正式会员"，吸收某些赞助"中归联"宗旨者为"赞助会员"。但所有会员都集体加入"日中友好协会"，并与以主张和平、日中友好为目标的日本社会各团体进行合作。

据我在访日期间考察了解，当年，从新中国获释归还的这些前日本战犯，一直生活在相当严峻的政治环境里。在他们回国之初，形势尤为严峻。当时，岸信介政府不但拒绝他们恢复任何一项公职工作，还派大批密探、警察跟踪、监视他们的活动。日本新闻界有些人还恶毒攻击他们是"被中共赤化、洗脑归来的人"。日本国内，有些民众竟也称新中国的归还者是"红心萝卜"；苏联遣返者是"红皮萝卜"（意思，红皮，心白）。甚至"日中友协"里的个别友好人士，也戏称，新中国的归还者，是"悔过的和尚"。

就在当年，在日本政府极力排斥、监视，日本社会进行歧视，与自身生活没有保障等极为艰险的环境里，日本"中归联"广大会员，竟勇敢地冒着政治风险，忍受饥饿，通过到处发表讲演，办展览，出版战地实录等各种方式，揭露日本军国主义发动侵华战争的种种残暴，宣传新中国政府实行的宽大改造政策。

即使在 20 世纪 60 年代，因该会会员对中国开展的"文化大革命"，持有不同的看法，被分裂成两个相互对立的组织，但两派组织，依然忠实地遵循"中归联"创会宗旨："贡献于和平与日中友好"，而各自开展独立活动，据我了解，"中归联"分裂的主因是：1966 年 5 月 16 日，中共中央下发的《关于开展无产阶级"文化大革命"的决定》，传到日本以后，军人出身的藤田茂认为，"中归联"作为日中友好的团体，应该表个态，发表一个声明，坚决拥护"中国无产阶级司令部，发动的"文化大革命"运动"。但是，长期从事日本情报工作的岛村三郎等，却对中国开展"文革"出现的诸多乱象，表示"不可思议"，"不可理解"，反对"中归联"发表声明表态。于是，同岛村三郎持有同样看法的部分会员，便拒绝参加藤田茂主持的有关会议。对此，藤田茂十分气愤，曾拍案大骂："这伙人，纯粹是些忘恩负义的小人，真正的中国的叛徒"。

当岛村三郎等，听说藤田茂骂他们是"反华分子"和"无耻叛徒"时，都极为震怒。当即决定，成立"中归联"的"中联派"（意思："中归联"中正的一派）。藤田茂为同这四百名会员划清界限，便将他领导的六百名"中归联"多数派，称为"中归联"的"正统派"。

有关日本"中归联"创建与终止活动概况，以及我与该会建立友好关系经过

自1967年2月，"中归联"会员因对中国开展的"文革"，持有不同的看法，正式分裂成相互对立的两派。其间，持续18年，两派会员，虽然互不往来，但依然都忠诚地执行该会既定的宗旨："贡献于和平与日中友好"，而各自独立地开展各项斗争与活动。直到1976年10月6日，中共中央粉碎了江青反革命集团，结束了"文化大革命"这场灾难。特别是，1978年12月18日，中共中央召开十一届三中全会，作出"全面纠正"文化大革命"中及其以前的"左"倾错误的有关决定"的消息，传播到日本以后，分裂18年的"中归联"两派会员，开始有了共同的语言。两派会员原本初心都出于对新中国怀有深沉的爱；尤其是，1983年7月，"中归联"两派为了共同筹办"欢迎原抚顺、太原战犯管理所职员访日代表团"等众多事项，迫切需要联合行动，便开始正式接触和协商。终于，在1985年8月，由"中归联"两派组织经过协商，成立了"统一促进委员会"。经过两派代表多次协商，大家本着"求大同，舍小异"的立场出发，经过一年的准备工作，于1988年10月19日，召开了引人注目的"统一全国大会"。鉴于"正统派"会长藤田茂，与"中联派"会长岛村三郎均已过世，便由统一全国大会，正式选举"中联派"代表富永正三担任"中归联"继任会长，选举"正统派"代表大河原孝一，担任"中归联"继任副会长。

——我与日本"中归联"建立友好关系经过

我与日本"中归联"建立友好关系，始于1988年末。当时，我正在主编《震撼世界的奇迹——改造伪满皇帝溥仪暨日本战犯纪实》。因为，急需获释归国的前日本战犯，提供相关史料，经抚顺战犯管理所原管教科副科长吴浩然所推荐和帮助，使我很快与日本"中归联"建立了直接友好、合作关系。

据我所知，吴浩然与日本"中归联"的关系不一般。1950年7月，在苏联移交给中方的969名日本战犯中，校官级以下日本战犯有近700人，一直归吴浩然负责管教。而且，后期出任日本"中归联"的继任会长、副

会长、委员长、事务局局长（即秘书长）等负责干部，全部都是吴浩然当年对日本战犯进行"悔罪认罪教育"期间，所依靠的骨干。由于他们对吴浩然怀有极为特别深厚的感情和友谊，我就很容易成为"中归联"的亲密朋友。

那段时间，恰好日本"中归联"继任副会长大河原孝一，正在抚顺战犯管理所访问。据吴浩然介绍，被我国政府宽释回国的前日本战犯，在他们来华访问期间，必定会来抚顺战犯管理所小住，以温旧情。

当我跟随吴浩然会见大河原孝一时，他正住在抚顺商业区，由日本"中归联"会员自动捐款1600多万日元，于1985年兴建的"樱花饭店"客房。看上去，大河原孝一约有60多岁，黑发微白，一身西装，有着学者风度。就有关征集新中国改造日伪战犯史料工作，我向他提出两项要求：一是，请他转告"中归联"继任会长富永正三，能否为即将出版的这册史料专辑，写一篇类似序文式的文稿，对中国政府改造日本战犯的历史贡献，作些评价；二是，请"中归联"本部能否提供一篇有价值的稿件，介绍："中归联"是何种性质的组织；该组织是在何背景何年月成立的；该组织的会旨和追求目标是什么；"中归联"成立以来有哪些重大贡献，与日本国民的反应；该组织对日中友好事业有何帮助？等等。我边说，大河原孝一边做笔录，还一再应声道："绕西……"意思是说："是……""我知道""我明白"之意。

就这样，我便收到日本"中归联"本部三位主要干部集体撰写的《中国归还者联络会三十年的脚步》。可能是为了赶进度，由"中归联"会长富永正三、委员长绘鸠毅、与东京支部长三尾丰分段写成。依次是："前言"与"'中归联'的创立及其历史背景"；"'中归联'的组织机构概况"；"'中归联'历届全国大会召开的概况"；"'中归联'活动概况"；"'中归联'在日本国内产生的作用和影响"等。文章结尾写道："'中归联'全体会员在归国以后的30年间，始终没有忘记认罪悔罪，始终没有忘记以自己害人的体验，奔走疾呼：'反对战争！''保卫和平！''日中永不再战！'尽管他们都已年逾古稀，但仍然在险恶的环境里，为建设新日本和促进日中友好而坚持不懈地奋斗着。正因如此，'中归联'的宗旨和行为越来越得到日本广大国民的理解和支持。"

另一篇约稿，是富永会长为我主编的《震撼世界的奇迹》史料专辑，写的祝贺文。文章标题《亲历者的祝愿》。文章开篇写道："在新中国诞生的最初年代，中国人民成功地把伪满皇帝溥仪改造成为平民，又把凶恶的日本侵华战犯由'鬼'改造成人，这是世界史上前所未有的奇迹。据悉，以担任过这一改造人的光荣任务的抚顺战犯管理所原所长孙明斋先生，和以他为首的诸位管教先生们所撰写的回忆录，将由中国人民政治协商会议辽宁省抚顺市委员会文史委员会整理出版，我谨代表日本国中国归还者联络会，表示衷心的祝贺！"

历史证明，正因《震撼世界的奇迹——改造伪满皇帝溥仪暨日本战犯纪实》史料专辑，采用了中日双方亲历者共同提供的稿件，北京中国文史出版社于 1990 年 6 月出版以后，即受到中外读者的广泛好评。该社在出版了第一版之后，紧接着，又在 1991 年 12 月印刷出版了第二个版本。后来又收录在该社于 2000 年 6 月，再次出版的《改造战犯纪实》等多种版本之中。

1992 年 9 月，在中日两国实现邦交正常化 20 周年纪念日之前，我之决定要编辑出版《难忘的中国——日本中国归还者联络会历次访华见闻实录》，是根据"中归联"寄来的一份资料《中国归还者联络会访中团一览表》。该表仅记述自 1965 年 9 月 7 日至 1990 年 6 月 23 日，日本"中归联"接连组织友好访华 20 次的概况。表格中，有访华团团长姓名、人数、到达城市名称，与会见中国国家领导人周恩来、王震、廖承志、郭沫若、邓颖超、吕正操等人名单，未有访华经过、见闻、与我国领导人谈话要点记录等史料。为此，我便写信要求"中归联"能否提供详细资料。随后，"中归联"便继续寄来一些资料和照片。

1991 年 9 月 6 日上午，我突然接到抚顺市外事办打来电话，介绍：日本"中归联"会长富永正三和副会长大河原孝一，在北京，应邀出席群众出版社举行出版改造日本战犯大型画册《觉醒》首发式，以及出席最高人民法院出版社出版 《正义的审判》档案专辑赠书仪式之后，已专程来抚顺访问。他们现已结束在抚顺战犯管理所的行程，要求即刻到抚顺市政协文史委进行走访，请予接待。于是，我立刻向市政协主席张旗同志作了汇报。张旗主席对"中归联"两位会长的来访十分重视，当即决定，由他亲自出面接待，并让常务副主席郭耀昆及秘书长解玉舫一同会见。时间和地点定于 7 日上午 10 时，在抚顺友谊宾馆二楼小会议室。

翌日上午，抚顺市外事办主任李开有带着译员，陪同"中归联"参访团一行五人，从抚顺战犯管理所来到抚顺友谊宾馆。宾主入室，相互寒暄，落座后，张旗主席首先致欢迎词。张旗说，自 1972 年 9 月中日两国实现邦交正常化以来，由于中日首脑互访不断，已使中日友好关系进入新时期。这期间，由于我会文史委编纂《震撼世界的奇迹》史料专辑，得到"中归联"的大力协助，也使我们能为中日世代友好尽心尽力。张旗还说，我们衷心希望这种友好往来再继续下去。"中归联"继任会长富永正三满怀深情地谈到，抚顺是我们的"再生之地"，广大"中归联"会员对抚顺有着十分特殊与友好的感情。过去我们在抚顺收押改造期间，曾得到各位管教先生的关照。但不知他们当时为什么要这样体贴和关照，这次读了抚顺市政协文史委编辑出版的《震撼世界的奇迹》，才知道，这是因为中国共产党领导人毛泽东、周恩来等伟人相应制定一系列宽大方针、政策，而形成的缘故。因而，我们很愿意同抚顺市政协文史委进一步发展友好合作关系，便于把新中国创造的"震撼世界的奇迹"，传播到全世界。

两会领导人互相亲切交谈了近一个小时。午间，由张旗主席设宴款待。在宴请之前，给我留下一段时间，便于就《难忘的中国》一书编辑出版相关事项，同"中归联"参访团，具体商讨，做出安排。"中归联"参访团，除富永正三会长和大河原孝一副会长外，还有先期来抚顺战犯管理所协助该所进行改馆工作的该会全国委员（亦即常委）三尾豊、小山一郎和山中盛之助。我同日方五位客人进行交谈时，由抚顺战犯管理所原管教干部崔仁杰担任翻译。我首先介绍，我们根据"中归联"寄来的资料，已初步拟定的征集史料计划大纲，日方对此建议，甚是满意。并当场议定，归国之后即刻成立"本部征文小组"，发动广大来华访问的会员及其随行家属踊跃撰稿。但当谈到如何拟定此书书名时，我同"中归联"参访团成员，又都一时拿不定主意。此时，担当翻译的崔仁杰说："我深知广大'中归联'

会员的思想感情，这本见闻录可否取名《难忘的中国》？"果然，大家都认为亲切感人，一致同意。富永正三当场挥毫，写下《难忘的中国》五个汉字，作为书名正式题字。富永归国后，寄来的"序文"写道："纵观这部回忆录集，突出了一个主题，那就是'难忘'二字。中文中的'难忘'二字，在日文里是'忘难'的意思。""我们'中归联'会员们所理解的《难忘的中国》，却有着它特殊的含义"。"我们称中国为'再生之地'，也可视为我们的'第二故乡'。对故乡难忘是人之常情，我们所说的'难忘的中国'，或'忘不掉的中国'，就是从这个意义上得出来的结论。"

《难忘的中国——日本中国归还者联络会历次访华见闻实录》，1992年7月，由辽宁大学出版社出版发行。书中收集的42篇文稿，全部由日本"中归联"来华访问的历任会长、副会长、委员长及其他访华会员、随行家属、赞助会员撰写，共计19万字。其中，特别重要的文稿，有周恩来总理于1972年11月9日下午，在北京人民大会堂，同"中归联"首任会长藤田茂率领的"中归联"第二次友好访华团谈话见闻记。有全国政协副主席吕正操于1986年11月19日上午，在北京人民大会堂，接见因中国"文化大革命"而分裂，后又因中国粉碎"四人帮"重获统一，由富永正三和大河原孝一分别担任团长和副团长的"统一'中归联'访华团"时，中日双方谈话要点。此外，还有日本"中归联"首任会长藤田茂率该会首次友好访华团，于1965年9月29日，在北京人民大会堂，向中日友好协会名誉会长郭沫若，呈献"中归联"会旨铜牌经过等文稿。而周总理的谈话纪要，是由会长藤田茂，与随行团员国友俊太郎、三尾豊等，各自分别回忆记述的。在谈话时，周恩来强调："日本要走和平发展道路，必须认真吸取历史教训。"周恩来还说："前些日子，我和田中首相发表了恢复邦交的共同声明，这是经济基础不同的两个国家的总理在纸上的约定。但要牢固地实现两国邦交正常化，是要在日本人民和中国人民真心地理解的基础上，最后达到相互深厚的信赖关系的时候。这样，才能结成两国子子孙孙间的永久的友好关系。"今天来看，周恩来的谈话，仍然具有深刻的指导意义。

在我同日本"中归联"友好交往多年期间，有两件事，让我甚感意外。一是，1990年8月28日，"中归联"继任副会长大河原孝一，收到

《震撼世界的奇迹》赠书后，来信写道："我们感到出版这本书很有价值，很有意义。这本书记载的都是真实历史。我们认为，无论如何应该让日本国民明确当年侵华战争的历史责任。所以，我们准备在今年内将此书翻译成日文，在日本出版。这个目标目前正在积极努力之中。"另一件事是，1992年6月，"中归联"会长富永正三，在给我的来信中，当谈到对我主编《难忘的中国》表达感言之后，竟邀请我能够在近期内实现访日。这两次来信，我都未能回复。尤其对应邀访日，我更不便回复，因我当时不想去日本。原因是，我们在已占有改造日伪战犯史料后，正在全力抢救改造国民党战犯史料，没有多余时间。还有，在我内心处，尚有一些挥之不去的伤感。那是1937年"七七事变"之后，侵华日军强占山东省胶东地区，在我六七岁时，我曾随众乡亲目击一群日本兵，残忍地用战刀砍杀掉中国人首级的惨状。当年，日本兵曾惊吓我几天几夜不食不眠。现今，又邀我访日，心中的伤痕，很难让日本人愈合。稍后，我之所以能够接受"中归联"邀访，细究原因，还是吴浩然因素。记得是，1992年6月初，吴浩然应"中归联"邀访日本归来，特地来看我。吴浩然郑重地说，他是受"中归联"本部之托，特来邀我早些去日本访问的。吴浩然还详细地介绍了"中归联"各位会长、委员长和事务局长们，集体议决时的一些感人细节。看来，"中归联"的盛情邀访十分真诚和友好，已经难以推辞。在这一背景下，我才正式向市政协常务副主席郭耀昆作了汇报。谁知，郭副主席回答得很干脆，他说："你应该去日本。这几年，你工作很辛苦，可以去日本放松放松。"他还说："去日本也是为工作，可以广交朋友嘛！"

鉴于当时，市政协主席张旗外出，我便想请郭副主席能带领我们去日本。所以，我于1992年7月初，给"中归联"写回信时，除表达对日方邀访之感言外，还写道："因我不懂日语，一个人前去日本访问不是很方便，可否由我会一位副主席带队，再多去几人？"7月27日，"中归联"事务局长高桥哲郎回函答复："你方要组代表团访日，深表热忱欢迎。我们认为，可以由政协副主席为团长以五名为限（包括翻译一名）。在日本期间的费用，由我方承担。"

事实上，我已于1992年9月办理离休了。在市政协机关办完访日手续，

有关日本"中归联"创建与终止活动概况，以及我与该会建立友好关系经过

决定于 1993 年 4 月 1 日经北京去日本时，我已离休在家半年时间。这时，张旗、郭耀昆两位主席也已届满离任。于是，抚顺市政协组成的访日团，便由市政协秘书长王洪权带队前往。

来到东京后，据"中归联"事务局长高桥哲郎介绍，到 1964 年 3 月 9 日止，从中国获释返国的 1061 人，全体参加了于 1957 年 9 月 22 日正式成立的"中国归还者联络会"，积极从事促进日中友好、反对侵略战争、维护世界和平的各项活动。但随着岁月的流逝，目前尚健在的仅有 556 人。最高年龄是岛挹县的筑谷章造，今年已是百岁老人。最小年龄也已六十有九，平均年龄为 75 岁。由于年龄等诸多原因，目前同"中归联"有经常联系的会员有 350 人，不经常联系的会员有 250 人。另外，"中归联"尚有赞助会员 150 人。高桥还说："我今年也已七十有二，但我仍感自己浑身是劲。因为我们从事的是崇高事业，所以才感到自己越活越年轻。"我仔细观察，见"中归联"几位主要领导人鬓发虽都花白，但脸色却显红润，谈吐也十分敏捷，看上去确实都不像是七八十岁的老人。特别是，当听到他们谈起对中国怀有的难忘和友好的感情，更使我感到彼此间其实已很亲近，也颇受感动。

经中日双方主持人商定，4 月 2 日上午，在"后乐宾馆"一间宽大而雅静的餐厅里，举行《难忘的中国》一书赠书仪式，日方称此举为"赠呈式"。参加赠书仪式的，不仅有在东京地区居住的"中归联"全国常任委员和会员，还有来自几百里外的千叶县、埼玉县等地的"中归联"全国常任委员等。当王洪权和富永正三分别代表抚顺市政协和日本"中归联"相继致辞时，会场里多次响起一阵又一阵友好而热烈的掌声。中日双方的友好讲话，充分表达了中日人民世代友好的强烈愿望，同时，也充分体现了"再生之地"的抚顺市各界人士同"中归联"广大会员与朋友们之间的特殊友谊和感情。

赠书仪式结束后，我们在"中归联"委员长绘鸠毅等人陪伴下，连续两天在东京市区游览参观，相继到了东京都政府大厦、NHK 广播电视中心、天皇皇宫花园等处。其间，还特地去"上野公园"，观看正在绽开的各色樱花。

4月5日中午，富永正三抱病送我们到达东京新干线车站。从这一天开始，便由高桥哲郎和三尾豊两人陪伴我们，南下参观京都、神户和大阪等地的风景古迹名胜。其间，让我最难忘的是，在京都西郊龟山公园，瞻仰坐落在岚山脚下松林间的周恩来总理的诗碑。陪同的三尾豊说："在我一生中，最为幸福的事，要算是1972年11月9日下午3时许，跟随藤田茂首任会长，在北京人民大会堂，荣幸地见到了我最敬仰的周总理了。那天夜里，我高兴得一宿未合眼。"知识面较广的高桥哲郎，则一路上，不断地向我介绍日本的历史。高桥从日本派遣唐使来华，讲到现代两国相互交往。他说，从中国汉、唐以来，日本就兴起了学习中国先进文化热，甚至古京都街区的布局都是按照中国古长安的原型建造的。高桥说："没有中国先进文化的引进，就不可能有近代日本的文明进步和发展。单从这一角度看问题，日本军国主义分子发动侵华战争，确实是最大的忘本和犯罪。"

除了参观游览，在东京期间，高桥哲郎还详尽地向我介绍了有关《震撼世界的奇迹》翻译日文出版的最新动态。由于日方已满足了我方的要求，"中归联"已于1991年秋天，将该书翻译文稿寄给我会文史委审阅（由吴浩然等又将日文译成中文）。所以，这次东京谈话，重点谈及日方如何向中方支付费用的问题。高桥哲郎很诚恳地谈道："诚如您所知道的原因，现今日本社会政治环境依然十分险恶。我们想将此书的日文版作为商业经营极其困难，但因：此书是一本极其珍贵的史料，我们又不能放弃翻译出版。所以，'中归联'本部已决定：由会员自筹经费自行出版，以满足广大会员和日本各界人士的需要。但不知，中方要不要我们支付费用？如果要求我们支付出版费和稿费，这又会遇到新的课题。这也是我们目前面临的又一个出版难题。"听了高桥的陈述，我表达了以下意见："第一，'中归联'决心要将《震撼世界的奇迹》翻译成日文出版，我们表示支持；第二，'中归联'拟易名《觉醒》出版日文版，我们没有意见。但原稿译文必须尊重原意，尤其涉及原则问题，一个字都不能改。如有关满洲国的表述，只能译成'伪满洲国'或'伪满'，不能译成'旧满洲国''原满洲国'或'原满洲帝国'等等。我已将原译稿的错误改过来，不能再改过去。因为中国不承认那个傀儡国。'中归联'如能做到这些，我作为主编者可

有关日本"中归联"创建与终止活动概况，以及我与该会建立友好关系经过

以代表原作者表示，我们不要稿费。第三，出版《震撼世界的奇迹》，我们是主编方，仅能当一半的家。中国文史出版社是法定的出版发行单位，承担另一半家的责任。至于出版社是否要出版税，容我回国同出版社进行沟通后，再作进一步答复。"

4月10日，我们一行五人，在高桥哲郎、三尾豊及该会关西支部负责人等陪伴下，从大阪乘飞机回到北京。回国之后，我即向全国政协文史办主任张文惠汇报了日本"中归联"翻译出版日文版《觉醒》的相关事项。张文惠主任对我表达的三项见解完全同意，并极力赞成由日方翻译出版日文版。其间，经他亲自与国家出版署相关部门沟通，正式寄来一份免收版权税的函件，我便及时转寄给日本"中归联"。

经日本"中归联"本部多方努力，日文版《觉醒》——改造日本战犯实录，于1995年4月25日，终于由大阪新风书房正式出版发行。富永正三会长撰写的"前言"，介绍抚顺市政协文史委挖掘成辑，与"中归联"翻译成书的全过程。前日本驻华大使、外务省亚洲局局长、时任"日中友好协会全国委员会"副会长中江要介，应邀撰写了"序文"。中江要介用奇特方式，以《"另一个战犯"给你的提问》为题，写道："为什么在远东国际军事法庭上被审判的28名日本甲级战犯都不肯承认自己有罪，与此相反，为什么在中国军事法庭上被审判的日本战犯都要求给自己判重刑或极刑？这本书对这个问题要给予答案。"接着，中江要介引证赵毓英原稿中记述的焦桂珍女护理员，不辞辛苦，不怕脏臭，全力护救因患中风、卧床多年的伪满总务厅长官武部六藏至获"假释"回日本，让武部夫妇在天津码头感动得放声大哭的事例之后，又引用了富永正三文稿中的一段话："孙先生（指原抚顺战犯管理所所长孙明斋，纪注）给我讲过，开设管理所之际，党中央下来这样的指示：抚顺战犯管理所要不同于世界上其他任何同样的设施。最高指示说（指毛泽东，纪注），罪犯也是人，人是可以改造的。既然是人，我们就需要尊重他的人格。"接着，中江要介论述："在我国经常能听到，共产主义国家几乎不存在人权的概念。与此相反，很多日本人已经忘记或不知道，当年曾经在上海日租界的一个公园门前，挂了'禁止狗和中国人进入'这种标识的，就是日本人写的这一事实。在迎接战后

50 周年的今年，能出版这本书，其意义极为重要。"

——"中归联精神"，已由"抚顺奇迹继承会"继承

我自1988年，与日本"中归联"建立友好关系以来，相互书信往来不断。据我考察，"中归联"作为世界上仅有的这一独特群体，自 1957 年 9 月创建以来，在长达 40 多年时间内，已为日本社会做出两大历史性贡献。其一是，该会会员运用自身参与侵华战争犯罪血的教训，通过各种形式和手段，深刻揭露日本军国主义发动侵略战争的残暴，唤起了日本国民的觉醒，发自内心反对或厌恶侵略战争。其二是，该会通过各种渠道和方式，大张旗鼓地宣传日中世代友好，极力推动日中实现邦交正常化。例如，该组织的一次惊人表现：在 1960 年初，日本国内爆发了空前规模的"反对重新修订日美安全保障条约"抗议示威运动时，"中归联"广大会员始终冲锋战斗在最前线。日本右翼政府，为了迎接美国总统艾森豪威尔来东京访问，岸信介首相竟命令大批军警，对示威群众进行武装镇压。在斗争危险关头，"中归联"首任会长藤田茂，带领该会人员逼近持枪军警面前。藤田茂领导群众高呼："一定要把漏网的甲级战犯岸信介拉下马！"这时，藤田茂又面对持枪的军警，高喊："当年，我在中国作战，曾命令士兵刺杀活人，进行试胆训练。你们如果不怕死，也想体验一下，我们是怎样进行试胆训练的，就请前来试试！"年轻的日本军警，面对眼前，这些不怕死的日本老兵企图要夺枪施暴，都惊恐般急忙后撤。于是，艾森豪威尔的车队，便迅速被示威群众层层围住，无法前行。危急时刻，由驻日美军陆战队派来了直升飞机，将美国总统从围困中救出。接下来，这场示威风暴，一直持续到当年 6 月。在一次又一次群众强大示威运动的逼迫下，岸信介首相不得不于当年 6 月中旬，宣布自动下野。由此，为后来实现中日邦交正常化，排除了障碍，扫清了道路。

但是，随着时光流逝，会员老化，人员减少，"中归联"被迫于2002 年 4 月 20 日，召开最后一次"全国代表大会"，宣布"终止活动"，

退出历史舞台。据应邀参加这次大会的抚顺战犯管理所，尚健在的、老护士长赵毓英，向我介绍："中归联"最后召开的这次大会，共有三项议程，每项议程都振奋人心，气氛严肃而庄重。当时，"中归联"会员已由最初的1061人，减至只有140人健在；而且，由于普遍行动不便，能到会的只有85位八九十岁的老人。开会地址，选在东京五反田区邮政宾馆大厅。

会议第一项议程：东京当地时间，13时开始，首先举行"原抚顺战犯管理所所长、故金源先生，与中国归还者联络会、故会长富永正三先生悼念追思会"。在中日友好交往两千多年历史过程中，有晟衡入唐，鉴真东渡日本，民间友谊佳话传说。但是，从未有过，中国的管制者与日本的被管制者，能在日本首都，特设的同一灵堂里，共同悼念双方前辈的历史记载。

接下来，进行第二项议程：东京当地时间，15时至18时，在同一座大厅里，"日本中国归还者联络会"本部，正式隆重举行该会最后一次全国代表大会。80岁高龄的"中归联"继任副会长大河原孝一，致辞时说：在20世纪初，由中国获释归国的一千多名日本战犯，创建的"中国归还者联络会"，奋斗、拼搏到今天，已经经历了45个年头。尽管我会成员每年每月都在减少；但是，我们活着的会员，坚持终生认罪悔罪，永远忏悔的意志，一天也未减少。大家在已故老会长藤田茂先生和继任会长富永正三先生的带领下，无论日本社会政治环境多么险恶，我们都能坚贞不渝地为实现本会的会旨而勇敢奋斗着。但是，岁月不饶人。我会会员现在健在的仅有140多人，平均年龄82岁，今天能到会的只有85人。1996年4月25日，我会召开"归国40年纪念大会"暨"第六次全国大会"时，已故富永正三会长说："中归联"要坚持战斗到最后一人。但是，今天在座的高龄会员，都一致认为，"中归联"与"抚顺奇迹继承会"，还是早些完成新老交替为好。这样，让大家心里放心，便于随时入土为安。为此，我代表本部集体决定，自即日起，"中归联"组织，正式终止活动。我们的未竟事业，将由"抚顺奇迹继承会"承诺继承。

现在，我请"抚顺奇迹继承会"代表、熊谷伸一郎先生，宣读《继承宣言》。《继承宣言》全文如下：

在座各位：

今天，在中国归还者联络会举行的总结大会的现场，让我们回顾一下"中归联"不短暂，长达半个世纪的历史吧。

在中国成为战犯的许多人，在中国政府宽大政策的基础上，被批准回国，是距今46年前的初夏的事情了。我至今还记得那时战犯们起草的《告日本人民书》一文中的一段话：

"我们的愿望是，将我们所体验的错误的前半生作为所有人的教训，使人们不再重复我们所走过的黑暗和罪恶之路，……使所有的人都能过上和平、幸福的生活。"

但是，战犯们的这种痛切的心声，由于我们国内各种偏见与无知，以及时代的制约，而陷入了困难的境地。正因为这样，为了能够互相帮助，推动反对侵略战争，实现和平与日中友好，成立了"中国归还者联络会"。

45年过去了。为得到受害者的宽恕为最大目的，"中归联"的人们恪守回国时的誓言，踏上了孜孜不倦，过着正直的赎罪之路。他们的控诉、他们的身影，逐渐扩大了影响，给我们战后的社会带来了深远的影响。

回顾起这一真诚的历程，我们认为："中归联"走过的"道路"，理应是"二战后"的日本国家应该走的"道路"。

令人遗憾的是，我们的社会还没有恢复到能够体谅受害人的痛苦、并坦率地反省自身过去的错误，并且能够完全找回人类应有良知的地步。每当我们想起篡改历史教科书的问题或参拜靖国神社的问题的时候，就能更深切地感受到这一点。

为了改变这种不正常状况，实现真正的持久和平，并与各国人民友好相处下去，我们将继承"中归联"的"会旨"精神，继续努力奋斗。

我们将铭记"中归联"的人们的记忆。"中归联"的历史，也将世世代代的流传下去。"中归联"的精神是值得永久继承的。

有关日本"中归联"创建与终止活动概况，以及我与该会建立友好关系经过

被侵略战争夺去了生命，以及仍健在被侵犯人格尊严的人们，也将会继续注视我们的前进之路的。

朋友们，让我们携起手来，互相鼓励，共同前进吧。

2002年4月20日
继承抚顺之奇迹协会代表熊谷伸一郎

会议第三项议程：东京时间19时至21时，在邮政宾馆福寿厅，由"中归联"常任委员铃木良雄，与"继承会"代表共同主持，进行新老交接谈心、恳谈会。

翌日，"抚顺奇迹继承会"在邮政宾馆大厅原址，正式举行该会成立大会。会议通过了会旨、章程、本部与各分支部机构设置和领导人员。该会现任会长由日本中央大学名誉教授（中国现代史专攻）、日本"再生大地合唱团"团长、日本"和平纪念馆"馆长姬田光义担任。据说，该会创建初期，就有363名会员，目前，该会已有会员1000多人。而且，从日本最北部的北海道，到最南部的九州，已在日本全国各地组建起十个支部。2002年4月20日这一天，"继承会"到会代表109人。

据抚顺战犯管理所展览部长夏雅兰考察了解，在日本国内新诞生的这又一个独特群体"抚顺奇迹继承会"的实际发起人，竟是被已故中国国家副主席宋庆龄非常信赖的仁木富美子女士。据介绍，仁木女士于1926年10月，出生在中国山东省的济南。幼年，少年时，她就随家人多次往返于中国和日本之间。她成年后，移居日本本土，数十次往返于日中两国之间，专心致志地为日中民间友好交往贡献力量。到了晚年，仁木女士把主要精力放在研究中日交战历史上，特别注意收集、整理、保存有关日军侵华暴行的真实记录。为了将"中归联"本部及其会员个人，从中国获释归国以后，所出版发行的所有揭发日军侵华暴行的纪实著作、战地回忆录、音像制品、演讲记录、图片展示、报刊访谈记等所有史料，都能完整地保存下去，仁木女士创建了日本历史上前所未有的"和平纪念馆"，为的是将这些珍贵的历史资料得以妥善保存并流传给日本后一代。仁木女士用大量心血创办的"和平纪念馆"，位于日本琦玉县川越市与鹤之岛之间。这

座大约有三百平方米的"和平纪念馆"，实际上，就是仁木富美子的私人住宅，她将自己的房屋无偿地捐献出来，作为纪念馆，就是为了让那些历史见证人提供的音像、书籍、回忆录等宝贵资料不被散失，便于人们前来阅览研究。

仁木富美子女士终生为日中友好做贡献的事迹，曾经感动过中国国家副主席宋庆龄。因此，使仁木女士成为"宋庆龄日本基金会"副理事长，"中国宋庆龄基金会"名誉理事，"上海宋庆龄基金会"名誉理事。同时，仁木女士也成为日本"抚顺奇迹继承会"的早期发起人与"NPO 和平纪念馆"馆长。同时，仁木女士还担任中国浙江省温州山地教育振兴基金会副会长。

仁木富美子女士，这位日本人民忠实的女儿，中国人民忠实的朋友，为日中友好事业发展，倾注了全部心血，贡献了毕生精力。2012 年 8 月 9 日上午 10 时 4 分，她因肺炎医治无效而病逝，享年 85 岁。仁木女士临终之前，让家人给她穿上宋庆龄送给她的一身礼服。仁木女士病危时，一再嘱托亲人："我死后，不要墓地，只想把火化后留下的一片骨头，撒到日本与中国的海域之间，让我的灵魂在海洋深处，成为日中世世代代友好，不再发生战争的永恒的见证人。"这就是日本女儿临终时留下的遗言、心声和呼唤。我们一定不要忘记这位中国人民忠实的朋友。实际上，仁木女士也是为新中国成功改造日本战犯，做出特殊奉献的一位杰出的历史见证人。

"日本国际和平研究所"访员与《改造战犯密档全公开》一书作者访谈纪要

纪　敏　整理

在 2017 年 9 月 29 日，中日恢复邦交正常化 45 年纪念日到来前夕，"日本国际和平研究所"派该所研究员、日本"明治学院大学"教养学科教授张宏波来北京，同中国文史出版社出版《改造战犯密档全公开》一书作者纪敏会面，就新中国成功改造日本战犯、推动日中实现邦交正常化等话题，进行相互交谈和研究。以下是这次访谈纪要。

"日本国际和平研究所"**访员问**（以下简称访员问）：我们发现，您对新中国成功改造日本战犯的历史，以及对获释归国的日本战犯创建"中归联"的历史，都有著述研究。

2017 年 9 月 29 日，是日中实现邦交正常化 45 周年。2018 年 10 月 23 日，是《中日和平友好条约》签订 40 周年。在这两个重要纪念日将要临近的时候，您能否对中国成功改造日本战犯，以及对日本"中归联"的创建，这两个重大历史事件，与日中复交对国际和平做出的贡献，谈一下您个人的评价？

《改造战犯密档全公开》一书**作者纪敏回答**（以下简称作者答）："二

战"以后，由美国主导与控制的西方国家，一直推行全球霸权的"冷战"战略，无所不用其极地对新中国进行封锁、欺压，千方百计地遏制新中国的发展。在这种极其困难的情况下，日中两大民族竟然能够摆脱美国的控制，排除日本右翼势力的阻挠，在实现日中邦交正常化不久后，竟又能继续签订《中日和平友好条约》。今天看来，确实来之不易，中日两国人民都应该倍加珍惜。

正如周恩来总理1962年，接见高崎达之助、冈崎嘉平太等五位日本国会议员时所说："从中日甲午战争开始，日本侵略中国，特别是1931年'九·一八'事变，日本入侵中国内地，给中国人民的生命和财产造成重大损失，对此我们抱有很深的怨恨。但是，甲午战争到现在只有70年，这在两千年的中日友好史上是短暂的。我们现在正在努力忘记这段时间，'忘记怨恨，结成友好。'我认为，新中国之所以能制定和实施国际间独创的，宽大处理日本战犯的一整套政策主张和措施，正是'忘记怨恨，结成友好'宽大胸怀的突出表现；而且，这也正是中国政府处理'战后'对日本关系所持的基本出发点和着眼点。"

众所周知，在"二战"之前，国际间，没有惩办战争罪犯的历史记载。"二战"之后，新中国成功改造日本战犯的创举，被国际舆论称赞是"人间奇迹"。之后，由获释归国的一千多名日本战犯创建的"中归联"，坚持走终身忏悔赎罪道路的过程，也得到国际社会的高度评价。这两大历史事件的产生，堪称是"前无古人，后无来者"的世纪贡献。两件大事虽然分别发生在中国和日本，但其对国际社会的影响，都属于对人类社会的文明、进步，以及对维护"二战"之后的国际和平新秩序，作出了不可磨灭的重大历史贡献。

访员问：迄今为止，仍有不少日本人弄不明白：为什么"二战"后，设立的"远东国际军事法庭"，经过四年半的侦讯和审判，受审的28名日本甲级战犯，竟然无一人俯首认罪；而在新中国设置的"特别军事法庭"，经过两个多月的侦讯和审判，受审理的45名日本战犯，不但能全部认罪服法，竟然还有几名被判有期徒刑的日本战犯，当众、甚至跪地恳求主审法官改判自己死刑。这些令人震惊的奇特现象，为什么都发生在新中国，而在别的国家，乃至"远东国际军事法庭"都不会出现？

作者答：正如我前边所说，"二战"之前，国际间，没有审判战争罪犯的历史记录。"二战"之后，由苏、美、英、法四国创立的"纽伦堡国际军事法庭"，审判德国纳粹战犯的创举，以及由驻日美军总部倡导，与各同盟国普遍参与，设立"远东国际军事法庭"，审判日本甲级战犯的举动，应该说，都是对人类文明社会做出的一大贡献。

仅就"远东国际军事法庭"而言，该法庭审判的结果未尽人意，不能简单地归咎于受历史知识的局限，应该追究其失职的原因，并全面深入研究美国主导的动机与干扰，造成的严重后果。

现在回头看，我们不难发现，"二战"终结，美军占领日本之后，最先做的一件事，就是全力搜查、逮捕、关押与审判日本战争罪犯，为的是对日本实施复仇和报复。据日本"中归联"提供的调查材料介绍，自1945年11月至1949年9月，经美国单方面审判的日本战犯共有1453人。其中，判处死刑140人，判处无期徒刑164人。随着时间推移，国际社会形成了两大阵营。接着，由美国主导、组建"远东国际军事法庭"成立后，美国便开始粉饰和庇护日本甲级战犯的罪行。当美国调整和制定了长期占领日本的政策之后，竟又来了一个180度的大转弯，开始用心用脑，收买和利用日本裕仁天皇以及日本战争罪犯。

例如，在"远东国际军事法庭"，担任最高检察官一职的美国律师基南，于1947年10月10日，正式宣布："日本天皇及实业界没有战争责任。"由此，所有参战的日本战犯，便普遍认为："既然发动战争的帝国元首都没有战争责任，我等作为执行'天皇圣旨'，皆属陛下臣民和军人的人，更不应该负有承担战争罪行的历史责任。"这也就是，战后受降的所有日本战争罪犯不肯认罪悔罪的总根源所在。

与此相反，新中国受理的一千多名日本战犯，为什么都能认罪悔罪？其中，最根本的原因，在于中国的管制部门，通过组织日本战犯系统学习列宁著作《帝国主义论》时。引导日本战犯联系实际，揭发批判以裕仁天皇为首的垄断集团，对内实行压榨，与对外实行侵略扩张，到处掠夺财富，大发战争横财的严重罪行，从而擦亮了眼睛，认识到自己被欺骗利用的沉痛教训，而能主动与天皇裕仁划清了界限，纷纷交罪认罪悔罪。

再如，1948 年 1 月 6 日，美国陆军部长罗亚尔公开声言："美国对日政策，从实现非军事化，转变为使日本成为'反共的堡垒'和'远东的工厂'"。接着，美国驻日本最高统帅麦克阿瑟，自 1950 年 3 月 7 日开始，背叛盟国协议，公开、擅自、陆续释放在押的日本战犯。于是，从此时开始，美国便一直扶持、利用日本战犯在其国内执政。其间，最为典型的是，长期利用"漏网的"日本甲级战犯岸信介任日本政府首相；直到目前，仍然支持、利用岸信介的后人在日本执政。

由此，我们也不难看清，当今之日本，其国内长期存在右倾化的原因。日本自"明治天皇"于 1867 年执政以来，随着日本资本主义迅速发展，实行对外侵略扩张政策，接连发动了中日甲午战争与日俄战争。可见，日本国内长期存在的右倾化，有其内在的历史原因和社会原因。但是，现今日本社会存在的右倾化，因有美国的"介入"，不能不是对日本右翼势力提供了"推波助澜"的外部条件和国际环境。

至于谈到中国的审判，与国际间的审判，理念与方式截然不同。那是因为新中国实行的社会政治制度决定了审判的理念与方式，不可能与国际间相同，审判的结果也就不会相同。我们只要细心地进行分析、对比，就不难发现，新中国审理日本战争罪犯，同国际间惩办日本战争罪犯，有许多明显不同。

首先，惩办日本战争罪犯的动机和出发点不尽相同。国际间，关注的是，如何对败降者进行复仇和报复；如何让战败国支付战争损失和赔偿。新中国关注的是，如果研究吸取发生战争的历史原因与深刻教训；如何伸张国际正义，重建国际新秩序，维护世界持久和平。

其次，审判的理念与关注点有所不同，国际间关注的是，如何让败降的罪犯屈服于我，为我所利用。中国关注的是，如何让罪犯找到自己被日本军阀和财阀欺骗利用，走上犯罪道路的沉痛教训。而且，更加重视采取何种方式，让罪犯恢复"人性"，懂得做"人"应该有的"观念"和

"良知"。

最后，法庭规则与惩办方式大不相同。国际间的法庭，极重视罪犯对本法庭组织宪章的尊重，尤其是对主审法官本人威严的敬重。中国法庭极重视罪犯本人是否发自内心坦白认罪，以及罪犯是否承认、认定受害人提供的申诉和铁证。而且，国际间法庭很在意采用何种方式和程序，将罪犯处死，让他们从"人间"走向"鬼蜮"，由"人"变成"鬼"。中国法庭很在意通过何种方式和程序，让罪犯从"鬼蜮"回到"人间"，由"鬼"变成"人"。同时，中国的主审法官，不仅重视罪犯本人，在受审期间的实际表现，而且还更加重视裁判结果对中日两大民族根本利益的影响。

正因为有上述的许多不尽相同，"二战"后，在"远东国际军事法庭"接受审判的 28 名日本甲级战犯，竟没有一名罪犯低头认罪。相反，在新中国接受审判的 45 名日本战犯，不仅全部低头认罪，竟还做到获释回归日本后，坚持终生忏悔、认罪、赎罪，永不反悔。

访员问：据我们了解，在日本有多位作家，对研究新中国改造日本战犯的历史有兴趣。去世多年的新井利男，对我们谈到，在20世纪80年代，他曾专程去抚顺访问过您，请您帮忙解释"新中国为何对日本战犯，实行'一个不杀政策'等多项疑惑。现在，我们仍想，能否更深入了解中国政府高层制定对战犯实行"一个不杀"政策的历史背景与决策过程。请问，您对这方面的情况是否有探索和研究。

作者答：前些年，我不只接待过由抚顺战犯管理所继任所长金源陪伴来的日本作家新井利男，还接待过日本NHK电视台编导木村丰等多位日本友人。记得木村丰自带翻译，问得更具体。木村丰说："'二战'后，同盟国大多有处死日本战犯的判决，唯有新中国没有，为什么？新中国制定对战犯实行"一个不杀"的政策，是谁倡导的？日本人普遍认为是周恩来，历史事实是否是这样？"我对木村丰说：根据我的考察了解，在中国最先提出对战争罪犯实行"一个不杀"政策主张的，应该是毛泽东。而主张对日本战犯实行人道主义待遇，并对其进行政治思想教育政策的，应该是周恩来。中华人民共和国成立后，在国家面临极其困难的环境，国际上又没有先例的情况下，仅经历短短五六年时间，就独自创造出改造日本战犯的"人间奇迹"。其中，最根本的原因，就在于有毛泽东提出的政策指导思想，与周恩来集中全党的智慧，创造性地制定了一整套独具中国特色的，教育改造战争罪犯方针政策与实施方案。

至于，谈到毛泽东是在什么样历史背景，以及又是怎样提出对战争罪犯实行"一个不杀"政策？应该说，其间，经历一个长时间的演进过程。

据我考察了解，1947年10月，毛泽东在陕北葭县（今佳县），起草《中国人民解放军政治宣言》时，首次提出"逮捕、审判和惩办以蒋介石为首的内战罪犯"。这是中共有史以来，首次提出战犯问题，也是为了后来处理国内国际战犯提供政策依据。

1949年1月28日，毛泽东以"中共发言人"的身份，通过新华社发表"中共发言人关于命令国民党反动政府重新逮捕前日本侵华军总司令冈村宁次和逮捕国民党内战罪犯的谈话"，首次提出"惩办内战战争罪犯，必须同惩办日本战犯一并进行"。

当年，我查阅国家相关档案，惊奇地发现，自1949年10月1日，中华人民共和国成立以后，仅找到毛泽东于1949年12月访问苏联期间，毛泽东与苏联外交部长维辛斯基谈过中国如何处置内战战犯与日本战犯问题。此后，再也找不到毛泽东就战犯问题发表任何谈话，或指示、批示等等。

据档案资料记载，苏联外长维辛斯基友善地对毛泽东说：鉴于中国中央人民政府已经成立，建议中国方面，应及早考虑将仍在苏联境内拘留的一批在中国作恶多端的日本战俘和中国伪满战俘接收过去，作为主权国家自行处理。

毛泽东回答说，这批战犯，中国需要接收过来，并加以审判。但因目前，中国人民的主要仇恨集中在内战战犯方面，而审判内战罪犯的时间，最快要到1951年。如果先期审判日满战犯，不审讯内战罪犯，则有不足。按照现实情况，应先审理内战战犯，后期处理日满战犯为宜。因此，对应移交的日满战犯，可否请苏联政府暂代拘押，到今年（指1950年）下半年再行移交。维辛斯基表示同意，并商定届时再行研究，予以公布。可见，毛泽东此时，仍然主张对内战罪犯与日本罪犯，都应实行审判与严办。

但是，中华人民共和国于 1949 年 10 月成立以后，国际国内形势发生了许多重大深刻的变化。先看苏联方面。1953 年 3 月 5 日，斯大林逝世。斯大林去世后，由于他在主政时，强力推行"清洗"与"肃反"扩大化的政策，因杀人过多，导致赫鲁晓夫上台主政以后，苏联国内出现了反斯大林的逆流，不但造成苏联国内的混乱，由此也引起共产国际组织的分裂。再看日本方面。随着"冷战"启动，美国转变对日占领政策，重新启用日本战犯执政。由此，日本岸信介政府一方面无视中华人民共和国已经存在，而与逃亡台湾的国民党政府单独媾和，缔结了"和约"；另一方面，日本政府又根据美方需要，与美国政府共同缔结"日美安全保障条约"，把日本纳入美国全球战略的决策中。美日统治集团的用心很明确，首先是孤立围堵遏制新中国发展。

再看中国国内。随着 1953 年，朝鲜停战达成协议，与日内瓦会议签订越南停火协议，国际紧张对峙局面，与台湾海峡两岸紧张形势，均有所缓和。对此，中共中央决定调整"武力解放台湾"的方针，1955 年 5 月 13 日，周恩来根据毛泽东的授意，在全国人大第 15 次会议上，第一次公开提出："中国人民解放台湾有两种可能的方式，即战争的方式和和平的方式。中国人民意愿，在可能的条件下，争取用和平的方式解放台湾。"

而在这期间，关押在抚顺的日满战犯集团，与关押在北京等地的国民党战犯集团，通过教育改造，均纷纷主动认罪悔罪，开始瓦解。其间，最先是疯狂抗拒改造的日本战犯集团的瓦解。1954 年 5 月 20 日，在押日本战犯的领军人物、伪满总务厅次长古海忠之，在东北战犯管理所召开的"坦白、认罪大会"上，不但交代了自己的主要罪行，甚至，还谈道："'二战'后，国际法有了新发展。策划和指挥侵略战争的人，固然都属于甲级战犯，已受到国际法庭审判。另外，凡是在侵略战争期间犯有各种罪行的人，被侵略的战胜国家，都有权定其为乙级或丙级战犯，而自行处理。"古海的认罪和谈话，震撼了所有在场的日满战犯。由此，再也没有一个日本战犯敢于表白自己"无罪"。

据我考察，1956 年初，毛泽东曾到杭州考察与休整了一段时间。在这段时间，毛泽东作为国家最高领导人，他最关心的已经不是有关战犯问题，而是新中国应怎样适应国际国内新形势的新变化，加快社会与经济建设发展的问题。当时，正当苏共召开"20 大"时期，苏共"20 大"批评了斯大林的许多错误。毛泽东说："最近，苏联方面暴露了，他们在建设社会主义过程中的一些缺失和错误。他们走过的弯路，你还想走吗？过去我们就是借鉴于他们的经验教训，少走了一些弯路。现在，当然，更要引以为戒。"

1956 年 1 月中旬，毛泽东从杭州回到北京。为了"以苏为鉴"，他决定分别召集国务院各部门负责人分别向他汇报工作，便于为中共召开"八大"做准备。在听取汇报调查期间，苏共"20 大"出现的现象，更加引起毛泽东对中国究应如何加快建设社会主义社会建设等问题的思考。据史料记载，其间，毛泽东曾多次询问国务院几位主管部门负责人："除了苏联的办法之外，是否可以找到别的办法，比苏联、东欧各国搞得更快更好些？"经毛泽东亲自找国务院 34 个部门负责干部进行汇报后，他终于形成一个《论十大关系》的总体思路与安排。用毛泽东的话说，就是"'以苏为鉴'，根据中国情况如何走自己的路"。这也就是，贯穿毛泽东《论十大关系》论述的根本指导思想。

《论十大关系》重点是论述经济建设问题，同时也包括同经济建设密切关联的国家政治生活中的一些重大问题。其中，就包括如何处理《革命和反革命的关系》问题。为此，毛泽东在《论十大关系》第八节中谈道："反革命是什么因素？是消极因素，破坏因素，是积极因素的反对力量。反革命可不可以转变？当然，有些死心塌地的反革命不会转变。但是，在我国的条件下，他们中间的大多数将来会有不同程度的转变。由于我们采取了正确的政策，现在就有不少反革命被改造成不反革命了。有些人，还做了一些有益的事。"

毛泽东说："对待反革命分子的办法是：杀、关、管、放。"他重点谈："杀，大家都知道是怎么一回事。""现在只说杀。那一次镇压反革命杀了一批人。那是些什么人呢？是老百姓非常仇恨的、血债累累的反革命分子，六亿人民的大革命，不杀掉那些'东霸天''西霸天'，人民是不能起来的。如果没有那次镇压，今天我们采取宽大政策，老百姓也不可能赞成。现在，有人听说，斯大林杀错了一些人，就说我们杀的那些反革命也杀错了，这是不对的。"当谈到，什么人可以不杀时，毛泽东说："……连被俘的战犯宣统皇帝（溥仪）、康泽（国民党"复兴社"特务头子）这样的人也不杀。不杀他们，不是没有可杀之罪，而是杀了不利。"就此，毛泽东列出许多"不利"的理由。甚至还谈道："杀了他们，你得一个杀俘虏的名声，杀俘虏历来是名声不好的。"

据我考察，毛泽东首次提出对战争罪犯"一个不杀"政策主张的根据，就是 1956 年 4 月 25 日，他在中共中央政治局扩大会议上，发表《论十大关系》的重要讲话。同年，5 月 2 日，毛泽东在最高国务会议上，又进一步阐述《论十大关系》的问题。

根据毛泽东在党内最先提出，对在押的战争罪犯"一个不杀"的政策主张，1956 年 3 月 14 日，人民政协第三届全国委员会常务委员会第十九次扩大会议，专题讨论外籍战犯和国内战犯的处理问题。出席会议的，除有全国政协常委及部分委员外；还邀请全国人大以及国防委员会、国务院参事室、民革中央、中共中央统战部、调查部等有关人士参加，共计 172 人。

兼任全国政协主席的周恩来总理，在会议上首先传达了中共中央主席毛泽东对国内战犯实行"一个不杀"的主张。并联系对台湾的影响问题，设想了对蒋介石集团战犯判死刑、重刑的消极作用，与立即释放的不利因素等问题，发表谈话。

接着，公安部长罗瑞卿提出了"不审不判，集中管教，分批释放"内战战犯的建议与实施办法。与会人员，经过两天认真研究，取得了共识。会议建议中共中央，对在押的内战罪犯实行"一个不杀，分批释放，来去自由，言论自由"的处理方针。并一致认为，既然原则上"一个不杀，分批释放"，就没有必要再经过审判、宣判这一程序的必要。

会议期间，还听取了最高人民检察院副检察长谭政文，就对在押日本战犯进行侦讯调查情况的说明。鉴于该院派出的"东北侦讯工作团"，尚未结案，因而会议没有也不便向中共中央提供具体建议。

随后，中共中央成立了由罗瑞卿、孔原、徐子荣等组成的"处理战犯专案小组",负责有关政策问题和其他重大问题的研究和处理。并明确:侦查和处理国内战犯工作主要由国家公安部负责。而侦讯和审判日本战犯工作,分别由最高人民检察院和最高人民法院执行。

据时任东北战犯管理所副所长金源介绍,1955年末,他随"高检""东北侦讯工作团"负责人李甫山等,去北京,向"高检""高院"负责人汇报工作时,周恩来总理到场亲自听取汇报。李甫山介绍高检"东北侦讯工作团",对抚顺、太原在押的1062名日本战犯,进行三年的侦讯、调查、取证,并已将其中的117名日本战犯列为重要侦讯对象;由此,列出70名日本战犯的名单,拟对其提出公诉,请求最高法院对其分别判处死刑、无期徒刑和有期徒刑。

对此,周恩来总理明确表态:"中央决定,对日本战犯的处理,不判处一个死刑,也不判处一个无期徒刑,判有期徒刑的也要极少数。起诉书要把基本罪行搞清楚,罪行确凿后才能起诉。对犯一般罪行的不起诉。"

听了周总理宣布的有关决定以后,"东北侦讯工作团"负责人李甫山、东北战犯管理所所长孙明斋等都没有表示不同意的意见。但当他们返回抚顺后,向全体侦讯办案人员和战犯管理所主要管教干部,原原本本地传达中央的决定后,不少干部,尤其是吃过日本侵略者苦头的干部,都表示"中央决定的政策太宽","想不通"。于是,李甫山等负责人又第二次进京,向周总理作汇报。周总理在中南海接待他们时,很耐心地谈道:"不是下面的干部想不通。恐怕是你们的思想想不通。你们的思想想通了,下面的思想怎么会不通呢。"周总理还说:"中央决定,对日本战犯实行宽大处理,在20年以后,你们会看到,中央的决定是正确的。"

历史作出了回答,无须20年,仅16年以后,就看到中共中央预见的正确。1972年9月25日,日本内阁首相田中角荣,以及外务大臣大平正芳,率日本政府代表团正式访问中国。9月29日,日本抢在美国之前,同中华人民共和国,正式建立大使级外交关系。

访员问:日本人永远不会忘记,1984年10月20日,当"原中国抚顺、太原战犯管理所工作人员友好访日团"一行八人,应归国的前日本战犯组成的"中国归还者联络会"的邀请，乘飞机抵达东京成田机场时，受到热烈迎接的场面，以及日本舆论界的轰动。在这期间，有大批日本记者，蜂拥而上，不停地向中方管教人员，追问："管制者与被管制者、改造者与被改造者，历来都是仇敌。为什么，在新中国，竟能成为如此亲密的好朋友？其中的秘诀何在？"

现在，我们已经知道，中国最高领导层，决策的一些秘籍。但是，我们还想更进一步了解，当年新中国创造改造日本战犯的奇迹，是否还有其他未能公开的秘密？

作者答：据我所知，以"改造世界和改造自己"为己任的中国共产党人，只有政治远见和优良传统，没有不可以公开的"秘密"。

你们可能不知，中共在井冈山创建红军时期，就对执行战俘政策有严格要求。那时，如发现革命队伍中有人虐待战俘，都会受到"关押禁闭"的严肃处分。

抗日战争时代，中共中央对宽待日军俘虏更加重视。1937年10月25日，毛泽东指示人民军队政治工作的三大原则是："官兵一致，军民一致，瓦解敌军和宽待俘虏。"1941年9月，八路军总政治部还专门颁布了《关于日本俘虏优待办法的规定》。新四军成立后，该军总政治部也制定了《敌军工作细则纲要》。其间为确保俘虏政策的贯彻落实，毛泽东、朱德等中央首长曾联署发出指示，具体规定了俘虏工作的纪律，明确"如有违者，不论有意无意，均须执行处分，从警告、禁闭，直到送军事法庭"。

另外，1940年4月，日共领导人野坂参三从莫斯科到达延安后，同中共中央创办"日本工农学校"，对日军俘虏进行社会发展史，与反对日本军国主义的政治思想教育。其间，各解放区俘获的日军俘虏，还相继创办了"反战联盟""觉醒联盟"的进步组织。据历史档案资料介绍，在抗日战争期间，被八路军和新四军俘虏的7118名日军官兵，经过延安"日本工农学校"以及各解放区日军各反战组织的教育，都相继提高了阶级觉悟，与日本军国主义分子划清了界限，不仅在中国抗击日军侵略的战场上，立下了战功，战后回归日本以后，还普遍成为推动日中友好的骨干。

共和国审理日本战争罪犯前后

中华人民共和国成立后，在 20 世纪 50 年代初期，继毛泽东提出对在押的战争罪犯，实行"一个不杀"的政策之后，他还提出"罪犯也是人，人是可以改造的"政策主张。

遗憾的是，我翻阅当年的报纸，均不见毛泽东的这一新的指导思想在报刊发表。据我观察，不是出于"保密"，而是因为 1956 年 5 月 16 日，中国开展"无产阶级'文化大革命'运动"以后，有相当长的时间，新闻舆论被反党联盟阴谋分子所控制。在这期间，林彪、"四人帮"反党阴谋分子，把矛头对准了周恩来，批判周恩来主持制定的一整套改造战争罪犯的正确政策，是所谓"执行了一条取消阶级斗争、取消无产阶级专政，与日本战犯、国民党战犯'和平共处'的投降主义路线"；批判公安部长罗瑞卿等人执行的是一套"对敌人'施仁政'的资产阶级反动路线"。当年的报纸、广播、杂志，充满了"阶级斗争天天讲，月月讲"。而毛泽东主张的"罪犯也是人，人是可以改造的"论述，充满了人性味，阶级斗争色彩不强，自然不被公开发表。

但是，毛泽东提出的这一新的指导思想，却在改造战犯的实践中，得到了贯彻执行。证据之一，可查阅日本"中归联"，将我主编的《震撼世界的奇迹》，翻译成日文，出版《觉醒》文集时，邀请日本前驻华大使、外务省亚洲局长，时任日中友协副会长的中江要介撰写的"序言"。中江要介在文中，引用前东北战犯管理所所长孙明斋撰写文中的一句话，写道："孙先生讲，开设管理所之际，党中央下来这样的指示'抚顺战犯管理所'必须要不同于世界上其他任何同样的设施，最高指示还说：'罪犯也是人，人是可以改造的'。既然是人，我们就需要尊重他的人格。"中江要介在文中引用的"最高指示"，明显指的是毛泽东。当年在中国只有毛泽东拥有这一最高政治地位，中央其他首长都不具有这一尊称。

记得，1989 年初夏，我在北京，中国人民公安大学党委书记室，找到了前抚顺战犯管理所继任所长金源。那天，我同他，就新中国成功改造日本战犯的基本经验问题，交谈甚多。金源说，新中国之所以能创造改造日本战犯的"人间奇迹"，除有中央制定的一系列正确政策之外，还必须具有必不可缺的物质条件；特别是，必须具有忠诚于党的事业，纪律严明的专业管教人员队伍。当年，有几位西方国家记者前来采访，很难理解中国的管教人员，宁愿常年吃粗粮，而让在押的日本战犯长期吃有营养的食品。而且，管理所还专设"医疗室""战犯病房"，按时给战犯做体检，并为他们提供足够的体育活动和文娱活动时间。

金源还说，我们每次组织战犯到农场参加有限的劳动，都是管教人员干在前头，做出样子，手把手地教战犯如何插秧、如何施肥等等。为的是让不劳而获的罪犯增加劳动人民的思想感情。

金源说，整个学习改造过程，基本上，靠战犯自己组建的"学习委员会"组织自学，开展相互讨论与相互批判。战犯开始认罪后，竟还组织战犯到长江南北、长城内外做社会调查，接受现实与人民群众的直接教育。

金源甚至说，国家设立的"特别军事法庭"时，允许罪犯请律师申辩，罪犯则一概拒绝请律师。有些被判有期徒刑的日本战犯，竟然恳求法庭改判自己死刑。当年，有日本记者，发自沈阳"特别军事法庭"的一则电讯，竟这样形容："在中国法庭上，检察官与战犯，被害人与战犯，证人、律师与战犯，审判官与战犯之间，虽然各自有不同的立场、职责和表达的方式，然而揭露、证实罪行的一方，与供认罪行的另一方，竟不似对立、仇视的双方。相反，他们在揭露、惩罚日本帝国主义侵略中国这一目标上，却能有相同的心情与相同的语言，着实令人疑惑不解，堪称是国际审判史上的奇迹。"

这一切的一切都说明，新中国的"新"字，就在于她不走别人走过的路。新中国的"新"字，就在于她为构建"二战"后的国际间新秩序，敢于担当，勇于创新。

把魔鬼改变成人的世界奇迹

——新中国改造日本战犯纪实

纪　敏

　　1949 年 12 月到 1950 年 2 月毛泽东、周恩来访问苏联期间，斯大林同他们谈到了日本战犯问题。斯大林说，虽然中华人民共和国已经成立，但面临着帝国主义的封锁，同中国正式建交的只有苏联等 11 个社会主义国家。为尊重我国的国家主权，提高我国的国际地位，维护我国的合法权益，增进中苏两国联盟和友谊，他提议把苏联在第二次世界大战中俘虏、关押的在中国犯有战争罪行的 1000 多名日本战犯和伪满战犯，全部移交给中国，由中国作为主权国家自行处理。

　　为接收苏联政府将要移交的 1000 多名日、伪满战犯，周恩来回到北京以后，立即将有关事项委托共和国首任司法部部长史良全权处理。中央考虑，关内各地基本上是新解放区，东南沿海各岛和西藏等地还没有解放，新解放区内的土匪还没有肃清；而且，不但蒋介石时刻在妄想反攻大陆，美帝国主义也在朝鲜半岛蠢蠢欲动。鉴于东北地区基本上是老解放区，又靠近苏联，一旦有事可以随时转移，所以中央决定，在临近东北人民政府所在地沈阳东部之抚顺，成立"东北战犯管理所"，随时准备接收苏联政府将要移交的这部分战犯。

旧监狱进行了新改造

　　1950年4月，史良受命来到东北。她要做的第一件事，就是寻找合适的狱址。她意外发现，位于老抚顺城边的"辽东第三监狱"是个最合适的收押之处：一是监狱周边全是农家菜地，没有任何高层建筑，适宜隐蔽；二是距东北人民政府所在地沈阳不足百里，而且监狱两侧都有铁路相通，运输、转移方便；三是该监狱能容纳1500多名犯人，而当时实际上只收押了300多名，还有足够的空间；四是这座监狱可一分为二，中间建一道隔离墙，南侧原是日本人建的"模范监狱"，条件较好，适宜收押国际战犯，北侧则由辽东第三监狱收押一般刑事罪犯。

孙明斋　　　　　　　　　　　曲　初

　　至于收押日满战犯狱所的名称，史良也颇费斟酌。称其为"某某监狱"，与罪犯的身份不符，也容易与北邻的监狱混同。称其为苏联通称的"日军战俘收容所"，也与罪犯的身份不符。最终，史良决定称其为"东北战犯管理所"（后改名抚顺战犯管理所）。接下来，她要做的是寻找首任所长，并配备适当的管教、医护人员和警卫部队。

　　当史良到东北解放最早的"老区"旅大视察时，发现陪同她视察的"旅大高等法院"劳改处处长曲初是位合适的人选。曲初随后于 1950 年 5 月中旬到东北人民政府司法部报到任所长。后因情况有变，曲初改任副所长，所长由时任抚顺市公安局副局长的孙明斋担任。所需的 100 多名干部和一营警卫部队，由东北公安部、司法部、卫生部与东北公安三师于 7 月中旬陆续配齐。

抚顺战犯管理所

在曲初的带领下，对即将投入使用的战犯管理所进行了改扩建工作。改扩建项目主要有：（一）增建围墙设施，安装围墙电网，在围墙的各个角落建瞭望岗楼和通信设备；（二）改变窗户高度，使室内能得到充足的阳光照射，防止室内潮湿；（三）各监舍取暖设备全部采用暖气装置，以保证室内温度；（四）新建医务所，设立诊疗室、药房、化验室、注射室、简易外科手术室、换药室及病房等；（五）重建厨房设施，分设大、小灶厨房；做饭动力采用高压蒸汽，不用烧煤；（六）新建一座面包房；（七）新设大型浴室，浴室内利用高压蒸汽和温水，可供全部犯人和职工使用；（八）新建理发室，购置较好的理发椅、大镜子等；（九）改建室外厕所，开辟室外体育活动场所；（十）建警卫营房及职工食堂。

上述各项改建、新建工程，投资金额折合现在人民币 200 余万元。经过一番紧张的改扩建，这所原由日本侵略者遗留下来的旧监狱，仅仅剩下那座灰色砖石垒起的高大围墙和一排排灰色低矮的监舍砖瓦房的外貌，监内的一切设施都改换了新颜。这样，战犯们不但能住在阳光充足的屋子里，而且还能定期洗澡、理发，有病能及时得到医治，平时还可进行体育活动和其他娱乐活动。这些合乎人道主义要求的生活设施，完全改变了阴森可怖的旧监狱的面貌，保证了日、伪满战犯们能够在较好的环境内进行学习，接受教育和改造。

"所长先生，我想见毛泽东，请你给我安排一下"

1950 年 7 月 21 日凌晨 3 时，押运 989 名日本战犯的专列，由黑龙江省绥芬河站开到了抚顺城车站。从车站到管理所 5 华里的路程，布满了岗哨，以防发生意外。日本战犯走进管理所大院时，都身背着肮脏的行装，态度却相当骄横、傲慢。那些头戴战斗帽、身穿将校服、佩戴肩章的将校级日本军官，更是趾高气扬、盛气凌人。

因为正值中华人民共和国成立初期，战犯管理所所有干部战士基本上都在吃粗粮，每周仅有一天改善伙食，所以日本战犯入所第一顿饭，便同样食用高粱米、白菜汤。

孰料，饭菜送到各监室，竟然发生了骚动。日本战犯纷纷叫嚷："高粱米是喂马的饲料，我们不吃喂马的饲料！"也有的日本战犯叫喊："我们是日本人，要求大米的给！"甚至还有许多日本战犯呼叫："你们是新成立的国家，无权扣押我们……""我们要到联合国控告""必须立即释放我们回日本……"

身为副所长的曲初听完看守战士的汇报，气愤地把桌子一拍说："简直是胡闹！让他们跟我们吃同样的饭菜已经够照顾了，他们不吃肯定是不饿，下顿饭还是高粱米白菜汤！"结果，僵持了两天，不少日本战犯还在"罢食"。到职不久的曲初担心出乱子，急忙向主管单位东北公安部政保处汇报情况。不久，传来了东北公安部的电话答复："经将有关情况报告中央公安部部长，传来了周恩来总理亲自作出的指示。周总理要求我们：对在押的日、伪满战犯，在生活标准上，要按照国际惯例处理。并明确规定：要依照战犯原来的级别，参照我军的供给标准，按将官、校官和校官以下三个级别，给予小、中、大灶三种待遇，全部供给细粮。周总理还要求，对在押的战犯既要看紧管严，外紧内松，做到不跑一个，不死一个，又要做到不打不骂，不侮辱人格，尊重他们的民族风俗习惯，注重从思想上对他们进行教育改造。"

中央的决定下达后，所内不少干部战士想不通。经过孙明斋和曲初反复耐心做工作，尽管全所上下都能够自觉地执行周总理和东北公安部下达的指示，但是仍然有一些人表示，组织上可以服从，但思想上保留看法。

阻碍改造战犯的最大障碍，就是战犯们的集体反抗。当日本战犯初来进行了"罢食"与反"罢食"的斗争较量后，紧接着就是管制者与被管制者之间展开了究竟是"战犯"还是"战俘"的争论。所有被关押的日本战犯都坚称自己是"战俘"而不是"战犯"。

随后，斗争步步深入。在押的日本战犯又抛出了所谓杀害中国无辜平民"无罪论"。尤其是校级以下的日本战犯，坚称"军人的天职是服从命令，上司命令杀人，作为下级军人必须执行；如果我不杀中国人，上司就要杀我；我虽有杀人的后果，但都是不得已而为之"。而在日本将校级战犯之中，则有另一番奇怪的论调，说什么"日本国土小，人口多，又缺少资源，日本军人如不发动战争对外扩张，日本国民很难生存"。此乃是日本对外侵略扩张"被迫论"。

其他的奇谈怪论还有许多，诸如"日本发动的太平洋战争是日本全民族的圣战，如要说参与战争的人有罪，每一个日本国民都有罪"，这是日本战犯抛出的"战争犯罪、全民有罪论"。还有的说"日本大和民族是优等民族，有义务告知劣等民族如何生存"，这是日本"对外侵略扩张有理论"。再如"日本军人到中国，是为了解救被美英殖民者奴役下的受害者""我们来中国，是应中国政府的请求，来帮助维持中国的社会秩序"……此等强盗逻辑甚多，无须再细列。

那么，这批在押的日本战犯的现实表现又如何呢？据亲历者介绍，这批日本战犯在囚禁苏联西伯利亚期间，基本上从事的是繁重的体力劳动，因为冻伤、饥饿、劳累等多种原因，被苏军俘去的 60 多万日本关东军五年间竟病亡 5 万多人。他们来到中国，居住条件和饮食条件比在苏联时期好得多，不仅不参加任何劳动，每天上午还能学习和看报，下午进行体育锻炼和从事文娱活动。这些战犯不仅不感恩中国政府的宽大政策和人道待遇，反而不断滋事，抗拒学习和改造。

1950 年 10 月 18 日，因朝鲜战争激烈，入侵朝鲜的美国军队已经逼近鸭绿江边，东北战犯管理所奉命连夜北迁哈尔滨。在这种情况下，这批日本战犯更加盛气凌人、不可一世。他们公开叫喊："第三次世界大战即将爆发，美军会很快攻占满洲，我们会很快回日本。"有些将校级战犯甚至说："强大的日本帝国军队都抵挡不住美军的进攻，弱势的中国军队岂能是美军的对手？"一时间，在哈尔滨战犯室内竟能听到战犯们高唱日军军歌，甚至在放风期间看到他们面东遥拜，公开高喊："天皇陛下万岁！"

因为这批日本战犯有不少属于日本陆军第 59 师团编制，因此该师中将师团长藤田茂在战犯中有很大的影响力和号召力，战犯管理所发生的几次闹事骚动？多是藤田茂挑动、驱使的。所长孙明斋决定找藤田茂单独谈话，对其进行警示教育。当管教干部到监室传唤藤田茂时，他不仅拒绝前往，还大声叫喊："你们都是共产主义者，我们都是帝国主义分子，我们之间没有共同语言，没有相互交谈的必要！"因为朝鲜战争的爆发，他已经被冲昏了头脑，狂妄到了极致。

藤田茂

更有甚者，有一天放风时间，藤田茂看到了会讲日语的管教干部金源，便向金源提出要见所长孙明斋。金源以为藤田茂有所反悔，便立即带他来到所长办公室。还未等所长准许，藤田茂便自己找椅子坐下，随即大声说道："所长先生，我想见毛泽东，请你给我安排一下。"孙明斋通过金源翻译，听懂了藤田茂的狂言，他猛地从座位上站起身来指着藤田茂责问道："将军阁下，我建议你应该先弄清楚你是谁，然后还必须弄清楚，你提出的这个不知天高地厚的无理要求是多么无知和可笑！"藤田茂坐在椅子上不屑地辩解道："我知道，你所长的权力有限，我必须面见毛泽东。为什么俄国人称我们是战俘，中国人非要称我们是战犯？按照国际法，你们作为新成立的国家，无权收押日本战俘……"

孙明斋打断藤田茂的辩解，责问道："藤田中将，我们这里没有战俘，只有双手沾满血迹的战争罪犯。你不要忘了，你还是这些战犯中的主谋之一。而且，你还应该明白，俄国是俄国，中国是中国，你们这些在中国境内犯下严重罪行的战争罪犯按照国际法的规定，受害国有权对你们进行关押和审判。"藤田茂无话可讲，结结巴巴地说："我不想同你谈论，我要面见毛泽东……"

1950 年 10 月 25 日，由彭德怀统率的中国人民志愿军，雄赳赳、气昂昂地跨过了鸭绿江。不久，朝鲜战场捷报传来，中国人民志愿军出兵朝鲜不过两个月，就把逼近鸭绿江边的美军赶回到三八线以南。中朝军民的胜利，不仅让美国人看到了中国人的力量，也让在押的日本战犯受到了意料之外的震撼。这时，在哈尔滨关押的日本战犯有些人已经开始认罪，但绝大多数还在负隅顽抗。1952 年 2 月，周恩来总理看到中央公安部有一期"内部简报"介绍，北迁哈尔滨的日、伪满战犯特别是日本战犯，对我管教方针、政策不理解，甚至拒不认罪、抗拒改造，他当即批示："对这些战犯要进行悔罪教育。"

战犯管理所来了一位"特殊"人物

周总理的指示传达到东北战犯管理所以后，全所上下都认为，总理的批示话虽不多，但切中要害，说到了点子上，而且批示下达得也及时。但是究竟该怎么对负隅顽抗的日本战犯进行悔罪教育呢？从所长到管教人员都说不清楚。

正在这时，东北公安部从沈阳大北监狱罪犯监室派来了一位特殊科员。

这位科员不仅来处特殊，他的家庭背景、社会经历，以及对管教日本战犯的认识也都很特殊。据史料记载，伪满国务总理张景惠先后娶有七位夫人，派来的此人正是张景惠与天津名伶、七夫人徐芷卿所生。他虽是张景惠的爱子，政治立场和政治观点却同他的父亲完全相左。此人原名张绍纪，归国后改现名张梦实。溥仪在他所著的《我的前半生》一书中多处提到的张绍纪，就是眼前的张梦实。因为张梦实幼时由一位俄国奶妈哺育长大，所以他自幼学会了俄语。青年时期，张梦实被张景惠送至日本早稻田大学读书深造，由此他又精通日文，了解日本社会。尤其是张梦实有一位亲表兄，当年在位于哈尔滨的中共中央东北局敌工部从事敌占区的情报工作，早在伪满时期，张梦实就经其表兄培养、引荐并亲自介绍，于1940年秘密加入了中国共产党领导下的秘密组织，成为中共在伪满政权中的一位"秘密成员"。在这期间，张梦实还曾利用父亲担任伪满国务总理的身份，为东北抗日民主联军做了一些有益的工作。1945年8月15日日本败降以后，进驻长春的苏联红军将张梦实与他父亲一同押往苏联。苏军并非认为他是"战俘"，而是发现他既会讲俄语又会讲日语，便于利用他同日满战俘进行沟通。张梦实随伪满君臣赴苏后，从赤塔到伯力"第45特别收容所"又到"红河子特别收容分所"，一直同溥仪、张景惠等伪满君臣生活在一起；而且，他还同日本关东军高级军官多有联系，因此对日、伪满战犯情况熟悉。

1950年5月，根据中苏双方外交部门沟通，苏方决定将被苏军俘获的224名中国籍的伪宪兵、伪警察先期遣送移交中国。东北公安部接到中央的指令后，将这批罪犯全部押解到了辽宁省沈阳市大北监狱。因为收押日、伪满战俘的苏联内务部始终不了解张梦实的中共秘密成员身份，一直将他视为"拘留者"享受苏军士兵待遇，这次便把他也编入伪宪警列内，交给中国。当东北公安部情报部门从罪犯入监登记表中发现了"张绍纪"的名字后，惊呼："我们的人回来了！"于是立即将张梦实从罪犯中调出，由政保处派往东北战犯管理所担任翻译工作。

之所以让张梦实前来做翻译工作而非担任管教干部，是因为苏联方面移交了大批日、伪满战犯的档案材料，既有日文，又有俄文，急需张梦实等人译成中文。据外交部干部王浩介绍，周总理对交接日、伪满战犯工作非常重视，除具体下达指令，要求派什么人、派多少押运部队前去中苏边境小镇绥芬河交接外，还指示："日、伪满战犯不要同时接收、押运，应分别进行。对日俘及溥仪等人的档案，用后速送中央。"

据介绍，张梦实于 1950 年 5 月自苏联引渡回国以后，才正式加入中共党的组织。

"特殊"人物提出改造战犯的"特殊"办法

1952 年 3 月，战犯管理所管教科全科人员研究如何对在押的日本战犯进行"悔罪教育"时，张梦实的发言引起全科人员的高度注意。

张梦实说，日本人最大的特性是藐视弱者、敬畏强者，中国出兵朝鲜连连获胜，使在押的日本战犯收敛了狂妄之气，除此，还必须在精神上再给日本战犯沉痛一击。在押的日本战犯之所以叫嚣"杀害平民无罪论""侵略扩张有理论"等奇谈怪论，都源于他们不清楚自己"为何而战""为谁而战"。这些战犯个个都对日本天皇"愚忠"，声称"誓死效忠天皇""愿为天皇粉身碎骨"，但他们并不清楚裕仁天皇是谁，裕仁代表什么人的利益，自己为什么要甘愿为天皇送死。这一切都说明，马克思列宁主义的学说是正确的，这便是"物质的力量，必须要用物质的力量去摧毁；精神的力量，也必须要用精神的力量去摧毁"。在押的日本战犯之所以抗拒改造、负隅顽抗，就在于他们自幼接受日本军国主义的奴化教育，得到武士道精神的培训，所以他们内心崇拜"天皇"为神，以听从"天皇"的"谕旨"对外侵略扩张为荣，为此，我们必须针锋相对，反其道而为之，用精神的力量，彻底摧毁他们赖以生存的精神支柱。

张梦实接着说，他在日本留学期间，因同日本社会的一些左翼人士有联系，看过多本日文版的马列著作，发现列宁著述的《帝国主义论》最适合组织在押的日本战犯系统学习、研究。因为列宁的论述，对帝国主义的形成与侵略扩张分析得淋漓尽致、入木三分。日本垄断阶层之所以能够获

张景惠一家，后排为青年的张梦实

取巨大财富，就因他们实行对内压榨和对外侵略扩张。日本军国主义分子之所以要发动侵华战争和太平洋战争，为的就是要掠夺更多资源和开拓更大市场，以便于榨取更多更大的剩余价值。这些日本战犯无知、愚忠、盲从，因而成为日本垄断阶级利用的工具和牺牲品。

张梦实发表的这些言论像一扇"天窗"，开阔了大家的思路。于是，管教科科长金源便立即选出 14 名日本校级军官进行悔罪认罪教育试验。首先组织他们从学习列宁著作《帝国主义论》开始，然后引导他们结合自身经历对日本社会进行阶级分析、批判。经过一个时期的"试验"学习和批判，果然收到了预想的效果，所有参加学习和批判的日本战犯都开始自发地认罪、悔罪。

至 1953 年 10 月 23 日，随着美军在朝鲜战场溃败南撤、朝鲜战局好转，东北战犯管理所已奉命先后分两批将北迁哈尔滨的日、伪满战犯全部迁回抚顺，恢复了原建制。在这期间，经东北战犯管理所上报东北公安部批准，自 1953 年 2 月 23 日开始，先组织第一批迁回的 669 名日本校级以下战犯学习《帝国主义论》，开展了对日本社会的分析和批判。10 月 23 日，当 210 名校级以上日本战犯及伪满战犯全部迁回抚顺后，东北战犯管理所便组织所有在押战犯普遍学习《帝国主义论》。同时，由管教干部向在押战犯讲解《论日本帝国主义的本质及天皇制是什么》等内容报告,启发战犯的悔罪觉醒。在这期间,表现顽固的藤田茂曾拒绝参加集体学习和批判,但他又忍受不住一个人在监室的孤单和冷清,于是便悄悄到管理所图书室找闲书看。他被一本政治经济学著作吸引,这本书也是分析日本垄断阶层对内压榨和对外侵略扩张的根本原因的,之后藤田茂又自愿回归集体学习。

1956 年,8 名日本战犯在法庭受审

　　1954 年 3 月 4 日,由最高人民检察院派出的"东北工作团"进驻东北战犯管理所。经"东北工作团"对在押的战犯宣传党的"坦白从宽、抗拒从严"等政策,以及组织日本战犯系统学习列宁著作《帝国主义论》,战犯们产生了研究日本社会的浓厚兴趣。一些日本战犯通过找到《关于日本军国主义思想的评判》等图书资料,第一次知道日本天皇拥有全国22.7%的土地和 15.8%的森林,第一次知道天皇在几千家股份公司里拥有 60 亿美元的私人资本,第一次知道天皇的私人财产在侵华战争期间增加了 275%。

　　这些事实让战犯们大为震惊和愤怒。藤田茂悔悟后说道:"原来被我当作神圣的并为之舍身尽忠的天皇,根本不是真正代表日本国民的杰出象征，而是一个大地主、大资本家、大骗子手。这让我不得不产生极大的憎恨和愤怒。"中将师团长铃木启久说："迄今，我才认识到，被我敬之以为神的天皇，竟是一个极大的吸血鬼。"少将旅团长长岛勤说："几天前，我的部下主张把天皇判处死刑，我还公开说：'天皇不是罪人，你们指名道姓称呼他，我感到浑身发抖。'对于像我这样一个僵硬了的天皇崇拜者来说，这次学习真是对症下药。现在，我才认识到天皇的罪恶本质，感到自己过去受奴化教育，被蒙蔽、欺骗、上了当。原来天皇制的存在，就蕴藏着爆发侵略战争的危险……"

认罪悔罪教育收到明显效果以后，1954 年 5 月 20 日，"东北工作团"开始在战犯管理所院内召开战犯认罪悔罪示范大会，选择在日本战犯中有威望的伪满洲国国务院总务厅次官古海忠之作认罪悔罪示范发言（因日本派驻伪满洲国的最高代表、伪满总务厅长官武部六藏患中风病倒不能起身，次官古海忠之就是日本军部的最高代表）。古海忠之通晓法律，在日本战犯中颇有威信。古海忠之在悔罪发言中说道："第二次世界大战以后，国际法有了新的变化，每个被侵略的战胜国家都有权力单独审判任何侵略国家的战争罪犯。对我们的处罚权力，当然属于中华人民共和国。"这个发言，对尚在顽抗的极少数日本战犯又是沉重一击。自此以后，在战犯管理所大院内，再也听不到任何在押的日本战犯发表任何表白"无罪"与顽抗改造的言论了。

"20年以后，你们会看到中央的决定是正确的"

1989 年初夏，我在北京中国人民公安大学党委书记办公室，见到了原抚顺战犯管理所继任所长金源。

金源，1926 年 4 月生，1946 年 3 月参加革命，1950 年 6 月调入东北战犯管理所，历任日语翻译，管教科副科长、科长、副所长、所长，1978 年调离。我见到他时，他时年 63 岁，身体尚好，头脑清晰，很善言谈。就新中国改造日本战犯的历史，我同他谈得很多，重点是请他谈谈新中国改造日本战犯的成功经验。

新中国改造日本战犯之所以成功，首先得益于中国共产党人重视"人性"。金源进一步说，1963 年 11 月 15 日毛泽东在谈到改造罪犯经验时就指出："我们相信人是可以改造的，在一定条件下，在无产阶级专政的条件下，一般说是可以把罪犯改造过来的。"翌年 4 月 24 日，毛泽东再次重申："罪犯也是人，人是可以改造的，就是政策和方法正确才行。"

金源说，中国改造日本战犯之所以成功，就在于首先对日本战犯进行"人本性"与人类社会发展史教育，让这些昔日的杀人狂魔醒悟过来，自觉地抛弃旧我，重新确立新的世界观和人生观。这一重大突破，是党和政府长期耐心地对罪犯进行认罪、悔罪理性教育的结果。这一创造，国际社会没有，只有新中国独有。

日本战犯古海忠之的家属来到抚顺战犯管理所和亲人见面

古今中外任何国家的监狱，管制者与被管制者之间都是势不两立的仇敌，而在新中国的战犯管理所内，本来是势不两立的仇敌却能成为相互理解和信任的朋友，其中之秘籍就在于我们所有的管教人员都能严格执行中央制定的一系列政策和纪律规定。例如在中华人民共和国成立之初，在国家经济非常困难之时，我们所有管教人员都吃粗粮，而让在押日本战犯吃细粮和高级营养食品，这在国际社会闻所未闻，见所未见。即便是在 20 世纪 60 年代三年困难时期，不少管教人员因为缺乏营养普遍患"浮肿病"的情况下，我们依然坚定地执行中央制定的政策，没有降低日本战犯的伙食标准。金源如此谈到。

金源作为所长，多次带领在押战犯到管理所农场劳动。之所以带领战犯参加有限的体力劳动，非但不是为了惩罚，而是让他们增进对劳动人民的思想感情。每次外出劳动，都是管教人员干在前头，作出示范，而所有农作物和副食的养殖收获，都归战犯自己享用，管教人员颗粒不动。为了避免发生管制者与被管制者之间因为伙食标准和质量不同而出现相互尴尬的场面，他们午餐时总是躲在远处就餐。有一次，有战犯从他们身边路过，发现所长和管教人员竟吃粗粮和代食品，他们大为吃惊。消息传开，所有在押日、伪满战犯都深受感动。

当年不仅只有金源如是说，多位亲历者也都如是说。1953 年初夏的一天，战犯管理所医生温久达发现日本战犯安井清突然跌倒，造成左下肢骨折。因为所内医务室条件有限，他急忙乘车送安井清到市内最大的一家医院救治。温久达说："我从医院门前一直背着他爬上三楼，当我一步步负重登上楼梯时，突然感到我的后颈部湿润了，继而又听到微弱的抽泣声，原来是安井清流下了眼泪。我用日语问他是否疼得厉害，难以坚持？安井清以颤抖的声音回答我：'不是的，大夫先生，我深感自己太对不起中国人民了。'他哭得很伤心，泪水流进了我的衣领里。这是我到管理所工作以来第一次见到日本战犯在哭泣、在悔罪。"从此以后，安井清便同管理人员由敌对变成朋友，一直到安井清获释归国。之后，他们之间书信往来不断。

打破旧监狱之壁垒，组织罪犯们走出高墙，到社会各地参观，让他们接受现实和群众的实际教育，也是对战犯的一种教育改造方式。金源回忆说："当我们按照中央通知的精神，正式向在押战犯宣布中央的有关决定时，在场的所有战犯几乎都不敢相信，不少人误认为是自己耳朵听错了。"

在外出参观之前，不少罪犯心里紧张，担心到社会上参观会被受害者认出来，进行报复。实际上，他们所到之处，都受到中国普通老百姓的宽厚接待，没发生一次他们担心的那种挨打受骂的情况。在实际经历中，他们再一次感受到中国人民的善良和胸襟。例如，在沈阳郊区大青村参观时，有一位老大娘向日本罪犯诉说在伪满期间遭受的种种痛苦后，竟然泰然说道："只要你们好好改造，重新做人，中国人民是不会报复你们的。"听完此话，罪犯们纷纷跪地请罪。

在外出参观前，有些罪犯认为中华人民共和国成立后的变化只是舆论的宣传，实际情况不会像报纸上说得那样好。外出参观后，走遍长城内外，大江南北，他们亲眼所见新中国城乡各地处处是建设的工地，人民生活幸福、安居乐业。中华人民共和国成立几年间的变化之大，让他们感到惊讶。例如，负责掠夺我国经济的伪满总务厅次长古海忠之在参观鞍钢时，看到鞍钢新建的九号高炉，惊叹不已，他连连称道："我原以为鞍钢没有日本人指导只能种高粱，没想到中华人民共和国成立才几年，钢铁工业变化之大，比伪满洲国时期还要好。"

外出参观之前，绝大多数日本战犯的坦白认罪只限于口头和纸上，"让罪犯们到曾经犯罪的地方接受现实教育"（周总理语）后，罪犯们的认罪、悔罪成为发自真心的坦承。组织日本战犯到抚顺平顶山惨案纪念馆、南京大屠杀遗址等多处日军犯下滔天罪行的原址参观时，所有在场的日本战犯都跪地不起，自发地向我死难同胞默哀。他们哭声不绝，请求中国政府加重处罚自己。战犯们回到战犯管理所后，看守人员送来了热饭菜，罪犯们普遍怀着悔罪的心情不肯进餐，纷纷表示，我们对中国人民作恶多端，罪恶难饶，现在我们却活在人世间，实在是太卑鄙了！我们甘心情愿，恳求中国政府判处我们死刑！

1956 年六七月间，中国最高人民法院特别军事法庭对罪行严重的 45 名日本战犯分四次在沈阳、太原进行公开审判。审判结果是没有一个死刑，没有一个无期徒刑，判有期徒刑者为 8 年至 20 年。而且，最高人民检察院对在押的 1017 名职务较低、罪行较轻、悔罪表现较好的日本战犯宣布免于起诉，立即释放。这个消息，不仅震惊了日本，也震撼了全世界。一时间，新中国对在押日本战犯"一个不杀"的政策成为各国新闻媒体追踪的热点。

金源说，历史证明，中国共产党和人民政府决定对战争罪犯"一个不杀"的重大决定是非常正确的。1955 年末，他随高检"东北工作团"负责人李甫山和战犯管理所所长孙明斋去北京汇报工作时，周总理在中南海接见他们时说："中央决定，对日本战犯的处理，不判处一个死刑，也不判处一个无期徒刑，判有期徒刑的也要极少数。起诉书要把基本罪行搞清楚，罪行确凿后才能起诉。对犯一般罪行的不起诉。"其实在这之前，高检"东北工作团"经过近三年的侦讯、调查、取证，拟将 107 名日本战犯列为重点侦讯对象，并将其中 70 余名犯有严重罪行的日本战犯处以极刑。听了周总理宣布的决定之后，他们都没有当场表示不同的意见。返回抚顺后，他们向全体侦讯人员和管教人员传达了中央的决定，不少干部，尤其是吃过日本侵略者苦头的同志都表示"想不通"。当"东北工作团"负责人第二次进京向周总理作汇报时，周总理很耐心地说："不是下面的思想不通，恐怕是你们的思想不通。你们的思想要通了，下面的思想怎么会不通呢。"周总理还说："中央决定对日本战犯进行宽大处理，在 20 年以后，你们会看到中央的决定是正确的。"

无须 20 年，仅 16 年以后，就看到了中央预见的正确。1972 年 9 月 25 日，日本内阁总理田中角荣及外务大臣大平正芳正式率团访问中国。9 月 29 日，日本抢在美国之前，同中华人民共和国正式建立大使级外交关系。

【作者简介】

　　作者系新华社辽宁分社原记者，抚顺市政协文史委原主任。

羁押审理日本战犯相关大事记

（1945年8月～1988年10月）

纪　敏

1945年

8月15日，日本天皇裕仁发表接受《波茨坦公告》，无条件向美、苏、中、英四国投降广播诏书。

8月22日，在长春苏军接受日本关东军司令官山田乙三大将投降；随将在我国东北、朝鲜北部等地俘获的60余万日军押至苏远东地区战俘收容所。

9月2日，在东京湾美舰"密苏里号"上日本政府代表签署无条件投降书，第二次世界大战结束。

9月8日，驻日盟军总部在东京成立。

9月9日，在南京，日本侵华"派遣军"总司令官冈村宁次大将签署向中国国民政府投降书。

9月11日，驻日盟军总部开始逮捕日本战犯。至本年12月，已逮捕108名。

10月12日，蒋介石挑起的山西上党战役结束。此役，蒋军被人民解放军歼灭3.5万余人。由此役开始，至1952年"镇反"运动，被人民解放军和公安机关先后捕获原参加侵华战争，后又参加蒋介石、阎锡山集团的 140 名日本战犯；其中 128 名是在内战战场上俘获的。1950 年以后，他们陆续从山西和外省各地解送到太原小东门内的太原战犯管理所。

10 月 25 日，在台湾，日本第十方面军司令官兼台湾总督安藤利吉向中国国民政府代表投降。

12 月 13 日，在南京，蒋介石接见投降的日本侵华"派遣军"总司令官冈村宁次大将。1949 年 12 月 10 日，蒋介石偕"国民政府"要员逃亡台湾后，为发动"反攻大陆"战争需要，竟聘请冈村宁次为台湾"革命实践研究院"的高级教官和参谋。

12 月 15 日，驻日盟军总部下令日本国家和神道分离。

1946年

4 月，在中国民众强烈要求下，南京国民党政府在上海等地设立 10 个军事法庭，开始审判侵华日军战犯。至 1949 年 1 月 26 日，共审判 517 名战犯。其中，判死刑 148 人，无期徒刑 81 人，有期徒刑 229 人，无罪释放 59 人。

5 月 3 日，在东京的远东国际军事法庭上，自 1946 年 5 月 3 日开庭，至 1948 年 11 月 12 日终结，历时两年半的时间，开庭共计 818 次，对 28 名日本甲级战犯进行审理。由于前外交大臣松冈洋右与前海军大将永野修身病死，为日本侵略炮制法西斯理论根据的大川周明，因发狂而诊断为精神病而中止受审，最后只对 25 名甲级战犯宣布判决。即，东条英机等 7 人被处以绞刑；荒木贞夫等 16 人被处以无期徒刑，东乡茂德等 2 人被处以有期徒刑等。

5 月 22 日，苏联宣布：进攻中国东北日军的苏军已全部撤出回国。

6 月 26 日，蒋介石策划国民党军队围攻中原解放区。由此，中国全面爆发内战。

8 月 21 日，中国已移送日侨和战俘 2,039,974 人归国。其中，战俘 1,255,000 人，日侨 784,974 人。

1947年

10月10日，美国最高检察官基南称：日本天皇及实业界没有战争责任。

1948年

1月6日，美国陆军部长罗亚尔声明，美国对日政策从实现非军事化转变为使日本成为"反共的堡垒"和"远东的工厂"。

12月25日，在河北省平山县西柏坡，毛泽东通过"新华社陕北电"的方式，以"陕北权威人士"的身份发表谈话，公开宣布"以蒋介石为首的44名内战头等战犯名单"。

1949年

1月24日，中共中央主席毛泽东发表《关于时局的声明》，提出同南京政府进行和平谈判八项条件。其中，第一条："惩办战争罪犯。"

1月26日，南京国民党政府国防部军事法庭宣判：冈村宁次"无罪释放"。

1月28日，中共中央发言人就南京政府无罪释放冈村宁次案，发表严正警告，令国民党政府速将冈村重新逮捕，押送人民解放军。当李宗仁代总统指示驻日代表团团长商震待船抵日本，将冈村重新扣押时，被驻日美军司令部拒绝。

2月4日，中共中央就南京政府释放日本侵华战犯冈村宁次返回日本，并遵循美国命令遣送已判刑之日本侵华战犯260名一同返回日本之严重事件，发表严正声明：保留将这批日本战犯追回重新审判的权力。同时，严正抗议东京麦克阿瑟美军总部擅自非法释放在押日本侵华战犯，并积极扶植日本侵华势力东山再起的行径。

2月5日，中共中央发言人郑重声明：和平谈判必须包括惩办日本战争罪犯和国内战争罪犯。

4月24日，中国人民解放军解放南京，国民党政府垮台。

10 月 1 日，中华人民共和国成立。

12 月 25 日，驻日美军总司令麦克阿瑟擅自"特赦"46 名日本战犯。

12 月 25～30 日，苏联滨海军区军事法庭（伯力）审讯日本细菌战战犯案。日本关东军司令官山田乙三大将等 12 名罪犯当庭服罪，供认曾针对苏联大批培养细菌，并于中国关内各地实际使用。法庭判处山田等 4 人入劳动改造营 25 年；其余 8 名罪犯被判劳改 2～20 年。

1950年

1 月末，苏联外长维辛斯基再次访问下榻在莫斯科近郊孔策沃别墅的毛泽东，友善地提出：为尊重新中国国家主权，苏联愿意将仍拘押在苏联境内的一批曾在中国作恶多端的日本战俘和伪满战俘移交中国。毛泽东欣然表示同意。

4 月初，受周恩来总理委托，中央司法部部长史良来东北各地视察，为筹备接收日伪战犯选址建所。她选定位于抚顺城边之原"辽东省第三监狱"一部分（原为日本在伪满时期建立的"抚顺典狱"）为所址；又选调旅大地区关东高等法院劳改处处长曲初来抚顺，任"东北战犯管理所"所长。

5 月中旬，苏联驻华大使罗申通知我外交部：苏联准备向中国移交在苏羁押的 1000 多名日本、伪满洲战俘。

中央司法部部长史良向中央提出建议：（1）劳改、监狱工作虽归司法部管辖，但教育改造日伪战犯不同于一般劳改，是一项特殊的、政策性很强的工作，应由中央公安部主管（部长罗瑞卿），司法部负责协助。（2）管理教育东北日伪战犯，应由东北人民政府主要负责人牵头并由东北公安部、司法部、卫生部负责人参与，共同组成"东北战犯管理领导小组"。经中央审议研究，批准这些建议。

东北公安部部长汪金祥向该部政保处处长王鉴、办公室主任黄宣文及政保处执行科科长董玉峰传达中央指示。汪金祥说："中央问我们 6 月份能否接收战犯？"在座几人均认为，改扩建工程尚在进行中，6 月接收有困难。汪金祥决定：请示中央，可否允许在七八 8 月份接收。

其间，东北人民政府司法部派该部狱政处处长王占恒带领一批干部来抚顺"辽东第三监狱"进行整修。曲初到职后，同王占恒共同抓改扩建工程，至7月下旬基本完工。

6月初，根据中央指示，由东北公安部、司法部、卫生部和公安三师先后抽调145名工作人员来到抚顺，正式组建"东北战犯管理所"。东北公安部派来抚顺公安局副局长孙明斋任所长，曲初改任副所长；"所务会议"由正、副所长和下设的管教科科长王枫林、总务科科长张实组成。所务会议研究有关警卫工作时，吸收警务部队负责人参加。战犯管理所的业务工作，直接归东北人民政府公安部领导。该部由政治保卫处分管（处长王鉴，副处长解衡，执行科长董玉峰。后期，由董玉峰处长负责）。

6月，苏联驻华大使馆参事费德林告知我外交部，苏方于近日，将在苏联羁押的224名参加日满政权的警察宪兵等战俘先期移交中国，请中方准备接收。随后，又告知我外交部：苏联已准备移交1000多名日本战俘和伪满战俘。时间：7月18日；地点：中国黑龙江省绥芬河火车站。苏方负责移交人员为苏联拘留管理总局代表科富托夫中校和阿斯尼斯上尉。

周恩来总理给东北人民政府主席高岗和副主席林枫去电指示：除派东北人民政府外事处长陆曦负责外交外，应另派一名团级干部及适当部队前去协助。并指示：日犯与伪满犯要分别接收，收押不要住在一起。日犯与伪满犯的档案，用后要速送中央，以便审阅。

7月初，东北公安部部长汪金祥召集东北人民政府外事处处长陆曦、东北公安军周副司令员、政保处处长王鉴与执行科科长董玉峰传达中央指示，部署接收战犯工作。汪金祥说："周总理要求，必须做到一个不跑，一个不死。"针对有人建议使用闷罐车载运，汪金祥说："天气太热，还是用客车载运，但要加强戒备。"遂决定由哈尔滨铁路局准备一辆客车，并挂几个卧铺车厢，派董玉峰带领警卫队长等5名队员组成押解工作组，管理所抽20多名看守人员组成看守小组，公安三师派张副团长带一个连兵力负责警卫，另派日语翻译、俄语翻译及医护人员若干。

7月18日，中苏双方交接后，塔斯社即发表了中华人民共和国中央人民政府与苏维埃社会主义共和国联盟政府关于接收与移交日本战俘之公告。在发表公告的同时，苏联驻华大使告知我外交部：只发表移交日本战俘的公告，溥仪的问题由中国自行处理。我外交部当即报告了周恩来。周恩来批示同意，并照会苏联大使馆。

按照中央指示，东北人民政府派出接收战犯工作队，在黑龙江省绥芬河车站接收了由苏方移交的 969 名日本战犯。中苏双方代表在一份由中俄两种文字（约 200 字）的移交书上签字。按照中央指示应接收日本战俘 971 名，但据苏方代表称：按原规定缺少 2 名，其中因病已死 1 名，重病将死 1 名，不能如数移交。实际只接收 969 名，军官 171 名，下级军官 302 名，士兵 479 名。另有审讯材料 969 份亦照收无误。

1950 年 6 月 25 日，朝鲜内战爆发。7 月 1 日，美国地面部队参战，进入朝鲜。9 月 15 日，美军等在仁川登陆，直逼鸭绿江边，对我东北地区构成严重威胁。

就在中国人民志愿军于 1950 年 10 月 25 日，将要出兵，参加抗美援朝战争的前夕，周恩来总理向东北公安部发来“密电”，要求尽快将关押在抚顺的 1000 多名日、伪满战犯，迅速向北满哈尔滨转移。10 月 16 日下午，东北战犯管理所接到紧急转移的命令，立即起动所有准备工作，并于 10 月 18 日、19 日，先后分两批，用铁路专列，将 1000 多名日、伪满战犯，于 20 日早、晚，用两列专车，安全运至哈尔滨市内的监所与呼兰县的监狱，其间只用了三四天时间。

7 月 21 日，凌晨 3 时，押送 969 名日本战犯专列到达抚顺城站。为防止意外，从车站到管理所有五里地，几乎是 10 米一岗哨，武装警戒。日本战犯身背着肮脏的行装，却都十分傲慢，身穿将校服的军官更是盛气凌人。当 969 名日本战犯入所后，先进行登记检查，至上午 9 时 30 分收押完毕。加之后来又从内地转来的一批日本战犯，该所实际共收押日本战犯 984 名。其中属于将级或相当于将级的 33 名，属于校级或相当于校级的 119 名，尉级以下的 823 名。就绪后，安排日本将校级战犯住五、六所；校级以下住三、四所。苏联移交的 58 名伪满战犯，加在国内拘捕的伪满战犯，该所共收押 71 名，则住一、二所。七所为卫生所及病房。其间，日本战犯与伪满战犯则实行严格隔离分押。

管理所内对管教工作的分工是：所长孙明斋侧重管教伪满战犯；副所

长曲初，因在"抗战"后期在日军占领的旅大地区从事情报工作，被分工主管日本战犯改造工作。将校级日犯管理员为金源、崔仁杰；尉级以下日犯管理员为管教科副科长吴浩然。1954 年 12 月，曲初调离后，由管教科科长金源主管日本战犯工作。1958 年 4 月，孙明斋调离后，由副所长、所长金源主持全面工作，直到 1975 年 3 月，国内战犯全部特赦完毕。

7 月下旬，根据周恩来和东北公安部下达的指示，在押的日本战犯和伪满战犯生活供给标准有了很大改善。但是，全体管教人员生活供给仍然是低标准。于是，一些干部、战士开始发牢骚："早革命不如晚革命，晚革命不如反革命。"后勤人员甚至米不淘清、菜不洗净就下锅，还气愤地说："爱吃不吃"，"早晚还不都是枪崩的货"。

8 月 1 日上午，第二批运送伪满战俘列车始抵绥芬河车站。

11 月初，东北公安部下达管教日伪战犯工作的指示，对战犯的管理要严格，即形势上的缓和，实际上的严格，达到不跑一个，不死一个的要求。教育方针，应稳定其情绪，对校官以下战犯则实行争取教育，促使达到普遍改造之目的。学习方法，以阅读、讨论自学为主，作时事报告为辅，并给予解答学习中的疑难问题。通过教育，要争取先稳定其下层，对其上层也应利于便于管理。

11 月 21 日，驻日美军非法释放刑期未满的日本甲级战犯重元葵，并让他出任日本改进党总裁，开创利用日本甲级战犯的先例。

12 月 6 日，战犯管理所开始向监舍发放报纸，供战犯们阅览。

1951年

2 月，周恩来指示最高人民检察署与国家公安部等部门组织专人研究处治日本、伪满、伪蒙与蒋介石集团战犯案，并限期提出处理方案。

2 月 2 日，管教干部王枫林、吴浩然在呼兰监狱对日校级以下 700 余名战犯宣布：允许他们民主选举学习小组长，自己管理自己的学习。同时将有学习愿望的 80 余人首先组织起来，分成六个学习小组。

2 月 12 日，战犯管理所有线广播开始播送音乐及时事新闻。

2 月 20 日，中国各大中城市召开反对美国重新武装日本示威大会。

3月23日，针对日犯普遍认为"美军会来解救我们"，与"第三次世界大战会爆发"等谬论，东北公安部干部董玉峰向全体在押日本战犯作《国际形势与你们的学习问题》的报告。同时学习《人民日报》社论"美帝国主义的侵略政策，必将继续失败"等时事政策材料，促使在押战犯能对当今国际形势有一个正确的判断。

3月25日，随着美军溃败南撤，朝鲜战局好转，东北战犯管理所将在呼兰、哈市道里监狱的669名校级以下日本战犯迁回抚顺，其余战犯及病号仍留在哈尔滨。

7月，政务院指示东北人民政府抽调人员研究日本战犯及伪满战犯的处理，要求在周密调查研究上提出处理方案。

8月，最高人民检察署、国家公安部和解放军总政治部联合发出通知，要求各地开展对日军侵华罪行的调查工作。同时召开各相关部门参加的会议，对调查工作作了具体部署。

原日军第一一七师团等部尉以下官兵25人开始揭发其上司侵华暴行。

9月18日，东北战犯管理所召开在押战犯大会，宣布开展坦白认罪和检举揭发活动。

9月28日，部分日本战犯向管理所递交了揭发日军第一一七师团中将师团长铃木启久及其他五名校级军官的罪行材料。

10月1日，东北战犯管理所4所58室全体战犯，向管教干部递交了祝贺性的"国庆节祝词"。

11月24日，战犯管理所汇总日本战犯坦白揭发的情况。经统计，日本战犯初步交代：杀人183起，强奸妇女6起，放火烧6个村零30户，强制劳动27000多人等。

12月，根据中央指示精神，东北人民政府设立了日籍战犯罪行调查委员会。同时，山西省政府成立了日籍战犯罪行调查联合办公室。

1952年

1月22日，外交部章汉夫副外长就日本吉田内阁于1951年12月20日向美国政府保证与中国国民党残余集团缔结和约一事发表声明，指出这是美、日政府继 1951 年 9 月旧金山对日和约之后，又一次对我国最严重、最露骨的挑衅行为。

2 月，周恩来看了中央公安部《内部简报》，刊载北迁哈尔滨的日本战犯，尤其是将校级军官仍然十分猖狂，拒绝认罪的通报，当即批示："对这些战犯要进行悔罪教育。""简报"列举事件甚多。如，日军第五十九师团中将师团长藤田茂，拒绝所长找他谈话时说："你们是共产主义者，我是帝国主义者，我们之间没有共同语言，更没有找我谈话的必要。"

3 月 13 日，在押日本战犯土屋丰治等 14 人就美国在侵朝战争期间进行细菌战，向美国政府写出抗议信。

3 月，东北公安部向战犯管理所传达周恩来指示："对这些战犯要进行悔罪教育"之后，对日本战犯普遍进行认罪悔罪教育。

4 月 28 日，日本政府与台湾当局签订《和平条约》，台湾当局放弃"对日赔偿要求"。

5 月 5 日，外交部长周恩来就美国宣布非法的单独对日和约生效发表声明：不承认《旧金山和约》和《日台和约》。

5 月 23 日～6 月 5 日，由沈阳中国医科大学孙金城等 10 余名医护人员组成的"战犯身体检查小组"对已迁回抚顺的 727 名日本战犯进行身体全面检查。

6 月 1 日，应邀来北京访问的日本国会参议员高良富等三人与中国国际贸易促进会共同签订《第一次中日民间贸易协定书》。这是周恩来为打破美日经济封锁，倡导"对日工作，民间先行，以民促官"方针所取得的第一次胜利。

8 月 13 日，战犯管理所所长孙明斋针对日本战犯思想状况，进一步作悔罪认罪动员报告。

8 月，最高人民检察署组成日籍战犯罪行重点调查小组，来东北对日籍将级战犯罪行材料、证据等进行调查研究，为开展侦讯工作做准备。

9 月，最高人民检察署党组起草了关于处理日、伪满、蒋战犯的初步意见，并向中共中央汇报了在押日本战犯及国民党战犯的情况与处理的具体意见。

9月30日，管教所干部金源向在押日本战犯作了《中华人民共和国三年来伟大成就》的报告。

11月20日，管教所干部王枫林向日本战犯作了《揭露日本军国主义罪行与自己认罪，改造思想的问题》的报告。

12月3日，管教所干部金源向日本战犯作了《社会发展前途与自己认罪悔罪》的报告。

1953年

1月，西南行政区政府公安部对押在重庆的三名职级较高、罪行较重、民愤极大的国民党特务骨干、内战战犯首犯，拟判处极刑，上报中央公安部请示。中央公安部部长罗瑞卿批示："刀下留人，杀之可惜。"并及时报告中央。

1月26日，日本红十字会、日中友协、日本和平联络会三团体代表，应中国红十字会邀请来到北京，开始就协助仍在华日侨回国问题进行商谈。经三次商谈，于3月5日共同发表《关于商洽协助日侨回国问题的公报》。

2月，为保证在押战犯身体健康，战犯管理所决定：让其每日运动三小时，劳动三小时，学习三小时，并增加许多运动和娱乐器具，自2月中旬开始经常举办娱乐晚会或音乐会。

2月23日，战犯管理所决定，对押在抚顺和哈尔滨的校官以下日本战犯普遍进行悔罪认罪教育。

3月5日，斯大林逝世，毛泽东主席发布命令：7～9日全国下半旗致哀。

羽山正丰等244名在押日本战犯向抚顺战犯管理所呈交悼念斯大林逝世的悼文。

3月，由在押日本战犯推举组成产生的"学习委员会"开始将战犯们的政治学习、生活管理和文体活动统一安排进行。

4月25日，为增强在押战犯体力，减少疾病发生，抚顺战犯管理所筹建的制瓦厂建成。当日即组织校官以下日本战犯参加制瓦劳动。在哈尔滨的将校级战犯，则参加糊纸盒的轻微劳动。

4月，在哈尔滨道里监狱开始对 14 名日本校级军官进行悔罪认罪试点教育，并组织他们学习列宁著作《帝国主义论》。

7月27日，朝鲜停战协定在板门店签字。

9月15日，东北战犯管理所开始组织在押日本战犯普遍系统地学习列宁著作《帝国主义论》。同时，由管教干部向战犯们讲解：日本帝国主义的本质及天皇制是什么等内容，启发战犯们觉醒。

10月23日，中日第二次民间贸易协定在北京签字。

关押在哈尔滨的 210 名校级以上日本战犯及伪满战犯，当日由哈市出发，24日全部迁回抚顺，归编原建制。

11月，最高人民检察署党组向中央政法委及中共中央报告在押战犯情况与处理战犯准备工作的意见。提出：处理战犯应依先处理国际战犯，后处理国内战犯，先处理有影响的，后处理一般的步骤进行为妥。

1954年

1月1日，向井初一等六名日本战犯给战犯管理所写信，感谢给予的人道主义待遇与教育改造，并反省忏悔在侵华战争中犯下的罪恶。

中央政治法律委员会党组干事会鉴于处理战犯准备工作应抓紧进行，当即向毛泽东主席、中共中央转报了最高人民检察署党组关于处理战犯问题的请示报告。

1月3日，前日本关东军司令官、朝鲜总督、日本陆军大将、甲级战犯南次郎被驻日美军释放。

1月初，根据中央关于"查清这批战犯的罪行，做好处理的准备"的相关指示，最高人民检察院经中央组织部，从公安部、公安学院（部分省市公安厅局学习结业干部）及从各省、市、自治区检察机关调集的干部，与从中央和各省、市有关部门调集的日语翻译人员共 400 余名，在北京真武庙开办训练班，为侦讯日本战犯和伪满战犯做准备。中联部、外交部等方面专家介绍日本有关情况。外交部顾问、参加东京审判的梅汝璈法官介绍远东国际军事法庭审判日本甲级战犯情况，抚顺战犯管理所负责人介绍在押日伪战犯情况。

1月18日，战犯管理所所长孙明斋等去北京向最高人民检察院汇报三年来管教日伪战犯工作情况。最高人民法院副院长高克林、最高人民检察院副检察长谭政文亲自听取了汇报，并转告周总理提出要对日本战犯进行审讯的指示。

2月，中央公安部部长罗瑞卿在重庆战犯管理所视察时，听到有干部反映"革命不如反革命"，对中央决定对在押战犯实行宽大政策不满意时，指出："共产党员的奋斗目标是解放全人类，我们没有理由不坚定地按照中央的决定做事。"经教育，管教人员普遍端正思想，严格执行纪律。

2月17日，最高人民检察院副检察长谭政文在北京真武庙训练班上作关于侦讯日本战犯及伪满战犯有关问题的报告。

2月末，最高人民检察院东北工作团与协助山西省日籍战犯罪行调查联合办公室的特派工作组相继组成，并先后去抚顺与太原实地开展工作。

3月，"高检"侦讯工作团进驻抚顺之前，管理所始终围绕贯彻周恩来有关对战犯进行悔罪教育指示为中心，针对日本战犯群体各自不同特点，分下层、中层、上层和顽固分子四个层次，以下促上，由点到面，逐步分化、瓦解，进而促使大多数战犯低头认罪。

3月4日，最高人民检察院东北工作团到达抚顺战犯管理所驻地，正式开始侦讯工作。

3月17日，高检"东北工作团"（便于保密而定名）遵照中央指示："严格审讯，分别处理"，"上层从严，下层从宽；少数从严，多数从宽；抗拒从严，坦白从宽"的侦讯方针与政策原则，采取开展认罪检举与个别逐一询问相结合；所内询问与派人外调取证相结合；侦讯重犯与普遍管理教育相结合等方法与步骤，有计划全面推进侦讯、取证工作。首先召开在押战犯认罪检举动员大会。"东北工作团"负责人李甫山作动员报告，向在押的日本战犯及伪满战犯宣布了相关政策、要求，强调："幻想第三次世界大战再起是痴心妄想。"指明出路，只有一条："决心认罪，与旧我决裂。"会场响起"认罪从宽"等口号，对日伪战犯震动很大。同时，使中下层日犯看到自己有了新生的希望。

4月29日，我国政府与印度政府关于西藏地方和印度之间的通商和交通协定在北京签字。协定中首次提出和平共处五项原则。其间周恩来还率我国政府代表团参加讨论和平解决朝鲜问题和恢复印度支那和平问题的日内瓦会议。

5月20日，战犯管理所召开在押日本校级以上战犯大会。日本校级以下战犯及伪满战犯派代表参加。会议开始，李甫山重申有关政策，要求日犯应争取自己的光明前途。接着，由伪满国务院总务厅次长古海忠之示范，坦白交代了自己的主要罪行，并叙述了自己思想转变和悔罪认罪的过程。

5月27日，日本参议院为感谢中方协助在华日侨陆续回国通过了"特别决议"，邀请中国红十字会派代表团访日。至1953年10月7日，中国红十字会根据中日双方协定，已经陆续分七批，遣送25158名在华日侨归国。

8月13日，东北行政委员会公安局随东北行政区撤销，即将战犯管理所的隶属关系移交给辽宁省公安厅代管，将"东北战犯管理所"名称改为"抚顺战犯管理所"，仍由中央公安部主管。

10月18日，日本国会议员访华团在团长铃木茂三郎（日本社会党委员长、众议员）率领下，参观抚顺战犯管理所。周总理在京接见时，对其首次披露：中国有在押1000多名日本战犯待审理。自日本国会议员访华团来抚顺战犯管理所参观起，至1963年末，先后有日本各界组成的80多个友好访华团，计1000余人次，陆续来抚顺同在押日本战犯会见、座谈或私下交谈。通过参访，普遍打消了对新中国的敌视、猜忌，并感谢中国实行的人道政策；回国后，纷纷发表谈话，要求日中早日恢复邦交。为精简文字，各参访团名称、人员构成及人数，来访时间与过程等，不一一记述。

10月30日，中国红十字会会长、访日代表团团长李德全在日本东京，授权正式公布了在抚顺关押的日本战犯名单。这一事件，震动了日本各界。由此开始，由日本国会及地方议会部分议员以及各界人士相继组成80多个友好访华团来华参访。

12月8日，周恩来外长就美国政府12月2日同蒋介石集团签订所谓《共同防御条约》发表声明，严正指出此条约是非法和无效的。

12 月，中国红十字会接受日本红十字会等三团体邀请访日，商讨继续遣返日侨与遣送释放日本战犯事宜。

1955年

1 月 1 日，冈崎武夫等日本战犯向战犯管理所呈交感谢信，并致新年祝词。

1 月 20 日，中央卫生研究院派三名营养系教授及高级技术员来战犯管理所做维生素定量检查。

2 月 10 日，中国红十字会转来日本战犯家属给在押战犯的来信 165 封。

3 月 26 日，中国红十字会转来在押日本战犯亲属邮寄的 1042 封信件及 1000 多件邮包。由此，邮寄不断，下略。

4 月 28 日，首次给在押日本战犯发往日本亲属信件，邮寄 921 封。由此，邮寄不断，下略。

7 月 30 日，中国红十字会会长李德全在全国人大二次会议上报告指出：两年来，中国已协助 2.9 万名在华日侨回国，有 6000 人愿意留在中国。日本政府称，仍有 4 万日本人滞留中国，是不负责任的言行。

12 月，中、美两国大使级首次会谈在日内瓦举行并发表公告。

年末，周恩来在北京中南海，亲自听取高检"东北工作团"和抚顺战犯管理所负责人的工作汇报。周恩来说："对日本战犯的处理，不判处一个死刑，也不判处一个无期徒刑，判有期徒刑的也要极少数。起诉书要把基本罪行搞清楚，罪行确凿后才能起诉。对犯一般罪行的不起诉。这是中央的决定。"

年末，"东北工作团"负责人李甫山等又返回北京，向周恩来汇报基层干部的意见。周恩来耐心地说："恐怕不是下面的思想不通，而是你们的思想不通。你们的思想要通了，下面的思想怎么能会不通呢？"周恩来又说："中央决定对日本战犯进行宽大处理，在 20 年以后，你们会看到中央的决定是正确的。"

（其间，最高检察院"东北工作团"经过一年多时间的侦讯，向国家最高检察院和国家最高法院提出一个应将在押的 70 余名罪大恶极的战犯判处极刑的建议方案。此议案未被中央采纳。

年末，"东北工作团"负责人李甫山和战犯管理所所长孙明斋等由北京返回抚顺。当他们向全体侦讯人员传达周恩来的指示时，不少人表示"想不通"，遭受日军残害的干部思想阻力更大。）

年末，"东北工作团"负责人李甫山等返回抚顺，借高尔山下一座礼堂，召开了有900多名侦讯干部和管教干部参加的大会，再次传达了周恩来的有关指示，从而提高了全体侦讯干部和管教干部的思想认识，增强了进一步管教好在押战犯们的信心和责任心。由此，再没有人坚持必须处决几名日本战犯。

12月30日，解放军总政治部和中央公安部发出《关于将现押军区的蒋匪战争罪犯移交公安机关管理的联合指示》，决定国内战犯统一由公安机关集中关押。

1956年

1月，参加审判日本战犯的最高人民检察院、最高人民法院、国家司法部三个单位的有关人员集中在北京西山卧佛寺，进行审判前的准备工作。廖承志两次到卧佛寺作报告，介绍日本历史和现状，并对审判工作给予指导。

其间，最高人民法院曾计划把抚顺作为东北地区的审判地点。周恩来认为，日本首先在沈阳制造了"九·一八"事变，打响了侵华战争第一枪，在沈阳审判日本战犯更具有特殊意义。由此，将特别军事法庭设在沈阳。最高检察院则将宣布免予起诉1017名日本战犯的庭址仍选定在抚顺市人民政府大礼堂。

1月10日，中央公安部下达《关于组织战犯参观的具体安排》通知。之前，公安部向各地战犯管理所传达周恩来指示："要组织战犯到社会参观，接受现实教育。让他们到曾经犯罪的地方看看中华人民共和国成立后的变化。"周恩来还要求注意参观中的安全，尊重战犯们的人格。

2月6～26日，战犯管理所先期组织在押能外出的894名日本战犯，先后分三批参观了抚顺、沈阳工矿企业与农村。当参观抚顺平顶山惨案遗址馆，见被日军杀害的白骨成堆，都纷纷跪地请求惩罚。

2月11日，外交部发表关于中国政府建议中日两国政府就促进中日关系正常化问题进行谈判的公报。

2月22日，中央新闻纪录电影制片厂开始拍摄反映在押日本战犯生活的纪录电影《仁慈的宽待》。

3月8日，周恩来在最高人民检察院的请示报告上批示："免予起诉的战犯要分三批释放。"

3月14～15日，全国政协二届十九次常务委员（扩大）会议，专题讨论如何处理日本战犯和国内战犯问题。全国政协主席周恩来传达中共中央主席毛泽东对在押战犯"一个不杀"的主张。高检副检察长谭政文作《关于侦查日本战争犯罪分子的情况和处理意见》报告。

接着，中央公安部部长罗瑞卿提出对在押的国内战犯"不审不判，集中管教，分批释放"的建议。经过与会人员两天讨论和研究取得了共识。会议建议中共中央对在押的国民党战犯实行"一个不杀，分批释放，来去自由，言论自由"的处理方针。中共中央采纳了这些建议，随即成立了由罗瑞卿、孔原、徐冰和徐子荣组成的"处理战犯专案小组"负责有关政策问题和其他重大问题的研讨和处理。日常工作由公安部政治保卫局局长凌云主管，由该局预审处处长姚伦全面负责。

4月10日，抚顺战犯管理所召开全体在押战犯大会，伪满总务厅次长古海忠之作认罪悔罪发言时，请求中国人民给予正义审判。三轮敬一等六名战犯也纷纷表示愿意受到正义的制裁。

4月11日，中共中央向各省、市、自治区党委和中央国家机关党组发出通知，征求对处理在押战犯的意见。

4月13日，根据公安部通知要求，抚顺战犯管理所组织在押日本战犯第二批306人先后去哈尔滨、长春、鞍山、天津、南京、上海、杭州、武汉、北京等地参观，5月11日15时回到抚顺。

4月25日，毛泽东在中共中央政治局扩大会议上作了题为《论十大关系》的重要讲话。其中，针对苏联肃反扩大化造成的消极教训，提出了对处治战犯"一个不杀"的主张，并就"革命和反革命"的关系问题作了深刻的论述。毛泽东说："连被俘的宣统皇帝、康泽这样的人也不杀。不杀他们，不是没有可杀之罪，而是杀了不利。"

全国人大一届第三十四次常务委员会会议通过《关于处理在押日本侵略中国战争中战争犯罪分子的决定》。决定对处理在押日本战犯的处理原则与有关事项作了六项规定。同日，毛泽东发布主席令。全国人大常务委员会秘书长彭真致最高人民法院董必武院长，函告本次人大常务委员会已通过任命贾潜为最高人民法院特别军事法庭庭长，袁光、朱耀堂为最高人民法院特别军事法庭副庭长，王许生、牛步东、徐有声、郝绍安、殷建中、张剑、张向前、杨显之为最高人民法院特别军事法庭审判员。并决定，在沈阳、太原设立两处特别军事法庭，分四案分别公开审判日本侵略中国战争中的45名战争犯罪分子。

5月1日，中央公安部遵照毛泽东提议，组织在秦城监狱关押的国民党战犯，在公安部临街楼上观看北京群众欢庆"五一"焰火晚会。次年，又规定每年的国庆节和五一国际劳动节，都组织在押战犯白天观礼，晚间看焰火晚会。公安部通知各地战犯管理所，一律照此执行。

6月1日，最高人民检察院对抚顺关押的铃木启久等八名日本战犯提起公诉。

6月4日，辩护律师们到抚顺战犯管理所开始同被告接触。

6月5日，最高人民检察院对在太原关押的城野宏等八名日本战犯提起公诉。

6月9日，最高人民法院在沈阳北陵设立特别军事法庭开庭，审理铃木启久等八名被指控为战争罪犯一案。参加旁听人员有各民主党派、各群众团体代表以及各省、直辖市代表，共1400多人，自本日起，到6月13日下午，法庭先后对被告人前日本陆军第五十九师团中将师团长藤田茂、前日本陆军第一一七师团中将师团长铃木启久等八人被指控的犯罪事实进行调查。

6月10日，特别军事法庭太原法庭开庭，审理富永顺太郎战争犯罪和特务间谍犯罪案。自本日起至6月11日下午，法庭对被告人富永顺太郎被控的犯罪事实进行调查。特别军事法庭继续开庭，富永顺太郎最后陈述说："不论什么严重处分我都接受，就是死也不能补偿我的严重罪恶。"

6月12日，特别军事法庭开庭审理城野宏等八名战争犯罪和反革命犯罪案。自本日起，到6月17日上午，法庭对被告人被指控的犯罪事实进行调查。庭审中，被告人均一一低头认罪。

6月15日上午，特别军事法庭沈阳法庭继续开庭，被告人铃木启久、藤田茂、佐佐真之助等八名罪犯相继作最后陈述时，表示认罪服法，绝对不再走侵略战争的道路。藤田茂还说："被害者控诉的声音永远不会离开我的脑际。"

6月17日，特别军事法庭太原法庭继续开庭，被告人城野宏等八名罪犯作最后陈述，表示谢罪与忏悔。

6月19日，特别军事法庭沈阳法庭继续开庭，审判长袁光宣读判决书：铃木启久、藤田茂、佐佐真之助等八名战争罪犯分别被判处有期徒刑13～20年。

6月20日，特别军事法庭太原法庭继续开庭，判城野宏等八名战争犯罪和反革命犯罪分子有期徒刑8～18年。

6月21日，最高人民检察院对武部六藏等28名战争犯罪分子提起公诉。

最高人民检察院首席检察员、少将王之平在抚顺审判庭，宣读中华人民共和国最高人民检察院宣判书。决定对在押的335名职务较低、罪行较轻、悔罪表现较好的日本战犯免予起诉，立即释放，由中国红十字会移交日本红十字会接收回国（其中，关押抚顺的295名、太原的40名）。午后2时，在抚顺战犯管理所举行了同获释人员的联欢会。

6月22日，东京大学名誉教授高桥勇治也撰文称道："中国的审判独具特色。""他们只痛恨日本帝国主义发动的侵华战争，而对战犯则进行耐心教育，并把他们改造成爱好和平的人"，"参与侵略中国和统治伪满的日本战争罪犯，能改造到普遍认罪的程度，这在一般人的常识上是不可理解的"。其间，各国新闻媒体都跟踪报道，称赞：受审的日本战犯在中国法庭上一个个俯首认罪，甚至要求法庭为自己宣判极刑，这同纽伦堡国际法庭宣判纳粹德国战犯，与远东国际法庭宣判日本甲级战犯时，一个个罪犯百般抵赖，无理狡辩，拒不认罪的场面，相形对照，堪称"中国的审判是国际审判史上的奇迹！"日本媒体甚至惊讶地形容：在中国法庭上，检察官与战犯，被害人与战犯，证人、律师与战犯，审判官与战犯之间，虽然各自有不同的立场、职责和表达方式，然而，揭露、证实罪行一方，与供认罪行的另一方，竟不似对立、仇视的双方。相反，他们在揭露、惩罚日本帝国主义侵略中国这一目标上，却能有相同的心情与相同的语言，着实令人疑惑不解。

著名国际法学家梅汝璈就处理日本战争犯罪分子发表谈话，称赞最高人民法院特别军事法庭的"审判程序是完全符合国际惯例和国际法标准的"。并称"这种史无前例的事情，只有胜利了的中国人民才有气魄做得出来"。

6月25日，最高人民法院特别军事法庭委托抚顺战犯管理所向武部六藏等28名被告人送达起诉书副本和译本、传票以及指定辩护人的通知书与译本。

6月26日，日本法律工作者代表团、日本红十字会代表团、日中友好协会代表团、日本和平联络会代表及日本两名广播电台记者先后到抚顺战犯管理所参观，并向全体日本战犯讲了话。宫崎弘、三轮敬一代表在押日本战犯致辞。

6月28日，周恩来在全国人大一届三次会议上郑重宣布："由于中日两国人民友好关系的发展和日本现在的处境，尽管中日两国之间战争状态还没有结束，中国政府仍然主动地按照宽大政策分别处理了经过长期关押和审查的日本战争犯罪分子。"同时，指明："中国政府所以作出这些不断努力，是由于我们正确地估计了中日两国人民要求和平共处和友好往来，要求两国早日恢复正常关系的愿望。"

第一批获释的335名日本战争犯罪分子，于本日下午3时乘日本轮船"兴安丸"号回日本。在天津塘沽港离别时，发表了"告别词"，表示回归日本后，为日中间的世代友好而努力奋斗。

7月1日，特别军事法庭在沈阳开庭，审理武部六藏等28名被告人被指控战争犯罪一案。出庭做证的除有我国公民张兆渭等27人外，尚有在押证人、前伪满皇帝溥仪和伪大臣于镜涛等 12 人。

《人民日报》发表社论《对日本战争犯罪分子的宽大处理》。

7 月 2～11 日，特别军事法庭在沈阳开庭，对被告人、前伪满总务厅次长古海忠之等 27 人被指控的犯罪事实进行调查。

上午，审判长宣布对本案各被告人事实调查结束。庭审中，被告人古海忠之在法庭上四次低头，两次流泪，为所犯罪行表示忏悔。其他被告人也都低头认罪。

7 月 8 日，根据特别军事法庭的裁定书，由法庭审判员杨显之等前往沈阳中国医科大学第一附属医院，对被告人、患病的前伪满总务厅长官武部六藏就地进行讯问。武部六藏说："日本和中国是近邻国家，有着亲戚关系。日本侵略中国，是一个极大错误。"还说："中国政府对我的照顾，是难以用语言表达感恩的……"

7 月 13 日，沈阳法庭继续开庭，前伪满总务厅次长古海忠之最后陈述说："我在中国人民正义的法庭上，请求按照真理的判断，对我这个可憎的难以饶恕的罪犯处以极刑。"前伪满警务总局特务处调查课课长岛村三郎最后陈述说："我越接触到中国人民对我的这种人道待遇，我心里越感到痛苦、惭愧、后悔（被告人讲着就跪了下来）……我请求中国人民给我严厉的惩处。"其他被告人最后陈述也都表示认罪、服法与谢罪、忏悔。

7 月 18 日，最高人民检察院对小羽根建治等 328 名日本战争犯罪分子宣布了免予起诉决定书，当即予以释放（其中，有抚顺关押的 296 名，太原关押的 32 名）。

7 月 20 日，女护理员焦桂珍随担架乘车一直护送武部六藏到天津港。当武部六藏向前来接他的妻子武部歌子讲述焦桂珍护理他的感人事迹时，感动得放声大哭，说道："大大地感谢中国政府，大大地感谢中国人民，大大地感谢焦桂珍先生。"武部歌子感动得抱着焦桂珍失声大哭，连连说道："日中人民一定要世代友好。"

高院沈阳特别军事法庭对被告人古海忠之等 28 名战争犯罪分子分别判处有期徒刑 12～20 年。被告人武部六藏被判有期徒刑 20 年，经确诊鉴定该犯确系患脑血栓与半身瘫痪，健康难以恢复，由审判长裁定，准予其假释，提前出狱回国。

第二批免予起诉的328名日本战犯，分别从抚顺、太原到达天津。停留期间，他们前往天津北仓抗日烈士纪念馆向抗日烈士谢罪，并参观了疗养院、文化馆、体育馆和水上公园等处。

7月24日，中国红十字会代表在天津将被释放的第二批328名日本战争犯罪分子和被假释的武部六藏移交给日本红十字会、日中友好协会和日本和平联络会三团体的代表。

第二批获释的日本战争犯罪分子328名和被假释的武部六藏乘日本轮船"兴安丸"号回国。离开码头时，船上响起"东京——北京"的歌声和"日中友好万岁"的欢呼声。

8月21日，经最高人民法院特别军事法庭判刑的45名日本战犯，除武部六藏因重病获"假释"提前释放，其余44名被判刑的日本战犯（抚顺共36名，太原9名），全部集中在抚顺战犯管理所院内新建立的"抚顺战犯监狱"服刑。到1964年3月9日，最后提前释放3名服刑的日本战犯，除佐佐真之助在服刑期间病亡外，其余44人全部生还日本。至此，在我国关押的日本战犯，全部释放完毕。

最高人民检察院对石垣林之助等354名（其中，抚顺关押的306名，太原48名）日本战犯宣布了免予起诉，立即释放的决定。至此，关押在中国的1062名日本战犯已由我国政府分别判刑或免予起诉释放，全部处理完毕。

8月26日，中国红十字会代表把354名被释放的日本战争犯罪分子移交给日本红十字会等三团体。签字仪式结束后，日本三团体代表到天津惠中饭店会见了被释放的日本战争犯罪分子。

乘接运第三批日本战争犯罪分子的"兴安丸"号来华的38名战犯家属到达抚顺战犯监狱同被判刑的亲人会见。

8月27日，抚顺战犯管理所根据中国红十字会规定：允许38名战犯家属同在押日本战犯同居两宿。

8月30日，日本前军人访华代表团在团长远藤三郎（原为日军中将）率领下，访问抚顺战犯管理所，并与正在中国的日本战犯家属会面。离开前，还单独会见了在押中的溥杰，转达了溥杰的妻子对溥杰的问候。

9月2日晚11时，第三批被释放的354名日本战争犯罪分子在天津新港码头乘"兴安丸"号轮船回日本。获释人员代表三轮敬一向中国红十字会代表致谢，并向中国人民宣读"告别词"。

9月4日，毛泽东在北京人民大会堂会见前日本陆军中将远藤三郎率领的"日本旧军人友好访华团"全体成员。

9月5日，从中国回归日本的第三批获释人员在日本西海岸舞鹤港上岸。一、二、三批共1017名获释人员，以"被免予起诉、释放回国的全体日本战犯"的名义，发表《告日本人民书》。呼吁："为和平与幸福，为日中两国人民世代友好，多做有益的事情，而积极努力地贡献我们的后半生。"

9月15日起，中央公安部陆续分批次地将在沈阳、北京、南京、武汉、重庆及"文革"期间在北京秦城监狱关押的一批批国民党战犯集中调往抚顺战犯管理所收押。除尚在秦城收押的几名国民党特务骨干和仍保留济南、西安战犯管理所收押国民党战犯与呼和浩特看守所收押伪蒙战犯之外，其他战犯管理所、收容所一律终止使用。

10月4日，由中国免予起诉而陆续归国的日本战犯们，在东京"千代田公会堂"举行盛大的归国纪念文艺公演，宣传在中国受到的宽大待遇，使与会者深受感动。

10月12日至1975年2月25日，日本六大城市访华团、日本国会议员"日中贸易促进联盟"访华团等17个友好团体代表先后到抚顺战犯管理所参观，分别与44名被判刑的日本战犯会面，并相互致辞或个别交谈。

1957年

3月，日本"中归联"，根据该会会员自身犯罪事实编著的《三光——日本人在中国战争犯罪纪录》一书，由先文社出版，很快销售一空。日本右翼势力进行阻挠，"中归联"使用《侵略》二字重新出版，仍然受到日本国民欢迎。接着，"中归联"又相继出版《在中国，日本人做了些什么？》《慰安妇——日中战争中，日本鬼子兽行录》等几十部揭露日本侵华暴行的"回忆录""见闻录"等战地实录。

4月30日，经最高人民法院特别军事法庭审定，将服刑期满的日本战犯神野久吉释放。为精简文字，以下不一一记述各犯释放经过。

5月初，日本鸟栖市市长海口守三来访，给在押日本战犯古海忠之带来了岸信介首相的口信。古海忠之不但回绝了岸信介等待他回国做官的诱惑，还同在押日本战犯铃木启久等针对岸信介推行的敌对新中国的政策，写了抗议信。

5月5日至8月17日，日本鸟栖市市长海口守三、日本前军人第二批访华代表团等14个友好团体代表先后到抚顺战犯管理所参观，并与被判刑的日本战犯会见并个别交谈。

5月9日，由日本"中归联"筹备处常务理事兼事务局局长国友俊太郎率团将中国殉难者烈士遗骨第七次捧送归还中国。

5月14日，已释放的日本战犯国友俊太郎在护送中国殉难者遗骨来华时，前来抚顺战犯管理所赠座钟一座。次日，随团前来的在押日本战犯家属、日本红十字会代表及两名日籍记者前来抚顺战犯管理所，与在押服刑日本战犯会面。

7月25日，周恩来发表谈话，谴责岸信介窜访台湾的反华言行。

7月30日，《人民日报》发表社论，批判岸信介敌视中国的政策。

9月7日，抚顺战犯监狱将服刑期间表现良好的藤田茂、原弘志提前释放。服刑期满的蜂须贺重雄、西永彰治也于本日释放。以上四人均于当日下午3时去天津。

9月22～23日，由中国获释先期归国的1017名日本战犯，自1956年末在东京"常磐寮"成立"联络处"，于1957年9月22日召开了第一次全国代表大会，通过了会章，选举出领导人，正式创建"中国归还者联络会"（简称"中归联"）。会旨："贡献于和平与日中友好。"同时，集体加入日中友好协会，作为团体会员。

1958年

4月7日，驻日美军总部宣布释放贺屋兴宣等10名日本甲级战犯。

至此，第二次世界大战后，被判刑的4182名日本战犯被全部释放。

4月18日，被提前六年释放的日本战犯藤田茂在去上海、南京等地参观后，从天津给抚顺战犯管理所发来"告别信"。

10月13～17日，自本月13日至本日，抚顺战犯管理所对所有在押战犯进行全面身体检查。

11月19日，陈毅外长发表声明，谴责美日进行军事勾结；同情日本人民争取为独立、和平、民主而进行的斗争。希望日本能成为和平、中立的国家。

11月25日，廖承志在《关于抚顺在押日本战犯揭发控诉岸信介稿件的处理意见》请示报告上，批示：可以送交香港《大公报》上发表，稿费亦应照付给他们。

12月15日，在押伪满皇帝溥仪写了"严正警告日本岸信介政府重新把日本导向军国主义老路"的警告信。

1959年

8月，毛泽东从杭州写信给刘少奇。信中写道："我想到今年国庆10周年纪念，是否可'赦免'一批（不是大赦，而是古时所谓曲赦，即局部的赦免）确实改恶从善的战犯及一般还在服刑的刑事罪犯。如办此事，离国庆只有30多天时间，是否来得及审查清楚，或者不赶国庆，在秋天办理即可，但仍用国庆10年的名义。此事是否可行，亦请召集有关同志商议一下。"

9月14日，毛泽东在中南海怀仁堂邀请各民主党派、各人民团体负责人和各界民主人士座谈，征求意见。他们对中共中央提出的拟特赦的国民党战犯名单逐个提出意见。听了毛泽东的发言，纷纷表示愿意放弃旧怨，拥护中共中央的建议方案。当日，毛泽东代表中共中央向全国人大常务委员会提出建议，请对特赦战犯建议作出决议。

9月17日，全国人大常委会第九次会议，根据毛泽东代表中共中央提出的建议，作出了《关于特赦确实改恶从善的罪犯的决定》。国家主席刘少奇发布"特赦令"。

10月1日，抚顺战犯管理所组织在押服刑的日本战犯、伪满战犯和国民党战犯参观了抚顺市庆祝中华人民共和国成立10周年群众游行。

10月11日，日本各界庆祝中国国庆10周年访华团，参观了抚顺战犯管理所，并与全体在押服刑日本战犯会面。古海忠之代表战犯致辞。

1960年

1月14日，中国外交部声明，反对日美签订军事同盟条约。

1月19日，日共《赤旗报》刊载我国提前释放回国战犯歧部与平谴责岸信介政府签订新的《日美共同合作与安保条约》的讲话，以及抚顺在押全体日本战犯向岸信介提出的抗议文。

1月，日本政府与美国政府签订新的《日美共同合作与安保条约》后，将先前在日本各地掀起的群众性反美反战抗议示威运动推向了高潮。在这场斗争中，日本"中归联"始终站在群众斗争的最前沿。由在抚顺服刑的古海忠之等写的《抚顺书简》抗议信，是"中归联"参与斗争的一张"王牌"。获释归国的藤田茂在东京示威群众中带头高喊："把漏网的甲级战犯岸信介拉下马！""日中不再战！""日中要友好！"在觉醒了的日本国民强大压力下，岸信介不得不于1960年6月宣布下野。

2月，日本城县日中友协在日中友协《日本与中国》刊载抚顺在押日本战犯菊地修一给该县县民的信，揭露岸信介政府复活军国主义。

2月10日，日共《赤旗报》刊载抚顺在押日本战犯杉原一策写给故乡广岛县南口村村民的一封信，标题是《绝对不许走战争的道路》。

4月12日，中央公安部部长徐子荣、许建国先后批示："战犯口粮不得随便降低，劳动不得过度，教育、生活管理不得因日久就有所松懈。过去中央对战犯工作规定很多措施，而且行之有效，今后只能改进不能放松。"

5月3日，日本日中友协机关报《日本与中国》报道由中国释放回国的日本战犯藤田茂等人在日本各地的活动情况，标题是：《岸首相避而不见，战犯们的文件在各地的影响——在中国抚顺战犯监狱服刑中的伪满洲总务厅次长古海忠之、前中将铃木启久等24人，对岸首相敌视中国修订日美安全条约和复活军国主义，提出抗议文件 30 件，已送交有关团体和个人，本报第 271 号已作报道。这一事件报道后，在当前日本人民斗争中，正在扩大影响》。

5 月 9 日，北京召开 100 万人声援日本人民反对日美签订新的军事同盟条约大会。

6 月 11 日，日本"中归联"官城县支部给抚顺战犯管理所来信，表达对中国政府和中国人民的感激与怀念心情，表示为早日促成日中恢复邦交，为反对签订日美安全条约而斗争。

6 月 16 日，又有 2 万多示威群众包围了国会大厦，迫使岸信介政府于 17 日以"不能保证安全为由"，取消了艾森豪威尔再度访日的计划。

6 月 19 日，日本国会匆忙批准了新的《日美安全保障条约》。这一天，东京街头再次爆发 30 多万群众参加的抗议示威活动。

6 月 27 日，日本电波通讯社记者柳泽、樱井两人到抚顺战犯管理所，与古海忠之等服刑战犯谈"日本目前的形势"。

7 月 19 日，池田勇人接替被迫下台的岸信介，出任日本内阁首相。

10 月 20 日，出席万隆会议的日本首席代表高崎达之助等一行 14 人到抚顺战犯管理所参观，并与古海忠之单独见面。

12 月 10 日，日本"中归联"于 1960 年 10 月 22～23 日在东京召开第二次全国大会，选举藤田茂任该会一直暂缺的首任会长。

日本"中归联"首任会长藤田茂给抚顺战犯管理所来信，介绍该会第二次全国代表大会于 1960 年 10 月 22 日召开的盛况。

1961年

1 月 31 日，由山本熊一率领的"日本经济友好访华团"来北京，这是日中贸易中断后的第一个大型经济代表团访华。

3 月 5 日，日本"中归联"给抚顺战犯管理所寄来该会会刊《前进、前进》以及藤田茂会长写给战犯管理所所长的信。

10 月 7 日，毛泽东接见日中友好协会访华代表团时，指出："日本除了亲美的垄断资产阶级和军国主义军阀之外，广大日本人民都是我们的真正朋友。"

1962年

1月13日，日本社会党访华团与中国人民外交学会在北京发表共同声明，确认美帝国主义是中日两国人民的共同敌人。

5月7日，日本"中归联"会长藤田茂及熊本县支部给抚顺战犯管理所来信，介绍该会近期工作情况。

9月16日，日本自民党顾问松村谦三访华，同周恩来举行会谈。双方同意逐步实现中日关系正常化，并开辟了"廖承志—高崎达之助贸易"的渠道。这是周恩来倡导的"对日关系，民间先行，以民促官"方针又一次进步，中日经济交流已由"民间贸易"升格为"半官半民"阶段。

12月15～28日，抚顺战犯管理所奉命带领在押日本战犯古海忠之先后参观沈阳、鞍山、北京、西安等地。

年末，周恩来同来华访问的高崎达之助、冈崎嘉平太等五位日本国会议员谈话时，谈道："从中日甲午战争开始，日本侵略中国，特别是1931年'九·一八'事变，日本入侵中国内地，给中国人民的生命财产造成重大损失，对此，我们抱有很深的怨恨。但是，甲午战争到现在只有70年，这在两千年的中日友好史上是短暂的。我们现在正在努力忘记这段时间，忘记怨恨，结成友好。"周恩来的谈话，使日本客人深受感动。

1963年

2月12日，抚顺战犯管理所提前释放日本战犯古海忠之归国。

4月4日，抚顺战犯管理所提前释放日本战犯铃木启久、三宅秀也。

8月19日，抚顺战犯管理所本日按期释放在押日本战犯上坂胜。

9月1日，日本战犯杉原一策、中井久二、柏乐圭二、永富博之、大野泰治等五名本日提前释放。

11月15日，毛泽东在谈到改造罪犯经验时，指出："我们相信人是可以改造的，在一定条件下，在无产阶级专政的条件下，一般说是可以把罪犯改造过来的。"翌年，4月24日，毛泽东再次重申："罪犯也是人，人是可以改造的，就是政策和方法要正确才行。"

1964年

1月27日，毛泽东接见在北京的日本朋友时发表谈话，支持日本人民反对美帝的爱国主义斗争。

3月9日，经最高人民法院军事法庭裁定，抚顺战犯管理所本日提前释放在押日本战犯斋藤美夫、富永顺太郎、城野宏等。至此，在我国服刑的日本战犯全部释放完毕。

4月26日，抚顺战犯管理所所长金源在北京向日共政治局委员松岛治重介绍中国政府教育改造日本战犯情况。

5月17日，当斋藤美夫等三人回到日本后，"中归联"在东京文京区政府礼堂举行"全部回国完成纪念集会"，赴会的会员有170多人。访日的"中国经济友好代表团"副团长肖向前等应邀出席。集会通过了"感谢中国政府释放全体人员平安回国"的决议，并且以全体回国人员的名义呼吁"反对复活日本军国主义"，"追究日本政府的战争责任"与"尽早恢复日中邦交"。日本多家报社和电视台等媒体，都进行了规格前所未有的报道。

6月10日，根据公安部指示，抚顺战犯管理所上报《十四年来教育改造日本战犯工作基本总结》。

7月7日，毛泽东在北京接见日本社会党前委员长佐佐木更三等五位国会议员时谈到日本军国主义侵华历史，以及中国政府改造处理日本战犯的情况。毛泽东说："那些打中国的将军们，大多数被苏军俘虏的，被我们俘虏的。日本战犯中有中将、少将，有校级军官，一共1100多人，经过教育，除一人外（指被日本'中归联'开除会籍的饭守重任），都不反对我们了，而变成中国的朋友。在日本国内，他们还进行宣传，反对他们的垄断资本主义和美帝国主义。"年内，毛泽东在谈论改造战犯经验时还就应具备的条件作了概括，指出：在敌人放下武器，缴械投降以后，敌人中的绝大多数是可以改造好的。但要有好的政策，好的方法。要他们自觉改造，不能只靠强迫、压服。

7月10日，日共《赤旗报》刊载获释的矢崎新二的文章《永不消失的侵略战争的心灵创伤》，把一生奉献给日中友好。

8月21日，中央公安部授予抚顺战犯管理所"改造工作先进单位"光荣称号。在沈阳辽宁省公安厅举行命名大会。

1965年

9月7日至10月9日，日本"中归联"首次组团访华。首次访华到1991年9月止，该会已先后组团访华20余次。访华团成员，不仅有该会历届领导人与成员，还有他们的家属、后代及其友人。在组团访华期间，曾受到中国国家领导人周恩来、王震、郭沫若、廖承志、邓颖超、吕正操、陈丕显等人亲切会见。访华团所到之处，均受到当地政府领导人和群众的热情友好接待。

9月26日，藤田茂率"中归联"首次访华团一行10人来抚顺战犯管理所参访，并向所长介绍日本"中归联"活动情况。

1966年

2月19日，根据薄一波副总理指示，抚顺战犯管理所"改造日本战争罪犯展览会"在北京劳动人民文化宫举行。展出三个月，接待公检法等系统观众3万余人。最高人民检察院检察长张鼎承等领导参观展览，并作了指示。

1967年

4月9日，"中归联"首次访华团副团长大河原孝一给抚顺战犯管理所所长来信，介绍"中归联"成员对中国"文化大革命"产生认识上分歧，该会已发生组织上分裂。

1968年

2月，日本"中国归还者联络会"成员因对中国开展的"文化大革命"认知有所不同，而正式形成组织上的分裂。以会长藤田茂为首的多数派会员，拥护中国"无产阶级司令部"发动的"文化大革命"，认定自己是"中归联"（正统）派，会长仍为藤田茂（原为日本陆军第五十九师团中将师团长）。以副会长岛村三郎为首的少数派会员，则对中国开展的"文化大革命"是否有必要，产生了怀疑，因此被称为"中归联"（中联）派，会长为岛村三郎（原伪满三江省警务总局特务处调查课课长）。两派在分裂后的18年内虽然互不往来，但斗争目标始终坚持"日中友好"，坚持"反对侵略战争，保卫和平"，而各自继续开展各项斗争活动。

1970年

12月9日，日本成立"促进恢复日中邦交议员联盟"。

1971年

2月16日，日本社会党和日本工会总评议会成立"日中恢复邦交国民会议"。

10月25日，中国在第二十六届联大恢复了在联合国的合法席位。

11月，周恩来接见日本飞机制造会社社长东海林武雄率领的"日本经济界访华代表团"时谈道："日本方面很关注战争赔偿问题，但是发动这场侵略战争是军国主义时代的事，和现在的一代、孩子们的一代以及孙子们的一代没有关系；不能让孙子们承担祖父的罪过。"日本经济界人士及日本国民对此深为感动。

1972年

2月21日，美国总统尼克松访华，中美发表《上海公报》。

7月7日，日本佐藤荣作首相因国会不信任下台，田中角荣出任日本首相。

9月25日，田中角荣首相与外相大平正芳访华。

9月29日，中日发表《中日联合声明》，自即日起正式建立大使级外交关系，结束了两国间存在20多年的不正常状态。

9月，周恩来针对中日复交后国内一些人认为中日"民间外交业已完成历史使命"等看法，适时提出"官民并举，不忘老朋友，广交新朋友"的主张。据此，中日友协再次邀请日本"中归联"会长藤田茂率团访华。

11月9日，周恩来在人民大会堂同藤田茂率领的"中归联"（正统）第二次友好访华团成员进行了长时间谈话。周恩来谈道："前些日子，我同田中首相发表了恢复两国邦交正常化的共同声明，这是经济基础不同的两个国家的总理在纸上的约定。但要牢固地实现中日邦交正常化，是要在日本人民和中国人民真诚地相互理解的基础上，最后达到深刻的相互依赖关系的时候。只有这样，才能结成两国子子孙孙永久的友好睦邻关系。"

1973年

1月至2月，中、日两国互设大使馆。

1974年

7月7日，日本"中归联"举办"控诉日本军国主义报告会"。藤田茂谈到自己在抚顺收押期间，曾用一年多时间研究政治经济学和日本历史，因而弄清了日本军国主义者发动侵华战争的真实意图。同时，也对自己前半生的犯罪行为深感内疚。藤田茂说，社会发展的基础和动力是经济。日本所以要发动1931年"九·一八"满洲事变以及1937年"七·七"卢沟桥事变，完全是因为日本垄断资产阶级和军阀，为了摆脱日本国内经济危机而去中国掠夺资源和财富，来发展壮大本国经济。

1975年

8月15日，亲苏的日本内阁总理三木武夫首次以个人身份参拜靖国神社，开了第二次世界大战后日本在任首相参拜靖国神社的先例。"中归联"等日中友好团体提出严正抗议。

9月16日至10月10日，"中归联"（正统）会长藤田茂率团第三次访华。

9月21日，藤田茂率"中归联"第三次访华团成员来抚顺战犯管理所访问，并到抚顺平顶山惨案殉难遗骨前默哀致敬礼。藤田茂说："我们的认罪决心，还要再彻底，反对日本军国主义东山再起的斗争还要再坚决！"

1976年

12月24日，三木武夫内阁辞职，福田赳夫内阁成立。

1978年

3月26日，国务院副总理邓小平会见飞鸟田一雄率领的日本社会党代表团时说："中日友好，早日缔约是大势所趋，是真正符合中日两国人民根本利益的。"

8月8日，日本外相园田直受福田赳夫首相委托，来华与中国外交部长黄华商谈日中缔约事宜。其间，因钓鱼岛归属中日双方争执不下，日方建议由园田直同邓小平商谈。

8月11日，邓小平对园田外相说："把钓鱼岛问题放一放。中日两国重要的是求大同，存小异。我们这一代解决不了可以让下一代去解决，如果还是解决不了就让孙子一代去解决。"

8月12～13日，中日签订《中日和平友好条约》。

10月22日，国务院副总理邓小平应邀赴日本访问，这是新中国领导人对日本的首次正式友好访问。

10月23日上午，中日双方举行《中日和平友好条约》批准书换文仪式，邓小平同福田赳夫首相共同出席。

1979年

12月，日本首相大平正芳访华。从这一年起，日本政府开始向中国政府提供日元贷款。

1983年

7月，日本"中归联"（正统派）和（中联派）开始整合。

9月10日，"中日友好21世纪委员会"首次会议在东京举行。

1984年

10月20日，"原中国抚顺、太原战犯管理所工作人员友好访日团"在抚顺战犯管理所老所长孙明斋、金源带领下，一行八人到达东京成田机场，受到"中归联"成员热烈欢迎。翌日，日本《读卖新闻》等各大报纸，以《狱中之恩难忘却，不禁热泪喜相逢》等醒目标题，跟踪报道访日团在日本的行程与活动。日本各电视台、电台也都跟踪报道。

1985年

8月，由日本"中归联"两派组织代表共同成立了"统一促进委员会"（次年3月，又改称"统一准备委员会"）。两派成员从"舍小异求大同"的立场出发，经过一年的准备工作，于1986年10月19～20日，在热海召开了引人瞩目的"统一全国大会"。这期间，藤田茂、岛村三郎均已过世。会议一致推举"中联"派代表富永正三为统一的"中归联"继任会长；推举"正统"派代表大河原孝一为副会长。该会的性质、组织结构等一律回归到20年前召开的第四次全国大会，作为起始点。

1986年

11月19日，应中日友协邀请，日本"统一'中归联'友好访华团"于11月7日来华访问。全国政协副主席吕正操在人民大会堂亲切会见富永正三、大河原孝一率领的"统一'中归联'访华团"，并发表了重要谈话。吕正操说道："据说'中归联'会员目前有700多人，现在终于实现了团结和统一，这比什么都好。不久前，中国也分裂了，而现在团结了。因此，团结是必不可少的。"吕正操还说："你们说，'中归联'会员在逐步减少，可是还有700多名会员，还有他们的夫人，他们的儿女们也已经长大成人，而且又有了子孙。况且，还有你们众多的亲朋好友。虽然会员年岁大了，有的已经作古；可是，还应该看到参与中日友好的人数却在逐渐增多。中日友好是大势所趋，必定要发展，和平事业必定要保卫的。"

1988年

10 月 22 日，日本"中归联"会长富永正三率团访华，参加由该会会员自愿捐款修建的、坐落在抚顺战犯管理所院内的"向抗日殉难烈士谢罪碑"揭幕仪式。

同时，举行"抚顺战犯管理所旧址陈列馆"对外开放开幕式。公安部、辽宁省公安厅和抚顺市外事部门都派人参加。中央和地方的新闻媒体均作实地报道。揭幕式与开幕式的盛况空前。

补记：2002 年 4 月 21 日

因日本"中归联"尚健在的会员越来越少，年岁已高，参加社会活动诸多不便，该会特邀抚顺战犯管理所派人参加，在东京举行仪式，宣布该组织自即日起中止活动。

翌日，由"中归联"赞助会员、亲友，与日本进步青年发起组建的"抚顺奇迹继承会"宣布自即日起正式成立，继续高举"中归联"创立的"贡献于和平与日中友好"的会旨和旗帜，开展各项社会活动（包括：成立"大地合唱团"，经常到日本各地演出，用歌声呼唤"和平"，呼唤"日中友好"）。目前，该组织已有 10 个支部，约 1000 多名会员，分布于日本全国各地。该组织现任会长是日本中央大学名誉教授姬田光义。

2002 年 4 月，日本"中归联"中止活动后，由日本社会一些进步的学者、教授等，创立的"日本中归联国际和平研究所"，也以日本"中归联"倡导的"贡献于和平与日中友好"会旨为旗帜，从事民间性质的学术研究工作。包括：调查研究"中归联"创建以来，奋斗 45 年来的发起与斗争过程，并广泛走访"中归联"尚健在的老人，与已故会员的亲属，搜集相关历史资料等。

该"研究所"还接管"'中归联'和平纪念馆"。此"纪念馆"原由"宋庆龄日本基金会"副理事长、"中国宋庆龄基金会"名誉理事仁木富美女士，在自家的私宅创建。该"纪念馆"陈列着"中归联"会员留下的所有著作、遗物与影像制品等历史文物、资料等，供国内外读者前来参观、咨询、研究。

目前，担任"日本'中归联'国际和平研究所"的秘书长，与担任"日本'中归联'和平纪念馆"的理事，均为学者石田隆至。该两个组织的所有工作人员都是兼职"义工"，为从事社会公益活动愿做义务性服务。而且，"和平纪念馆"能做到每周定期定时为观众开馆。

（本文资料，来源于国家档案资料、中央相关部门档案资料，以及抚顺市政协文史委、抚顺战犯管理所，与日本"中归联"提供的相关资料。）

附　录

中华人民共和国全国人民代表大会常务委员会《关于处理在押日本侵略中国战争中战争犯罪分子的决定》

（1956年4月25日）

　　现在在我国关押的日本战争犯罪分子，在日本帝国主义侵略我国的战争期间，公然违背国际法准则和人道原则，对我国人民犯了各种罪行，使我国人民遭受了极其严重的损害。按照他们所犯的罪行本应该予以严惩，但是，鉴于日本投降后十年来情况的变化和现在的处境，鉴于近年来中日两国人民友好关系的发展，鉴于这些战争犯罪分子在关押期间绝大多数已有不同程度的悔罪表现，因此，决定对于这些战争犯罪分子按照宽大政策分别予以处理。现在将处理在押日本战争犯罪分子的原则和有关事项规定如下：

　　一、对于次要的或者悔罪表现较好的日本战争犯罪分子，可以从宽处量，免予起诉。

　　对于罪行严重的日本战争犯罪分子，按照各犯罪分子所犯的罪行和在关押期间的表现分别从宽处刑。

　　在日本投降后又在中国领土内犯有其他罪行的日本战争犯罪分子，对于他们所犯的罪行，合并论处。

二、对于日本战争犯罪分子的审判，由最高人民法院组织特别军事法庭进行。

三、特别军事法庭使用的语言和文件，应该用被告人所了解的语言文字进行翻译。

四、被告人可以自行辩护，或者聘请中华人民共和国司法机关登记的律师为他辩护。特别军事法庭认为有必要的时候，也可以指定辩护人为他辩护。

五、特别军事法庭的判决是终审判决。

六、处刑的罪犯在服刑期间如果表现良好，可以提前释放。

对日本战争犯罪分子的宽大处理

（1956年7月1日）

《人民日报》社论

　　根据全国人民代表大会常务委员会关于处理在押日本侵略中国战争中战争犯罪分子的决定所确立的原则，我国政府已经开始对在押的日本战争犯罪分子进行处理。我国最高人民法院组织的特别军事法庭，已在沈阳和太原两地，分三个案件审讯了十七名罪行特别重大的日本战争犯罪分子，并且按照他们所犯的罪行和在押期间的表现，从宽分别判处了徒刑。同时，我国最高人民检察院对第一批335名次要的或者悔罪表现较好的日本战争犯罪分子实行了宽大处理，免予起诉，立即释放，并且已经交由我国红十字会于6月28日协助遣送他们回国。对其他在押的日本战争犯罪分子，我国政府在最近期间将继续按照我国的法律程序予以处理。中国红十字会对继续协助遣送第二批行将免予起诉和释放的日本战争犯罪分子回国，以及协助服刑中的日本战争犯罪分子家属前来中国探视其亲人等等事宜，也于6月28日同日本红十字会、日本和平联络会、日中友好协会等三团体代表达成了协议。

　　在侵略战争中已经遭受失败的日本军国主义势力，在侵略我国的战争期间，曾经完全蔑视国际法准则和人道原则，对我国人民犯了难以数计的各种罪行，使我国人民的生命财产蒙受了极大的损失。按照我国的法律程序处理对我国犯有战争罪行的日本战争犯罪分子，这不仅是中国人民的正义要求，而且完全是属于我国主权的事情。

人们知道，日本侵略我国战争中的大部分战争犯罪分子，包括一些首要的战争犯罪分子，在日本投降以后，曾经远东国际军事法庭和当时的中国政府作了处理。我国政府现在关押的这些战争犯罪分子，一部分是在我国解放战争期间逮捕的，大部分是在1950年由苏联政府移交我国政府的。所有这些日本战争犯罪分子，在日本军国主义侵略我国的战争中，都犯有程度不等的各种战争罪行。其中除极少数是犯有较严重的罪行以外，大多数是在日本军国主义侵略我国战争中犯有一般罪行的战争犯罪分子，也有一些是被日本军国主义驱使参加侵略战争，在他们的长官命令指示下犯罪的。

对于这些日本战争犯罪分子，我国政府和人民是有充分理由按照他们所犯的罪行给以严正惩办的。如果不这样做，受日本军国主义祸害最深的中国人民是断不会答应的。同样地，正如最近在中国访问的一位日本朋友所说，如果不这样做，也不能使日本人民明白地知道日本军国主义在中国所犯的罪行是何等的深重。但是，正如我国全国人民代表大会常务委员会的决定中所指出的，我国政府和人民"鉴于日本投降后十年来情况的变化和现在的处境，鉴于近年来中日两国人民友好关系的发展，鉴于这些战争犯罪分子在关押期间绝大多数已有不同程度的悔罪表现，因此，决定对于这些战争犯罪分子按照宽大政策分别予以处理"。就是对于那些交付审判的战争犯罪分子，虽然他们都是日本军国主义侵略集团对我国进行侵略战争和对我国被占领地区实行殖民统治的积极支持者和执行者，有的在日本投降后又参加了蒋介石、阎锡山反革命集团，继续与中国人民为敌，犯有严重罪行，但是，既然他们有悔罪的表示，我国政府对他们仍然从宽处理，没有一个判处死刑和无期徒刑，只分别判处了从八年到二十年的有期徒刑，并且从拘押之日起算，一日抵算一日，如果服刑期间表现良好，还可以考虑减刑以至提前释放。至于罪行较轻、悔罪表现较好的战争犯罪分子，则免予起诉，分期释放，让他们返回日本与家人团聚。这不仅充分表现了我国宽大政策的精神，而且也充分显示了中国人民对于和缓国际紧张局势和巩固世界持久和平的高度信心。

正如周恩来总理6月28日在全国人民代表大会第三次会议上的发言中所明确指出的："由于中日两国人民友好关系的发展和日本现时的处境，尽管中日两国之间的战争状态还没有结束，中国政府现在仍然主动地按照宽大政策分别处理了经过长期关押和审查的日本战争犯罪分子"，"中国政府对于这些战争犯罪分子的处理，同我们过去对访问中国的日本朋友所表示的精神是完全一致的。中国政府所以作出这些不断的努力，是由于我们正确地估计了中日两国人民要求和平共处和友好来往、要求两国早日恢复正常关系的强烈愿望。"

我国政府对于日本战争犯罪分子的处理，显然是适时的和正确的。这完全符合我国人民的长远利益，有利于中日两国人民友好关系的发展，有利于巩固远东和世界的和平，因此必然会得到我国人民和日本人民的拥护，也必然会得到世界爱好和平的人民的同情和支持。

回忆我的改造与新生之路

藤田茂

　　编者说明：日本"中归联"首任会长藤田茂，于85岁高龄时写下的这篇文章，原刊于"中归联"本部编著的《我们在中国干了些什么——原日本战犯改造回忆录》中的第七章。

　　1974年7月7日，是日本发动全面入侵中国战争37周年。为此，"中归联"本部隆重举行"控诉日本军国主义"专题报告会。在会上，藤田茂以亲身犯罪，与自身改造经过，介绍中国政府实行的宽大改造政策，并深刻剖析日本军国主义分子发动侵华战争的深层次原因，使与会者深受教育。

　　文章"导言"部分，是"中归联"本部加的"按语"，本辑按原文刊载。此文章标题，是编者所加。

　　中国归还者联络会第一任会长是藤田茂。1980年4月11日与世长辞，享年90岁。他的前半生，以师团长的职务指挥了侵略战争；后半生，在中国接受了长时间的认罪教育。他从顽固透顶的军国主义分子，转变成为反对侵略战争，促进日中友好而努力奋斗的人。他的一生是我们所最尊敬的榜样。

　　在这里，特用一章来概述他的业绩。

　　藤田茂，在1956年7月，被中国特别军事法庭判处18年徒刑。后来提前六年，即1957年被释放回国。回国后立即投入为反对侵略战争和促进日中友好而在全国进行巡回演讲，大胆而坦率地暴露了个人在推行侵略战争中的实况，运用军事知识进行具体分析，所以具有很大的说服力。

他愉快地接受了地方支部①的请求，北至北海道，南至九州等地进行巡回演讲。会后就同会员一起谈笑畅饮，并同会员家属亲切交往。

同时，还积极地同中国进行交流，受中国邀请作为团长访问了中国。受到周恩来总理、郭沫若、廖承志等中国领导人的亲切接见，多次交谈，从而提高了对中归联的评价。他的贡献是很大的。

他归国后非常活跃，成为我们活动的倡导者和指导者。特别值得我们学习和尊敬的是他在中国思想转变的实践经验，使我们受到很大启发和教育。我们认为在他本人亲笔写的下面文章里，集中地表现出来了。因此，在这里摘其重点发表。这篇文章是藤田会长 85 岁时写的。

《关于中国人民的宽大政策》

1974 年 7 月 7 日是以卢沟桥事件为导火线，爆发日中战争的三十七周年，"中归联"举办了"控诉日本军国主义"的报告会，会上发表了藤田茂的讲话内容。

在山东省执行"抓劳工"等坏事的五十九师团最后一任的师团长就是我。那么中国人民对罪大恶极的战犯，究竟是怎样的呢？对这个问题，就我自己亲身体验做如下介绍：

1. 在战犯管理所的生活

日本战败后已过了五年，1950 年 7 月下旬，我们从苏联乘火车来到了中国的东北抚顺。

每天规定了起床开饭和就寝的时间，其余时间完全是自由活动。午前学习，午后在室外活动，晚饭后是自由娱乐时间。学习不是强制性的，可

---

① 指"中归联"所属各地方支部。——译者注

随意阅读自己感兴趣的书刊。

为了有意义地度过这一时光，我决定借这个机会学习从未学习过的政治经济学。幸而在同伴中有一个好辅导员，因此，经过一年多的时间，对资本主义经济、社会主义经济、马克思主义经济学原理，都有了一般的理解。特别是使我对日本经济发展的历史很感兴趣。

我认识到一切社会发展的基础在于经济。在学习经济学的基础上，学习了历史，特别是学习日本近代史时，我抱有很大怀疑。如小时候学习的日本历史，以经济学的观点来看，产生了很大分歧。

满洲事变、日中事变等，不管怎么想也理解不了。满洲事变当时，我在东京省任教育军官，应该说事变的经过我是清楚的。当时由于中国军队破坏铁路，日本军进行反击而爆发的这一事变。可是从经济方面来看，这不是事变的原因。在这次事变前，发表了田中向天皇的奏文，其中叙述："日本国防第一线是中国的东北，所以要先占领东北，然后征服中国，这是非常必要的……"1927 年以来在世界范围内发生了经济危机，日本经济也处于走投无路，在这就很明确地反映了侵略满洲是为了缓和日本经济矛盾。满洲事变的原因是日军对中国发动侵略战争所引起的。

成为日中战争导火线的卢沟桥事变，也是以日本经济为背景，企图以侵略为手段，发展本国经济。仅从军事观点来讲，根据日华条约，为保护在华日侨，日本军在天津、北京各驻扎一个营。在 1937 年初，在日本人民谁也不知道的情况下，北京、天津的两个大队 ① 已成为全副武装的一个连队，事实是旅团的编制。就是这个部队的一个中队，于同年 7 月 7 日，进行了夜间演习，并且是在斗志昂扬的宋哲元部队的眼皮底下进行的。夜间演习本身就是不谨慎的行为。说是对中国军队的反击，实际上成了日中战争的开端。事实上，早有明文规定，日本军队在演习时不准携带实弹，可是它能立刻做出反击，这不能不说早已做了充分准备。

这能说是正义的战争吗？用宣传"圣战"来赞美这次战争，同样是为掠夺和独霸中国资源和市场，而由日本军国主义有计划地发动的侵略战争。

---

① 大队：旧日军营的建制。——译者注

我是通过学习经济学和日本近代史，能较正确地理解了发动侵略战争的原因和战争的实质。同时通过学习，回忆自己前半生的活动而感到内疚。

通过多方面的学习，逐步认识到，我们对中国的战争是侵略战争。特别是中国政府对我们的人道和宽待使我心悦诚服。因此，我的思想逐渐起了变化。当我15岁时，进入少年学校，受到崇拜天皇的军国主义教育，在我的头脑里军国主义思想是根深蒂固的，也是很不容易清除的。

通过学习和体会所长的讲话，考虑起来思绪很混乱。由于矛盾着的心理，产生了激烈的思想斗争。"什么是主义？什么是为日本、为国家？又是为什么去战斗"等问题，使我甚至患了严重的神经衰弱症。

不想吃饭，夜里失眠，天天如此。班长为我担心，送来了安眠药，吃了药也不行。就在活动时间，我在户外做操，突然感到头痛，晕倒了。醒过来之后，发现自己躺在医疗室的床上。

过了很长一段时间，我恢复了健康。接着便开始了预审。

2. 军事审判

在这五年时间里，我已意识到，中国政府把我在中国的所做所为详细地进行了调查。在我指挥作战的那些地区的居民已寄来了很多控诉书。

预审员对我质问："你承认居民控诉的事实吗！？"我只记住了那时作战的事实，至于当时杀了多少人等问题，我没有把它当回事，也未收到什么报告，所以全然不得而知。我答："当时杀了多少居民我未记住，也不知道。如果发生了那样事，作为指挥者，我要负道义上的责任。"

1956年6月，对我们开始了军事审判，那就是中华人民共和国最高人民法院特别军事法庭。

在6月3日，我和同伙八人被押送到沈阳军事法庭的独居室。

这次审判分两批。第一批是我和另外三名师团长、二名旅团长、一名连队长、一名情报军官、一名军医，共八名。第二批是28名，伪满行政官吏、警察、宪兵、特务机关和其他机关的主要负责人。

当时，除抚顺管理所之外，还有在太原战犯管理所关押的九个人，在这次法庭上一起受到了审判。

审判一开始，交给每个人一份起诉书。在起诉书中有哪些疑问之处，叫我们提出来。起诉书中把连队长、旅团长、师团长等当时所犯罪行分为七个项目。

在罪状里几乎没有军事上的事情。最大的罪行是杀害和平居民、奴役和平居民、破坏和烧毁民房、掠夺家畜和粮食、强奸妇女、杀害俘虏。

我曾读过从日本寄来的周刊杂志，其中刊登了各国军事法庭的审判情况，波茨坦宣言的第九条规定，有虐待俘虏者要严惩。根据这一条款被处死刑的日本官兵 1200 余名。我任师团长时，执行过秀岭一号作战。在起诉书中已经提到了，单在这次作战中，我残杀了 86 名俘虏。仅就这一项罪行，我就该被处死刑，对此我做了思想准备。

6 月 9 日军事审判开始了。审判长坐在带有阶梯式的最高一层台阶的席位上，两旁坐着审判官，下边右侧是检查员，左侧坐的是辩护律师，右边席位上还有证人，正中间并排站着八名被告。

检察员宣读了对我们的起诉，午前到此结束。

下午继续进行审判，对第一号被告的证言一开始就句句充满着愤怒和憎恨。那一双双眼睛和那句句愤怒的控诉，似如尖刀刺向我的胸膛。证人们一个接一个地站起来，一致要求法庭对我处以极刑。

这里我要讲，给我印象最深的一个证言。在我任连队长的时候，在山西省安邑县境内的上段村，根据情报说那个村庄有共军，师团部来了命令，"要立即消灭或捕获"。我指挥部下向那个村庄进发。天亮之前恰好同正在转移的 55 名敌人遭遇，立刻进入了战斗。东方发白时，战斗就结束了。可我认为村里也许还有潜伏着的敌人，因此命令扫荡全村。

当时我坐在村外城门附近，观察村里的动静，村里到处起火，时有枪声传来。我想他们"还在干什么呢？"对此我未加注意。

可是，在起诉书中提出的罪状是，用刺刀刺死和推入井内淹死男女老幼居民 140 余人，杀害被俘人员 12 名，烧毁民房 100 余间。

这时站在证人席上的是 62 岁的张葡萄老太太。她的全家人都在这场灾难中惨遭杀害，唯有她自己是幸存者。她回想起当时的惨景，暴跳如雷，气得全身发抖，怒不可遏，声泪俱下。

我曾多次看见过人们喜怒哀乐的表情，像今天这位老太太的可怕的样子还是头一次。那就是愤怒、憎恨、悲哀集中在一起爆发出来了。

这位老太太气得头发直竖起来，想要跳过桌子向我扑来。这不是一般地做证。审判长多次对她劝解，看守人员把她扶回原来的席位上，但她又立刻扑向我。如此反复多次。

我实在没有办法站在那儿了。难过、痛苦、好似断肠，惭愧已极，无地自容。我愿让这位老太太把我打翻在地一口咬死，来解除其恨。我尽力勉强地站在那儿。

这位老太太的愤怒、憎恨和泪流满面的面孔，在我一生中是永远不会消失的。

我在那儿整整呆立了一天半的时间，听取了 26 个这样的证词。那时感到时间之长，是无法用语言形容的。

我虽然可能被处以死刑，那也是没有办法的。可现在听完证言后，心想既或真的被处以死刑，也是理所当然的。

审判长质问："对今天的证言，被告人是怎样想的？"我认为辩论是没有用的，"完全是事实，实在对不起！"老老实实地说出了心里话。

就这样经过十天的时间，结束了军事裁判。6 月 19 日宣布了判决。对我的判决，只判了 18 年徒刑。这是我完全没有想到的。这 18 年把拘留期也计算在内了。日本投降后在苏联 5 年、中国 6 年，共 11 年都计算在内。现在仅剩下 7 年徒刑，就让我回日本了。就是做梦也未想到啊。

审判长问："对今天的判决，有什么要说的吗？"

我答："只有感谢，给予我意想不到的宽大处理。我想在这里的 26 位证人都要求给我处以极刑。而今天判得这么轻，他们能答应吗？"我说的完全是真心话。

之后，辩护律师来到我的房间说："藤田先生，今天表现很好。你能站在人民的立场上，我表示满意。"那是我充分理解了证人们的心情，真心反省了自己的罪行，感谢对我的审判，律师表示还很满意。

在军事法庭的审判中，判处最长的徒刑是 20 年，最短的是 13 年。

3. 中国的宽大政策

审判后的第二个月末，班长来告诉我去理发。"未到理发时间呢！"

我有点莫明其妙。理完了发，我来到指定的房间，一进屋使我大吃一惊，根本没想到站在我面前的竟是我的妻子。我觉得很突然，妻子也很吃惊，见到我连话都说不出来了。

妻子为了接见我，万里迢迢从日本来到抚顺，说是在这屋里暂时等着。

她想象在接见犯人时，一般都是在看守人员的监视下，隔着铁窗，相互谈话，时间也只能是 15 分钟就得结束。所以也就在这等着，准备被叫出去接见。可是，突然间我走了进来。班长说："请不要着急，慢慢谈吧！"说完就出去了。在这种完全出乎意料的情况下，使她目瞪口呆，不知所以。

妻子听到允许接见便从日本出发。来的时候，考虑自己作为战犯妻子来到中国，可能要受到咒骂，也许有人用石头打她，为此她做了精神准备。然而到了中国，不仅受到郑重地接待，而且还带领到各处去参观。这是日本人想也没有想到的，和自己原来的想法完全相反，由于中国亲切、热情的接待以及各方面的关照而使她不知所措，只是深感敬佩。

上次访问中国回来的一个朋友对我说："中国人都说让我们把过去战争的事都忘掉吧！为两国人民未来的幸福和和平友好相处而奋斗吧！中国人民不愧是大国的人民，把日本侵略战争所造成的损失付之东流……"我听到这句话，对他的无知感到可鄙。谁能忘掉自己的父母、兄弟、姊妹是被日本鬼子杀死的呢！谁能忘记祖辈遗传下来的房屋被烧掉了呢！我认为必须正确地理解中国人民所说的"把过去的都忘掉了吧！"这句话的真正含意和它的内心苦衷。

前年中归联正统代表团访问中国的时候，参观了平顶山。上次，1966年访问时还没有这个纪念馆，如今却在那小山坡上建立了一座非常壮观的纪念馆。走进纪念馆，就可以看到许许多多的白骨。听解说员说，这些白骨是从这个山坡中挖掘出来的。有抱着孩子被杀的母子的白骨。沾着土的累累白骨，堆积如山。

平顶山事件，是日本军以抗日爱国军住过这个平顶山村为理由，包围了整个村庄，把 3000 余名居民赶到广场上，用机枪扫射全村的居民，然后又用刺刀逐个刺入心脏，最后还用汽油烧掉，这一切完了之后，又用炸药把山爆破掩埋了所有尸体。这就是日本军干下的惨无人道的暴行。

平顶山上边竖立着一座石碑。碑上刻着"把血和泪的恨刻在心灵里，牢记阶级苦。"侵略战争的苦是绝不能忘掉的。这个纪念馆是对不懂侵略战争的后代进行教育的场所。

在广州，有一次出席招待会，在酒席上有一位广州市革命委员会的副主任祝酒，其中说道："我的故乡是河北省。在那儿每家都有被日本人杀死的人。我在有关中日关系问题上很长时间想不通。在党和政府用毛泽东思想耐心教育指导下，总算能够把日本人民同日本军国主义区别开了。"

从中国的东北至海南岛，在日本军国主义侵略过的地方，到处都遗留着中国人民的血迹。我们如不牢记这件事是不行的。日本侵略中国这一事实，是不可磨灭的历史事实。

我认为，必须正确认识侵略战争的本质，从思想上憎恨和反对侵略战争，才能够理解"把过去的事忘掉吧！共同为日中友好而努力"的中国人民的心情。反省过去的侵略战争，揭发日本军国主义，这才是日中友好的基础。

访问中国时，周恩来总理曾对我这样说过：

"这次，中日两国恢复了邦交，是可庆可贺的好事。这是不同经济基础的两国总理在文件上签了字，真正的友好是从这时开始的。中日两国人民互相加深理解，并在此基础上加深了相互信赖，使子孙后代永远友好下去。要做到这些，还需要很长的时间，为中日友好而共同努力奋斗。"

我认为周恩来总理所讲的话，才是中国人民今天的心情。我决心鞭策老躯，反对侵略战争，揭发军国主义，为日中友好继续努力奋斗！

【作者简介】

作者系日本"中归联"首任会长。前日本陆军第59师团中将师团长。

藤田茂用经济学剖析
日本发动侵华战争根源

金 源

日本战犯从苏联被引渡到中国抚顺战犯管理所后，原日本陆军第 59 师团中将师团长藤田茂煽动部下制造骚乱，以此来抗拒改造。

藤田茂出生于祖宗三代武士家庭，从小受到军国主义教育，长大后成为天皇忠实的将领，是武士道精神继承者的活样板。

这个沾满中国人民鲜血的顽固执行"三光政策"的刽子手，每到一地他都要烧杀掠夺，战争中他还使用了细菌武器和毒气。这样一个惨无人道的"武士道"者，最终还是被中国政府的政策感化了，踏上了诚实改造之路。

藤田茂性格刚直倔强。他反省过去罪行之后，斩钉截铁地与过去黑暗生活决裂，毫不动摇地走向新岸。他在军事法院被判 18 年徒刑。由于在服刑期间改造表现突出被提前 6 年于 1957 年释放。回国后，他被推举为"中国归还者联络会"第一任会长，为和平运动和日中友好做了许多工作。

他被释放那年已是年届花甲的老人，但他不辞劳累从日本北端的北海道到最南边的九州进行全国巡回演讲，揭露和批判日本军国主义的侵略罪行，并与在日本国内正在抬头的军国主义势力进行了针锋相对的斗争。为了推进日中友好事业，他率团先后 5 次访问中国，拜会了周恩来总理等许多中国领导人。周恩来总理高度评价了他为中日友好做出的努力，并向他赠送了一套当时在中国流行的中山装。1980 年，藤田茂离开人世，享年 90 岁。临终前，他把子女召到身边，留下了这样一段遗言：

他说："我是中国人民的学生。到了九泉之下，我也忘不了中国老师给我的恩惠，也忘不了我为之奋斗的日中友好事业，我死了后，一定给我穿上那件中山装，这是最后的嘱托。"

藤田茂的前半生是战争狂的历史尽人皆知，而后半生却为和平运动奔走呼号一直到死，他为什么有这样巨大的思想转化呢？

回国后，他写了许多文章和做了许多演说，都集中反映了他的思想转变过程。例如 1977 年 7 月 7 日，"中国归还者联络会"为纪念卢沟桥事变 37 周年举行的大会上，藤田茂演讲时说：

在山东省干尽了坏事的第 59 师团最后一任师团长就是我。那么中国人民是怎样对待我们日本战犯的呢？我将以自己的亲身经历回答这个问题。

1. 战犯管理所中的生活

日本战败后的第 5 年，即 1950 年 7 月下旬我们从苏联乘火车被押送到中国东北的抚顺。每天，起床、吃饭、休息时间都是固定的。上午学习，下午室外活动，晚餐后自由娱乐。学习不是强迫的，可以看自己喜欢的书。我决定，为了不虚度时间，读过去未曾读过的政治经济学方面的书。幸运的是，同伴中有优秀的老师，所以我大概理解了资本主义经济、社会主义经济和马克思主义经济学原理。我特别感兴趣的是日本经济发展历史。我懂得了所有社会都是以经济作为基础而发展的道理。学习经济学，特别是学习日本近代史时我的脑海里产生了巨大的疑问。用经济学的眼光回过头来看小时学过的日本历史，不得不使人疑虑。对于满洲事变、日中事变等，我怎么思考也理解不透。满洲事变时，我任东京省教育军官，因而对事变是比较清楚的。当时说法是中国军队破坏铁路，日军反击，引发了满洲事变。可是，从经济角度分析，这不成为事变的原因。事变发生前，田中向天皇呈上的奏章中写道："日本的国防第一线是在中国的东北。因此，先占领东北而后征服中国是绝对必要的。"1927 年，世界经济陷入空前的大萧条，日本经济也不例外。因此，日本侵略满洲是为了缓解国内的经济矛盾。满洲事变是因日本的侵略政策引起的。日中战争的导火线——卢沟桥事变也是有日本经济背景，当时日本企图用侵略手段发展国内经济。单纯从军事上讲，《日中条约》规定，日本为了保护旅中侨民，可在中国天津和北京各驻军一个大队。但到1937年初，驻天津和北京的两个日军大队扩充为全副武装的旅规模部队。日本人民谁也不知道这一事实。这个旅的一个中队于这一年的7月7日进行了夜间训练。训练是在当时中国军队中士气较高的宋哲元部队眼皮底下进行的。夜间训练本身就是不慎重的行为。说是日军反击中国军队，可是日中战争已经开战了。日军明文规定军事训练时不允许带实弹。日军立即实施反击，说明日军训练前已做好了作战准备。这怎么能说是正义的战争呢？把这场战争宣传美化成"圣战"的目的是掠夺中国的资源和市场，说明日本军国主义分子是有计划地发动了侵华战争。通过学习经济学和日本近代史，我清楚地看到了发动侵略战争的原因和战争的性质。学习过程中，我回顾自己的前半生，感到良心的谴责。经过多方面的学习，渐渐地省悟到我们的对华战争是一场彻头彻尾的侵略战争。特别是不得不叹服中国政府的人道主义和宽大政策。因此，我的思想渐渐发生了变化。我15岁就进入陆军幼年学校，受崇拜天皇的军国主义教育。能够清除扎根于头脑的军国主义思想，绝对不是易事。学习后，听了管理所长的演讲，思想上产生了各种各样的想法。因为心里有矛盾，思想上理不出头绪来。什么是主义？为了日本，为了国家是什么？为什么战争？由于总是考虑这些问题，后来我竟得了神经衰弱症。我吃不好，睡不着。看守班长为我费了不少心。他弄来安眠药给我吃，可我吃了药无济于事。一天，活动时间出外做体操时，我突然晕倒了。等醒来时，我发现自己躺在医务室病床上。几天后，我恢复健康。此时，开始了对我们日本战犯的预审。

2.军事审判

预审前，已经在中国过了5年。我相信，中国政府已经详细调查清楚我在中国犯下的罪状。在我指挥作战过的地方，有许多中国百姓上诉了我的罪行。

"你认定居民上诉的事实吗？"预审官问我。

我只知当时作战情况，从来不过问杀了多少人，也没有得到这方面的报告。所以我回答道："我不记得当时杀害了多少居民，也不知道。如果有那种情况发生，作为指挥官我应该负道义上的责任。"

1956 年 6 月，开始了对我们的军事审判，是由中华人民共和国最高人民法院特别军事法庭审理。6 月 3 日，我和其他同伴共 8 名日本战犯被押送到沈阳军事法庭。

审判分两次进行。第一次审判时站在被告席上的有我和其他师团长 3 人、旅团长 2 人、联队长 1 人、情报军官 1 人、军医 1 人，共计 8 名。第二次被判刑的人是伪满洲国官吏、警察、宪兵、特务和其他机关的主要负责人，共计 28 名。另外，被关在太原战犯管理所的 9 名日本战犯也被判刑。

审判前，法庭向每人分发了起诉书日文本，并让我们有何疑问提出来。起诉书中列举了我任联队长、旅团长、师团长期间犯下的 7 条罪状。罪状里没有涉及军事上的问题。最大的罪行是奴役和杀害百姓、破坏民居、掠夺家禽和粮食、强奸妇女和杀害战俘等。在此之前，我通过从日本邮寄的杂志已了解了其他国家军事法庭审判过程。波茨坦宣言第 9 条规定，严惩虐待俘虏者。因犯此罪被处死刑的日本官兵达 1200 余名。我任师团长时曾指挥过"秀岭作战"，起诉书提到了这件事。我指挥的这次作战中，杀害了战俘 86 人。这一条罪状，足可以处我死刑。因此，对判死刑，我早有心理准备。

6 月 9 日，开始了法庭宣判。阶梯形的法官席上审判长坐在最高席位，两边是审判员，最下边右侧是检察官，左侧是辩护律师，右侧后边坐的是证人，我们 8 名战犯面对法官站在中央。

检察官宣读起诉书，整整念了一上午。

下午，法庭对第 1 号被告罪行证人做证。证人的证言，字里行间都充满了愤怒和仇恨，他们那愤恨的眼神和列举的证言，仿佛像一把利剑刺痛了被告的心。所有证人，异口同声要求法庭判处我死刑。在这里，我想说一说给我留下深刻印象的一名证人。事情是在我担任联队长时发生的。我们接到共军在山西省安邑县上段村的情报。师团部下达了"立即歼灭或生俘"的命令，我接到命令后带领部队向上段村进发。拂晓时我们与 55 名共军交战，天亮时分结束了战斗。我认为共军还藏匿在村子里，所以下令扫荡全村。我当时位于村东头，我看到村子里火光冲天，枪声大作。我想部下可能正在搜查，没有更多注意正在发生的事情。可是，起诉书上记载，当时，日军用刺刀刺死男女老少 140 余人，后将死人扔进水井里，还杀害了 12 名俘虏，烧光 100 余户民居。这天，站在证人席上做证的是一位 62 岁的老太太。在那次灾难中，她一家人全部被残害，她自己侥幸活下来了。老太太回忆当时的情景后，气愤得痛哭流涕。我见过许多人们的喜怒哀乐。但我第一次见到这位老太太那样可怕的脸色，那是一种愤怒、仇恨、悲哀的心理凝聚后爆发的表情。老太太与一般证人不同，她多次试图冲向我，但都被法警搀扶着回到证人席上。我实在支撑不住了，我很难过，很痛苦，仿佛心肺都被掏出来似的，良心受到严厉的谴责，我恨不得钻到地底下。我真的希望充满怨恨的老太太把我打翻在地，咬死我。我硬支撑着。我永远也忘记不了那位老太太充满愤怒、仇恨、泪水的脸。这天，我整整站立半天，听了 26 名证人的证词发言。时间过得那么慢，真难形容。我意识到，这次必将被判处死刑。是的，听了证人的证词后，我自己也认为应该受到死刑惩罚。"被告，你对今天的证词有何想法？"审判长问。我认为没有必要进行辩护。因此，我说出了心里想的话："完全符合事实，很对不起。"

法庭审判经过 10 天审理结束了。6 月 19 日，法庭开庭宣判。我只被判处有期徒刑 18 年。这是完全出乎我的预料。18 年刑期，包括日本投降后在苏联被关押的 5 年和引渡到中国的 6 年，共 11 年刑期。因而，7 年之后，我可以回国了。这是做梦也想不到的事情。"你对今天的宣判有何意见？"审判长问。"我对这意外的宽大处理表示谢意。在坐的 26 名证人都要求判处我死刑，但这样轻地惩罚我，证人们会同意吗？"这是我由衷的话语。宣判结束后，辩护律师来到我的房间。他对我说："藤田茂先生，今天的表现十分诚实，我对你站在人民的立场表示满意。"因为我充分理解证人们的心情，真正反省，感谢宣判结果，辩护律师也高兴了。这次军事法庭审判结果，最高徒刑是刑期 20 年，最低是 13 年。

3. 中国的宽大政策

我被判刑两个月后，看守班长来找我，要我赶紧理发。"还没有到理发的时候"说完我还是去剪了头发。理完头发后，我被引到一间屋里。当我开门后惊呆了，万万没有想到我的妻子坐在房里。我觉得这一切太突然了，妻子也激动不已，她站在原地不知说什么好。从日本远道到抚顺探监的妻子，以为让她先待在房里等着探监。她估计探监时按常规隔着铁窗在看守的监视下进行 15 分钟的会面。所以，她在房里等着看守叫她进监狱会面。可是，我突如其来开门进了屋。看守看我俩站着，他说："二位慢慢谈吧！"说完他出去了。妻子被眼前的这般优待不知所措。她是听了可以探监的消息后，立即启程来中国的。她已做好心理准备，预料战争罪犯的妻子踏入中国大地一定会挨打挨骂。但进入中国后，受到礼遇，还安排她游览各地名胜。对此，日本人是不可能会想象的。她对中国的热情接待和关照非常感激。上次访问中国之后回来的一位朋友这样对我讲："中国人都说'忘记过去战争的事，要着眼未来两国人民之间的幸福、和平和友好而努力'。中国人民真不愧为大国人民。他们不再追究受日本侵略的损失……"我听了之后，对他的无知感到可悲。被日本恶魔杀害父母兄弟姐妹的事情怎能忘记呢？祖宗传下来的房屋被烧毁的事又怎能忘怀呢？"忘记过去吧！"我们必须正确理解这句话中所包含的中国人民真实的善意和内心的痛苦。

　　前年，"中国归还者联络会"代表团访问中国时，到平顶山访问。1966 年访问这里时没有纪念馆，这次再访问这里在山脚下建了较大规模的纪念馆。进入纪念馆，眼前是许多遗骸。据解说员讲，这些遗骸全都是从山脚下挖出来的。其中有母亲抱着婴儿的遗骸。死难者的遗骸堆积得像一座小山。

　　平顶山事件是日军制造的惨无人道的暴行。日军以抗日游击队进入平顶山村为由，把全村 3000 余名百姓赶到一起，而后用机枪扫射、刺刀捅杀，最后浇上汽油焚烧尸体埋掉。平顶山村为死难者立的碑文写道："牢记血泪史，不忘阶级苦。"侵略战争的痛苦是绝对忘不了的。这个纪念馆成为教育后代而牢记历史的见证。我曾在广州参加过宴会。宴会上，广州市革命委员会副主任在祝酒时说："我的故乡是河北省。那个地方家家户户都有人被日本人杀害的亲属。我很久不能接受中日关系正常化。是党和政府用毛泽东思想教育我们，使我们把日本人民和日本军国主义区别对待。"

共和国审理日本战争罪犯前后

从中国的东北到海南岛，只要日本军国主义侵略魔爪伸到哪里，那里就留下了中国人民的血泪。我们绝对不能忘记这些，日本侵略中国的事实是抹不掉的。只有正确认识侵略战争的本质，从思想上憎恶和反对战争，才能理解中国人民关于"忘记过去，为日中友好努力"的心情。只有反省过去侵略战争，打倒日本军国主义，才能巩固日中友好的基础。

访问中国时，周恩来总理会见了我们，他对我说："这次中日两国建交是值得庆贺的喜事。这是两个不同经济体制的国家总理在文件上署名的。中日两国人民应该相互加深理解，并以此为基础增进信任，教育子孙后代永远和睦相处。要达到这样关系，还需要时间，为中日友好而共同努力吧！"

我认为，周恩来总理的话是代表了中国人民今天的心情。我将为反对侵略战争、谴责军国主义和推进日中友好，继续努力奋斗，并时刻准备献出我这老夫之躯。"

藤田茂于 1971 年率"中国归还者联络会"友好访华团来到抚顺，在抚顺平顶山"遗骨馆"前忏悔地说："我们此次蒙中日友好协会的邀请，再次来到你们伟大的祖国参观访问。对于贵国政府如此深情厚谊的宽大关怀，我们和我们的家属、亲友以及许多同胞，莫不喜悦满怀、表示感谢。

现在，当我们站在这繁荣强大的国家，追念诸位烈士的时候，面对着各位英烈烈士遗属和全中国人民的惨重损失与巨大悲愤、惭愧的心情绞得我们肝肠俱裂。

因此，我们无时无刻不在忏悔：我们从前的罪孽是多么深重啊！每当忆念至此，这对于很多人成为力量的源泉，鼓舞我们不能放过任何一个时机，从各个岗位上行动起来，反对侵略战争！维护持久和平！呼吁日中友好！"

【作者简介】

作者系抚顺战犯管理所继任所长。本文引自金源所写的《奇缘——一个战犯管理所长的回忆》（解放军出版社 1999 年 1 月出版）

难忘的中国

富永正三

　　这次，在中国人民政治协商会议辽宁省抚顺市委员会文史资料委员会的主持下，以日本"中国归还者联络会"会员及其家属、友人撰写的历次访问中国的回忆录作为素材，以《难忘的中国》作为书名的文史专辑，将要出版问世之际，我作为"中归联"的会长本应该执笔写这篇序文。

　　综观这部回忆录集，突出了一个主题，那就是"难忘"二字。中文中的"难忘"二字，在日文里是"忘难"的意思。如果仅从中文一般正常的字义理解，应是记述我们每人在历次访问中国之时，受到中国国家领导人以及地方各级领导官员的热情会见与谈话，或者回忆与中国人民亲切交往、接触所受到的热情的接待，以及到各地参观名胜古迹时所留下来的深刻印象，等等。不错，所有这些最美好的回忆都时刻铭记在我们内心里，什么时候也难以忘怀。

　　但是，我们"中归联"会员们所理解的《难忘的中国》却有它的特殊含义。因为我们这些人，在中国这块伟大的土地上，曾经进行过野蛮的侵略战争，并在侵略战争中，犯下许多的滔天罪行；在侵华战争失败之后，我们在这块土地上，曾作为战争犯罪分子被监禁过；在被监禁的过程中，我们在这块土地上，又受到了中国共产党和中国人民给予无私的革命人道主义的宽大待遇与教育改造。由此，我们才从内心中醒悟，恢复了做人的良知，从而能够低头认罪，并受到宽大释放或刑满释放的处理。最终，没有一个战犯被判处死刑，并全部获得释放归国与家人团聚了。

回顾这段历史，可以说是，中国把我们从侵略战争犯罪中拯救了出来，并采用宽大的政策，使我们能从鬼域里转变成为人间的正常人。因之，我们称中国为"再生之地"，也可以视为我们的"第二故乡"。对故乡难忘是人之常情，我们所说的"难忘的中国"或"忘不掉的中国"，就是从这个意义上得出来的结论。

我个人对于中国难忘，应该从 1941 年 7 月末说起。当时，我以见习士官的身分被编入熊本步兵第 13 连队；不久，又被转派到中国，加入侵华日军第 39 师团步兵第 232 连队。也就是这个时候，我到了中国湖北省荆门县子稜铺，因这里是我们部队的驻地。8 月末，我被任命为此连队的第 10 中队第 2 小队小队长。当时，由中队长召集第 2 小队全体士兵，向他们介绍我这个小队长，上任时我看到所有的日本士兵两眼都带着一种杀气腾腾的目光。他们都像是久经战场的勇士，但我却是一个刚从学校出来，没有一点战斗经验的军官。看见他们那种凶气十足的样子，我曾认为自己缺乏当这种杀人不眨眼军官的资格，感到有点无地自容，一点自信心也没有，也可以说是很感自卑吧。我进入中队的第二天，连队本部便对 22 名新上任的见习士官进行准备成为野战军小队长的训练。训练的第一课，就是到附近刚刚打完胜仗的战场上去，由教官如数家珍似的告诉我们进行扫荡战役的实际情况。类似这样的实战教育，每天都在继续着，过了几天，我在思想感情上开始起了很大变化，觉得自己已经摆脱了学生气质，似乎已经成为一个身经百战的基层军官了，并逐渐地对指挥小队作战有了自信心。可是，每晚在对部下进行点名检查时，看见部下士兵们那种凶恶带有杀机的眼睛，又觉得自己锻炼得还不够火候，仍有自卑感。一周后，总结这段训练时，在大队长、中队长等上级军官参加下，又宣布一个新的训练科目，那就是要训练见习士官的腕杀能力，即进行执刀杀敌的腕力训练，而且，这个训练科目是用"活靶子"砍杀。当时我曾想过：这样干行吗？国际法上明文规定不许虐杀俘虏。我的上级军官不但对国际法的规定不进行教育，反而在日本军队中进行与国际法相悖的教育。我们那些上级军官经常告诉我们这些见习军官们："我军只能站着死，不能当俘虏而生。

为了不受当俘虏的耻辱，可以在当俘虏前有自刎的死权。"由于有这种命令和武士道精神的训练，所以可以拿俘虏不当人看，这已成了日军中的一般共识。

当日就由教官示范，先摆出架势，并告诉大家说：砍人的脑袋就得像这样砍法。于是，他即命令我们：每人必须砍一个俘虏，以试验自己杀人的腕力。我被排在第4个执行砍头的。开始，我很苦恼，见到俘虏那种受苦难的神态，心中有点同情之感，但一转念，我就横下心来，精神百倍地像教官示范那样，把一个俘虏的脑袋砍掉了。就在那个瞬间，我感到自己也是战场上的胜利者，从今以后可以随意杀人了。当然，在我们中间也有手软的表现很不好的人，他们都受到了斥责。但教官却是始终如一地指挥若是。当天，我们都返回各自的中队去。夜晚到连队点名时，这回我看到士兵们那种气势汹汹的样子，就不像过去那样感到凶恶而烦得要死，好像他们并不可怕和令人憎恨。我想这是由于我杀了人，自己已经走出了人间，而迈入鬼域里去，所以看到部下的凶恶眼神已不足为奇了。因为我们都同魔鬼为伍。

不久，我所在的部队就开始了长沙作战。这回在战场上，作为小队长一个基层指挥官的我，可以说是身先士卒地带领士兵们或杀、或烧、或抢，干尽了战争罪犯的一切坏事。1942年春，我被升任为连队本部副了（相当于连副）。1943年春在宜昌对岸地区作战时，我们连队受了很大损失，有五名中队长战死，我在7月份补任为第10中队中队长。第二年即1944年春实行军队整训后，我又被调到大队本部接受"秘密侦探"的教育，并接受"秘密侦探"的任务。由此，我就更加凶狠残暴，对于凡是不协助日军作战和反占领的中国平民，便杀戮人命，焚烧房屋，掠夺财产，弄得鸡犬不留，无恶不作。

1945年5月，美军在冲绳登陆后日军已陷入绝望的状态，下一站可能要在上海登陆，这是侵华日军39师团长官们的判断。为了阻击美军可能由上海的进攻，防线一直布置到汉口。可是不久，又获悉情报苏军已开始向日本关东军占领的中国东北地区进攻。情况急骤变化，我师奉命于7月末开进东北开原，到达这里驻守一个半月，我们就在日本天皇裕仁的诏书命令下，于"八·一五"开始投降了。当时在东北的全部日军全被苏军缴械，并被押解苏联拘留。我被苏军押至西伯利亚地区的卡拉坎达煤矿从事劳役五年。此后，中华人民共和国成立了，在苏联进行了一次甄审之后，便于 1950 年 7 月，把我们这些在中国犯有战争罪行的共计 969 名战犯，由苏军在中苏边境的绥芬河镇向中国人民解放军引渡了。当从哈巴罗夫斯克出发，我听到苏军军官说是要向中国境内进发时，我内心甚为恐惧。我们乘坐的是载货列车。当火车行进两天，通过古鲁德口站时，车厢内开始有点骚动，因为这个车站与绥芬河站只有一山之隔。我在苏联哈巴罗夫斯克煤炭本部工作时，曾担任过此货车的联络员，我深知行车的位置。于是，我便在车上呼喊："如果向中国引渡，不如在此一死！"随之，车厢内不少同伙附和着我的观点，也高声呐喊："对呀！对呀！不能向中国引渡！"无论我们在车内如何呼喊，但火车在一声长鸣汽笛声中继续缓慢开动，一会儿穿过山洞，便到达了绥芬河车站。这时，映入我眼帘的是，站台两旁排列着年轻的中国人民解放军战士。此刻，我心里只有一个念头，当向中国引渡过后，我们一定要受到最严厉的报复，今生不可能回归日本国了。

当中苏双方办理完移交手续，我们就从苏联的货车转登上中国接运的客车。当时只有这么一种感觉，觉得中苏双方在运输待遇上有明显的差别。当中国客车徐徐开动后，就到了吃午饭的时刻。中国军人供应给我们的是白面包，与在苏联日常吃的黑"列巴"相比，又看出有第二个差别。而且饭后，在列车上还出现了给我们查看身体的医生、护士，工作态度相当热情、耐心地询问我们有谁感到身体不舒服。列车行进第三天的早晨，进入了抚顺城车站。我看到站台上警备森严，心中有点害怕，但后来发现持枪的士兵枪口朝外，对我们没有任何过激言行，看来是一种保护措施。可是，当我们被引进曾经是日本人监禁中国爱国志士的抚顺战犯管理所，而且得知我们当中就有人曾在这里担任过惨杀中国人的监狱长时，我的心情又开始紧张起来。

自到达这座监狱的第一天，我们开始吃上在苏联没有吃过的东方风味的饭菜起，经我的观察这里不像有采取任何复仇行动的迹象，但我内心里仍在想：不知是哪一天，会突然把我们运到北满无人烟的旷野去，用机枪扫射，把我们通通弄死。可是，中国的政策纠正了我的不正确的看法。

1950 年 7 月 1 日，美国地面部队正式进入朝鲜。9 月 15 日，美军等又在仁川登陆，战争危及中国安全之时，中国人民根据"抗美援朝"的号召，组成了志愿军投入了朝鲜战场。在此紧要关头，中国政府为了万全的准备，将我们转移到哈尔滨市和呼兰县，我被送到了呼兰县。当时，我曾想，美军一旦渡过鸭绿江，进入中国东北境内之时，我们这些人有可能被美军"解救"。可是事与愿违，美军不但没有出现，反而被中朝人民军队赶回到"三八"线以南，成为双方持久对峙的局面。1951 年 3 月，我们中的大部分人都被送回了抚顺，只将中尉以上的 200 余名军官暂留在哈尔滨，我也是其中的一员。这期间，中国人民志愿军顽强作战使美军锐气受挫的事实，使我们开始从根本上转变对新中国的认识。曾几何时，被夸耀为精英的日本军队，却在美军进入日本国土之后，在美军的打击下，不是玉碎，就是大退却，以致最后不得不无条件投降。谁曾想到，中国人民志愿军竟能在这样短的时间内战胜了美军。他们的力量来自何处？这就引起了我们要安下心来进行学习的愿望。就在这个时候，战犯管理所开始组织我们学习科学社会主义理论，尔后又能看到战前日本改造社出版的马克思、恩格斯全集。这部全集我在学生时代曾经阅读过一遍，但那时只不过是单纯地从学术角度去研究，而与思想认识无关。可是，在监狱内阅读此书时，却在思想上受到不少启发，特别是对马克思的《资本论》和对列宁的《帝国主义论》的研究部分。这样，大家读书的情绪渐渐高昂起来，在 1951 年至 1952 年期间，可以说在战犯管理所已经出现了学习马列主义的热潮。

在学习和实际改造的过程中，我们越发体验到，中国政府对我们实行的革命人道主义的待遇，才真正是人与人之间关系最正确之道。我们过去把中国人民看成"人下之人"，无疑是大错而特错的！由此，便产生了自觉批判自己在侵略战争中所犯罪行的迫切要求。随之而来的也就有了对自己的行为进行重新反省的意识，从而步步地对自己的法西斯思想经历了"脱骨换胎"般的改造。关于这些经历，原抚顺战犯管理所所长金源先生在他写的一篇回忆录中有详细记述。此文刊载在抚顺市政协文史委编辑的《震憾世界的奇迹》一书中。

日本有句古谚："足被踏之痛，踏足者未必知晓"。但是，对于我们这些行恶者加害于别人的人，只有在自己恢复了做人的良知的时候，才会懂得自己这个加害者所给被害者造成的极大痛苦。为了深刻了解被害者的痛苦，加害者只有站在被害者的立场上。只有如此，才能真正体会到被害者的痛苦与积怨。经过战犯管理所的各位管教先生，特别是各位医务人员对我的百般关照，医治好了我的腰骨疡等许多病症，更使我有了这样一种深切的感受。在那期间，战犯管理所为了医治好我疼得难忍的腰骨疡病，破格地给我注射当时最贵重的针剂，三年间一直享受优诊治疗，这恩德我是永生永世也不会忘怀的。

由于认罪的窗扉打开了，1952 年当我们获悉美军在朝鲜战场上使用细菌武器时，我们就以全体在押战犯的名义对美军提出了严正抗议。对于在北京召开的"亚洲太平洋区域和平会议"，我们也发出了"拥护和平，反对侵略战争"的决议的电文。至此，在押的战犯已普遍对自己过去的犯罪行为进行了自我揭发和相互补充揭发。

1954 年 3 月，中国最高人民检察院向抚顺派遣了由几百名司法人员组成的工作团，对我们进行了审讯调查。从这个时候开始，大家又不约而同地掀起了新的彻底坦白认罪和悔罪的高潮。在中央派来的检察官员的参加之下，先由我们每人自我坦白交代，根据其坦白的内容、深度以及坦白的态度，并依据中国检察官员的调查核实情况，最后进行分类定案，为后来的公开审判做准备。

在侦讯工作结束之后，自 1956 年 2 月始至 4 月止，我们还无此先例地走出牢房到东北及北京、上海、武汉等地参观考察，目睹耳闻新中国在各方面的建设成就，感触甚多。参观考察结束不久，中国全国人民代表大会常务委员会于 4 月 25 日发布了《关于处理在押日本侵略中国战争中战争犯罪分子的决定》。根据这个决定，最高人民检察院于同年 6、7、8 月，先后分三批对在押的 1017 名（抚顺管理所 886 名，太原管理所 131 名）职务较低，罪行较轻，悔罪表现较好的日本战犯宣布免予起诉，立即释放，由中国红十字会移交日本红十字会乘船回国。我是经过彻底认罪悔罪之后，于 8 月份回归日本的。

在这期间，中国最高人民法院分别在沈阳和太原成立了特别军事法庭，对 45 名日本战犯进行公开审判，并分别判处 8 ～ 20 年有期徒刑，没有一人被判死刑。而且，刑期从被苏军俘获到苏联服役起始，关在太原那部分人从拘捕之日起计算。在服刑期间被中国军队俘获的，有良好突出表现者还得到提前释放，这个规定适用于一切被判刑者。到 1964 年 3 月 6 日，最后 3 名日本战犯也刑满释放时，达到了全员生还回国。

中国法庭审判的突出特点是，不是法庭要严苛刑罚，而是受审判的犯罪者本人主动请判死刑，以此向受害的中国人民谢罪。诸如，伪满总务厅次长古海忠之等战犯，在法庭宣布判刑之后，本人作最后陈词时，都明确地提出了请求改判自己以死刑。这情景如果同在纽伦堡国际法庭上，以及在东京的远东国际法庭上审理德国及日本甲级战犯时，那些罪大恶极的战犯不但在证词面前都百般抵赖罪行，而且还乞求众多律师为之申诉辩护，要求不予判处死刑，相形对比之下，恰恰最生动有力地说明了这不正是中国实行的宽大政策的威力和仁德感化教育威力的功效吗？在中国发生的这种史无前例的奇迹，能让我们忘记吗？！

此外，在这次法庭上，出庭做证的伪满洲国皇帝溥仪，能够把在东京远东国际法庭上不予承认的事情，而在这次审理中明确地加以全部确认，这也生动地说明了中国政府用六年时间，对我们施以革命人道主义待遇和教育改造政策所取得的丰硕成果。

当我们这些被免于起诉的人，于 1956 年 6、7、8 月分三批归国，登上舞鹤港口之际，我们每个人都怀着一个共同的心情，那就是：感激中国政府和人民的宽大处理，今后决心要同心协力，站在反对侵略战争，永结日中友好的旗帜下，共同努力奋斗！

第一批归国人员由国友、五十岚两位先生担任联络人，在"常磐寮"设立联络处，并向日本全国同胞发表了《告日本人民书》，呼吁日本人民反对侵略战争，保卫和平。第三批归国人员为了让日本国民了解我们在中国当战犯期间所受到的宽大待遇，同年 10 月在东京千代田公会堂举办了"战犯归还者归国纪念文艺公演"，三千多名观众对于我们在中国所受到的宽大优厚待遇都深受感动。

可是此后，我们这些归国人员无论是复职、住房、乃至谋生等切身问题，大部分人都遇到了困难，原因是由于我们长时期被关押在社会主义国家里，所以国内的统治者对我们有戒心，警探则对我们严加监视。在那种严酷的环境里，我们时常怀念中国。为了揭露侵华战争的罪恶历史，我们于1957年3月以在抚顺所写的反省笔记为蓝本，以《三光》为书名，由先文社出版发行。当时日本正处在和平运动的兴起时期，《三光》一书的出版，在日本国民中引起很大震动。为了实践"反战、和平，日中友好"的目标，我们这些归国人员经过一年时间的筹备，于1957年9月在东京召开了全国大会，正式成立了"中国归还者联络会"，并通过了会章，选举了会长及其他会务负责人员等。我们成立"中归联"的宗旨，就是为了永远不忘记中国，誓为同中国人民长期友好，实现世界持久和平而努力。

早在1951年9月，日本政府便参加了美国旧金山的国际媾和会议，签订了恢复和平的国际条约。这时虽从法律上结束了战争状态，使日本回到了国际社会，但由于当时的日本政府无视中华人民共和国已经成立两周年的事实，却和亡命在台湾的蒋介石集团签订所谓的日中媾和缔约。对此，当时以日中友好协会为主体，作为日中友协团体会员的"中归联"主动团结各民主进步团体，不顾日本政府的干涉和反对，极力参与促进日中两国邦交正常化的各项活动。遗憾的是1958年5月，中国民间团体在长崎举办中国邮票展览会时，发生了一件右翼青年撤下中国国旗的事件。当时的日本政府首相岸信介（应为甲级战犯），对此不但不给予妥善处理，反而口吐狂言，说什么"没有国交关系的国旗撤下来，就如同搬掉一个书桌椅子一样"。中华人民共和国对此作出了强烈的反应，宣布已经签订的民间贸易协定立即失效，日中关系由此陷入了最恶劣的境地。此后不久，在全日本发生了反对《日美安全保障条约》的群众运动，"中归联"也参加了这场斗争，直至迫使岸信介内阁下台，日中民间交往遂又继续发展。

1965年9月，是"中归联"会员归国十周年。在中华人民共和国成立16周年即将到来之际，中日友协第一次邀请日本"中归联"派团访华。

这次，以藤田茂会长为团长的访华团，受到了以周恩来总理为首的中国各方面领导人的接见并与之座谈之后，取得了很大成果而归国。"中归联"首次访华团的实质性成果是奠定了今后如何活动的关键性的起点。遗憾的是，我们正在为此做出具体努力，促其实现之时，中国于1966年5月发动了"文化大革命"，日中友协受其影响在10月便也发生了分裂。继而，"中归联"设立了"正统本部"，全体会员由此也陷入了分裂状态。就在这个时期，在"中归联"内部也发生了"正统"与"非正统"之间的派别斗争，由于双方各执己见，互相指责对方，一致对外斗争的力量减弱了。不过，在这个时期"中归联"正统派连续对中国先后进行了六次访问，直至1972年日中两国实现邦交正常化，1976年在中国打倒了"四人帮"，"文化大革命"终止。1978年签订了《日中和平友好条约》。到了1978年，中国共产党召开了十一届三中全会，结束了国内十年动乱，继而又在1981年召开了六中全会，对"文革"进行了彻底的批判，实行了新的政策，使全国步入了现代化建设的轨道。

在这个期间，"中归联"藤田会长于1980年4月故去了。1982年"中归联"非正统派会员在江之岛集会时，正统派的埼玉县支部长榎木正代、山中盛之助两位先生到会提出建议："中归联"两派应归回统一的局面。1983年3月，正统派以大河原孝一为团长的北海道支部访华团，在同原抚顺战犯管理所各位先生进行座谈时，该所的各位先生也都希望两派能够统一。之后，抚顺战犯管理所将这次座谈的情况转告了"中归联"的两派各方。随后，"中归联"非正统派便同正统派协商，决定联合邀请原抚顺、太原管理所各位领导人到日本参观访问，借机实现"中归联"两派的统一。1984年10月，原抚顺（7名）太原（1名）战犯管理所领导人接受邀请来日本，实现了"中归联"两派共同邀请和招待的愿望。于是，"中归联"各方便联合在东京、仙台、大阪、广岛召开欢迎集会，共有500余名会员前来参加欢迎会。在这些欢迎会上，实现了中国战犯管理者与日本战犯被管理者，分别了28年又重新会晤的热烈场面。对此，日本各报纸都刊头条新闻报道了这项消息，取得了日本国内令人注目的成果。通过这次活动，促使"中归联"两组织由"接待实行委员会"变成了"统一促进委员会"

（次年3月，又改为"统一筹备委员会"）。经过两派组织的协商与探讨，终于在1986年10月19日举行了引人注目的"统一全国大会"，并以分裂前的《会章》作为基础，重新审定了新《会章》，选出了"中归联"领导机构新的负责人员。

1986年11月，由"中归联"新选出的8名领导成员组成了"统一访华团"，到北京、沈阳和抚顺参观访问。在北京人民大会堂江苏厅，我们得到中国人民政治协商会议副主席吕正操先生的接见并讲了话。吕副主席对于"中归联"两派组织通过协商达到统一与团结给予高度的评价。关于日本发动对中国侵略战争的问题，吕副主席表明了首恶责任是日本军国主义者，不是日本人民，也不在"中归联"的会员身上。吕副主席还以他观看的日本电影《阿信》为例，说明日本人民反对侵略战争，并在战后克服了很多困难。他说，阿信的生活道路和奋斗方向，反映了广大日本人民的心情。吕副主席的谈话给我留下的印象很深。

1991年9月，北京群众出版社举行改造日本战犯大型画册《觉醒》首次发行式。我和大河原先生应邀率团来华访问，并在人民大会堂吉林厅参加了这次首发仪式。其间，我们受到全国人大副委员长陈丕显先生的接见。在谈话中，关于日本侵略中国问题，陈副委员长的看法与前次全国政协吕正操副主席同我们谈话持有同一观点。中国官方两位领导人对我们所说的这些话，都使我们深受感动。作为前日本军人的我们虽然都是服从于日本军国主义的侵略政策和指令的，但在中国都犯下了不可饶恕的滔天罪行，无论二位领导人怎样解释和对待，我们作为罪恶命令的执行者都是痛感自己负有重大责任，而深感内疚的。为此，我们只能反复地讲这样一句古语："前事不忘，后事之师"，以此作为对侵华战争责任的认识和对今后应持态度的看法。

在"中归联"两派组织实现统一之后，我们获悉经中国政府批准，要将原抚顺战犯管理所加以修缮，并恢复原状以作为纪念馆而永久保存下来。为此，我们便发动会员将自己在侵略战争中所犯的罪行片段搜集起来；把在中国接受教育改造的情况整理出来；把获释归国后从事反战和平事业的斗争状况，以及为日中友好事业所作的种种活动等记录下来，以此为抚顺战犯管理所的"陈列馆"提供陈列资料，供该馆对外公开展出，特别是对于青少年一代提供实施历史教育的教材。

1987年10月末，抚顺战犯管理所陈奇所长等五名原管理所的工作人员来日本时，在东京举行了资料赠呈仪式。同年11月，该馆正式开馆时，"中归联"又派了11名代表前往抚顺参加了开馆仪式。鉴于抚顺战犯管理所已成为一座永久性的纪念馆，而且我们过去又曾是屠杀中国抗日军民的凶手，由此，"中归联"全体会员便一致提出了要在抚顺战犯管理所院内的陈列馆前，建造一座永久性的谢罪碑，以表达我们永生永世谢罪悔罪之意。这个提议得到中国政府的同意。于是，我们就以新编《三光》一书的出版税作为基金，又从会员中募捐了些资金，于1988年4月开始动工，同年10月竣工，并由我率访华团，到抚顺战犯管理所出席"向抗日殉难烈士谢罪碑"揭幕式。这座谢罪碑的建立是"中归联"全体会员至诚谢罪的表现。

在谢罪碑揭幕仪式隆重举行之后，辽宁省人大常委会副主任、省对外友好协会会长张铁军先生在招待宴会上，同我们彼此交谈了很多事情。其中，涉及了日本政府文部省1982年7月篡改教科书的问题，指明在日本国内的历史教科书上出现了把日本军国主义对亚洲各国的"侵略"，篡改为"进入"或"进出"等荒谬用词。因此，引起了中国及许多亚洲国家人民的严重不满和强烈的抗议。张先生把话题一转，又谈到他在抗日战争期间所遇到的事情。他在对日抗战中负了四次伤，至今身上还残留着日军的炮弹残片。张先生说，这是日本军国主义侵略中国的铁证，怎能说是"进入"或"进出"呢！他的一席话引起我很大冲动。面对日军侵华铁的事实，在我心中不能不引起无限的感愤。

与在抚顺建立"谢罪碑"的同时，"中归联"会员又自愿集资在抚顺修建一所"樱花饭店"。赠呈式也在抚顺市举行。

之后，我们一行19人离开抚顺，前往西安、杭州、上海等地参观访问。在到这些城市参观过程中，使我们得以了解和回忆不少有关日中友好源远流长的历史佳话。西安是汉代以来近两千余年的中国古都，特别是唐朝的文明在中国历史上可以说是繁盛时期。而这个时期，也正是日本奈良、平安（京都）时代。唐时，日本派过阿部仲麻侣（中国名字叫晁衡）吉備真備，还有最澄（佛教）、空海（弘法）等等许多遣唐使（亦即留学生）到唐朝去留学。由于有那时的日本留学生的派遣，才能够把唐朝的先进文化传播到日本来。正是因为有这些先辈们在日中文化交流上所作出的努力，才使日中两国间的文化存在着密切不可分割的关系。从历史的角度上看，唐朝的文化传输至日本，日本人又从中加以吸收与发展，因此可以说，唐朝文化应是日本文化的源渊。这次有机会到西安实地参观考察，亲眼所见所闻，得知古时日本文化使者在这里仍保留着很多遗迹，就更证实了我前面所说的观点。

在我将要落笔结束这篇文章的时候，我不能不再次提到 1991 年 9 月，当我们在北京出席了中国人民法院出版社出版的《正义的审判》一书的赠呈式和群众出版社出版的《觉醒》一书的首发式之后，又一次回到抚顺战犯管理所"再生之地"访问。就在这个时候，我们同当年"平顶山惨案"的幸存者之一莫德胜先生见了面。莫德胜先生向我们介绍了当年日本关东军守备队残杀中国三千名平民的残暴罪行。由此，我还想到日军在南京制造的大屠杀，以及在中国其他各地造成的数不清的"万人坑"等等。

对于日军过去在侵华战争中所犯下的战争罪行，本应由日本总理大臣代表日本国民向中国人民谢罪，可是现在由我们"中国归还者联络会"的成员代替日本国民来谢罪。当然，我们是从内心里对过去的罪行表示无限的悔恨。但为了不让日本军国主义东山再起，我们还必须付出更多的努力。而为实现日中人民间的世代友好，我们还须做出更大的贡献。

以上就是我为《难忘的中国》一书所写的序言。

（李维则译）

【作者简介】

富永正三 1914 年 5 月 5 日生于日本东京都。1941 年 8 月，随侵华日军在南京登陆，历任少尉小队长、中尉中队长等职。1945 年随军调至东北，8 月 15 日被苏军捕押至苏联。1950 年 7 月由苏联移交到中国抚顺战犯管理所管押。1956 年 8 月，经最高人民检察院免予起诉宽赦回国。回国后参加"中归联"，三十余年来一直为反战、保卫和平与促进日中友好做出了贡献。曾任"中归联"继任会长。

富永正三撰写的《难忘的中国》一文，系为抚顺市政协文史委编辑出版的《难忘的中国》史料专辑所写的"序文"。本辑由辽宁大学出版社于 1992 年 7 月出版。

"谢罪碑"是不忘日本侵略罪行的历史见证

——参加"向抗日殉难烈士谢罪碑"揭幕式时的感言

富永正三

　　1988 年 10 月，我带领一个由 19 名成员组成的访华团，再次访问中国。我们这个团的名称是"'中归联'参加抚顺战犯管理所'谢罪碑'揭幕式典礼访华团"，因为这次访华就是为了参加"谢罪碑"揭幕典礼仪式，所以全体团员对此行的目的非常明确。

　　由日本"中归联"会员自愿集资，经中国政府批准建成的"向抗日殉难烈士谢罪碑"坐落在抚顺战犯管理所庭院内。揭幕典礼于 1988 年 10 月 22 日在此地举行。会场庄严肃穆，除"中归联"代表团外，中国辽宁省人民对外友好协会会长张铁军以及中方数百名各界人士均参加了揭幕式。

　　由我同抚顺市对外友协副会长王锡义先生共同揭幕之后，在揭幕式上，抚顺战犯管理所所长高宽先生在致辞中，高度评价了"中归联"成立 30 年来所取得的重大成绩。因此，我们更感到了今后责任的重大。高宽先生的致辞，主要讲了两点：（1）向中国抗日殉难烈士们建立的谢罪碑，是"中归联"全体会员的一致愿望；（2）碑文的结语表明了"中归联"全体会员严肃地对待历史、牢记过去、珍惜未来的至诚心情，铭刻着反对侵略战争，维护世界和平的誓言，表达了愿为日中两国人民世代友好而奋斗不懈的决心。其中使人感受最深的是"严肃地对待过去，重视未来的真诚愿望和决心"。

对于中国官方和民间团体领导人各位先生常说"对于过去中日之间一段不幸的历史，应该付诸东流向前看"的讲法，给我们日本方面前去中国访问的人们在思想上以极大的震动，感到中国方面对于我们日本太宽容了。记得 1986 年 11 月，我带领"中归联"访华团时，在北京人民大会堂受到中国人民政治协商会议全国委员会副主席吕正操先生的接见，我们也听到了吕副主席用同样的言辞，表达了中日要世代友好的愿望。所有这些讲话都是在正式接见场面时讲的，因而使我从这些讲话的实质上，理解到应"忘掉过去不幸的历史阶段，但不应忘掉过去侵略战争造成的伤痕，并且要防止不幸事件再次重演"。我想，这样理解应是理所当然的事情。因为现在的日本政府仍在篡改教科书内容问题上，阁僚在正式参拜靖国神社等问题上，仍在坚持执行着错误的政策。对此，我们必须给予严肃的批判。

今年 3 月，我们在参观卢沟桥"中国人民抗日战争纪念馆"时，馆长先生对我们讲："这个纪念馆建立的目的，是让中国人民永远不要忘记中日两国间曾经发生过不幸的历史，不忘掉这种不幸的历史事实。这也正是中日世代友好的起点。"本来加害于人的人们容易忘掉伤害旁人的事实，但受害的人们决不会忘掉被伤害的过去。这确实是天经地义的事情。加害于人的人们健忘地忘掉自己的罪行，使受害人还和加害于人的人们产生友谊是可能的吗？我认为只有加害于人的人们和受害人相互间都不忘掉过去，才能建立起真正的友谊。有了这种共识，才会有发展友谊和巩固友谊的共同基础。

这次，在抚顺战犯管理所庭院内，改造日本战犯陈列馆前，我们"中归联"在此地建立的"向抗日殉难烈士谢罪碑"，就是我们这些过去加害于人的人们对于所犯罪行事实永远悔罪认罪的见证。基于这样的认识，所以，我在谢罪碑揭幕式的讲话中，特别是"中国归还者联络会"在拟定的碑文中，都一再明确地表达了我们对抗日殉难烈士谢罪的诚意，并表示决不允许日本军国主义者再发动任何侵略战争。

以下是由"中归联"代表团副团长金井贞直宣读的碑文

谢罪碑文

我等在参加长达十五年日本军国主义侵略中国的战争中,犯下了烧、杀、抢的滔天罪行。战败后,我等被关押在抚顺和太原战犯管理所里,受到了中国共产党、人民政府和中国人民给予的"恨罪不恨人"的革命人道主义待遇与教育,才使我等开始恢复了做人的良知,又根据宽大政策,当服刑期满后,准予全部释放归国。

借抚顺战犯管理所重新整修之机,我等自愿奉建谢罪碑,刻下我等对抗日殉难烈士们谢罪忏悔的诚意,并立下誓言:决不允许再发生侵略战争,终生为和平和日中友好而奋斗!

以下是由"中归联"代表团团长富永正三在揭幕式上所作的"向抗日殉难烈士们谢罪辞"全文:

向抗日殉难烈士们谢罪辞

承蒙中华人民共和国政府的厚谊,使我们在长时期准备后,得以在我们再生之地——抚顺战犯管理所的庭院里,建立"向抗日殉难烈士谢罪碑"。今日借此举行揭幕式典礼之机,我们对于中国政府及有关各机关给予的协助,表示衷心的感谢。

惟思抗日殉难烈士诸君,在凶恶的日本军国主义者侵略中国之际,作为其走卒的我们以极为凶残的非人道的暴行,强加于诸君,并夺取你们宝贵的生命。日军战败之后,我等成为战犯而被监禁起来。中国共产党、中国政府和中国人民对我们不计前仇,始终坚持"恨罪不恨人"的方针,使我们被这种革命的人道主义的精神所感召,才逐步恢复了做人的良知,唤醒了我们的认罪悔罪意识。根据宽大政策,在服刑后,我等被全部获释归国了。今天我们又亲临此地，回忆往事，深感无地自容，仅在此表示郑重的谢罪。

自从允许归国以后，我们就成立了"中国归还者联络会"，在认罪的基础上，以反对侵略战争、从事日中友好为目标而奋斗！然而，现在的日本，仍有一部分人对以前发动的侵略战争没有一点反省的表现。在昭和天皇逝世时，有人不只是企图要把过去的过失一笔勾掉，甚至还要把过去的过失加以美化，这一动向深值警惕。借此建成此碑的机会，对此错误动向，我们表示要再度洗洁良心，进一步加强我们的斗志，誓为反战、和平和日中友好事业的不断发展而努力。谨以此作为谢罪之词。

以下是富永正三团长在揭幕式后宴会上的答词：

日本侵略军自1931年"九·一八事变"对中国进行了长达15年的侵略战争，其间我们凭借侵略军的力量，在中国作恶多端，凶残至极。战败后，我们作为战犯于1950年7月由苏联引渡到中国，被关押在抚顺战犯管理所。到此之初，我们都曾持有能否生还日本的疑虑，因而在行动上采取反抗而不接受教育改造的自暴自弃的态度。可是经过体现中国人民意志的管理所各位管教先生的耐心教育与关怀，始终坚持中国共产党和中国人民政府"恨罪不恨人"的方针，完全没有采取丝毫复仇的态度，更没有出现过侮辱我们人格的行为。正因为受到这种革命的人道主义精神的感召，我们才把已经失掉了的人性逐渐地恢复过来。经过六年的教育结果，我对于这样的服刑一点也没有"这是不得已而为之的"感觉，而且也没有厌恶这种刑罚，反而认为这是理所应该的。其间，中国当局设立了特别军事法庭。当时监禁的日本战犯共计1062名，其中关押在太原的有120名。在这1062名战犯中，经中国有关机构侦讯、调查，构成审判的战犯并予以起诉的仅有45名，其余的都给予免起诉，宽大释放回日本国。

就是被提起公诉的45名战犯，并没有一人被判处死刑。最高刑期为20年，最低刑期为12年，而且将在苏联在押的5年，和在中国在押的6年，共计11年都计算在服刑期内。另外，还规定了在服刑期满表现良好的，予以提前释放。到1964年3月，终于把在押的判刑战犯全部释放归国了。

我们归国之后，始终没有忘记中国人民所给予的宽大政策，并且在继续深刻反省过去罪恶的基础上，致力于日中友好事业。同时，还追究使我们成为战犯的日本军国主义的责任，使其绝对不能再犯第二次错误。从这种观点出发，我们在自我反省的基础上，高举反对侵略战争、保卫世界和平和日中友好的旗帜，组成了"中国归还者联络会"，开展各项工作以至于今日。

从那时开始，我们就想：对于中国牺牲的被害者们，我们应该用什么行为才能向他们表示谢罪？才能对得起自己已经悔悟了的良心？才能对得起宽大于我们的中国人民呢？

当1956年秋，我们归国之初，"中归联"就着手出版发行了《三光》一书。所谓"三光"就是揭露侵华日军在中国奉行的杀光、烧光、抢光的政策。书的内容是我们在管理所坦白罪行的记录。

1987年10月"中归联"本部还将日军在中国的犯罪事实编辑出版了另一本书《我们在中国究竟干了些什么？》。此书出版之后，在日本国内引起极大震动。特别是《三光》一书出版之初，出版社竟受到右翼团体的威胁，甚至用日本刀逼着责任编辑不让此书继续发行。由此，该书遂成为绝版书刊。

1988年我们抓住日本文部省篡改教科书问题发生一时机，又以控诉侵略战争真相为目的，新编了《三光》一书，共出售了25万册，并缴纳了1600万日元的出版税。书的内容就是我们在中国残暴罪行的写照。当然也收录了向被害者本人英灵及其家属谢罪的文章，当我们从内心萌生谢罪意念时，遂开始酝酿提出在"再生之地"建立"谢罪碑"的倡议。

"谢罪碑"是不忘日本侵略罪行的历史见证

当此谢罪碑建立之际,我们宣誓:一定要在有生之年,在新的认罪意识的基础上,紧紧地团结起来,进一步坚强地把反对侵略战争和巩固与发展日中友好的伟大事业进行到底。

(李维则 译)

(编者注:1988年10月22日,日本"中归联"继任会长富永正三,率团参加由该会会员自愿捐款修建的,坐落在抚顺战犯管理所院内的"向抗日殉难烈士谢罪碑"揭幕式,盛况空前。同时,举行"抚顺战犯管理所旧址陈列馆"对外开放开幕式。)

访华回国后的前两次报告

藤田茂

第一次组团访华记

"中归联"第一次应邀访华是 1965 年 9 月 7 日。我们访华团一行 10 人，于 10 月 9 日晚，结束了一个月的友好访问，平安地回国了。

在这次访华过程中，我们无论在精神上，还是在生活上，都受到中国各界人士的亲切关怀，使我们访华任务得以圆满完成，我对此表示由衷的感激。

我们一行是 9 月 8 日晚乘机到达北京的，当时已经夜色沉沉了，但是，中日友好协会、中国对外文化协会、中国红十字会的很多新老朋友都手拿鲜花，到机场热情地迎接我们，并送我们到新侨饭店（俗称日本人宾馆）下榻。随后，在一个月内，我们相继到武汉、上海、南京、济南、天津等地参观访问。在北京期间，我们有幸参加了天安门前的国庆观礼。

9 月 11 日，我们还幸运地应邀参加了中国第二届全运会的开幕式。在宏大的体育场上表演的青少年团体操，令我感到了什么才是群体统一的美，真正民族自豪的美。当以毛主席为首的国家领导人出现在全运会主席台上的时候，整个体育场顿时沸腾了，掌声、欢笑声经久不息，充分显示了人民群众对自己领袖的衷心爱戴，是多么尊敬，又多么亲密。在中国，我深深感到人民群众与领袖之间的亲密无间和充分信赖的关系。

9 月 29 日晚上，在人民大会堂，我们把刻有"中归联"全体会员夙愿的"反战、和平、日中友好"的铜板，以及从事日中友好活动的影集，送交给中日友协名誉会长郭沫若先生。

30 日晚上，我们应邀参加了在人民大会堂国宴厅举行的庆祝中华人民共和国成立 16 周年招待宴会。席间，我们聆听了周恩来总理的讲话，还看到了毛主席等中国国家领导人。当毛主席在国宴厅主席台一出现，五千多个座位上不同肤色的人，同时响起："毛主席万岁！"的欢呼声和掌声。这巨大声音响彻整个大厅，经久不息。同样热烈的气氛，又出现在第二天 10 月 1 日庆祝国庆游行的观礼台上。当来自 80 多个国家的客人，又看到毛主席等国家领导人站在天安门城楼上，天安门广场上几十万群众高举着自己亲手制作的电子计算机和喷气机等等模型，一边前进，一边欢呼着："毛主席万岁！""毛主席万岁！"，潮水般地经过观礼台时，同样感受到人民群众同领袖之间的亲密感情。在游行队伍中，还有少先队员、青年学生，以及青年男女民兵，这象征着中国革命的火炬正由经历二万五千里长征的老兵手中，出色地传交给下一代人手里。

我们在中国各地的工厂、农村参观时，工人、农民同我们围坐在一个饭桌前进行交谈，甚至在托儿所、幼儿园和中、小学校里，我们也受到了孩子们的热烈欢迎。孩子们那水晶般地纯洁美丽的童心，感动得我的良心在忏悔，我落泪了。这泪水是对我先前在中国犯下的罪恶，以致给这些孩子们的父母、亲人带来灾难的反省之泪，也是对不住我自己的同胞、家属与祖先的忏悔之泪。

每当我们对过去所犯罪行表示道歉的时候，中国人民却总是这样说："过去的事情应以为戒，就不要再提了，我们还是谈今天和未来的事吧。"这使我们更加感到，我们不能只谈过去，而应在促进日中友好的事业上有一个新的开端。回顾过去，那是我自己应该做的事。我和我的同胞应从回忆那些不幸的历史罪恶中，汲取应有的教训。

在抚顺，我们又回到了令我怀念的战犯管理所。现今，那里关押着正在接受教育改造的中国国内反革命分子。那里的工作人员已比先前减少了一半。当他们认出是我们时，惊异地说，"来得好呀，真没想到又见到你们啦！"我们连声向他们表示感谢，激动的热泪止不住地往外淌，甚至流到我们相互紧握的双手上。

就是在这块土地上，我们曾打排球、赛篮球、排练舞蹈，脸红脖子粗地相互激烈争论问题，……那一幕幕往事，宛如就发生在昨天一样。我们在满是鲜花的院子里参观了一圈，还吃到了葡萄，那是在我们修建的露天舞台的旧址上，拆除后栽植的葡萄。怀着依依惜别之情，我们离开了抚顺战犯管理所。

在这次访华过程中，我认为中国人民寄希望于我们的有两点：

第一是，应该进一步认清"中归联"成立近九年时代发展的潮流，要始终高举起反对侵略战争和推进日中友好的旗帜。这不但对日本人民是有利的，也是中国人民所欢迎的。

第二是，希望我们，以及我们的家属和朋友，都能为创造更幸福的生活而相互鼓励，相互团结而奋斗，并为使日本民族不再走过去的罪恶老路而竭力，中国人民愿意并努力实现与日本人民的世代友好。

不仅是我们"中归联"成员，战后从中国回到日本的上百万军人都知道过去的侵略战争带给中华民族的是怎样的残酷灾难。同样地，在日本国内的军人家属也都会知道自己曾饱尝了多少辛苦，而且，又有多少人失去了亲人。

但是至今，在日本国内仍有要人到靖国神社参加祭祀，并说："在战争中牺牲的死难者，如能看到今天日本的发展，决不会感到自己白白死去。"这种言论难道能是一个有良知的真正的日本人的心声吗？大多数朴素的日本人的心里，能说出这样的话吗？！我认为，这个人是在说谎。如果真存在有这种想法的人，那就是别有用心的人。在现今的日本，企图通过战争来牟取利益的是极少数人，而绝非大多数日本人民。

现在，中国既有原子弹，也有独轮手推车；既有庞大的大学村，也有自古相传的旧草房。然而，在今天的中国，我发现没有企图颠倒历史的人，没有为了私利而向群众掩盖事实真相的人，这实在令人羡慕。

可以这样说，我的这次中国之行，归到一点，不外乎是听到了中国人民的心声。有人曾经说过："中国是一座有七亿人口的大学校。"我也认为，中国确实是一个靠被压迫民族自身解放的力量，把一个贫瘠落后的国家，建设成为一个初步繁荣的社会主义国家的大学校。

（崔仁杰　译）

第二次组团访华记

1972 年 7 月，"中归联"（正统）顾问远藤三郎先生向我转达了周恩来总理的口信：欢迎我访华。幸亏，我的病已痊愈，恢复了健康。此时，我也很想了解中国"文化大革命"后的情况，这对于正确认识迅速发展变化着的日中形势很有必要；同时，我还认为，这也为评价乃至检查总结"中归联"组织重建后的工作，提供了一个极好的机会。所以，我下决心再度访华。

我接到中日友好协会会长廖承志先生的正式邀请函是 10 月中旬。时值田中首相访华，与周总理共同签署了历史性的恢复日中邦交正常化的联合声明之后不久。我考虑到这次的邀请是向我个人发的这一点，考虑到"中归联"组织当时的实际状况（编者按：当时"中归联"会员因受我国"文化大革命"思潮的影响，已分裂成都同中国保持友好，却对"文革"持不同观点的两派。藤田茂所在组织为"中归联"（正统）派。）便由我直接指定六名会员作为团员随我同行。因此，请谅解这次访华团的组成，未经全国组织选出，而是由作为会长的我本人点名组建的。

我们"中国归还者联络会（正统）访华团"一行七人，于 1972 年 10 月 30 日从羽田机场出发，11 月 21 日平安回国。

我们这次访华的头 10 天是在北京度过的，后 10 多天时间到中国的东北以及南京、上海、长沙、广州各地参观访问。所到之处的参观见闻，请从各位随行团员的报告中了解。这里，我仅就这次访华最受感动的事情叙述一下：

第一，我感到这次实现日中邦交正常化是一件十分重大的有历史意义的事件。这件事意味着：过去日中之间一直存在着的战争状态结束了，由此，日中两国之间产生了新的友好关系，开始了历史篇章的新的一页。我感到，中国人民非常欢迎这件事，我们所到之处，都受到了热烈的欢迎，双方共同进行庆贺。我听到的说法是："这是中日两国人民长期斗争的结果。"还有的说："你们（编者按：指日本"中归联"组织）在这一斗争中，作出了巨大贡献，对此，我们表示深深地感谢。"

我们所做的微不足道的努力，已结出如此令人感动的硕果，特别是对于中国人民给予日本人民始终不渝的友好感情，我不能不从内心里深深地向中国人民表示低头、致谢。

如今，日中两国之间的交往历史已经开始了新的一章。但是，我们"中归联"的工作并不是已经结束了，要紧的是把在我们国内已经开辟的战线继续扩大，同时还要把日中两国人民之间的友好关系更进一步地加以发展，以建立起持久的友谊。我想只有这样，才能真正捍卫我们两国人民的根本利益。所以，我们的工作必须沿着这条道路继续前进，并为之做出新的贡献。

第二，不但要认识实现"日中邦交正常化"这一胜利，绝不是容易得来的，同时，还应明确建立起日中间的持久的友好关系，会遇到更大的困难。

自从获宽释回国以来，我们走过了一段曲折的路。有时，我们的组织成为单纯的友谊俱乐部；有时，某些人热衷于获得金钞的补偿要求……而且，还有四百多位伙伴未参加"正统"组织。在这一新的形势下，我们必须掌握正确的政策，更进一步地加强团结。

第三，在这次访华中最大的一件事，就是我们直接同周恩来总理见了面，并且长时间地聆听了他那意义深远的讲话。

11月9日，在人民大会堂会见我们的有：国务院总理周恩来，中国人民解放军总政治部主任李德生，中日友好协会会长廖承志，以及有关方面负责人吕村夫、张香山、王云、孙平化等各位先生。这次会见是一次盛大的而十分严肃的会面。

由于我是个前军人，周恩来总理在谈话中，以东条英机、山本五十六、甚至以三岛由纪夫事件为话题，强调指出：应通过批判这些军国主义者而从中总结历史教训的重要性。他还指出，处于不同社会制度的日本和中国，在恢复邦交正常化之后，为使日中友好关系得以发展，除了要遵循和平共处五项原则之外，日本人民和中国人民之间应该进一步加深互相理解。周总理严肃地说，在今天日本已成为经济大国的情况下，承认它拥有与其相应的自卫力量是很自然的事；对于这支自卫力量在世界两个超级大国垄断核武器的环境里，参加到美国的核保护伞下也是可以理解的。但是必须说明，中国人民决不会允许日本经济膨胀之后，再走过去那样侵略、压迫、剥削亚洲各国人民的老路，走靠武力征服的老路。

常言说："前事不忘，后事之师"。通过与周恩来总理的一番谈话，我们感到，周总理向我们指明了当今一系列新的课题。

我认为，对于日中邦交恢复后的新形势，的确，应有与以前不同的认识，对待一切问题，要有新的态度。

例如，过去我们进行的活动是否仅仅偏重于揭露日本军国主义的罪行？我认为，我们今后工作应有广泛内容，要有以向前看的姿态开展工作。

又如，我们"中归联"不是以社会改革或政治活动为任务的团体。因此，我们必须按照全体会员的共同愿望，即把日中人民世世代代持久友好作为唯一的旗帜，来谋求统一全体会员的意志，更好地加强团结。

这些问题，是新年度以后"中归联"所面临的新课题。因此，我衷心希望各位会员积极参加活动，为解决当前面临的一些新问题而共同努力。

（崔仁杰　译）

【作者简介】

藤田茂 1889 年 9 月 17 日生于日本广岛。1945 年被苏军捕前职务为日军第 59 师团中将师团长。他 1933 年入侵中国东北地区时，任关东军骑兵集团军少佐副官；后任联队长、少将旅团长、中将师团长，在山西、河南、山东等地进行侵略犯罪活动。1945 年 8 月 15 日在朝鲜咸兴市被苏军俘虏押送苏联。1950 年 7 月 21 日作为日本战犯由苏联移交我国，被关押在抚顺战犯管理所。1956 年 6 月经最高人民法院特别军事法庭开庭宣判被判处 18 年徒刑。1958 年 4 月 24 日，被中国政府特赦释放回国后，日本"中国归还者联络会"第二次全国大会补选其为会长。1965年、1972 年、1975 年，藤田茂曾三次率团访华，曾受到周恩来、王震、廖承志等中央领导同志的亲切接见。

1980年4月11日，藤田茂病逝，终年90岁。

（注：此文引自抚顺市政协文史委编辑的《难忘的中国——日本中国归还者联络会历次访华见闻实录》，辽宁大学出版社1992年7月出版）

难忘周恩来总理的亲切会见

国友俊太郎

在"中归联"访华团于 1965 年第一次访问中国之后，1966 年中国发动"文化大革命"。随着日中两国共产党关系的恶化，日中友好协会内部也产生了分裂，时任"中归联"会长的藤田茂就任了日中友好协会（正统）中央本部的顾问。在推动日中友好，促进日中邦交正常化的过程中，藤田茂会长做了大量的工作。

1970 年，联合国恢复了中华人民共和国的合法席位。1972 年尼克松访华宣告了中美关系的正常化。同年 6 月，日本国内的社会、公明、民社三党派在参、众两院提出了《日中恢复邦交的决议草案》；7 月，田中首相也宣布要以日中邦交正常化为目标。这一时期，80 岁高龄的藤田会长亲自周游日本全国各地参加集会，利用电视、出版物等向国民呼吁，大谈对日本军国主义侵华行为的反省，大谈日中和平友好的重要性和必要性，充分地体现了"中归联"的精神和希望。在中日双方的共同努力下，1972年 9 月 29 日周恩来总理和田中首相签订了日中共同声明，实现了中日邦交的正常化。

1972 年 6 月 26 日，藤田会长就收到中国方面的信，问他健康状况如何，能否旅行。随后，又通过日中文化交流协会事务局白土吾夫，收到了由中日友好协会理事发出的正式邀请。7 月 13 日，远藤三郎（日中友好原军人会会长、"中归联"正统派顾问）访华时受到周恩来总理的接见。在会见中，周总理委托远藤转告藤田会长，中国邀请他在近期访华。远藤回国后如约及时转告了藤田会长。

藤田会长也正想了解一下中国"文化大革命"以来的真实情况，以及中国方面对"中归联"组织重建后的评价和态度，并进一步为日中邦交正常化做工作，便与中日友好协会取得联系，表示接受邀请，并提出了由了亲自提名的访华团员名单。

藤田会长访华时指定的随行人员有六名：

秘书长冢越正男（事务局长）

团　员　相川松司（全国委员）

　　　　三尾豊（全国委员）

　　　　东一兵（全国委员）

　　　　小林荣治（全国委员）

　　　　国友俊太郎（全国委员）

藤田会长的决定由"中归联"本部会议通过，并定为"中国归还者联络会"（正统）第二次访华团。

10月12日，我们接到了中日友好协会正式发来的邀请信，同时还收到了"中日备忘录办事处"的通知（恢复邦交时的临时性机构）。10月23日，再次收到写有访华团成员名单的邀请信。

1972年10月30日，访华团一行7人从羽田机场出发，飞机当天在香港着陆。

10月31日，我们从香港乘车到达广州，并瞻仰了广州起义烈士墓。11月1日，又参观了广州博物馆和秋季商品交易会。当天午后，我们便乘飞机抵达北京。11月2日，我们应邀参观了出土文物展览，晚上，中日友好协会主持召开了欢迎宴会，藤田会长在会上发表了讲话。在北京近十天的参观访问中，我们先后参观了清华大学、北京动物园、北京体育馆、北京市地铁、观看了举世闻名的万里长城和明代帝王的陵墓群"十三陵"，访问了在北京郊区杨村驻防的中国人民解放军某部和中国红十字会本部，并同北京中央广播局和《人民中国》杂志社的职员进行了座谈。晚间，观看了中国电影《长沙古墓》《南征北战》等和精彩的杂技表演。

11月9日，上午我们到北京近郊黄土岗人民公社参观学习，午间回到北京饭店。午后的日程还没有明确。午休时，大家愉快地谈起几天来的参观感受。因为大家都耳闻目睹了新中国的新变化，所以，尽管在随便交谈中也能从每人的谈话中和表情上看出他们对中国的未来充满着美好的希望。可是，万万没有想到，过了一会，中日友协的王云先生前来告诉我们，马上要与周恩来总理会面。我们每人都被这突如其来的喜讯惊呆了。大家既兴奋又紧张，因为我们就要与敬爱的中国国家领导人周恩来见面了。可以说，每个访华团成员心中都高兴极了。

下午3时左右，王云先生陪同藤田会长并带领我们乘车来到了人民大会堂。这时，周总理已经站在会客厅门前，他老人家仔细地注视着我们每一个人，并且与我们一一握手。

在大会堂会见我们的，还有中国人民解放军总政治部主任李德生、中日友好协会会长廖承志及有关方面负责人吕村夫、张香山、王芸生、孙平化、王云、金黎等人，这实在是一次盛大庄严最高规格的接见。

这次会见自始至终是在周恩来总理和藤田茂会长之间相互交谈中进行的。

藤田会长在这次访华回国后，回顾这次会见经过时写道："周恩来总理知道我是旧军人，因此以东条英机、山本五十六，以及三岛由纪夫事件等人为话题，在谈话中批判了这些军国主义的首领，并强调了今后必须认真吸取历史教训。周总理还谈到了不同社会制度的日本和中国恢复邦交后，要发展友好关系，就必须以和平共处五项原则为基础，这是不言而喻的。但最重要的是让日本人民和中国人进一步加强相互之间的了解。他还严肃地谈到当前在日本已经成为强大的经济大国的条件下，承认与其相适应的自卫力量是很自然的；但在日本经济膨胀之后，再像过去那样对亚洲各国进行压迫和榨取，以致用武力向外侵略扩张，走那种发展经济的道路是不能允许的。'前车之覆，后车之鉴'就是这个意思。通过周恩来总理的这次谈话，我感到一个接一个地为我们提出了新的问题。"

1976年1月，当周恩来总理逝世的消息传到日本时，藤田茂会长无比悲痛。他在一篇追忆周总理的文章中，再次记述了那次永远难忘的

共和国审理日本战争罪犯前后

谈话——

我是 1965 年 9 月，随"中归联"第一次访华团访华时，首次见到周恩来总理的。正好那时赶上中国的国庆节，10 月 1 日下午 6 点，在天安门城楼上举行了茶话会，我会（国友注：指"中归联"）仅我一个人应邀出席，并与周恩来总理握手，交谈了一会。

第二次是 1972 年 10 月末，率团第二次访华时见到周总理的。11 月 9 日下午，突然改变了参观日程，告知我们要与周恩来总理会面，于是，我们访华团一行 7 人很快来到了人民大会堂。

那时原定谈话时间大约 2 个小时，但在不知不觉中，一看手表，已经超过了 3 个小时。这时，工作人员走过来向周恩来总理催促了两次，周总理只是回答说："明白了，明白了"，仍然同我们继续交谈下去。当时给我印象最深刻的就是周总理说："藤田先生以前是军人吧？我想多听一听关于军队方面的事"；"藤田先生是否研究过拿破仑的战史？"我回答说："我没有读过最高学府的陆军大学，没有学过战史，不过听说过一些，就这么点水平。"总理说："现在世界上各国都在研究拿破仑战史，这又是为什么呢？"接着他从容不迫地说下去。"那个拿破仑战史一点也没修饰，坏的地方写坏，好的地方写好，这是一部是非鲜明的战争史，所以在这个战史中能够牢牢地抓住拿破仑的最卓越的优点。因此，这部战史现在仍然受到很多国家军事家们的重视，当然必须从中吸取教训。当前一些国家的军事家把这些当作样板来研究，这就是现在的军事趋势。"

日本结束战争已近 30 年了，可是，我读了些日本最近出版的各种各样关于战争的书，有的是战史，有的是战地实录，读后觉得不少内容仍然是美化那场侵略战争。这是应得出的历史结论吗？令人怀疑。前几天，还在国内看了《山本五十六》的电影，又看了《大陆军》电影，但不论是哪一个，都是颂扬和美化军国主义的英雄传。这对于那些不了解那场侵略战争的年轻人，由于憧憬而再次做出这样的事是很可能的。仅我知道的东条英机大将，他做过总理大臣、陆军大臣、参谋总长，可是，他指挥的大东亚战争果真是出色的战役吗？那是非常明显的，有很大的缺陷，这里表现出几乎和拿破仑战役有同样的很大的缺陷。藤田先生，您回到日本后，应该写出一本关于那次大东亚战争中符合历史事实的客观的真实的战争史。那个时期的幕僚们大多上了岁数，有的已经死去了。您的岁数也相当大了，不抓紧不行了。若不能正确地总结这段历史，还是要重蹈复辙的。"周总理的话，确实是意味深长的告诫，令人钦佩的谈话。他的这一席话，至今仍然是我心中最难忘的教诲。

那次会见分别的时候，周总理还说："前些日子我和田中首相发表了恢复邦交的共同声明，这是经济基础不同的两个国家的总理在纸上的约定。但要牢固地实现邦交正常化，是要在日本人民和中国人民真心地理解的基础上最后达到深厚的信赖关系的时候。这样，才能结成子子孙孙的永久的友好关系，我们还要经过很长时间的努力。藤田先生也已高龄，我也老了，剩下的时间不多了，我们都要努力实现这一共同目标。"谈完后，我们握手告别。

我认为，今天的这席谈话才是最明确地指明了日中关系得以稳定持久发展的方向。我是坚贞不渝地把这一席话作为前进中的座右铭的。

（以上摘自《日中友好原军人会报》）

11月10日晚，中日友好协会在北京饭店举行告别宴会，廖承志会长在席间做了热情洋溢的讲话，对"中归联"为中日友好和邦交正常化做出的努力给予了充分的肯定，并提出了殷切的希望。

11月11日，参观团赴沈阳参观了沈阳重型机械厂。

11月12日，赴抚顺重访抚顺战犯管理所和平顶山惨案纪念馆。

11月14日，参观了南京长江大桥，玄武湖和中山陵。

11月16日，在上海参观了中共一大会址。

11月18日至19日，访华团在湖南省，先后参观了毛泽东主席旧居，长沙第一师范，游览了橘子洲头和爱晚亭。

11月21日到广州，经深圳、香港，次日返回东京。至此结束了23天的访问日程。

（王勤　译，王建　编）

【作者简介】

　　国友俊太郎于 1956 年 6 月被我国免予起诉，释放回日本。回国后，国友俊太郎积极组织获释人员成立"中国归还者联络会"联络处，并任常务理事兼事务局长。1957 年 9 月，"中归联"正式成立之后，他连任常务委员兼事务局长，后被选为该会首任常务委员长及副会长等职。

　　（注：此文引自抚顺市政协文史委编辑的《难忘的中国》，辽宁大学出版社1992年7月出版）

记周恩来总理的亲切接见与教诲

三尾豊

在我的一生中，曾经多次访问过中国，但是，其中使我最受感动，印象最深刻而且又是我毕生最难忘的事情，要数 1972 年冬我在北京人民大会堂，荣幸地受到周恩来总理对我们"中归联"第二次访华团的亲切接见与教诲了。

在这之前，我曾作为一名侵华的日本战犯在抚顺战犯管理所被监禁过，1956 年夏天，被中国最高人民检察院宣布免予起诉，被宽大释放回国。到 1972 年 10 月"中归联"组成第二次访华团时，我们回国已过去 16 个春秋了。这时，正是中日两国政府签订共同声明实现中日邦交正常化一个月之后。从内心讲，我连做梦也没有想到，我们这些人还能组团到北京访问，并受到中国国家领导人，尊敬的周恩来总理的接见并聆听其谆谆教诲。

中国归还者联络会第二次访华团团长由会长藤田茂先生亲自担任，成员共有七人，我也有幸是其中的一员。这次访华，由 10 月 30 日起至 11 月 21 日止，历时 22 天。记得当时，中国刚刚渡过三年困难时期，而且又处在"文革"的动乱之中，可以说是形势处于严峻的时期。就在这种情况之下，对于曾经是出师无名的日本侵略军成员的我们，并在中国战场上和占领区都犯有各种滔天罪行的前日本战犯们的代表，能够由中国人民出钱，准许到中国做三个星期的旅行，简直是想也不敢想的。当我们一行由日本东京羽田机场起飞，乘坐日航客机，在机舱内就已享受着中国出资招待的各种食品，大家边吃边想，一股暖流涌到心坎里，想着想着，都情不自禁地流下感动的热泪。这可能就是平时常说的泪洒胸怀了。我们那位藤田团长平时是非常爱喝酒的，但是，他在来中国之前，就一再叮嘱大家："这次访华，请诸君不要饮酒。"我在机舱内想起藤田会长说过的话，心想他劝大家不要过多饮酒怕误事，心情我是非常理解的。

当飞机在香港机场着陆后，我们受到在香港的中国国际旅行社各位先生的迎接，那种谦恭和霭的态度和气质，使我们感到就像在这里见到了久别重逢的朋友。在香港住一宿，次日又看到了从北京专程前来迎接我们的翻译兼任向导，这位朋友也同到机场欢迎我们的那几位先生一样，是非常可亲可敬的人。

我们一行从香港到达广州后，参拜了为反抗蒋介石的残酷镇压而牺牲的中国革命先辈们的烈士墓。这些烈士大多是在 1927 年"四·一二事件"中被残害的。他们为了中国人民的解放事业，对敌人进行了坚贞不屈的英勇斗争，使我们都对之深表敬仰。

在广州参观后的第二天，我们一行搭乘中国民航飞机到达北京机场。下机时，我们未曾料到，竟出现了动人的场面，这使我惊叹不已。那就是，正当飞机上的许多旅客都要下飞机的时候，在中国官员的要求下，让其他旅客稍候，领我们先走下了飞机。当我们走下飞机舷梯时，一眼便看见了张香山等十几位先生在那列队欢迎我们。大家见面，一一握手，又和我们在一起摄影留念，尔后，才让其他旅客下飞机。对于这样一个意外的场面，真让我们感到诚惶诚恐。我们在这受到如此殊荣，真是连做梦也未想到，实在令人不安。

在这里，我要特别记述的是，当我们一行在北京进行了几天的参观游览之后，因 11 月 9 日下午没有参观日程安排，大家在北京饭店正在休息闲谈之中，联络代表忽然传达了一项重要通知："请大家千万不要外出，要等待一位重要人物的接见。"当时，我们每个人都振起精神，整装待发。大约快到 15 点钟的时候，我们便乘上汽车到达了人民大会堂。到此时此地，我们才晓得，原来是周恩来总理要接见我们。得知这个消息之后，我们每个人在精神上都更觉紧张，同时又怀着非常感激的心情，好像有一种什么意外的力量，把我的整个感情都凝聚起来似的。当我们在崇敬的严肃的气氛中走进会客厅时，敬爱的周总理已经在门口等候我们了。

周总理和我们每个人都紧紧地握了手，先是同藤田团长，以及冢越正男秘书长握手，当按顺序轮到和我握手时，我急忙用双手紧紧地握着周总理的手不放，感动得我泪流满面。这也许是我有生以来最大的光荣，最感幸福的时刻。

在会客厅里，中国人民解放军总政治部主任李德生、中日友好协会会长廖承志以及张香山先生等许多重要上层官员，都排列于两旁，依次地同我们热情握手。大家落座之后，周总理向我们发表了重要的谈话。周总理说："各位先生归国之后，在非常困难的环境里，为了实现日本和我国的友好，各位先生、还有广大'中归联'、会员都作了极大的努力，我深表感谢。日本和我国的关系与其他国家关系不同，我们两国是亲密友好的邻邦。中日两国人民的友好往来有着两千多年的悠久历史，这在世界上是极为少有的。在这漫长历史长河中，中间虽有过非常不幸的时期，但从历史的观点去看问题，那仅仅是一瞬之间而已。在接受过去历史教训的同时，从现在起，我们都应该向前看，我们两国关系必须永远友好下去。"周总理在谈话中间，不时同藤田团长插话。当谈到在第二次世界大战中日军何以战败时，周总理引用了拿破仑在欧洲的战例，并说明了日军战败的原因。随后，周总理继续说：关于日本建立自卫队的问题，从一个独立主权国家来看，任何一个主权国家为了自我防卫那是理所当然的；但是，要建立企图侵略其他国家，干涉他国事务的军队是要不得的。周总理还精辟地阐述了军队只能是保卫自己国家的工具，不能做侵略其他国家的鹰犬。之后，周总理又谈到了"日美共同防御条约"的问题，他很谨慎，却又很自信地告诉我们：时间会对这个问题作出结论。

在周总理会见当时，日本国内有许多进步党派和进步团体以及众多的人民，都在声称日本自卫队的建立是违宪的，我们"中归联"也是这样想的。自聆听了周总理的一席谈话，确实胜读了十年书。在惊叹之余，我深感周总理谈话的本意是批判过去的日本军国主义和现在的日本政府追随美国实行一面倒的政策，认为作为一个独立国家的日本，而由美军为之保护国防是不妥当的，应该用自己的力量保卫自己，但又不应当去侵害他人，这才是天经地义的。

同时．我也深切理解周总理谈话的精神实质，就是为日本人民今后奋斗指明了方向。周总理在谈话中，不但谈及有关日中两国关系的大局，同时还很关心地询问了我们每人的生活近况。周总理真正是一位伟大要人，一位大国总理的胸怀啊！

望着周总理慈祥的面容，我在想：我们这些过去的战犯，在中国犯有不可饶恕的罪行，给中国人民造成了巨大的灾难，这一罪恶经历是绝对不允许再发生的。为了防止日本军国主义东山再起，我想我们应该把过去所犯下的罪恶，编成罪行录出版，以此警诫教育后人。当我把内心的想法讲给周总理之后，周总理对之连称"好"和"谢谢"，给予了充分肯定。

周总理对我们一行7人的接见长达近3个小时。据联络工作人员透露，这次接见比原定时间延长了40多分钟，而且，周总理还在会客厅前同我们一行7人合影留念。可见周总理对我们访华团的重视。接见结束后，当我们走出人民大会堂时，便立刻被日本各新闻社的驻北京特派记者们包围了。他们蜂拥而上，问这问那，寻根探底，我们好不容易应酬完毕，才回到了北京饭店。

就在我们访问北京的前一天，听说日本九洲地方的县知事一行数人曾申请想要拜见周恩来，却因故没有如愿以偿。对比之下，周总理却对我们这样一些过去在中国犯有战争罪行的战犯组成的代表团，给予破格的长时间的接见，并讲了很多有益的教诲，实在是令人羡慕和深受鼓舞的。

周总理在中国可以说是政务繁忙，加上当时正处于国庆节之后，周总理还要忙于接见各国使节，日无暇时。

在这种情况之下，周总理能挤出时间和我们会见，如果不是他所具有的深谋远虑的伟大政治家的胸怀，我们无论如何是梦想不到的。

对于像我们这样一些十恶不赦的战犯，中国共产党人和人民政府始终坚持革命人道主义教育的原则，而把我们从鬼门关里拯救出来，改造成为有良知的新人。由此，我们才能得以站在为建设新日本与新中国永世友好的基点上，走向反战、和平的光明大道。对于周总理在这次会见中的谆谆教诲和耐心的帮助，我们每个人都当作毕生难忘永铭肺腑之言，在实践中付诸行动。迄今，离周总理的这次接见又过去 20 年，但周总理的光辉形象和谆谆教诲一直铭刻在我的心中。

（李维则　译）

【作者简介】

　　三尾豊于 1956 年 8 月经最高人民检察院免予起诉，宽大释放回国。回国后参加“中归联”，三十余年一直为反战、和平，中日友好而奔波。曾任“中归联”常务委员、东京都支部长。

　　（注：此文引自抚顺市政协文史委编辑的《难忘的中国》，辽宁大学出版社1992年7月出版）

原日本战犯在抚顺改造回忆录

编者说明：以下章节，引自"日本中国归还者联络会"本部编著的《我们在中国干了些什么——原日本战犯改造回忆录》。（中国人民公安大学出版社1989年5月出版。吴浩然、李锡弼译）

一、摘录序章：从苏联到中国

这本书的主人公是1000余名日本人。这些不可思议的，具有沉痛教训的日本人，是以何种命运集合到一起的呢？要说明这个问题，必须从头谈起。这本书就是这1000名日本人，自1950年起6年间的记录。

1950年7月18日早晨，靠中苏国境的城镇绥芬河车站，展现了不寻常的光景。

车站内的线路上，停着一趟连接数十节车厢的运输列车。这趟列车刚进站不久。这不是普通的有盖货车。货车厢与货车厢之间铺上了板子，做为哨兵的通道；在货车厢的周围，也用板子铺成狭窄的通道。这趟列车的第一节车和尾车之间的顶部，还拉上了好几根通信用的电话线。警卫这趟列车的是苏联士兵。这是运输囚犯的货车。

刚才，从第一节车厢里先下来了将校级指挥官和几名士兵，接着各个车厢上的哨兵，也一个接一个地下来往这方面集中。这情景在远方看得也很清楚。哨兵们在指挥官面前集合，整装待命。

这时，在这车站内好几条线路最尽头的那边集合的中国部队中，约有十来个人排成队往苏联军官群方面靠近。其中一位好像是代表人物，手里提着公文包，旁边有俄语翻译跟着。双方互致问候之后，接着进行了约20分钟的磋商。中国方面指着停在车站尽头的中国客车，在说明什么。

磋商临结束时，一位佩戴少将肩章的苏联军官站在中间，大声地讲着话……他最后强调说："像在这个文件里所写的那样，他们过去对中国犯下了不可饶恕的战争罪行。他们是无法宽容的、罪大恶极的帝国主义分子，今天把他们移交给中国新政权的手中。"

苏联军官一下命令，士兵们立即把前头车厢的门锁打开了，紧接着各个车厢的门，"咔啦""咔啦"都被打开了。这时，下士官用俄语大声呼喊着："一个接一个地下来，下来了就站成一行往前走。在那儿叫到名字时，答应了之后再往前走。"

立刻，从敞开的车门里，一个接一个、摇摇晃晃的人影出现了。这些人都是满脸胡须、浑身汗水、肮里肮脏、面容憔悴的模样。从阴暗的车厢里出来时，他们都瞪大眼睛四处张望，在慌乱的头脑里留下了车站周围以山为背景的风光。虽然面容是那样肮脏，又显得十分疲惫，但双目却发出惊异而锐利的光芒。

这个中苏国境的绥芬河车站，大概要发生什么事情吧？现在这个地方集合着三个国籍的人：苏联的代表和中国的代表，还有一个日本人。然而，这后者能说是代表吗？可是，这确实是战败国的日本代表。这些从囚车里出来的人们，就是日本军队的俘虏。战败时有60万日本军队俘虏被带到了西伯利亚，从那以后经过了五年的今天，为什么仅仅这1000人要移交给中国呢？

"大东亚战争"①结束的前六天，苏联突然向伪"满洲国"发动进攻，解除了日本军队的武装，把60万日本军人带到了西伯利亚。那年的十月，

---

① "大东亚战争"指1931年至1945年，日本帝国主义对中国及其他亚洲国家发动的侵略战争。——译者注

共和国审理日本战争罪犯前后

西伯利亚铁路开始运送俘虏，大约那年的年末，把这 60 万人分派到西伯利亚的各个地区去，从事不太需要技术的煤矿、修路、建筑、森林采伐等重体力劳动。给日本人摊派了同苏联人同样的劳动作业量，但由于没有像苏联人那样的耐寒能力，加上始终强迫集体劳动，失掉自由的生活和营养不良，不少人丧失了生命。

对日本人来说，不只是肉体上的痛苦，在那里更难忍受的是精神上的痛苦。战争到了最后阶段，像南洋群岛上的"玉碎"①，那是日本兵完全可以接受得了的。然而，成了俘虏被抛弃在寒冷的旷野间，从来没有人教过他们如何处置这种环境的方法。一切都只能用自己的头脑来应付。可是，当时在听不懂俄国语言的催促下，从事繁重的体力劳动，连想办法的工夫都没有。紧接着又开始了连追带打的民主运动和社会主义学习。一部分人是认真学习了，但大部分人只不过是看风使舵，以"迎合主义"的态度来混时间罢了。这样一晃四年过去了。那时，约90%的人进入了回国的行列，回到了日本。这时期，国际形势发生了新的变化。

在邻邦的中国，战后的国内战争朝着胜利的方向发展了。1948 年末，毛泽东统率的军队以惊人的威力解放了东北全境，1949 年便一举渡过了长江。这种急速的变化，使苏联政府对新生的社会主义中国，需要考虑相应的方针了。那几种方针中不知什么时候定下来的，"从现在剩下的俘虏中挑选出有关中国方面的 1000 名战犯，移交给新中国"，这一紧急的方针也包括这里边。这一挑选工作在抓紧进行着。1948 年末，这项工作便在关押日本人的收容所里悄悄地进行了。如果一开始就公开宣布："诸君，在你们中间要挑选出战犯，自觉地站出来吧。"那谁也不会把自己的事写出来的。就是写别人的真名实事时，也必然要斟酌再三的。那时，苏联政治部委员②的做法是冷静而巧妙的。有的收容所里开展所谓"揭露日本军

---

① "玉碎"即指集体自杀。——译者注

② "政治部委员"指苏联收容所负责管理日本战俘的政治工作人员。

——译者注

国主义罪恶的运动"，让每个人把凡是知道的事都写出来。接受了这个任务的日本人，都认为这是临回国前需要做的最后的事情了。就这样苏联方面决定出来了 1000 名。

1950 年 7 月 15 日，从苏联出发的时候，苏联的所长仍没有说出往哪儿去。其中有的所长说："你们现在就踏上回国之路了。"然而，日本人一看到自己所要乘坐的列车时，便有了不祥的预感。众多的警戒哨兵，挂着坚固锁头的运送囚犯的货物列车，这是回国的列车吗？

火辣辣的 7 月，紧闭着的货车厢里，人们的汗水像瀑布一样地流着。大家都把穿着的衣服一件一件地脱了下来，全体人员都赤身露体。汗水和便溺的臭气，几乎达到令人窒息的程度。但是，大家最关心的问题是，"列车开往何处？"正在忧心忡忡、疑神疑鬼的时候，从窗缝往外边张望的人说话了：

"唉！可能向西边走呀！"

"好像去中国！"

这不是回国，是准备移交给中国。

在苏联时，认为只要在民主运动①中装装样子，怎么也能让回国的。这种"幻想"每时每刻都缠绕着数十万日本俘虏。今天这种"幻想"破灭了，大家被甩给了中国。本来在西伯利亚作为"俘虏"的身份就想不通。这次还不知给定个什么身份呢，毫无疑问比那个更坏的烙印就要落在这些人的身上了。在这关闭得漆黑而闷热的货车厢里，这种残酷的预感，以压倒一切的力量在撕碎着这些极度疲劳而烦躁的日本人的心。在绥芬河站下车时，这些日本人，弄得这样无精打采是毫不奇怪的。

苏联军官拿着用俄文书写的名簿，大声呼叫着：

"阿部安雄！"

"安藤孝！"

---

① "民主运动"指在苏联收容所里开展的反军国主义的民主运动。——译者注

被叫到的人答应一声"有"，便往前走，横过铁路走向约五米远的中国人那儿，在那里又重新叫名。这是中国方面的最后清点。

"阿部安雄！"

"安藤孝！"

这是流利的日本话。被叫到名字的往前走去，大家已知道自己应走的方向。两侧有中国的士兵端着枪，密密麻麻地站着。这个人墙的中间，留有一条通道。中国的士兵都很年轻，比起那粗野的苏联兵，看起来不仅像个少年娃娃，而且每张脸都显得那样温和。好久才见到了东洋人的脸，顿时有了点轻松之感。

大家横过了四五条线路，被带到车站最里边线路上停着中国列车的升降口。进入车厢一看，内部全是日本式的四个人对面座位的客车。这同刚刚乘坐来的苏式运送囚犯的货车相比，简直是别有天地了。大家从里边挨着顺序坐下。坐在座位上，看了看周围，不觉涌现出一种感觉：这就是我们被苏联这个国家以俘虏的身份，移交给中国了。

不知什么原因，车窗全用报纸糊上了，望不见外边的情景。一个车厢坐满之后，中国工作人员进来了。他们不同于外边的哨兵，这些人连手枪等武器也未带着。更令人惊奇的是，这些工作人员后边还跟着一位白衣护士。这位护士用温和的中国话问道：

"有没有病人？"

挨着座位边问边走。工作人员用日语翻译着。在这时送来了开水，还分配了可口的饭菜。有菜汤和鱼类，主食是好久未曾吃过的中国式的香甜的白面馒头。

不一会儿列车开动了。这趟列车不同于刚才那趟密封着的肮脏的苏联货车，坐在这种清洁而敞亮的座席上时，几天来的疲劳一起涌了上来，大家几乎全都进入了梦乡。有些人睡在座席上，也有的横卧在地板上睡着了。

过了一夜，翌日清晨，列车仍然一路往西奔驰着。

在绥芬河移交给中国的日本人，正确地说不是1000人，而是969人。1949年，大部分日本人回国后，在海参崴最后剩下的日本人都被关押在四个收容所里。其中有两个普通收容所、一个战犯收容所和一个将官收容所。战犯收容所里，关押的是在苏联已判刑的约 2000 名日本战犯；将官收容所里，收容的是关东军的将官和伪满的日本人高级官员以及司令官等数十名。听说伪满洲国皇帝溥仪、总理及各部大臣等重要人物，也可能被收容在这里。

现在乘坐这趟列车的大约 1000 人，其中军队系统的约 800 人，行政官和警察官约 200 人。

从全体人员的官职来区分，将官及将官一级的高级官员约 20 人，校官一级的约 120 人，尉官一级的约 160 人，士兵一级的约 660 人。从全体人员所属师团来区分的话，第 59 师团①的约 400 人，第 39 师团②的约 250 人，属于这两个师团的人员较多一些。

列车停了。7 月 21 日，早晨三点，天还来亮。全体人员听从指示走下了站台。

"这不是抚顺吗？"不知谁大声地说。

"是抚顺，那个有露天矿的煤矿城市！"

"我们是要在这儿做苦役的吧！"

大家的心情暗淡下来。车站的名字是"抚顺城站"。

大家心里最担心的是，在战争中把中国人整得好苦，一定会受到报复，也许要被杀掉的。

可是，也有这样说的：

"也许作为签订和约的人质，或者作为要求赔偿损失的王牌来使用的

---

① 第 59 师团——藤田茂中将为师团长，在华北山东省一带，主要是抓劳工和抢掠物资，同八路军（中国人民解放军的前身）作战。即将在战败的 1945 年编入关东军，调动到北朝鲜驻防后，即被苏军停虏。

② 第 39 师团——师团长为佐佐真之助中将。主要是驻扎在华中湖北省一带，同国民党部队和共产党的新四军作战。1945 年 5 月，把侵占地区让给第 132 师团后编入关东军。调动到吉林省四平街附近，为对苏作战而修筑阵地期间，由于战败投降被苏联缴械。

吧！轻易地杀掉，或单纯地做苦役，那是不会有的。"

"将官或校官也许作为战犯被处死刑，但其他的人是能够回国的。"

分别乘坐的大卡车，在一排排槐树林荫道上奔驰着。

那森严的警戒，令人毛骨悚然。不仅道路两旁有端着枪的全副武装的士兵，每间隔 10 米站着一位，就连各处民房屋顶上也架着机枪。前头的卡车和最后尾的卡车上都坐满了全副武装的士兵。

不多久，卡车停在高高的砖墙围着的坚固的大铁门前，大家都下了车。

围墙约有五米高，有些阴森可怖。虽然早有一定的精神准备，但一想到今后不知会有什么样的遭遇，便不觉心惊胆战。

在军人的带领下进入了大门。通过很长的水泥地面的走廊，走进了并排着几所建筑的其中一栋监房。

监房的中央有水泥地面的宽阔走廊，两侧排列着一样大小的房间。十五六个人顺序进屋后，门就被从外边关上了，并"咔嚓""咔嚓"上了锁。

锁门的声音，传来了似乎投入地狱那样令人不快的音响。

房间里，在水泥地面上搭起约有一尺半高的板铺。水泥地上有桌子和长凳子，屋角有间像公用电话室那样的小屋，里面放着尿桶。窗户是挺大的双层窗，不管哪个窗户都安装着铁筋栅栏，间壁墙是很厚的水泥修成的。

二、摘录第五章中：光明——恢复了人性

经过初步的认罪学习，对自己过去所犯罪恶，毫无隐瞒地主动坦白交代了，并进行了自我批判，消除了思想顾虑，每个人的心情也都舒畅了，似有脱胎换骨之感，从而愉快地参加了文化活动。

学习委员会

在我们战犯生活中，学习委员会起到了很重要的作用。

它的创立是在 1954 年的夏季。

从宫崎弘和植松楢数的坦白认罪大会开始，全管理所掀起了认罪运动。

到中国已度过了四年的日日夜夜，随着时间的推移，我们对事物的看法和思想观点逐渐有了变化，对过去的战争、生活方式和思想观点有所反省。因此，大家从思想上对未来充满着希望，自觉而主动地为寻求真实的人生哲理而努力学习，这种思想情绪，在每个人的心中逐渐地成熟了。

就在这样的情况下，我们自愿组织了学习委员会，目的在于更好地组织大家学习和提高。

委员候选人主要是从我们来到中国之后，一直很关心我们的人为条件，经过全体人员的民主选举产生。我们创立的这个组织，是我们自己的组织。

这个委员会不仅领导我们学习，而且还组织、指导我们在生活、体育、文化等方面的活动。委员们的指导作用不是站在上边指手画脚，而是领导我们学习，同我们一道活动，完全是平等的关系。

当然，委员会的一切活动是经过大家讨论研究，然后写成书面计划，再向管理所申请，在得到了允许或给予某种援助之后，再进行各种活动。对经过研究上报的计划，管理所从未反对或加以某种限制。

那么，都有哪些活动？请看如下所述：

委员会设委员长、副委员长，下设几个部，委员分别负责各部的部长，并按分工负责组织活动。

"学习部"——负责召开学习组长会议，选定学习题目，领导和组织学习讨论会。

"文化部"——负责指导音乐班、合唱班、舞蹈演剧、油画小组等各种活动。

电影晚会——观看中国、日本、印度、意大利等国电影。

文化晚会——晚饭后，演奏简短的音乐，演出简单的歌谣和舞蹈等。

文化节——在纪念"五一"节等演出时，要进行各种节目的排练。节日时要用整天的时间组织演出。

"生活部"——负责指挥各房间的生活管理：日常饮食、衣服、寝具和分配日用品等。在元旦或节日里，计划制作别有风味的饭菜或日本风味的菜肴，主要根据大家的意见调剂饭菜。

"体育部"——负责组织领导每日体操和指导各项运动项目，并负责组织运动会等项活动。

"创作部"——负责指导以推动认罪学习为主要内容的文艺活动。指导写作，主要以自己切身体验为题材的诗歌或回忆录等。

一名委员专门负责指导五所、六所的活动。因为五所、六所住的是将校官，不同于其他人。

各部的活动，主要是集中大家智慧研究出来的，所以深受大家欢迎，成绩很大，效果很好。

文化活动

投稿者　泽田二郎

音乐班和合唱班

1952 年 5 月成立了音乐班。乐团的中心指挥是军曹关某。关是从西伯利亚生活以来就搞音乐活动的。我是在海参崴收容所时参加合唱队的，因此参加了关指挥的音乐队。从此同他有了感情，同他在一起活动大约有半年时间。

关特别擅长吹口琴。来中国时，他随身带来了三只"山田"牌口琴。他经常在自己的房间里为大家吹奏，他的吹奏也受到指导员的赞赏。

音乐班组织起来了。开始是由苏联带来的乐器，如提琴、手风琴、小号和吉他等，把会演奏的人集中到劳动班对面的大房间里，组成了音乐班。过了一年之后，管理所又发给了黑管、萨克管、小号和手风琴等，同时又吸收了 15 人，壮大了乐团。乐团从此正式诞生了。

乐团成立的最初两天，忙于准备工作和整理歌谱，第三天的下午开始在室内练习。地点是在三所和四所的通道中间。三所和四所的人员下午正在学习，突然听到从走廊传来的吹奏乐声，它给人们带来了苏醒的气氛。这次合奏，给管理所的文化活动带来了好的开端。

吹奏表演比较熟练了，乐团便在走廊分别给三所和四所的人们进行小规模的演奏。吹奏的曲子既有苏联的，也有中国的。房间的人们都聚精会神地听着。

音乐班成立后，约一个月的时间，指导员来到我住的房间，隔着窗户对我说："听说你能指挥合唱队？你同音乐班一起练习可以吗？"

"是，可以。"

"那么，你就立即把行李整理好，搬到音乐班那里去住吧！"从那天起直到回国，我一直负责合唱队的指挥。同我一天调出的共有17人，我们组成了合唱班。这些人中有衣部队（日军五十九师团）、藤部队（日军三十九师团）的士兵，他们都是30岁左右的人。其中有一二名嗓子比较好，其余的都是些年轻、热情、肯用功的人。

首先从写歌谱开始，写好后再开始练习。平时对音乐很感兴趣并有一定音乐素质的人，背诵歌词很快。嗓子好的人领头，以他的音量为中心，带领大家合唱。要背诵的歌曲，只用半天时间就可以了。每天午前学习，午后练习。

学习组长是音乐班的伊藤，合唱班是宫岛。宫岛是电工、五十九师团的伍长，他讲话对指导学习很有说服力，并具有不讲情面的严肃性。他不允许由于参加合唱而与众不同或松懈，也决不允许偷懒或逃避学习。他做起事来总是脚踏实地，凡自己不理解的事情，从不强求别人去做，因而使人更加信服。加上这个房间里的人都是守纪律的，所以学习和合唱这两件事，没有发生冲突，而是进行得很顺利。

音乐班和合唱班，开始练习的是苏联歌曲《卡秋莎》《灯芯》等歌曲，后来逐渐也学会了很多中国歌曲。

回忆被扣留监禁期间的生活和歌曲，有着很密切的关系。在西伯利亚时，每天早晨、白天、黑夜三班倒，在去煤矿上工的道上，我同大家一起唱着歌，冒着零下几十摄氏度的严寒从收容所出发。在矿坑里劳动八个小时，总是担心不知什么时候就会塌陷，带来不幸，所以也通过唱歌来消除这种忧虑。这同在军队时代演唱军歌没有多大区别，也就是为"鼓舞士气"而唱。

这样的唱歌同那个年代，教官说，现在开始练习军歌，他就起头唱"从这儿离开祖国几百里呀？"然后，让大家齐唱，或者说现在开始唱《年青的近卫队》之歌，于是领唱"走在开阔的历史的先锋"，之后，大家再合唱的那一套有什么不同呢？我总是自己嘲笑自己，那不就是歌曲的旋律和步调一致的问题吗？只不过给大家在心情上以兴奋或有所安慰罢了！在中国开始指挥合唱班的时候，我的心情同上边讲的心情没有多大差别，也就是在每天过的单调无味的生活上，稍微加一些变化，多少给大家一点鼓舞而已。

从那以后，我们的学习逐步走向正轨，开始认真学习了。1954 年春，宫崎在大会上坦白认罪以后，分别以各自原来所在的师团为单位，开始集中认罪学习。通过学习，我们的思想观点有了变化。随着这一形势的变化，合唱的意义也随之有了变化。

例如《歌唱祖国》或《全世界人民一条心》这样的歌曲，是全中国各地普遍唱的歌曲，是在新闻纪录片里多次出现的。我看到中国人民唱的和我们唱的气氛不一样。我们不论用何种音乐拍节来唱，也达不到"那种高度"。那就是因为我们直到现在还没有中国人的那种感情。几百年来，在殖民地压迫下摆脱出来的中国人民，他们欢乐的歌声，像太阳一样放射着光辉，他们的生命像火一样在燃烧。

开始坦白认罪时，尽管我们口头上交代了"杀了多少多少人"，可还缺乏发自内心忏悔的真实情感。自己的头脑里出现过去的情景，就是日本军所到之处，中国人说："没法子"，于是就一个个地被杀害了。蔑视中国的观点在自己的头脑里总是去不掉。这种观点开始走向崩溃的时候，是在听了中国歌曲之后。过去认为软弱无能的中国人不会蕴藏着如此巨大的力量，现在认识到了所谓"愚蠢"的中国人确实是站起来了，以伟大的民族形象站起来了，而且大踏步地向前迈进！

我们的认识也向前迈出了一步，认识到把中国人民推向灾难的压迫者是日本帝国主义。日本侵略者杀害的不是微不足道的蠢人，而是具有冲天干劲、生气勃勃的人民。对此，我逐步有了认识，同时也逐渐理解了中国人民。对中国人民愤怒、悲伤、痛恨日本军的感情，以及憎恨侵略战争的那种炽烈的感情也有所理解了。

演剧、文化节

认罪运动告一段落，我们感到心中的污垢已去掉了，心情也舒畅了。在这个时期，干点什么有意义的活动呢？这时大家胸中洋溢着向往新生的热情。

例如，在院子里的操场上，使劲地跳跃，跑上几圈，用劲把球抛在空中，等等，在这种单纯的动作里也感到有某种新鲜的气息。身体得到充分的活动，使人感到非常愉快，过去未感觉到天空如此晴朗爽快！

当认罪运动达到高潮时期，自己头脑里的观点出乎意料的变化着。而今天早晨起床之后，环视周围环境时，好像原来的房间、窗户、走廊都变得不一样了。不知何故心情也变得不一样了，愿意到外面活动。针对这种思想情绪、开展文化活动是恰当不过了。

音乐、合唱、舞蹈，这当然是很好的文化活动，但最好还是综合性活动——演剧。

剧情的内容自然是结合认罪，以此为出发点，编排了同战争、和平有联系的脚本。认罪的余声仍留在耳边。唯有这异乎寻常的精神上的紧张和思想上的转变，深深地留驻人们的头脑里，现在没有心思再找其他题材来搞文化活动了。

认罪运动，虽然是一种艰苦的考验，但通过这一关回过头来看，似如一个宗教徒那样觉醒了，也可以比得上法悦得经之后那样的无比喜悦，我们的精神也确实有了变化。后来多次回想起这件事，深感内疚和惭愧。另外，在日本军的残暴罪恶行径下，被杀害的中国人的惊叫、哭号、愤怒、憎恨、怒吼和控诉声响在耳边，一想起那些事就想流泪。

现在大家都已恢复了人的感情。

"人性"的含意是什么？

这种语言是很早以前用过的，已经陈旧并被割断了。

人性，就是具有正常的感情和理性，把他人的疾苦和悲哀当作自己的疾苦和悲哀，给予同情，并尽可能地帮助他人解除苦恼，一般地说这就是最起码的人性。我们是杀害中国人民的刽子手，给中国人民造成了严重灾难和极端痛苦，现在我们真诚的忏悔、谢罪，这不就是初步恢复了人性吗！

一方面用最残忍的手段杀害了 1000 万中国人民，杀人凶手们竟然站在害人者的立场上漠然置之，这就是冷酷、毫无人性的畜牲。如果从害人者的立场上转变为被害者的立场上，才能说开始有了人的情感。

回想起来，在那战争年代和在西伯利亚被收容期间，同人的感情那么遥远，而在这近十年间，又因为处于紧张的环境之中，哪有闲工夫去想那些不愉快的事情呢！

由日本军演出的刑讯和强奸剧。

在积极筹办排剧的时候，写出了这样一部脚本。

其场面是，日本军蜂拥闯进一家农户，房间里的地上有桌子和木凳，房角有锅台。室内都是常见的典型的中国小农之家的摆设。

房间里有农民和他的妻子。

剧情是从日本兵的军曹命令部下把农民绑起来，进行拷问这个场面开始的。

"中国兵肯定逃进这个村庄里了，他们在哪儿？快说！"

日本兵边讯问，边用脚踢，棍棒打。农民的脑袋流出了血。

"我不知道。"

"你也是他们一伙的吧！快说！把他们藏在什么地方了？"

"我不知道，我是这个村子里种地的农民。"

"你胡说！"

用剑刺向农民的大腿，他的妻子苦苦哀求，拖住军曹不放，边说：

"啊呀！这个人真的什么也不知道，没有说谎！"

军曹狠劲地推开农民的妻子，把她打倒在地，又开始对农民进行拷问。他把火炉里烧得通红的火钩子取出来，靠近农民的脸威胁着，然后烙在农民的脸上。

"啊呀！"一声惨叫，农妇跳起来扑向军曹，苦苦哀求，可军曹又把她踢倒了。

军曹想：怎么用刑他也不说，看来他真的不知道，如果把他放了，他肯定去跑到敌人那一边，不如杀死算了！

农妇看出了日军军曹的杀机，就由苦苦哀求转为大口咒骂。农民被杀死。

"日本鬼子！"

农妇大喊一声就昏了过去。

扮演农夫的是过去的官吏，扮演农妇的是原陆军大尉，扮演军曹的那个人的模样有些记不清了，他可能是军队提拔起来的伍长。

扮演中国人的那两个人，十年前在中国的战场上，曾经目睹过这种场面，所以他们扮演的十分真实，再现了当时农民的哭号声和惨叫声。尤其是大尉有生以来第一次扮演农妇这个角色。他在精神上能忍受被折磨的心理状态，唯一的理由是，他想到了那些真正被拷问而惨死的人，他们的痛苦比这还悲惨。

第二场是肃静的场面。

地上躺着农民的尸体，屋角有昏倒在地的农妇。临近黄昏的时候，军曹自言自语地说：

"畜牲！死也不得好死，快点说不就好了！"

"那个娘们，如此疯狂吵闹，太不像话，把我累得够呛！"

军曹痴呆地看着倒在地上的那个女人。

道白结束，舞台上鸦雀无声。

这一沉默预示着军曹的兽欲发作。

前场出现的是：农民经过拷问后被无辜杀害；妻子愤怒地扑向凶手，大声咒骂，昏了过去；女人的惨叫声仍留在耳边，尽管如此，他还想蹂躏这个女人。这该是多么残忍和野蛮啊！

观众是三四个月前，经过激烈认罪运动的日军官兵，他们都在聚精会神地注视着军曹的罪恶行径。

军装的颜色非常逼真，是橘黄色的。不知为何，一看到日军身着橘黄色的军装时，就使人感到非常厌烦，每个人都有不快之感。那块肩章如同锋利的尖刀刺伤着人们的心。

（这个军曹怎么有着这样强壮的身体呢？）

军曹的两眼死盯盯地看着倒在地上的那个女人。

（你到底想出了什么鬼点子。）

军曹开始脱裤子。

这部剧演出很成功。这是在继续认罪的情况下演出的，可以说是认罪之剧。这个剧目是日本人自己选出来的，把坦白书上的罪行，编成剧本，搬上舞台。用这种形象化的方式真实、具体地再现了那些罪行。

即或带点理论性的东西，我也想把它整理出来加以思考。

1. 十多年前，在战争中所犯下的拷问和强奸问题，在开展认罪运动之前没有意识到这是在犯罪。当时，只认为拷问是奉命执行的；至于强奸问题，纯属主观兽欲的发泄。

2. 在认罪的时候，经过反复的思想斗争，惊慌不安地交出了坦白书（这是初期的心理状态）。这时，还没有在思想上认识到这是犯罪。

3. 现在用自己的事编成剧来演出，自己坐在台下欣赏台上的剧情发展，通过视觉看到了那种丑恶性和残暴性、实在令人痛恨。从而进一步认识到，那种罪行不单是暴露了日军所犯的罪恶，而且暴露了一个民族强加给另一个民族的非人道的行为，这就是在犯罪。

十年前的行为就是在这种思想支配下进行的。

当然，这并不是说所有这一切都结束了，而是问题刚刚开始，被杀害的人们永远不能回来了，可杀人的凶手却还活着。

在社会上，如果有人看到这个剧，一定会说如同一张图画，用颜料勾画出来的地狱中的残酷形象。还会说："这不是演剧，更不是什么艺术。"

演出来的这种形象，对我们来说，在某种程度上可以说是顺应形势。这个剧的题材，不是很远的历史，而仅仅是十年前的真实写照，又是我们自己亲身犯下的罪行，借用舞台再现我们丑恶形象和凶恶嘴脸。我们对逼真的演出并不是很得意的。是啊！也许这不是演剧，而是借演剧这种形式对大家进行一次认罪教育。

剧是很有刺激性的，演员很辛苦，这是必然的。例如，病后为了恢复健康，需要锻炼身体，进行必不可少的运动。

所谓认罪，即是忍着极大的痛苦，像手拿手术刀，向自己身上动手术一样，因为军国主义思想在我们头脑里是根深蒂固的。现在，一边看剧，一边向自己动手术，默默地深思反省！

悄悄地打量着手术后血淋淋的伤口。

（这样就行了吗！）

（我现在的思想感情，是否像一个有理性而又正直的人。）

多种文艺中的核爆炸场面

戏剧的演出形式是多种多样的。题目是"战争、和平"，这不是抽象的东西，是把我们前半生亲身经历过来的人生，用歌曲、舞蹈和短剧的形式，如同走马灯似地回顾一下。

开始几个场面，出现多次梦见过的日本故乡的风景。

舞台的布景有土地庙附近的树林和用灯光照射的晚霞。这些引起了身在异国的观众思乡之情。

通常情况下，土地庙附近的树林后面有小学校，在那儿附近必然要有小河的潺潺流水声，那富有诗意的小河……

观众富有想象力，怀念着离开多年的家乡美景，在这里用音乐奏着儿歌，观众（战犯）的眼睛盯着舞台上的演出。

有的场面出现了华丽的"花笠舞"①。

有的场面是日本北方的雪景。

也有海边渔村的风景，远方传来了节日击鼓的声音，还传来了用粗大嗓门唱的民谣。

舞台上还反复出现和平、美丽的日本风光。

所有这一切都是在还未发生战争的少年时代。

很快又出现了战争的阴影。在这儿的1000人中，大部分是1939年到

---

① 花笠舞：日本民间舞，即花草帽舞。——译者注

共和国审理日本战争罪犯前后

1940 年前后，由于战争而被赶到战场上来的人。

出征士兵的形象。

在运输船上。

在中国的战场上，掠夺、杀人、放火、拷问……

最后出现的场面是日本的广岛。

强烈刺眼的白色光芒和轰隆隆地爆炸声，刹那间通红的火焰燃烧着全村，是从空中扔下来的原子弹爆炸了。

震耳欲聋的爆炸声后便是可怕的寂静，街道、房屋和建筑物被炸毁，尸体遍地。

此时，奏起了悲壮的乐曲。我以为就要落幕了，可是剧还在继续着。

如同走在阴森可怖的洞穴那种伴奏声的同时，被烧伤不久的人，从十几个尸体中艰难地向前爬着。勉强缓慢地站了起来，慢慢地抬起了头，已分不清男女老幼，满脸流淌着浓血，一双双瞪大的眼珠发着光。这些人的形象非常凄惨，他们慢慢地举起手指，向观众愤怒地呼喊着：

"这样的结果是谁造成的！"

我们是不能原谅的！"

"一定要报仇。"

（这个角色是谁扮演的，谁也没有注意到。扮演这个角色的确是被日本军国主义赶到战场上任意残杀他国人民的日本人。然而在这些人中，家住广岛的也很多。）

指向观众的那血淋淋的手凝结着一切。谁都一样，一瞬间的闪光，在人们面前展现了可怕的景象。在这舞台上，最简单地概括反映了真实的"人生缩影"。

这就是所谓"大东亚共荣圈""王道乐土"结局的反映。"一亿火珠"[①]总动员，那些家伙们[②]把日本人推向了灾难与死亡的道路。

---

① 一亿火珠：指日本全国一亿人口。——译者注

② 那些家伙们：指日本天皇和军阀。——译者注

受核爆炸迫害者的形象就是我们自己。当然，我们不仅是被害者，也是战争的害人者。

不明战争真相和战争性质的人们从日本国土被赶到中国土地上，拿起杀人武器，把中国变成了像广岛一样的血的海洋。这条道路是日本自己把本国国土和他们的亲人推向地狱之路。

舞台伸出的手如同电流一样，流向观众，愤怒和悲哀冲击着观众的心。

虽然没有声音，但我们感觉到，全世界各国人民的声讨声响彻在我们的耳边。

"你们看吧！这就是侵略者的丑恶形象！"

观众们的思想感情也随着剧情的发展起了变化。对舞台上演出的节目表示赞同，引起语言和心理上的共鸣。

"这帮畜牲！真是目空一切，欺人太甚！不能得到原谅，也不能饶恕他们！"

演出一场剧，比合唱和舞蹈动员的人数要多，范围广。演出一个剧，对某些角色和工作分工都要有计划地做好准备。

脚本、监督、演员、舞台设备、布景、大小道具、服装、假发、化装、照明、音响，等等。

其中舞台设备、大小道具、服装、假发等一类东西，没有现成的，都必须制作。在完成排练演出数十本剧目过程中，分工作业，人们的制作水平也大有进步。

用大家各自带来的衣物来解决服装是远远不够的，因此请求管理所提供一些旧衣物或布料等。所以这就必须要有一个成衣匠，以他为中心组成缝纫组。他们接到缝纫任务都能按期完成，并负责在演出时给演员穿衣服的任务。假发是用动物毛或绒线来加工制作的。当然是要按照演员的脑袋大小来做。

分工劳动的人们，经过多次反复制作，成立了专门作业的小组，于是指定了负责人，技术也熟练了。

一旦决定搞文化活动，那就每天早饭后，各房间里的成员都分头到各组去，三所和四所的大房间，分别作为演员排练场、舞蹈练习场、道具制作室、裁缝室、舞台布景制作室等。大家按各自的分工到各室去排练和作业。除了病号以外，其他人都分担了工作。

到这时，各房间的门锁全被打开，三所、四所各室之间可以自由来往。

我们的音乐班非常忙，时间表排得满满的，剧中插曲的创作、排练和指挥等。有时还到舞台上去排练。练习舞蹈时，没有音乐伴奏，动作不协调，步调也不一致，所以同舞蹈组在一起的时间较多。此外，还有剧中换幕间的演奏曲，还有合唱的练习，等等。虽然紧张些，但都很快乐。几百人在一起，热衷于艺术的创作，每当完成一项任务之后，心情有着无比的喜悦。

我们为了排练而奔走，面对这种场面，此时此刻我深感这是多么大的变化呀！五年前，我们刚到管理所时，身体瘦得"皮包骨"，两眼有光无神。看到贴在墙上"战犯"字句的纸，就愤怒地提出抗议，顶撞指导员和班长。虽然保证我们吃饱饭，但还是害怕不给吃饱，所以把剩下的饭偷偷地藏起来。

五年前的我们和跟前为准备文化活动演出而奔走的我们相比，简直不是一个人！

管理所的指导员和班长们看到这些日本人有如此变化，就像自己的事情那样高兴。我们提出什么要求，他们都立即给予解决，表现出诚意。

在认罪运动中，我们说过向被害的中国人民谢罪。现在，我们才知道在我们身边就有被害者的家属。管理所的指导员、班长、大夫、护士、炊事员都是中国人，他们的父母、家属和亲友中就有被杀害的，物资被掠夺，房屋被烧毁，人身被侮辱、殴打甚至被强奸等，没有一个人能躲过这个灾难。这些人们在过去的四五年间，曾对日本战犯非常关照。此间，一次也未用粗暴语言或野蛮咒骂、殴打等手段来对待我们。相反，自暴自弃、破口大骂和捣乱的正是我们这些过去作恶多端和野蛮成性的日本人。

（3）摘录终章：在抚顺改造大事年表

年	月　日	管理所内情况	中国和国际发生的情况
1949	10月1日		中华人民共和国成立
1950	2月		中苏友好互助条约签字（于莫斯科）
	6月		朝鲜战争爆发
	7月18日	在中苏国境绥芬河，苏联将969名日本战争犯罪分子移交给中国	
	21日	早晨3时到达抚顺城站，关押在抚顺战犯管理所	
	23日	管理所发表监房纪律	中国政府做出对日本战犯分大、中、小灶3个等级的生活待遇标准的决定
	10月18日至20日	朝鲜战争激化，战犯迁移到哈尔滨市内监所（校级以上及一部尉官），呼兰县监狱（尉级以下）	
	25日		抗美援朝：中国人民志愿军参战
	11月	向各监房发给报纸阅览	中央人民政府给管理所下达"不打、不骂、不跑、不死"的指示。
1951	2月12日	所内有线广播开始播送音乐和时事等	
	3月25日	少尉以下669人从呼兰回到抚顺管理所，中尉以上的和病人仍留在哈尔滨	

续表

年	月　日	管理所内情况	中国和国际发生的情况
1951	7月	以"朝鲜战争停战会谈的情况及人民战争的胜利"为题的所长讲话	朝鲜停战会谈开始进行
	9月	对学习开始有了兴趣，抄写文件和记学习笔记的风气开始流行	周总理发表声明："日美单独讲和无效"
1952	2月		日美行政协定签字
	3月12日	土屋丰治等14人发出"关于反对美帝在朝鲜战场使用细菌武器的抗议书"	
	4月		日华和平条约签字（于台北）
	5月	抚顺管理所成立了音乐班	日本发生了"五·一"劳动节事件
	5月23日起6月5日止	全体人员进行全面的身体检查（由沈阳医学院医疗小组和抚顺矿务局医院联合进行的）	第一次日中民间贸易协定签字（于北京）
	10月	阿部盛二以下242人向参加亚洲和平会议的日本代表团提出"反对侵略、保卫和平"的文章	亚洲太平洋会议（于北京）
	11月		美国核爆炸实验开始
1953	1月	哈尔滨尉官组进行坦白学习，在抚顺每日两个小时的运动（为了开展运动和娱乐增设了器具）	
	2月	召开了第一次娱乐会	
	3月5日		斯大林逝世
	4月25日起7月25日止	抚顺组开始制瓦生产（平瓦1384014张，脊瓦25620张）哈尔滨组进行糊纸盒劳动	朝鲜停战协定签字（1953年7月27日于板门店）

续表

年	月　日	管理所内情况	中国和国际发生的情况
1953	9月15日	开始系统地学习《帝国主义论》	
	10月23日	哈尔滨组全员210人迁回抚顺，从此全体人员再次集结于抚顺管理所	第二次日中民间贸易协定签字（于北京）
1954	1月	向井初一等6人提出了反省书	
	3月4日	最高人民检察院对战犯的侦讯工作开始	"第五福龙丸"在毕根泥遇难
	4月	宫崎做了典型坦白	
	5月	植松做了典型坦白，从此按各系统分成小组开始了认罪运动	周总理和尼赫鲁会谈制定"和平共处五项原则"
	6月	建成露天舞台，频繁地开展了音乐会和运动会	
	7月		日本自卫队开始编队
	10月	建立"学习委员会"	创立日中、日苏恢复邦交国民会议（理事长风见章）
	10月18日	日本国会议员代表团到管理所参观（铃木茂三郎为团长）	
	10月30日		中国红十字会会长、访日代表团团长李德全在日本发表了日本战犯在抚顺名簿
1955	2月10日	中国政府转收日本家属的165封来信	
	3月26日	从日本寄来了1042封信和1000余个小包	

年	月　日	管理所内情况	中国和国际发生的情况
1955	4月		日中民间渔业协定签字（于北京） 亚非会议（于万隆）
	5月	原中队长田村贞真讲述了自己思想转变的过程，使大家深受感动和启发	第三次日中民间贸易协定签字（于北京）
	8月23日	播放了大分县16名战犯家属的录音，从日本来的访华团连续不断地参观抚顺管理所	
1956	1月	开始创作学习	
	2月		苏联共产党开始了对斯大林的批判
	2月20日	开始拍摄日本战犯的生活记录《人道与宽恕》影片	
	2月26日	沈阳、抚顺的参观开始（第一回）	
	4月10日	古海忠之（原伪满国务院总务厅次长）发表自我批判（认罪发言）	
	4月15日	第二次参观学习	
	6月	中华人民共和国最高人民法院特别军事法庭的审判开始	中国人民代表大会常务委员会发表关于宽大处理日本战犯的决定
	6月9日	开庭审判铃木启久等8名军人，判刑在6月19日	
	6月20日	对城野岩等9名太原系战犯判刑	

续表

年	月　日	管理所内情况	中国和国际发生的情况
1956	7月1日	开庭审判武部六藏等28名伪满文官，判刑在7月20日 最高人民检察院关于免予起诉，宽大释放1017人的决定	
	6月21日	335人免予起诉，立即释放	
	7月18日	328人免予起诉，立即释放	
	8月21日	354人免予起诉，立即释放	
		每批被释放人员均在1个月内回到日本 被判刑的45人，另包括提前释放的在内，到1964年4月9日，实现1061人（佐佐真之助在服刑期间，因胃癌于1959年6月21日病亡在外）全员回国